행복의 철학

신득렬 저

학지사

서 문

인간은 누구나 행복한 삶을 원한다. 그러나 행복의 조건이 무엇인가에 대해서는 서로 의견을 달리한다. 가장 인기 있는 조건은 외재적인 것들, 예컨대 재산, 권력, 명예, 친구 등이다. 이러한 것들은 우리에게 행복할 기회를 주고 즐거움을 제공한다는 점에서 아주 매력적이다. 그러나 모두가 원하는 것이어서 경쟁이 불가피하다. 제한된 외재적 선을 향한 경쟁은 인간성을 파괴하기 쉬우며 또한 외재적 선에 따른 행복은 부서지기 쉽다. 외재적 선에 과도하게 의존한 사람들은 행복의 불안정성을 절감한다. 고대 그리스의 현인인 솔론은 이 점을 고려하여 사람은 살아 있는 동안에는 행복하다고 말할 수 없다고 선언했다.

행복의 조건으로 내재적인 선을 생각할 수 있다. 지적, 도덕적 덕은 대표적인 내재적 선이다. 이러한 덕은 획득하기 어려운 것이지만 한 번 획득하면 비교적 지속적인 힘을 발휘한다. 이것들은 외부에서 달려드는 불운과 환경의 영향을 감내하도록 해 준다. 아리스토텔레스는 이 덕을 통하여 행복할 수 있다는 것을 논증하려 하였다. 그가 강조한 지적, 도덕적 덕의 획득은 교육의 일반적인 목적일 뿐만 아니라 철학적인 삶의 목표이기도 하다. 이것은 또한 그리스 철학 전체가 숭배한 개인적인 덕의 한 원형적 성취이기도 하다.

우리 주변에는 주관적인 행복 개념이 널리 퍼져 있다. 행복을 쾌락이나 만족과 동일시하는 경향이 바로 그러한 징표다. 필자는 다른 철학적 개념들처럼 행복도 표준적이고 객관적인 준거가 필요하다고 믿고 있으며 그러한 준거를 제시하려고 시도하였다. 표준적인 의미에서 행복하다고 말할 수 없음에도 불구하고 스스로 행복하다고 생각하는 사람은 높은 수준의 행복에 도달할 수 없다.

행복에 관한 저술을 하기 위해 필자는 많은 분들과 대화를 하였다. 계명대 학부와 대학원의 재학생들은 자신의 행복관을 진솔하게 개진해 주었다. 한국에서 최초로 「위대한 저서 읽기 프로그램」(Great Books Program)을 운영하는 파이데이아 연구소는 이 연구를 위해 여러 가지로 지원을 해주었다. 이 프로그램에 참여하는 70여 명의 회원들은 위대한 관념 중 하나인 '행복'에 대해 함께 탐색하였다. 이 분들에게 사의를 표한다.

이 책의 일부 내용은 다음과 같은 논문집에 게재되었다. 제4장 '지적 덕과 행복'은 한국교육철학회가 펴낸 『교육철학』 제25집(2004)의 '지적 덕들과 교육'을, 제7장 '인간존중과 행복'은 제24집(2003)의 '존중의 개념'을, 제9장 '명예와 행복'은 제30집(2006)의 '명예의 개념과 교육적 의미'를, 제10장 '우정과 행복'은 제10집(1992) '우정과 교육'을, 제11장 '여가와 행복'은 제27집(2005)의

'아리스토텔레스와 듀이의 여가 개념'을, 제12장 '교육과 행복'은 제20집(2000)의 '행복과 교육'을 수정하여 보완한 것이다. 이 자료를 활용할 수 있도록 허락해 준 한국교육철학회에 감사한다. 이 책이 행복한 인생을 원하는 분들에게 사색의 단초가 되기를 기대한다.

2007. 2
신 득 렬

차 례

제1장

행복의 개념

행복은 궁극적인 목적으로 간주되고 있다. 그래서 사람들은 "왜 행복하기를 원하는가?"라고 묻지 않는다. 이유들의 연쇄가 끝나는 곳에 자리한 것이 행복이라고 생각한다. 사람은 행복을 위해 행복의 여러 가지 조건들, 즉 지혜, 부, 권력, 우정, 쾌락, 명예, 건강 등 많은 것을 추구하면서 살아간다. 행복은 이러한 것들과 무관하지 않다. 왜냐하면 이러한 조건들 없이는 행복할 수 없기 때문이다.

'행복' '불행' '행운' '불운'은 여러 가지 의미로 사용된다. 그래서 "당신은 행복한가?"라는 질문을 받더라도 어떻게 대답해야 할지 망설이는 것이다. 이러한 말들의 의미를 분명히 하지 않고는 의사소통을 원활하게 할 수 없을 뿐만 아니라 무엇을 추구해야 할지도 모른다. 그러므로 행복한 삶을 영위하기 위해서는 행복의 개념을 철학적으로 분석할 필요가 있다.

I. 행복의 어의

언어는 문화권에 따라 다르게 사용된다. 따라서 가시적인 물건의 이름을 제외하고는 완벽하게 대응하는 말을 발견하기가 어렵다. 우리말 '행복'의 경우도 마찬가지다. 행복에 가까운 말로서 영어에는 'happiness', 라틴어에는 'felix', 그리스어에는 'eudaimonia'가 있다. 그러나 이 말들의 뜻은 조금씩 다르다.

콜링우드(Collingwood)는 영어의 'happiness'는 그리스어 'eudaimonia', 라틴어 'felix'와 비슷하지만 차이가 있다고 말했다. 즉, '에우다이모니아'는 인간적 선(善)에 대해 아리스토텔레스가 붙인 이름이며 'felix'는 로마 황제들과 관련된 칭호라는 것이다(1992, 85). 인간의 선을 흔히 행복으로 간주하고 있지만 실제로는 행복보다 더 넓은 개념이다. 인간적 선의 개념은 행복을 비롯한 다른 여러 가치를 포함하고 있기 때문이다.

일상 언어에서 행복이라는 말의 용법은 아주 다양하다. 『옥스퍼드 영어사전』(OED)에는 행복에 대해 세 항목으로 설명되어 있다.

① 인생 또는 특수한 사건에서의 행운, 성공, 번영
② 성공 또는 좋은 것으로 간주되는 것으로부터 오는 마음의 만족한 상태
③ 성공적 또는 알맞은 적성, 적당, 적합성, 적절성, 경사

이 설명 중 ②와 ③은 일상적인 것으로서 주관적인 표현이며 ①번이 보다 객관적 표현이라고 할 수 있다. 행복에 대한 사전적 설명은 도움이 되기는 하지만, 너무나 광범위하여 명료한 이해를

위해서는 더욱 구체화해야 한다.

의사소통을 잘하기 위해서는 일상 언어의 용법을 알아야 하지만 일상 언어에 너무 의존하면 미혹에 빠지기 쉽다. 일부 사람들이 그러한 모습을 보여 준다. 예컨대 '그는 악하지만 행복하다.' '그는 어리석지만 행복하다.'는 자기모순적인 진술들임에도 불구하고 실제로 사용되고 있다. 이런 말은 행복에 대한 그릇된 인식으로부터 온다.

행복은 지적, 도덕적 덕으로부터 온다는 아리스토텔레스의 주장도 일상적인 용법은 아니다. 대부분의 사람들은 이런 의미로 사용하는 것이 아니라 단순한 만족이나 쾌락을 느끼는 경우에 행복이라는 말을 사용하고 있다. 행복이라는 말이 일상에서 다양하게 사용되고 있기는 하지만 이 말은 명백히 규범적 개념이다. 우리는 이 말에 가치를 부여하여 사용하고 있다. 따라서 사람들은 행복한 사람을 부러워하고 자신도 그런 사람이 되고자 한다. 대부분 행복을 최고의 가치로 추구하지만 그렇지 않은 사람들도 있다.

사람은 행복이 파괴될 것을 알고 그렇게 예견하면서 행동을 선택하기도 한다. 고문이나 죽임을 당하거나, 투옥될 것을 알면서도 부정하게 행동하라는 압력을 거부한다. 즉, 행복은 다른 궁극적 목적들과 구별되는 측면이 있다. 행복은 인간이 추구하는 다른 목적들과 무관한 것이 아니다. 왜냐하면 그러한 목적과 가치가 실현되지 않는다면 행복할 수 없기 때문이다.

사람은 행복해지기 위하여 실제로 가치 있다고 믿는 것을 하거나 얻어야 한다. 그러나 가치 있는 것을 실제로 추구하면 행복해진다는 추론을 할 수는 없다. 정의롭게 또는 명예롭게 행동하는 것이 좋지만, 어떤 경우는 정의롭거나 명예로운 행동이 당사자에게 불행을 가져다줄 수 있다. 가치 있는 것을 하거나 얻는 것은 행복의 필요조건이지만 그 자체가 충분조건이 되지는 않는다.

사람은 행복한 경우를 기술하기 위해 '나는 행복하다.' '너는 행복하다.' '그는 행복하다.'라고 말한다. 행복이라는 말의 여러 용법들 중에서 철학적으로 문제되는 것은 제삼자가 어떤 사람을 보고 '그는 행복하다.'라고 판단하는 경우다. 이 경우 그 판단은 맞을 수도 있고 틀릴 수도 있다. 그가 스스로 행복하다고 믿으면 이러한 판단이 맞지만 그렇게 생각하지 않을 때는 틀리는 것이다. 행복의 조건을 주관적으로 보느냐, 객관적으로 보느냐에 따라 타인의 행복에 대한 판단은 아주 달라진다.

명사보다는 그 말의 형용사나 부사를 사용하면 더 정확하고 쉽게 이해할 수 있다. 형용사나 부사는 가시적인 행동을 표현해 주기 때문이다. 토머스(Thomas)는 행복이란 말의 다의성 때문에 '행복한'이라는 형용사에 관심을 가질 필요가 있다고 주장하였다. 그는 '행복'보다 '행복한'이라는 말에 편견이 덜 깃들어 있다고 생각하여, '행복한'이라는 말의 네 가지 용법을 소개하였다(1968, 97-105).

① 제1용법: 단기적으로 지속되는 감정을 언급할 때 사용된다. 감정은 어떤 대상과 관련되어 나타나기도 하지만 관련 없이도 나타날 수 있다. 'I am feeling happy.'라고 할 때 'happy'는 이런 방식으로 사용된다. 행복을 느끼고 있는가에 대한 대답은 자신의 환경을 우호적으로 바라보는가에 달려 있다.

② 제2용법: 'I am feeling happy.'는 단순히 감정을 표현한 것이지만 'I am feeling happy with (about)….'는 그렇지 않다는 것이다. '당신은 새 직업에 대해 행복을 느끼고 있습니

까?'라는 질문의 경우 단순한 감정이 아니라 판단을 포함하고 있다. 'happy with' 또는 'happy about'은 '만족하다'는 말과 동의어로 사용된다.

③ 제3용법: 이 용법은 '행복한'이라는 말의 독립적인 용법이라기보다는 제1용법으로 환원될 수 있다. 행동주의적인 말들의 부사적 용법의 특징을 보여 주는 것으로 어떻게 느끼는가가 아니라 행복한 사람의 행동을 염두에 두는 것이다.

④ 제4용법: '그는 행복한 삶을 살았다.'의 경우처럼 비교적 장기간에 걸쳐 행복했다는 것을 표시하려는 용법이다. 이 용법의 특징 중의 하나는 '훌륭한 삶'에 대한 개인의 표준에 따라 적용되고 있다는 것이다. 이 용법을 사용하는 사람들은 흔히 '참된 행복'이라는 표현을 사용한다.

위의 네 가지 용법은 강조점이 서로 다르다. 제1용법은 '감정', 제2용법은 '판단', 제3용법은 '행동', 제4용법은 '장기간과 표준'을 강조하고 있다. 사람들이 사용하는 행복 개념은 위의 용법들 중 어느 하나 또는 그 이상의 것을 포함하고 있을 것이다.

'그는 행복하다고 말하지만 실제로는 그렇지 않다.'라고 말할 수밖에 없는 경우도 있다. 토머스는 다음의 경우를 예로 들었다. 그가 단순히 거짓말을 하는 경우와 그 자신을 기만하고 있는 경우다. 이 두 경우에서 그는 두 가지, 즉 자신의 환경과 처지를 속이거나 훌륭한 인생에 관한 표준들에 대한 자신의 신념을 스스로 기만하는 경우다. 어떤 경우이든지 간에 자신의 실제 생활이 훌륭한 인생에 대한 자신의 표준에 이르렀다고 믿지 않는 것이다.

또 다른 경우 당사자는 모르지만 우리가 그의 사정을 아는 경우다. 어떤 사람의 아내가 부정(不貞)하게 사는 경우나, 의사가 고의적으로 환자에게 병명을 숨길 경우를 생각할 수 있다. 이 경우 아내의 부정을 모르는 사람과 자신의 병명을 모르는 환자가 행복하다고 할 수 있는가.

'그는 행복하다.'라고 말할 수 있는 명확한 경우는, 자신의 삶이 자신의 표준에 도달했다는 것을 믿을 뿐만 아니라 스스로 알아야만 하는 경우다. 한편으로 어떤 사람이 자신의 삶이 자신의 표준에 도달했다는 것만으로 '그는 행복하다.'라고 말할 수 없는 경우도 있다. 또 우리가 그의 표준을 인정하거나 공감할 수 있어야만 한다. 부정한 아내를 둔 어느 남자의 경우는 어떻게 될까? 아내의 부정을 알고도 행복하다고 생각하는 사람의 경우 그가 행복하지 않다고 주장할 수가 없다. '행복한 미치광이'란 말의 경우 제1, 제2, 제3의 용법에서는 미치광이가 행복하다고 말해도 별 문제가 없다. 그러나 그의 표준에 결함이 있다고 하기보다는 그가 현재와 미래에 대한 실제적 평가를 할 수 없다는 데 결함이 있는 것이다(Thomas, 1968, 107).

어떤 사람이 행복하다는 판단을 하려면 다음 두 가지 요인, 즉 훌륭한 인생에 대한 그의 표준과 그가 실제로 놓여 있는 환경에 달려 있다. 그리하여 그가 행복하다는 다른 사람의 진술은 그의 삶이 그의 표준에 도달했다면 옳다고 할 수 있다. 그러나 타인의 표준을 바꾸어 주고자 할 경우가 있을 수 있다. 그가 채택한 것보다 자신의 인생을 판단할 더 좋은 표준이 있다고 설득할 수도 있다. 따라서 우리는 타인의 삶의 표준을 변경시킴으로써 그를 행복하게 또는 불행하게 생각하도록 할 수 있다. 지금 채택하고 있는 것보다 삶을 판단하기 위한 더 좋은 표준들이 있다고 설득함으로써, 또한 현재의 삶이 새 표준에 합치한다는 것을 보여 줌으로써 불행한 사람을 행복하게 만들 수도 있다. 똑같은 방식으로 행복한 사람에게 그의 것보다 더 좋은 삶의 표준이 있고, 현재의 삶이 더 좋은 표준에 어울리지 않는다고 설득함으로써 불행하게 만들 수 있다(Thomas, 1968, 107-108).

행복의 공리주의적 전통은 행위의 결과를 주목한다. 이 경우 어떤 견지에서 행위의 결과를 판단할 것인가가 문제된다. 행복이 궁극적인 목적이고 다른 것들은 이를 위한 수단이라는 주장이 제기될 수 있다. 그러나 사람들은 한 가지 목적이 아닌 여러 가지 목적을 추구한다. 여러 가지 목적을 추구할 경우 그 결과가 행복에 기여하는 정도는 다를 수 있다.

행복을 느끼는 것을 향상시킬 수 있는가? 이러한 질문은 행복의 4번째 의미의 견지에서 제기된 것이다. 행복은 인생을 평가할 수 있는 한 가지 요소다. 우리는 어느 인생이 얼마나 행복했는가 하고 물을 수 있다. 이 질문은 행복의 표준에 관련된 것으로, 먼저 무엇이 행복한 인생을 구성하는가에 대한 대답이 없이는 제대로 대답할 수가 없다(Thomas, 1968, 108-109). 행복에 대한 표준을 가지고 있다면 당사자와 타인이 행복 여부를 판단할 수 있지만, 표준이 없을 경우 타인은 그의 행복 여부를 판단할 수 없다.

II. 행복의 개념

행복이란 말은 아주 다양하게 사용되고 있다. 행복이란 말은 행운에서 쾌락에 이르기까지 경계선이 넓다. 어원적으로 볼 때 행복이라는 말은 후자보다는 전자에 더 가깝다. 그러나 현대 영어에서 행복의 의미는 둘 다 거리가 멀다.

윌슨(Wilson)은 다양하게 사용되고 있는 행복의 개념을 열거하면서 서로 구별되어야 한다고 주장하였다. 그는 6개의 상이한 용법을 열거하였다(1968, 19-20).

① 그 사람은 스스로 행복하다고 생각할지라도 행복하지 않다.

② 그 사람은 행복하지만 충분히 행복한 것은 아니다.

③ 그 사람은 행복하지만 더 광범위한 욕구, 취향, 활동을 가져야만 한다(팝 음악뿐만 아니라 바흐도).

④ 그 사람은 행복하지만 더 높은 수준의 욕구, 취향, 활동을 가져야만 한다(팝 음악보다는 바흐).

⑤ 그 사람은 행복하지만 지위가 불안정하기 때문에 그의 행복은 불안정하다(그는 안정을 가져다주는 약물이나 다른 사람들에게 지나치게 의존하고 있다.).

⑥ 그 사람은 행복하지만 다른 사람들의 이익을 충분히 배려하고 있지 않다(도덕적인 반대를 하고 있다.).

윌슨은 이러한 용법들 가운데 ①과 ②만이 행복 개념에 내재한 준거라고 말했다. 이러한 것들에 대해서는 '그는 실제로 행복하지 않다.'는 표현은 정당하지만 ③~⑥의 경우 이러한 표현을 사용하는 것은 잘못된 것이라는 입장이다. 왜냐하면 이러한 준거들은 행복과 무관하기 때문이다. ③~⑥의 비판은 그 사람의 편협(③), 열등(④), 불안정(⑤), 무도덕적(⑥)인 성향을 나타낼 뿐이다. 이러한 것들이 필연적으로 불행을 가져다주지는 않더라도 합리적인 사람은 더 넓은 범위의 욕구를 가지려 할 것이다(1968, 20). 윌슨의 지적

대로 ③~⑥까지의 준거를 개입시키면 행복한 사람은 지상에서 한 사람도 없게 된다. 그러나 많은 사람이 행복의 개념을 이런 식으로 사용하기 때문에 행복에 대한 개념적 혼란이 일어날 수밖에 없는 것이다.

또 많은 이들은 행복을 쾌락과 동일시하기도 한다. 그런 관점을 가지고 있는 사람들은 방긋 웃거나 새근새근 잠자는 어린이를 보고 행복하다고 말한다. 그러나 즐거움과 기쁨의 수준을 넘어서는 행복의 개념에 따르면, 어린이는 행복하다고 말할 수 없다. '행복한 유아' '행복한 어린이'라는 표현을 쓰지만, 정상적인 성인의 행복과는 다른 종류의 것으로 보인다. 웃는 아이는 행복해 보이지만 정상적인 성인에게 적용되는 행복과 동일시되지는 않는다.

사람이 행복해지기 위해서는 자기의식을 가지고 있어야 한다. 그런 의미에서 신생아는 행복하지도 불행하지도 않다. 행복하기 위해서는 올바른 판단을 해야 할 뿐만 아니라 행복과 관련된 사실에 대한 인식을 가져야 한다. 우리는 종종 다음과 같은 말을 듣는다. '나는 행복하지만 그것을 모르고 있다.' '행복하다는 것을 부인할지라도 그는 행복하다.' '그는 행복하지만 그것을 모른다.' 등이다. 위의 진술들에 대해 어떻게 이해해야 하는가? 행복은 자신의 상황에 대한 의식을 가져야만 하는가? 이런 질문들은 행복의 개념에 대해 관심을 갖도록 이끌어 준다.

'그는 행복하다.'고 말하는 것은 각기 다른 두 가지를 의미할 수 있다. 즉, 우리가 말하는 그 사람이 자신의 환경과의 관계 속에 있다는 것과, 그가 '나는 행복하다.'고 말할 수 있는 그의 태도를 우리가 표현하는 것을 의미할 수 있는 것이다. 이 경우 '그는 행복하다.'고 말하는 것은 가치판단이 아니다. 어떤 가치판단이 존재한다는 것에 대한 진술에 불과하다(von Wright, 1963, 98). '그는 행복하다.'는 그가 행복하다는 판단이 아니라, 우리가 그의 환경에 있다면 분명 행복할 것이라는 판단을 말하는 경우가 종종 있다. 이 경우 '그는 행복하다.'는 그의 환경을 고려해 보면 '그는 행복함에 틀림없다.'고 말하는 것이 된다. 그러한 판단은 종종 시기의 표현이 된다.

폰 라이트는 제삼자가 '그는 행복하다.'라고 판단하는 것은 우리 자신의 가치판단을 위장한 것이며, 실제로는 '제1인칭 판단'이어서 무시해도 된다고 했다. 그는 이 점에 대해 다음과 같이 말했다.

> 궁극적으로 인간은 자기 자신의 행복에 대한 판단자다. 나는 이것을 자신의 행복에 평결을 내린 어떤 제삼자의 판단은, 자신의 인생 환경을 스스로 어떻게 판단하는가에 대한 진리가치에 달려 있다는 뜻으로 쓴다. 이것은 그가 당사자의 판단에 대해 자신의 태도를 언어로 표현하느냐 아니하느냐와는 무관하다(1963, 99).

어떤 의미에서 '나는 행복하다.'라는 한 사람의 판단은 최종적인 성격을 갖는다. 왜냐하면 우리 자신은 그의 환경에 있을 수 없기 때문이다. 그러나 행복의 주관성을 강조할 때의 어려움은 만인이 자신의 행복기대에 대한 최상이자 가장 유능한 판단자가 아니라는 사실이다. 우리는 경험이 많은 사람의 충고를 외면하는 신참자를 자주 본다. 행복의 준거는 단순한 사실이 아니다. 그의 행위가 가져오는 결과를 유쾌하게 받아들인다면 어떻게 할 도리가 없다(1963, 99). 당사자의 판단은 자신의 환경에 관한 것으로 설득력을 가지고 있다. 그리고 행복에 대한 제삼자의 판단은 당사자에게는 참조사항으로서 영향력을 미칠 수 있다. 현명한 사람은 자신의 판단을 존중할 뿐만 아니라 다른 사람의 판단도 고려한다.

어떤 사람이 행복하다고 말하지만 실제로는 그렇지 않을 수 있다. 행복에 관한 당사자의 판단은 불성실할 수 있으며 이 불성실은 일종의 거짓말로 간주될 수도 있다. 정중한 주인은 손님의 기분을 위해 포도주 맛이 일부러 좋다고 말할지도 모른다. 행복과 불행에 대한 당사자의 판단에서 불성실 여부를 알아내는 것은 아주 어렵다. 당사자의 판단을 존중해야 하지만 행복의 객관성을 무시하는 정도가 되어서는 안 된다.

디어든(Dearden)은 행복의 의미를 발견하기 위해 상이한 용법들을 고찰하였다(1998, 297-298).

인습적인 용법

'그 조치에 대해 행복한' '그 결과에 대해 행복한' '그 제안이 받아들여져 행복한' 등의 표현 속에는 마음속에 특수한 대상 또는 사건의 상태에 대한 인식을 가지고 있다. '나는 …에 대해 행복하다.'라고 흔히 쓰는 표현처럼 행복의 첫 번째 의미는 순수하게 인습적이다.

행복하다고 느끼는 것(feeling happy)

이것은 일시적인 분위기를 의미한다. 하나의 분위기로서의 행복에는 특별한 대상이 없다. 일정한 대상이 없으며 정당화시켜 주는 것도 없다. 이것은 심리학적으로 가장 잘 설명될 수 있다.

인생에서 행복한 상태에 있는 것(being happy in life)

이런 종류의 행복은 추구, 증진, 성취, 보호, 상실될 수 있다. 사람들이 교육과 인생에서 중요한 선택들과 관련하여 행복을 언급할 때는 모두 이것을 염두에 둔다. '*being* happy'는 마음의 상태라고 할 수 있다. 이것은 하나의 활동이나 실행일 수 없다. 왜냐하면 행복은 달리기, 흡연, 음악 감상과 같은 것이 아니기 때문이다. 행복은 하나의 상태로서 일정 기간 동안 지속된다. 지속되는 기간은 일정하지 않고 다양하다. 인생 전체여야 하는 것도 아니다. 마음의 상태로서 행복은 하나의 선택된 대상을 가지고 있다. 이것은 기간의 문제가 아니라 그 기간 동안 우리가 처한 상황들과 관련되어 있다. 상황과의 관련은 우리의 상황에 대한 관점에 따라 결정된다.

행복 연구자들은 행복의 개념을 이해하기 위해서 여러 각도로 접근하였다. 그들은 강조점에 따라 행복의 개념을 범주화하였다. 행복 개념의 바람직한 이해를 위해서는 상태로서의 행복, 활동으로서의 행복, 관계로서의 행복으로 나누어 고찰하는 것이 바람직하다. 행복의 개념은 상태, 활동, 관계, 쾌락 등의 요소를 가지고 있는데, 이 중 어느 것도 다른 것을 압도할 만큼 지배적이지는 않다.

1. 상태로서의 행복

일부 사람들은 행복은 어떤 마음의 상태를 의미한다고 주장하고 있다. 이들은 그러한 상태를 '행복한 상태'(*being* happy)라고 말한다. 행복한 상태란 인생을 살아가면서 욕구나 희망이 실현되어 만족한 상태에 도달했다는 것을 의미한다. 행복한 사람은 자신의 삶에 만족하고 그러한 삶이 계속되기를 바란다. 그리고 자기의 욕구가 실현되었다고 말하고 내적 갈등은 물론 불안과 좌절도 느끼지 않는다고 말한다. 자신이 선택한 것에 대해 후회가 없으며, 분노, 시기, 죄의식, 수치, 질투 등도 느끼지 않는다고 말한다.

벤디트(Benditt)는 '행복한 상태' 를 다음과 같이 정의하였다. "어떤 사람 N이 일정 기간 t를 통하여 만족하고 있다면(그리고 그럴 때만) t기간 동안 행복하다. N이 t기간 동안 자신의 생애를 고려할 때 만족한 것으로 느끼도록 되어 있다면(그리고 그럴 때만), N은 t기간 동안 자기의 생애에 만족하고 있다."(1974, 8) 그는 이를 다음과 같이 표현하기도 하였다.

> t기간 동안에 자신의 인생에 만족을 느끼는 사람은 t기간 동안 자신의 생활에 만족하는, 즉 t기간 동안에 행복한 것이다. 이러한 행복관은 행복에 관한 진술이 보고라는 것, 즉 어떤 사람이 행복하다고 말하는 것은 그가 어떤 판단을 함으로써 어떤 감정을 가지게 되었다는 것을 말하는 것이다(1974, 11-12).

벤디트는 주로 만족이라는 차원에서 행복을 정의하고 있다. 즉, 어떤 사람이 자신의 삶 속에서 자신의 기대가 실현되어 거기에서 만족감을 얻는다면 행복하다고 말할 수 있다는 입장이다. 사람은 자신의 희망과 기대가 실현되었을 때 만족한다. 만족과 행복은 아주 가까운 말이다. 많은 경우 행복은 욕구의 만족에서 온다. 이 경우 우리는 일정 기간이라는 조건을 염두에 둔다. 우리가 어떤 것에 만족을 느낄 때 판단과 평가를 하고 있다고 말할 수 있다. 이러한 조건 이외에도 우리는 무엇에 만족을 느끼고 있는지에 대해 묻는다. 내용에 관계없이 만족하기만 하면 행복하다고 말할 수 없기 때문이다.

'행복한 상태'와 행복을 동일시하는 관점은 어떤 성취를 염두에 두고 있다고 말할 수 있다. 상태로서의 행복은 특정한 활동을 지칭하는 것이 아니라 활동들이 가져온 상태 또는 결과를 의미한다. 상태로서의 행복은 쾌락으로서의 행복과는 달리 일정 기간 동안 지속된다. 지속되는 기간은 일정하지 않고 다양하다. 반드시 인생 전체여야 하는 것은 아니다.

마음의 상태로서의 행복은 대상들을 가지고 있다. 대상들은 환경을 형성한다. 이러한 행복은 기간뿐만 아니라 그 기간 동안에 우리가 처해 있는 상황과 관련되어 있다. 상황과의 관련은 상황에 대한 관점에 따라 결정된다. 디어든은 이러한 입장에 대해 다음 두 가지 점을 주의하여야 한다고 말했다. 첫째, 한 인간의 행복은 자신의 인생이 어떠해야 하는가에 대해 어떻게 생각하느냐에 관련되어 있다. 둘째, 인간의 행복은 행복하다고 잘못 알고 있는 것과 양립할 수 있도록 자신의 생활에 대하여 스스로 지각할 수 있는 현실에 의존한다. 개인은 최선의 판단자는 아니지만 자신의 행복에 대한 최후의 판단자다(1967, 19).

디어든은 어떤 사람이 스스로 행복하다고 생각하고 자신의 정신상태에 자기기만을 하지 않는다면, 우리는 그가 행복하다고 생각해야 한다는 것이다. 또한 우리가 어떤 사람이 행복하다고 생각하더라도 그 스스로 불행하다고 생각하여 불행하다고 말하는 것을 허용하여야 한다는 것이다. 상태로서의 행복은 자신의 처지에 대한 본인의 판단에 크게 의존한다.

'행복하다'란 말은 평가활동을 포함한다. 자신이 처한 상황을 평가한 후에 이런 말을 한다. 사람은 자신의 욕구와 기대가 어느 정도 충족되었는지를 평가한 후 행복 또는 불행이란 말을 사용한다. 쾌락주의적 행복과는 달리 상태로서의 행복은 개인의 전반적인 조건들에 대한 평가로 이루어진다.

또한 행복하다는 것은 '*feeling* happy'와는 달리 개인의 전반적인 조건에 대한 사정(assessment)이라고 할 수 있다. 이러한 전통은 아리스토텔레스까지 거슬러 올라가는데, 어떤 인간이 행복하다는 것은 어떤 방식으로 그를 평가하고 있다는 것을 의미하는 것이다. 이에 대해 헤어(Hare)는 표준적인 진술을 하였다. "어떤 사람이 다른 사람을 행복하다고 말할 때 복잡한 사정 작업이 진행되고 있다고 말할 수 있다."(1963, 126). 이러한 판단을 하고 있는 사람은 타인의 생활을 평가한 것이지만 전적으로 화자의 관점에서 하고 있는 것은 아니다. 여기서 헤어는 가치판단과 평가라는 말 대신에 사정이란 말을 사용한 이유를 밝혔다. 왜냐하면 여기서 고려되는 판단들은 엄격히 가치판단이라고 할 수 없는 좋아함, 싫어함, 욕구 등에 국한되기 때문이라는 것이다(1963, 126n). 예컨대 내가 사냥과 낚시를 좋아하지 않을지라도 어떤 사람이 이러한 활동을 좋아한다면 행복하다고 말할 수 있다. 어떤 사람을 행복하다고 말할 수 있는가 없는가 하는 결정은 상상력의 행사다. 상상력을 발휘하여 우리 자신이 그의 위치에 서 보는 것이다(1963, 126).

행복에 대한 판단이 일종의 평가라고 말하는 것은 사람들이 행복에 관해 평가하는 준거들이 있다는 것, 이 준거들은 개인의 생활 조건과 환경을 고려해야 한다는 것, 그리고 개인이 고도로 이 준거들을 만족시킬 때 행복한 사람이 된다는 것을 의미한다. 이러한 주장을 편 사람들 중의 한 사람이 헤어다. 그는 행복의 판단은 부분적으로만 평가이고 부분적으로는 마음의 상태에 대한 보고라고 말했다. 그는 이렇게 말했다.

> 우리들이 어떤 사람을 행복하다고 하기 전에 그가 가진 욕구들의 만족뿐만 아니라 그의 욕구체계가 우리에게 혐오감을 주지 않는지 확실히 할 필요가 있다. 많은 아편을 가지고 있다고 할지라도 행복하다고 말할 수 없는 이유가 여기에 있다. 그러나 우리 자신을 타인의 처지에 두는 것은 한계가 있다. 우리가 해야 할 일은 사실의 진술이 아닌 평가이기 때문에, 우리는 그가 자신의 관점에서 자기의 생활을 어떻게 평가하는가를 단순히 보고하는 데 만족할 수는 없다. 우리는 어떤 사람의 평가에 대한 보고만이 아닌 평가를 하지 않으면 안 된다(1963, 128).

우리가 어떤 사람을 보고 행복하다고 말할 때 그 판단은 우리 것이다. 우리는 그의 욕구들이 실제로 충족되었다는 이 사실적 진술을 그가 행복하다는 판단과 대조시켜 볼 필요가 있다. 내가 싫어하는 것을 어떤 사람은 욕구와 소원으로 가지고 있다고 생각해 보라. 그가 원하는 것을 얻었다면 만족한 사람으로 부를 수 있지만 행복한 사람이라고 부르는 데는 반대할 것이다.

헤어에게 행복하다는 것은 사실의 진술이 아닌 평가를 내리는 것을 의미한다. 우리가 어떤 사람의 생활 조건을 높이 평가할지라도 그 스스로 자신의 생활 전체를 미워한다면 우리는 그가 행복하다고 말할 수 없다. 따라서 행복에 관한 진술들이 개인의 정신상태를 포함하지 않거나 보고로만 그치는 경우는 모두 그릇된 것이라고 할 수 있다(1963, 128-129). 타인의 상태를 평가한다는 것은 행복 판단의 준거가 있다는 것을 시사한다. 그러나 제삼자의 판단이 아무리 객관적이라도 당사자가 계속 불행을 느끼는 경우는 문제가 된다.

벤디트는 헤어의 견해가 다음과 같은 점에서 부적절하다고 생각했다(1974, 6-7).

① 어떤 사람이 자신의 삶을 미워하지 않는 것이 행복의 필요조건이라면, 헤어는 그 사람의 행복을 충분히 고찰하기 위하여 후자, 즉 행복의 필요조건에 대해 설명해야 한다. 헤어는 자신의 삶을 미워하는 것은 어떤 감정들을 포함하고 있는 것으로 생각한 것 같다. 왜냐하면 행복의 진술들을 부분적으로 마음의 상태에 관한 보고라고 주장하고 있기 때문이다.

② (a) N의 생활 조건과 환경이 행복한 생활을 측정하기 위한 나의 표준들에 도달하고, (b) N이 자신의 생활의 모든 순간을 미워하지 않을 때만 N이 행복하다면, (c) 그때 N은 N의 생활의 조건들과 환경이 행복한 생활을 평가하기 위한 나의 표준들에 따라 극히 낮게 분류되고, (d) N이 그의 인생의 모든 부분을 좋아하지 않을 때만 불행하다고 할 수 있다. 자신의 삶의 모든 순간을 사랑하거나 싫어하는 감정이 한 사람이 불행한지 행복한지의 판단을 헛되게 할 수 없다. 그러나 그가 행복한지 불행한지 하는 문제와는 무관하다. 이와는 반대로 어떤 사람이 자신의 삶 전체를 사랑한다는 사실이 그의 행복과 무관한 것이 아니라 가장 중요한 관계를 가지고 있다고 할 수 있다.

③ 헤어의 행복 개념의 본질은 다음 문단에 나타나 있다. "어떤 사람을 행복하다고 부르는 것이 그의 마음의 상태에 관한 보고일 뿐이라고 생각하는 사람은 누구든지 짧은 시를 읽고 행복하다고 한 사람들의 상이한 환경들을 수십 가지 만들어야만

> 한다."(1963, 129). 헤어가 언급한 종류의 행복 개념이 있다는 것을 부인하지 않는다. 그러한 용법은 인간이 보이지 않는다는 것을 시사한다. 이러한 주장 속에는 철학적으로 더욱 중요한 행복의 개념이 있다는 것을 시사한다고 할 수 있다.

벤디트는 N이라는 사람이 스스로 행복하다고 생각할지라도 헤어는 그를 행복하다고 간주하지 않는 삶을 가정할 수 있다는 것이다. 그리하여 그는 N이 행복하다고 생각하지 않기 때문에, 그에게 다른 스타일의 삶을 권고할 것이다. 그러나 무슨 근거로 헤어는 다른 종류의 삶을 권고할 수 있는가? 헤어에게 주어질 수 있는 근거는 삶의 스타일을 변경하는 것이 N을 행복하게 할 것이라거나, 그렇게 하는 것이 지금보다 더욱 행복하게 할 것이라는 것이다. 이 중 후자는 해당되지 않는다. 그러나 벤디트에 따르면, 헤어는 전자의 이유로 N에게 삶의 스타일을 변경하라고 권고할 수 없다는 것이다. 왜냐하면 N은 이미 자신의 관점에 따라 행복해하고 있으며 헤어가 권고하는 삶의 스타일에 행복해하지 않을 것이라고 생각할 수 있기 때문이다(1974, 7-8).

벤디트의 견해에 따르면, 행복은 타인이 관여할 사안이 아니라는 것이다. 타인이 행복해지도록 만들기 위해 권고할 수 있는가 하는 문제는 늘 논쟁거리가 된다. 한편으로 우리는 모든 사람이 자신의 삶의 상태를 정확하게 판단할 능력을 가지고 있으며 그러한 위치에 있는가 하고 물을 수 있다. 타인의 권고를 인정하지 않는 사람은 행복의 판단은 당사자만 할 수 있다는 가정을 하고 있는 셈이다.

사람들은 진실을 모르는 상태에서 행복을 느끼는 경우가 많다.

암 환자에게 진실을 말하지 않는 의사들도 있다. 그들은 진실을 감춤으로써 환자가 남은 생애를 희망과 의미 속에 보낼 수 있다고 믿는다. 실제로 진실을 감춤으로써 행복을 느끼는 경우가 많다. 이 경우 진실을 알려 주어야 하는가? 남편 몰래 다른 남자와 정사를 나누는 아내는 남편에게 진실을 고백해야 하는가? 아내의 외도를 모르는 남편이 더욱 행복할 수 있지 않은가? 비밀 카메라에 현장을 잡힌 여자는 가정의 평화와 행복을 지키기 위해 거액의 돈을 협박범에게 바치기도 한다. 이 모두가 진실과 행복의 관계에 대해 숙고하게 한다.

개인은 어떤 것에 관해 그릇된 판단을 할 수 있다. 예컨대, 자기의 아내가 정숙하다고 잘못 판단하는 경우다. 결혼에 대한 만족감이 아내의 정숙에 달려 있다면, 결혼에 진정한 만족을 느끼고 있다고 말할 수 있는가 하는 문제다. 그는 아내의 기만행위를 발견할 때 행복을 느끼지 못할 것이다. 그러나 그것을 발견하기 전에 죽는다면 그가 행복했다고 말할 수밖에 없다. 그러므로 어떤 것에 만족한다는 판단이 그릇되었더라도 행복을 방해하지는 않는다고 말할 수 있다(1974, 14). 그러나 이러한 종류의 만족과 행복을 누구나 바람직하게 생각하는 것인가를 물어야 한다.

객관적인 견지에서 볼 때 결코 행복하다고 볼 수 없는 경우인데도 당사자는 행복하다고 생각하며 살아가는 경우가 있다. 이러한 현상은 주변에서 쉽게 찾아볼 수 있다. 노예근성으로 살아가는 사람, 비굴과 아첨의 전형을 보여 주는 사람도 행복하다고 주장한다. 지도자에게 복종함으로써 개인적 선택과 책임을 포기하면서도 스스로 행복하다고 믿는 사람도 있다. 그러나 이러한 사람들은 진지한 선택과 책임으로부터 벗어나 있다고 할 수 있다. 이러한 행복의 개념은 자율성의 존중이 결여되어 있다는 의미에서 비판받을 수 있다.

2. 활동으로서의 행복

상태로서의 행복은 각고의 노력 끝에 얻어진 결과에 특히 주목한다. 이러한 행복관은 과정을 등한시하고 결과만을 중시하는 경향이 있다. 이러한 관점에 따르면, 과정이 가치 있다 할지라도 결과가 바람직하지 않을 때는 일생이 불행하다고 생각될 수 있다. 이러한 관점을 지지하는 사람은 고통스럽고 불쾌하더라도 과정을 잘 감내해야 좋은 결과를 얻을 수 있다고 설득한다.

이와 달리 행복을 활동으로 보는 사람들은 결과보다는 과정을 중시한다. 행복을 수동적인 쾌락이나 욕구의 만족을 통해서가 아니라, 능동적인 활동을 통해 획득될 수 있다고 주장한다. 이것은 능동적 쾌락, 즉 우리가 활동하는 데서 기쁨을 얻기 위해 행복을 추구하는 것을 의미한다. 이 경우에서는 활동의 기술 또는 방법을 중시한다. 그리하여 우리가 그 기술에 능숙하면 할수록 더욱 행복해진다. 능동적인 삶의 쾌락은 행복을 지속시키는 데 아주 적합하다. 수동적인 쾌락에서 행복을 추구하는 것은 위험할 뿐만 아니라 안정성이 결여되기 쉽다. 능동적인 삶을 통해 행복으로 가는 길이 절대적으로 안전한 것은 아니지만, 능동적인 활동은 삶의 권태를 예방하고 가치의 창조를 통해 만족된 삶을 추구하도록 해 준다.

활동으로서의 행복관 속에는 능동적인 측면뿐만 아니라 소극적인, 즉 금욕적인 측면을 강조하는 행복관도 있다. 이런 행복관은 욕망을 극도로 제한함으로써 행복을 얻으려는 것이다. 행복이 본질적으로 욕구와 만족 간의 균형이라는 견해를 갖는다면, 행복에 이르는 가장 안전한 길은 가능한 한 욕구를 줄임으로써 욕구좌절의 기회를 최소화하고 만족의 기회를 극대화하는 것이라는 결론에 도달할 것이다. 스토아학파는 이러한 행복관을 가지고 있었다. 그들은 탁월성 그 자체만으로도 행복의 충분조건이 될 수 있다고 믿었다. 또한 탁월성만이 선하다고 생각했고, 부와 건강은 때로는 유익을 가져다주지만 해를 가져올 수도 있다고 믿었다. 그러나 스토아학파는 개인이 자기 자신과의 관계를 가진 행복의 측면만 고려함으로써 사회적 관심을 등한시하는 과오를 범했다.

아리스토텔레스는 행복을 상태와 활동으로 이해하였다. 그러나 그는 후자를 더 중시하였다. 행복을 일종의 활동으로 보았기 때문에 그는 행동하는 사람을 격찬하였다. 그는 올림픽 경기에서 주어지는 상을 그 예로 들었다. 올림픽의 상은 가장 뛰어나고 강한 사람에게 주어지는 것이 아니라, 경기에 참가하여 활동하는 사람에게 주어진다는 것이다. 따라서 인생에서 가장 아름답고 선한 사람은 행동하는 사람이라는 것이다. 이러한 주장은 그가 말만이 아닌 행동과 활동을 중시하고 있음을 시사한다. 그는 탁월한 활동 안에는 쾌락이 존재하기 때문에 일부러 쾌락을 찾아 나설 필요가 없으며, 행복은 가장 선하고 가장 아름답고 가장 유쾌한 것이라고 생각했다. 행복이라고 불리는 활동에는 이 세 가지 특징이 포함되어 있다는 것이다(2003, 1099a3-25).

행복이 하나의 활동이라면 그것은 최상의 활동이어야 한다. 아리스토텔레스는 행복의 준거 검토를 통해 최상의 활동을 제시하였다. 행복은 유쾌한 것이며 가능한 한 그 자체를 위해 요구되는 것이며, 자기 충족적이며, 환경에 따라 강제되는 것이라기보다는 여가시간에 자유롭게 참여하는 것이어야 한다. 이러한 행복의 준거를 가장 잘 충족시키는 것은 관조적 탐구활동이다.

행복이 활동이라면 사후(死後)의 행복을 논의하는 것은 무의미하다. 왜냐하면 죽은 사람은 행복과 불행, 행운과 불운, 명예와 불명예 등에 대해 모르기 때문이다. 영혼이 살아남아 이승의 삶을 바라보지 않는 한 사후에 대한 논의는 무의미하다.

인간의 활동은 어느 정도 객관적으로 기술될 수 있고 평가될 수 있다. 상태로서의 행복은 주관적일 가능성이 크지만 활동으로서의 행복은 자신과 타인이 객관적으로 평가할 수 있다. 평가가 이루어진다면 반드시 표준이 설정되고 활용된다. 이러한 경우에 '내가 행복하다.'고 말하는 것은 내 생활의 환경들이 훌륭한 생활을 위한 나의 표준들에 일치했다는 것을 의미한다.

그러나 '그는 행복하다.'의 경우는 다르다. 폰 라이트는 '어떤 사람이 행복하다.'는 말 속에는 다음 두 가지 진술을 포함하고 있다고 생각했다. 즉, 그의 삶이 그의 선한 삶의 표준에 도달했다고 믿는 경험적 진술과, 그의 삶의 환경이 내 표준에 비춰볼 때 그의 삶은 훌륭한 삶이라고 하는 진술이다. 두 번째 진술에 따르면, 그가 부인할지라도 그가 행복하다고 내가 말할 수 있도록 한다는 것이다(1963, 98-99). 그러나 내가 '당신은 자신이 얼마나 행복한지 이해하지 못하고 있다.'라고 말해도 그가 행복하지 않다고 말하면서 합당한 증거를 제시하면 그가 행복하다고 말할 수 없다. 타인이 보는 견해는 피상적인 경우가 많다.

3. 관계로서의 행복

동일한 환경이라도 사람에 따라 다르게 받아들이는 경우가 있다. 어떤 사람은 행복한 상태로 이해하고 어떤 사람은 불행한 상태로 이해한다. 이러한 경향은 우리로 하여금 행복은 삶의 상태가 아닌 개인의 속성이라고 생각하게 한다. 이런 견해를 가진 사람들은 행복을 개인들의 속성에 관해 진술하는 것이라고 이해한다. 개인의 능력, 기질, 취향이 행복에 크게 영향을 미치기 때문에 이러한 주장이 나올 수 있다. 한편 이러한 주장은 행복을 주관주의적으로 이해한다고 비판받을 수 있다. 이러한 주장에 대해 우리는 어느 정도 보편성을 가지고 있는지 묻지 않을 수 없다. 우리는 사람들이 주변 환경에 영향을 받지 않고 자신의 속성에 충실할 수 있는가 하고 물을 수 있다.

개인의 속성으로 보는 견해와 대조를 이루는 것이 행복을 환경과의 관계로 인식하는 견해다. 폰 라이트가 이런 입장을 가지고 있다. '그는 행복하다.'란 말은 하나의 논리적 형태를 은폐하고 있다고 말할 수 있다. 이 표현은 행복한 개인이 보여 주는 속성으로 행복을 이해하도록 만든다. 그러나 행복하다는 것은 실제로 어떤 관계 안에 있다는 것을 의미한다. 무엇과의 관계인가? 생활 환경과의 관계다. '그는 행복하다.'는 말은 '그는 그것을 좋아한다.'라고 말하는 것과 비슷하다. 여기서 '그것'(it)은 이러저러한 특정한 사물이나 활동을 의미하지 않는다. 그것은 전체를 의미한다. '나는 행복하다.'라고 말할 때 그는 언어로 자신의 태도, 자신의 환경과의 관계를 말하고 있다. 행복은 판단을 기다리는 환경 안에 있는 것이 아니다. 바로 환경과의 관계에서 출현한다. 스스로 행복하다고 판단하는 것은 자신의 삶의 환경을 좋게 평가하는 것이다(1963, 98).

III. 행복과 웰빙

'잘 사는 것'(living well)과 '잘 하는 것'(doing well)은 흔히 동의어로 사용되며 행복과 관련되어 있다. 이에 비해 '잘 못사는 것'과 '잘 못하는 것'은 불행과 관련되어 있다. 행복이라는 말과 가까운 말로는 '잘 사는 것'을 들 수 있다. 그러나 이 경우 잘 산다는 것이 무엇을 의미하는지 분명하지 않다. 우리는 '잘 살고 있는가?'라는 질문을 받을 때 무엇에 관해 묻고 있는지 되물어야 할 정도다.

폰 라이트는 '인간의 선'을 표현하는 영어의 어휘들은 다음 세 가지, 즉 행복, 웰빙(wellbeing) 그리고 복지라고 말했다. 이 가운데 복지가 가장 포괄적인 말이고 나머지 두 개는 '인간의 선'의 '측면들' '구성요소들' '부분들' 이라고 할 수 있다는 것이다. 그래서 그는 '인간의 선'과 '인간의 복지'를 동의어로 사용했다(1963, 87).

또한 폰 라이트는 행복과 복지는 논리적으로 다른 범주에 속한다고 말했다. 그는 이를 입증하기 위해 세 가지 특징을 소개하였다(1963, 87-88).

① 이 두 개념은 선의 두 가지 다른 형태와 관련이 있다. 행복은 쾌락주의적이고 복지는 공리주의적인 개념이다. 행복은 쾌락과 관련되어 있으며 유익한 것과는 직접적으로 관련되어 있지 않다.

② 행복은 상태를 나타낸다. 행복은 성취될 수 있고 획득될 수

있다. 개인은 행복할 수 있다. 그러나 복지는 시간적으로 사건, 과정, 상태와 똑같은 관계를 가지고 있지 않다.

③ 행복과 복지의 중요한 논리적 차이는 인과관계다. 복지에 대한 고찰은 여러 가지 행동이나 사물이 인과적으로 존재에 영향을 미치는가를 고려하는 것이다. 따라서 인과적인 것을 고려하지 않고 어떤 것이 한 인간에게 좋다거나 나쁘다고 말할 수 없다. 그러나 행복의 경우는 이것이 가능하다.

폰 라이트는 행복과 복지는 서로 다른 범주에 속하지만 무관하지 않으며 이들의 상호관계는 복지가 행복보다 더욱 넓고 기본적이라고 생각했다. 그는 복지가 윤리학에서 더욱 중요한 개념이며 행복은 '복지의 완성 또는 절정 또는 꽃'이라고 말할 수 있지만, 이것은 은유적인 표현일 뿐 두 개념 간의 논리적인 관계를 설명해주지는 않는다고 말했다(1963, 88).

콜링우드는 행복을 내적 웰빙과 외적 웰빙의 결합으로 이해하였다. 그는 내적 웰빙 또는 자기 자신과 관련된 웰빙은 덕이며, 외적 웰빙 또는 자기 자신 밖에 있는 것과 관련된 웰빙은 힘으로 이해하였다. 그는 행복을 형성하는 덕과 힘은 분리할 수 없다고 생각했다(1992, 83). 콜링우드는 행복은 웰빙을 포함하는 것으로 이해한다.

폰 라이트와 콜링우드는 웰빙의 개념을 다르게 이해했지만 행복과 웰빙이 밀접한 관계를 가지고 있다고 보았다. 그러나 오늘날 널리 사용되고 있는 웰빙은 이러한 의미로 사용되지 않고 만족, 쾌락, 자유시간의 선용 등으로 이해되고 있다.

IV. 행복과 행운

'행복'과 '행운' 간에는 언어적 관련이 있다. 행복의 어원인 'hap'은 '우연'(chance)을 의미한다. 행복이 이러한 어원을 갖게 된 것은 행복이 운에 크게 영향을 받기 때문일 것이다.

아리스토텔레스는 행복은 운과 외적 조건에 지배받는다고 생각했다. 그는 행복은 외재적 선을 필요로 한다고 주장하였다(2003, 1099a31-b8). 외재적 선, 즉 친구, 재산, 권력, 직업, 외모, 가문 등은 인간의 행복에 크게 영향을 미친다. 건강은 운에 영향을 받는다. 건강한 부모를 가진 어린이는 그렇지 않은 어린이보다 더욱 건강할 수 있기 때문에 행운을 얻었다고 할 수 있다. 이러한 것들은 노력의 소산이기도 하지만 노력 없이 주어지기도 한다. 후자를 강조하는 사람들은 행복과 행운을 동일시한다.

아리스토텔레스는 운에 따른 선이 행복에 영향을 미친다고 주장하였다(2003, 1100a5-9, b22, 1101a28, 1129b3). 이러한 선은 덕의 형성과 행사에도 공헌한다. 그는 덕만으로 행복할 수 있다는 견해에 동의하지 않았다. 완전한 덕의 획득과 실현에는 운에 따른 선이 필요하다. 우리가 부유하지 않다면 타인에게 자선하거나 도와줄 수 없다. 즉, 관후나 호탕의 덕을 실현할 수 없다.

아리스토텔레스는 행복과 행운이 관련이 깊지만 동일시되어서는 안 된다고 생각했다. 운에 따른 선은 선인에게는 크게 문제되지 않지만 악인에게는 도리어 나쁜 결과를 가져올 수 있다. 악인에게 주어진 권력은 타인을 괴롭히는 데 활용되기 쉬우며 재산은 방탕과 타락을 초래할 수 있다.

좋은 건강, 풍요한 부, 좋은 직업 등을 가진 사람은 행운을 가졌다고 말할 수 있다. 행복한 사람은 만사가 좋고 살아 있는 것이 좋다고 말할 수 있지만 이 진술 속에는 안정성을 포함하고 있지 않다. 유덕한 사람의 행복은 운이 아니라 주로 그의 유덕한 인격에 달려 있다. 그러므로 유덕한 사람의 일차적 목적은 운에 따른 선을 획득하는 것이 아닌, 유덕한 행동을 계속하는 데 있다고 말할 수 있다.

V. 행복과 양립할 수 없는 것들

이 세상에는 행복과 양립할 수 없는 것들이 많다. 이러한 것들은 대체로 불행과 밀접한 관계를 가지고 있다. 오스틴(Austin)은 이러한 문제에 관심을 가졌다. 그의 견해는 다음과 같이 요약할 수 있다.

가난하고, 고통스럽고, 고립된 사람이 행복할 수 있다는 것은 논리적으로나 심리적으로 가능한 일이다. 그리하여 '고통 속에 있지만 행복한' '가난하지만 행복한' '혼자이지만 행복한'이라는 표현이 성립될 수 있다. 그런데 논리와 심리의 관계는 너무나 복잡하다. 그래서 심리적으로 가능하지만 논리적으로 불가능한 상태들, 예컨대 '야비하지만 행복한' '불친절하지만 행복한' '악의를 가졌지만 행복한' '악하지만 행복한' '사악하지만 행복한' '심술궂지만 행복한' '좌절했지만 행복한' '외롭지만 행복한' '불안하지만 행복한' '후회하지만 행복한' '권태롭지만 행복한' '분개하지만 행복한'이라는 말들이 있는 것이다(1968, 60).

오스틴은 이러한 것들을 몇 개의 그룹으로 나누었다(1968, 60-62).

① 야비함, 불친절, 악의, 악은 모두 도덕적으로 비난받는 것으로서 행복과는 논리적으로 양립할 수 없다. 이에 비해 심술궂음과 사악은 어색하기는 하지만 불가능한 것은 아니다. 악의와 달리 심술궂음은 사소한 비난에 해당하며, 악과는 달리 사악은 행동에 귀속되는 말이다. 마지막 두 말은 첫 번째 그룹이 불합리하다는 것을 반영한다. 행복은 개인의 전체적 조건에 대한 평가를 포함하며 그 한 부분이 그의 도덕적 환경이다.

② 외로움, 좌절, 불안, 후회라는 말도 흥미를 자아낸다. 이것은 행복이 내가 원하는 것을 얻는 것이라기보다는 내가 얻은 것을 즐기는 것이라는 주장과 관련된다. 외로움, 좌절, 불안, 후회는 일견 행복과 양립할 수 있는 것처럼 보이는 인접한 병렬의 상태를 가지고 있다. '혼자이지만 행복한'은 합당하지만 '외롭지만 행복한'은 그렇지 않다. '성공하지 못했지만 행복한'은 합당하지만 '좌절했지만 행복한'은 그렇지 않다. '위험을 알지만 행복한'은 합당하지만 '불안하지만 행복한'은 그렇지 않다. '죄의식을 가졌지만 행복한'은 합당하지만 '후회하지만 행복한'은 그렇지 않다. 그러나 '혼자 있는 것'과 '외로운 것'이 엄밀하게 어떻게 서로 다른지 말하기 어려우며 병렬한 쌍들이 진실로 평행하는지도 논쟁적이다. 여기서 오스틴이 얘기하고자 하는 것은 두 번째 술어들이 가지고 있지 않은 것을 첫 번째 술어들은 각각 어떤 종류의 객관성마저 담보하고 있는 것처럼 보인다는 것이다.

상황이 우리의 행복을 결정하는 것이 아니며, 상황에 대한 우리의 감정과 반응이 행복을 결정한다는 것이다. 감정과 반응은 논리적인 문제로 우리의 통제 밖에 있다. 그러나 상황에 대한 인식과 반응으로부터 이것의 해결은 우리의 관점에 달려 있다. 관점은 변경할 수 있다. 어떤 사람이 혼자 있다는 것은 사실의 문제이지만, 이것이 그 사람의 상황을 평가하거나 묘사하는 데 유일하게 적절한 사실은 아니다. 무수히 많은 다른 측면들이 있다.

③ 마지막 두 항목, 즉 권태와 분개(resentment)는 앞의 그룹과는 다르다. 여기에서는 어떤 객관적이며 중립적인 것을 발견할 수가 없다. 권태는 자기가 하고 있는 일에 흥미가 없다는 것을 의미한다. 정의상 권태는 흥미나 관여로부터 제외되었다는 것을 의미한다. 이는 행복과는 양립할 수 없다는 것을 보여 준다. 권태와 분개는 부당한 자기중심성을 포함하고 있다. 그것들은 본질적으로 주관적이며 감정적이라고 할 수 있다.

오스틴이 열거한 어휘들의 대부분은 감정을 표현한 것이다. 행복과 감정은 밀접한 관계에 있다. 그는 행복과 감정에 대해 이렇게 말했다.

> 인간의 전반적인 조건으로서 행복은 궁극적으로 개인의 감정들에 의존해야만 할지라도 '행복한 감정'(*feeling* happy)과 '행복한 상태'(*being* happy)가 동일하다는 것을 의미하지는 않는다. 우리의 감정은 우리의 통제 안에 있지 않을 수 있지만, 어느 정도는 선택의 문제, 즉 우리가 어떤 관점을 가지느냐에 달려 있다. 자기 자신을 운명의 희생자로 보지 않는 것이 운명으로 하여금 가장 고귀한 선물, 즉 자기 자신을 행복한 사람으로 간주하도록 허용할지도 모른다(1968, 62).

행복이 이성과 표준에 따라 판단된다고 해도 행복은 감정과 깊은 관련을 가지고 있다. 벤디트는 행복의 감정들에는 세 가지 종류가 있다고 말했다(1974, 17).

① 다행증(euphoria)의 감정들이 있다. 이것들은 어떤 것의 감정이 아니라 약물로 일으키는 것이다.
② X를 행할 때 경험하는 긴장감(흥분, 유쾌함), 예컨대 심해낚시, 자동차경기 등을 들 수 있다.
③ 자기의 인생 영역들 또는 자기의 전 생애에 관한 행복의 감정들이 있다.

이 마지막 감정들이 어떤 것에 만족할 때의 감정과 같은 것이다. 이 세 가지 감정들은 모두 행복의 감정으로 명명될 수 있다. 우리가 세 감정의 차이를 인식하고 있는 한, 같은 이름으로 불려도 무방하다고 할 수 있다. '너 행복하니?'라는 질문은 약물에 따른 환각에, 파티에 참석한 손님이나 자기의 배우자에게 무관하게 제기될 수 있다. 그러나 마지막 경우에 주어지는 '예.'라는 간단한 대답은 앞의 두 경우에서 나오는 동일한 대답과는 다른 것이다.

우리는 '행복을 느끼다'와 '행복하다'에 대해 말하고 있다. 종종 이 둘을 서로 혼동하여 사용하기도 한다. 그러나 치환해서 사용할 수는 없다. 이것은 '아픔을 느끼고 있는 것'과 '아픈 상태에 있는 것'이 서로 다른 것과 같은 의미다. 그러나 이것을 구별하고 싶은 욕구는 저지되어야 한다. '행복하다'가 결국 더욱 자연스러운 표현인 것이다. '너의 결혼이 네게 행복을 가져다주었는가?'라는 질문은 '너는 너의 결혼에 행복을 느끼는가?'라는 물음이라고 말할 수 있다. 행복하기 위해서는 사람들이 행복을 느껴야 한다. 그가 행복을 느낀다면 그는 행복하다. 그러나 이 경우 감정의 의미가 문제될 수 있다. 특수하고 목표 지향적인 감정들일 때는 행복과 동일시될 수 없다(Wilson, 1968, 14-15). 논리적으로 행복한 마음의 상태와 양립할 수 없는 그러한 마음의 상태들도 있다. 그러나 행복을 경험하는 데 필수적이거나 충분한 심리적 특징들이 존재하는 것은 아니다.

'행복'과 '비참'은 모순이라기보다는 서로 반대되는 상태이며 이들 간에는 연속성이 없다. 두 어휘는 상호 배타적이다. 따라서 한 사람이 행복하면서 동시에 비참해질 수는 없다. 그러나 함께 배타적이지는 않다. 즉, 어떤 사람이 행복하지도 비참하지도 않을 수 있으며 여러 가지 간격을 두고 그들 사이의 길을 갈 수도 있다(Barrow, 1991, 72). 바로는 비참 외에도 행복과 양립할 수 없는 것들을 열거하였다. 외로움, 초조, 의기소침, 짜증, 자기의심, 낮은 자부심, 죄의식, 회한, 후회가 그것들이다(1980, 73). 이러한 감정들은 자신의 관심을 밖으로 표출하기보다는 자신의 내부로 향하도록 만든다.

VI. 행복추구의 난관

인생을 살아가면서 사람들은 행복을 추구하지만 성취하기가 쉽지 않다. 행복으로 가는 길에는 수많은 내적, 외적 난관들이 가로놓여 있기 때문이다. 내적으로는 내적 전제자라고 할 수 있는 온갖 종류의 탐욕이 있으며, 외적으로는 불운을 비롯한 악들이 도사리고 있다. 솔론(Solon)을 비롯한 고대인들은 이러한 난관을 바라보면서 이 세상에는 행복한 사람들이 없다고 생각했다. 에우리피데스(Euripides)는 『메데이아』(*Medeia*)에서 이렇게 말했다.

> 죽게 마련인 존재들은 그림자에 지나지 않는다는 것을
> 오늘 처음으로 생각했던 것은 아니지만, 내 거리낌 없이 말하겠소.
> 스스로 현자요 사색가라고 자부하는 자들이야말로
> 가장 중벌을 받아 마땅하다고 말이오.
> 이 세상에 행복한 사람은 아무도 없기 때문이오.
> 부가 흘러들어 가는 사람도 남들보다 행운아라고는
> 할 수 있겠으나 행복하다고는 할 수 없을 것이오(1990a/1999, 1224-1230).

우리는 주변에서 불행한 사람들을 많이 목격한다. 불행한 사람들의 대부분은 행복의 길을 제대로 이해하고 있지 못할 뿐만 아니라 자신 앞에 놓여 있는 난관을 이해하지 못하고 있다. 행복의 길이 아무리 어렵더라도 앞에 놓인 난관의 본질을 제대로 이해하면 어느 정도 극복할 수 있다. 디어든은 행복을 추구하는 일의 난관에 대해 세 가지로 범주화했다(1998, 300-301).

① 인간 존재는 많은 욕구들을 가지고 있으며 이 모두를 함께 실현할 수 없다. 따라서 선택이 불가피하다. 때로는 바람직한 선택도 포기해야만 한다. 우리는 더 많은 소설을 읽고 싶고, 더 많은 관광을 하고 싶고, 더 다양한 음악, 스포츠를 즐기고 싶고, 그리고 친구와 더 많은 시간 담소를 나누고 싶다. 그러나 이러한 활동들이 모두 가능한 것은 아니다. 유감스럽게도 선택을 해야만 한다. 이것이 첫 번째 난관이다.

② 행복추구에서 두 번째 난관은 충분히 통제할 수 없는 환경에 너무나 취약하다는 것이다. 이 취약성은 행복이라는 말의 어원에도 나타나 있다. 행복과 어원적으로 관련되어 있는 'hap'은 운, 기회, 요행과 관련되어 있다. 건강, 수입, 외재적 선, 사건과 사고 등은 행복을 위협하고 있으며 우리의 통제를 벗어나는 경우가 많다.

금욕주의는 욕망을 차단하고 모든 사회적 헌신으로부터 초연함으로써 이러한 난관들을 극복하려고 한다. 이러한 전통은 스토아주의에 닿아 있다. 스토아주의는 외부세계에 대해 무관심을 보인다. 그러나 오늘날에는 이러한 해결책이 지지되기 어렵다. 욕망을 억제하려는 욕망은 행복과 모순되지는 않지만 불안정한 행복관이라고 할 수 있다.

③ 행복추구에서 세 번째 난관은 쇼펜하우어가 강조한 관점이다. 그는 목적이란 겉치레일 뿐이며 그것을 달성하면 그 매력이 사라진다고 말했다. 목적은 언제나 새로운 출발점에 불과하다는 것이다. 외적 부담을 제거한다고 할지라도 자신 안에서 새로운 부담이 두드러지게 나타난다는 것이다.

디어든이 제시한 세 가지, 즉 선택의 불가피성, 운의 작용, 인간의 끝없는 욕망은 모든 인간에게 주어진 불가피한 제한들이다. 이러한 제한들은 행복의 실현을 끊임없이 방해한다.

VII. 행복추구에 대한 비판

행복은 가치 있는 활동이기 때문에 적극적으로 권장된다. 개인은 이러한 행복추구의 성향을 잘 보여 준다. 그러나 이러한 행복추구에 대해 비판하는 사람들도 있다. 이런 사람들은 행복보다 무가치하지 않은 다른 가치들을 등한시할 위험이 있다고 생각한다. 행복의 개념을 좁게 이해할 경우 이러한 위험이 생길 수 있다.

한 인간이 자신의 선택 중에서 추구하는 목적이 하나이어야 한다는 주장은 논리적으로 필연적이지 않다. 자발적으로 행동하는 것은 우리가 어떤 것 그 자체를 위해서이거나 그 행동을 통해 다른 어떤 것을 얻기 위해서다. 만족되어야 할 욕구들이 많은 것처럼 다양한 만족들이 존재할 수 있기 때문에, 나의 모든 행동 속에서 단일한 목적을 추구하고 있다고 말할 수는 없다. 자신이 행복해지기 위해서는 원하는 것들의 일부가 없어도 행복할 수 있어야 한다 (Kenny, 1965-1966, 95).

사람들이 행복추구를 하는 방식은 아주 다양하다. 자기중심적일 수도 있고 전적으로 자기희생적일 수도 있다. 편협한 것일 수도 있고 지나치게 많은 활동을 전개할 수도 있다. 행복을 추구하려다 인간의 기본적인 의무마저 저버릴 수도 있다. 디어든은 공동체에 퍼져 있는 행복에 대한 비판적 분위기를 네 가지 측면에서 고찰하였다(1998, 301-304).

일상적인 사회도덕에 따른 비판

개인의 행복은 타인들에 대한 완전한 무시, 심지어 착취에 기초할 수 있다. 소크라테스는 부정한 사람은 행복할 수 없다고 말했지만 이 말은 설득력이 없다. 왜냐하면 그는 이기주의자를 모든 절박한 충동과 열렬한 욕망을 제멋대로 확산시키는 사람으로 그리기 때문이다. 실제로 이기주의자는 자신의 욕망추구에서는 아주 재빠른 사람이다.

공동체 안에는 영웅적인 삶을 사는 사람도 있고 극히 평범하게 살아가는 사람들도 있다. 디어든은 엄슨(Urmson)의 「성자들과 영웅들」의 내용을 소개하고 있다. 성자들과 영웅들은 자신의 행복보다는 타인을 위해 기꺼이 희생하는 삶을 보여 준다. 어떤 사람은 이러한 희생 속에서도 다른 종류의 행복을 실제로 발견할 수 있다. 어느 경우나 개인적 행복은 부산물이지 목적은 아니다.

영웅이나 성자의 삶을 보여 주지 못했다고 해서 그 사람을 비난할 수는 없다. 흄(Hume), 벤담(Bentham), 밀(Mill)과 같은 공리주의자들은 일반적인 행복이 있다는 것을 지적하는 데 신중하였다. 일반적인 관점에서 본 행복은 도덕적 표준을 높여 준다. 그러므로 궁극적 목적으로서의 행복에다 적어도 공정, 공평 또는 정의의 분배적 원리가 첨가되어야 한다. 그러나 이 두 원리를 사랑처럼 하나로 환원시키려는 시도는 실패한다. 어느 하나가 우선시되어야 한다면 칸트(Kant)의 견해와는 달리, 정의보다는 행복이 우선시되어야 한다. 정의가 필요 없는 세계가 있을 수 있다. 다른 사람들과 충돌하지 않고 풍부한 욕망을 억제하고 내적 평화와 안정을 키우도록 가르치는 신념들을 공유할 경우가 그러하다.

도덕적 이상들에서 유래하는 비판

개인의 존엄은 성실성, 독립성, 자율성에 근거해야 한다는 칸트의 견해에서 온 것이다. 사람들은 자신이 노예일지라도 행복할 수 있다. 사람들은 날 때부터 자율성을 동경하고 있다고 가정할 이유가 없다. 지도자나 대중운동에 복종함으로써, 개인적 선택과 책임으로부터 회피함으로써 일종의 행복을 얻을 수 있다. 그러므로 행복의 개념은 타인들에 대한 기본적인 책무의 측면에서 부도덕할 뿐만 아니라 자율성의 존중이 결여되어 있다는 점에서 비판받을 수 있다. 이런 식의 비판은 공동체 안에서 타당할 수 있다. 개인의 행복을 위해 공익에 무관심한 경우는 허다하다.

우정과 심미적 쾌락에서 유래하는 비판

이러한 비판은 무어(Moore)의 『윤리학 원리』(*Principia Ethica*)에 있는 여러 형태의 우정과 심미적 즐거움에 근거를 두고 있다. 개인적으로 친밀한 관계를 가지지 않더라도, 그리고 열악한 환경에서 살더라도 행복할 수 있다. 예술은 이상을 주기 때문에 그것을 추구함으로써 개인적 행복을 희생할 수 있다. 이러한 예로 모차르트, 베토벤, 슈만, 스트린드베리, 고흐를 들 수 있다. 이러한 시각에서 디어든은 그라이스(G. R. Grice)가 내린 행복의 정의를 소개하였다. "행복은 봉사이든, 진리이든, 미(美)이든 하나의 이상에 사로잡혀 있는 사람들이 전심하는 것에 대한 이름이다."

진리의 가치에 근거를 두고 있는 비판

어떤 사람이 자신은 행복하며 이것을 자신에게 확신시키려 하지만 실제로는 자기기만에 불과한 경우가 있다. 입으로 말하는 것과 가슴으로 느끼는 것은 다를 수 있다. 불행한 사태의 진상을 아는 사람은 실제로 자신이 행복하다고 말할 수 없다. 입센(Ibsen)의 『야생 오리』(*Wild Duck*)에 나오는 주인공 엑달(Ekdal)의 경우, 그의 행복의 핵심은 사랑하는 딸이다. 그녀는 전 고용주와 자신의 아내 사이에 난 딸이다. 이 연극은 행복과 진리 사이에 일어날 수 있는 충돌을 그리고 있다. 많은 사람들이 진리탐구가 그들 자신의 개인적 행복이 희생되더라도 추구되어야 할 이상이라고 주장하고 있다. 밀은 "만족한 바보보다는 불만족한 소크라테스가 되는 것이 더 낫다."라고 말했다. 이 말에 사람들은 묵시적으로 동의한다.

사람은 누구나 어느 정도까지는 진리의 가치를 인정해야 한다. 이러한 필요에도 불구하고 실재와의 관계보다는 외관에만 관계되는 행복이 가능한 선택일 수도 있다. 「전도서」 1장 18절도 진리추구와 지식의 획득이 행복을 보장하지 않는다는 점을 지적하고 있다. 환상에 젖어 있는 사람에게 진리추구의 가치는 더욱 존중되어야 한다. 행복과 망상의 가능성과 관련하여 행복하다고 말하는 사람의 판단 근거를 점검할 필요가 있다.

그러나 이러한 전반적인 비판에도 불구하고 자율성, 진리, 예술을 궁극적 목적으로 추구하는 것은 그 자체로도 비판의 여지가 있다고 주장될 수 있다. 그러한 탐구가 인간적 삶을 고양시키지 못하고 파괴한다면 광신적일 수 있다. 광신주의는 현실성을 상실한 가치추구일 수 있기 때문이다. 그러므로 행복추구를 비판하는 근거들도 비판의 대상이 될 수 있다. 자신의 행복을 희생시키는 것은 정당화될 수 있지만, 희생에는 어떤 지적인 목적이 있을 때로 한정한다(Dearden, 1998, 305). 우리는 그 누구도 타인의 행복을 희생하도록 요청할 수 없다.

행복을 추구하는 삶이 모두 좋은 것은 아니다. 행복할 때는 불행을 염두에 두지 않을 가능성이 있을 뿐만 아니라 모든 것을 자신에게 유리하게 해석할 위험도 있다. 데이비스(Davis)는 행복할 때는 모든 것이 좋게 보인다고 말했다. 그는 이러한 현상을 '장밋빛 행복'(rosy light of happiness)이라고 불렀다. 그는 이렇게 말했다.

> 우리가 행복할 때 모든 것이 좋게 보인다. 우리가 행복할수록 사물들이 더 좋게 보인다. 우리가 불행할 때 사물들은 나쁘게 보인다. 나는 이런 현상을 '장밋빛 행복'이라고 부른다. 어떤 것이 좋게 보이면 나는 그것과 함께 행복하다. … 우리는 일상적으로 우리가 행복하기 때문에 모든 것이 좋게 보인다고 가정한다. 그러나 위의 추리는 모든 것이 좋게 보이기 때문에 우리가 행복하다는 것을 보여 준다(1981, 117).

행복을 추구할 때는 불행과 불운을 늘 염두에 두어야 한다. 이러한 것들은 언제나 우리에게 엄습해 올 수 있다. 불행과 불운은 우리 내부에서 일어날 수도 있고 외부에서 올 수도 있다. 우리의 무능과 연약, 탐욕과 장밋빛 희망 등은 내부에서, 또한 환경에서 비롯되는 여러 가지 악들은 외부에서 위협해 온다. 이러한 상황을 인식하면 우리는 인생에 대해 겸손해지고 이웃과 협동적인 삶을 함께해야 한다는 것을 깨닫는다.

VIII. 행복과 인생계획

사람들은 누구나 자신의 삶을 평가하면서 살아간다. 자신의 삶을 자주 평가하는 사람이 있는가 하면 아주 드물게 평가하는 사람도 있다. 자기반성, 자기비판, 음미 등은 모두 자신의 인생을 평가하려는 시도라고 할 수 있다. 사람들은 모두 자기 인생의 계획자라고 할 수 있다. 자신의 삶이 성공적이 되려면 자신의 삶의 성공적인 측면과 실패한 측면을 함께 고려해야 한다. 이러한 평가 활동에 기반을 둔 인생계획일수록 성공률이 높아진다. 왜냐하면 이런 인생계획을 생각하는 사람은 과오를 되풀이하지 않을 뿐만 아니라 터무니없는 인생계획을 세우지 않기 때문이다.

사람들은 자신의 삶에 대해 의식적인 평가를 하지 않지만 누군가가 그러한 평가를 하도록 요구할 때는 대답을 한다. 사람들은 자신의 삶을 평가할 때 중점적으로 평가하는 중요한 영역들이 몇 가지 있다. 바로 직업, 경력, 결혼, 가족생활, 사회관계 일반, 생활의 표준 등이다. 사람들의 인생계획은 다양하다. 어떤 사람은 전 생애를 설계하며 어떤 사람은 가까운 미래, 심지어 다음 주까지만 계획하기도 한다. 사람들은 계획을 세울 뿐만 아니라 실현할 욕망도 가지고 있다. 정상적인 사람들은 자신의 욕망이 실현되었는지 아닌지를, 그가 얻은 것이 가치 있는 것인지를 평가한다. 이런 종류의 평가를 하지 않는 사람은 결함이 있는 사람으로 간주된다(Benditt, 1974, 13).

노직(Nozick)은 마지막까지 생명에 매달리기보다 더 호소력 있는 다른 진로를 발견하려고 하였다. 풍족한 생활 후에도 정력, 예민성, 과단성을 가진 사람은 자신의 생명을 건 모험을 하거나 다른 사람 또는 어떤 고귀하고 좋은 목적을 위해 생명을 내놓을 수 있는 길을 선택할 수 있다. 이것이 가볍게 또는 너무 이르게 이루어져서는 안 된다. 자연적인 죽음 이전에 이루어지는 것이 좋다. 현재의 건강 수준에 비춰볼 때 70~75세가 적합하다. 이 단계에 있는 사람은 젊을 때보다 더욱 극적이고 모험적인 방식으로 타인을 돕기 위해 마음과 정력을 투입할 수 있다. 노직은 간디와 마틴 루터

킹 목사를 염두에 두고 이런 말을 했다(1989, 27). 불운하게도 노직은 자신이 제시한 나이가 되기 전에 타계하였다. 자신의 인생계획이 실현되지 않아도 숙고를 통한 인생계획은 행복의 필수적인 요소가 된다.

제2장

아리스토텔레스의 행복론

행복의 철학에서 아리스토텔레스의 이론은 가장 영향력이 크다. 그는 『니코마코스 윤리학』, 『에우데모스 윤리학』, 『수사학』 등의 저서를 통하여 인간의 행복에 대해 깊은 성찰을 보여 주었다. 그의 행복철학이 가장 잘 드러난 저서는 『니코마코스 윤리학』이다. 이 책은 다양한 문제들을 다루는데, 모든 문제들의 방향은 행복을 향하고 있다.

이 책 제1권에는 일반인을 염두에 두고 실제적인 삶에서의 행복을 제시하였다. 제1권에서 제시된 행복은 인간성의 낮은 차원에서 혹은 일상적인 차원에서 실현된 행복을 의미한다. 그럼에도 불구하고 여기서는 도덕적, 지적 덕의 추구가 주류를 이루고 있다. 그는 이러한 덕을 획득하는 것과 더불어 어느 정도 외적 선이 있어야 비로소 행복한 생활을 할 수 있다고 생각했다.

아리스토텔레스는 보통 사람들이 가지고 있는 신념에 주목하였다. 그는 그러한 것들에 동의하지는 않았지만 부분적인 진리가 있다고 생각했다. 그가 행복을 완전한 삶에서 덕을 표현하는 영혼의 활동이라고 정의했을 때, 그는 행위자가 통제할 수 없는 불운과 외적 요인들로부터 쉽게 상처받을 수 있기 때문에 행복은 안정될 수 없다는 일반적인 관점을 취하고 있다. 아리스토텔레스에게 행복이란 내세를 위한 어떤 것이 아니라, 지금 그리고 여기에서의 '삶의 질'이다. 그것은 전적으로 물질적인 것도 아니고 전적으로 영적인 것도 아니다. 바로 보통 사람의 경험에 기초를 둔 중용의 철학이다.

제10권에서는 최고의 행복인 테오리아(theōria)를 제시하였다. 이 말의 의미는 매우 어려운데 대체로 '명상적인 삶' '관조적인 삶' '탐구활동' 등으로 번역되어 있다. 이러한 활동을 통한 행복은 소수의 사람에게만 가능하다. 아리스토텔레스 연구자들은 제1권과 제10권에 제시된 행복 개념의 관계를 놓고 논쟁을 계속하고 있다.

I. 에우다이모니아(Eudaimonia)의 어의

아리스토텔레스가 사용한 그리스어 'eudaimonia'는 당대의 의미를 반영할 뿐만 아니라 독자적인 의미도 부여한다. 에우다이모니아(eudaimonia)는 우리말이나 영어로 직역될 수 없다. 우리말의 '행복'이나 영어 'happiness'는 일반적으로 쾌락주의적인 의미를 가지고 있다. 그런 경우 행복은 쾌락적인 삶이나 욕구들이 만족된 상태를 의미할 뿐이다.

아리스토텔레스가 사용한 'eudaimonia'를 둘러싸고 여러 논의가 전개되고 있다. 이 말의 'eu'는 'well'을, 'daimonia'는 'divine being'(신적인 것)을 의미한다. 즉, 행복이란 신들이 좋아하는 삶을 의미한다. 아리스토텔레스는 행복을 최고선과 동일시하였다. 쾌락과 만족을 최고선으로 본다면 아리스토텔레스와는 무관한 견해다. 그는 최선의 삶이 쾌락을 포함하고 있다고 해도 동일시될 수는 없다고 생각했다.

아리스토텔레스 연구자들은 'eudaimonia'를 영역할 때 상이하게 표현한다. 대부분의 학자들은 'happiness'로 번역하지만 로스(Ross)는 'wellbeing'으로, 쿠퍼(Cooper)는 'flourishing'으로 번역하였다.

쿠퍼는 에우다이모니아란 말이 사용된 당대의 용법을 문제 삼았다. 그는 아리스토텔레스가 그리스적인 관점에서 이 말을 아주 일상적인 방식으로 사용하였다고 생각했다. 그런데 이 말의 번역어들, '행복' '융성' '훌륭한 삶' 등의 표현은 일상적이 아니다. 예컨대, 행복은 특수한 시간에 어떤 사람 또는 생애의 속성이나 조건을 지시하는 말로 사용된다. 우리는 행복이란 말을 아리스토텔레스가 에우다이모니아를 사용하듯이 일상적으로 사용하지 않는다. 구체적인 하나의 활동을 지칭하기 위해 행복이란 말을 사용하지 않는다(1987, 195).

크라우트(Kraut)는 쿠퍼의 번역이 부적절하다고 생각했다. 그는 'happiness'보다 'wellbeing'이나 'flourishing'을 에우다이모니아의 번역어로 사용하면 아리스토텔레스를 더 잘 이해할 수 있다고 생각하는 것은 하나의 환상이라고 말했다. 그는 이러한 접근방법은 에우다이모니아와 행복을 지나치게 단순화해서 본 결과라고 생각했다. 일반적인 관점에 따르면, 우리가 어떤 사람을 행복하다고 판단할 때, 우리는 그가 어떤 마음 상태에 있다는 것만 의미하고 있다고 한다. 아리스토텔레스가 어떤 사람을 보고 행복한 사람이라고 말할 때는 그가 어떤 표준에 도달했을 뿐만 아니라 행복하다고 불리는 정신상태에 있다는 것을 의미했다. 행복이 심리적 조건을 포함하며 에우다이모니아는 그렇지 않다고 주장하는 것은 잘못된 개념을 가지고 있다(1979, 168).

욕망의 완전한 충족은 행복의 필요조건이지 충분조건은 아니다. 아리스토텔레스의 이론에 따르면, 이러한 욕망은 가치 있는 목표를 향해야 하고 목표의 가치에 따라 그 힘을 적절하게 배분하여야 한다. 그렇지 않으면 욕망의 충족을 느끼더라도 행복하지 않다. 크라우트는 이것이 에우다이모니아와 행복의 놀라운 차이점이라고 생각했다. 개인의 욕망이 충분히 충족된다면 그는 행복하다. 그러나 이 조건은 에우다이모니아를 위해서는 충분하지 않다. 이 차이 때문에 행복은 에우다이모니아의 번역어로 적합하지 않다는 것이다(1979, 176).

아크릴(Ackrill)은 에우다이모니아가 모든 실제적인 선 중 최고의 것을 의미한다는 점에 대해서는 합의되고 있다고 말했다. 즉, '잘 사는 것' 또는 '잘 하는 것'을 의미한다는 것이다. 그는 에우다이모니아로서의 행복은 일생 동안 노력하여 얻은 결과나 성과가 아니며, 기대되는 그 무엇도 아니라고 했다. 그것은 일생에 걸쳐 즐길 수 있고 가치 있는 삶이다. 이런 의미에서 행복은 그 자체 목적인 활동들로 구성되어 있다(1984, 19).

아크릴은 '에우다이모니아'란 말은 '행복' '위안' '쾌락'과는 다르고 '최선의 가능한 삶'과 비슷하다고 보았다. 이 경우 '최선'은 좁은 도덕적 의미로 사용되지 않는다. 따라서 무슨 형태의 삶이 행복인가에 대한 논의가 다양하게 파생된다. 아크릴은 행복은 잘 하는 것이지 그것의 결과가 아니며, 삶 그 자체이지 그것의 보상이 아니라고 생각했다(1984, 24).

행복이 최선의 가장 완전한 덕이라는 아크릴의 주장을 어떻게 이해해야 할까? 쿠퍼는 아크릴의 완전(completeness)에 대한 설명이 틀리다고 생각했다. 그는 행복을 모든 특수한 덕의 총합으로 보았다는 것이다. 그러나 가장 완전한 덕인 행복은 그 자체를 위해 선택하는 것으로서, 자기 충족적인 목적으로 보아야 한다는 것이다. 완전한 선이란 다른 무엇이 없어도 그 자체 안에 모든 것을 가지고 있기 때문이다. 이러한 관점은 『니코마코스 윤리학』 1097a30-34에 나타나 있다는 것이다(1987, 199).

우리가 어떤 사람이 행복하게 살고 있다고 말할 때는 생활에 대한 그 사람의 태도, 즉 살아 있는 것이 아주 즐겁고, 자신의 가장 깊은 욕구들이 충족되고 있으며, 삶의 환경들이 잘 유지되고 있다는 것이 포함된다. 아리스토텔레스의 행복 패러다임이 이와 같은 태도들을 일컫는가? 크라우트는 그렇다고 생각하였다. 왜냐하면 그러한 사람은 규칙적이고 성공적으로 참여하는 활동을 사랑하기 때문이다. 그는 자신의 지적이고 도덕적 능력들의 행사가 인간에게 가능한 가장 큰 선이라고 생각한다(1979, 170).

에우다이모니아의 번역어가 다르게 사용되는 것은 『니코마코스 윤리학』 제1권과 제10권에 나타나는 행복의 개념이 다르기 때문이기도 하다. 두 권에 나타난 행복의 개념을 모두 포괄하는 어휘는 존재하지 않는다. 아리스토텔레스가 사용한 에우다이모니아에 정확하게 대응하는 말은 없지만 필자는 편의상 본서에서 행복이라고 번역하여 사용하기로 한다.

II. 행복의 본질

아리스토텔레스가 말하는 '행복'이란 무엇인가? 이 질문은 아리스토텔레스 연구자들에게는 오랜 쟁점이 되어 왔으며 지금도 계속 논의되고 있다. 아리스토텔레스 자신이 이런 논쟁을 유발했다고도 할 수 있다. 『니코마코스 윤리학』에서 아리스토텔레스는 행복에는 많은 요소들이 포함되어 있다고 말했다. 이러한 요소들 중에서 어느 것을 특히 강조하며 포함시키려 했는지가 쟁점이 되고 있다.

아리스토텔레스는 『니코마코스 윤리학』에서 두 종류의 행복을 제시하였다. 제1권에서 제시한 도덕적 덕이 중심이 되는 행복과 제10권에서 제시한 테오리아가 강조되는 행복이다. 그는 이 두 가지 형태의 행복을 모두 인정하였다(2003, 1178a5).

1. 제1권에 나타난 행복의 개념

아리스토텔레스는 "모든 기술과 탐구, 또 모든 행동과 추구는 어떤 선을 목적으로 하고 있는 것으로 생각된다."(2003, 1094a1-2)라고 말했다. 이러한 선들의 위계는 목적의 위계와 일치한다. 행동, 기술, 학문이 다양한 것처럼 목적도 다양하다. 목적의 서열이 있는 것처럼 선에도 서열이 있으며 따라서 최고선이 존재한다. 최고선은 그 자체 때문에 추구된다. 아리스토텔레스는 최고선을 '그 자체를 위해 요구되는 행동의 목적' (2003, 1094a19)이라고 정의하였다.

그에게 최고선은 에우다이모니아로서의 행복이었다. 행복은 모든 사람이 추구하는 것이다. 행복은 그 자체 때문에 바람직하다.

그것은 인생의 무조건적인 목적이 된다. 행복은 인생의 무조건적인 목적이기 때문에 사람들이 왜 행복을 원하는지 묻는 것은 무의미하다. 그러나 아리스토텔레스는 사람들이 모두 행복을 원하고 있지만 무엇이 행복인가라고 물으면 다양한 대답이 나온다고 말했다(2003, 1095a19-20).

아리스토텔레스는 자유로운 사람들이 선호하는 세 가지 생활방식을 소개하였다. 첫째는 선과 행복을 쾌락과 동일시하는 것으로 향락적인 삶이며, 둘째는 명예를 중시하는 정치적인 삶이고, 셋째는 관조적인 삶이다(2003, 1095b15-19). 대부분의 사람들은 첫 번째 삶의 방식을 선호한다. 정치활동을 향한 관심과 야망을 가진 사람들은 두 번째 삶을 지향하고, 지적 활동을 좋아하는 소수의 사람들이 세 번째 삶을 좋아한다.

아리스토텔레스는 행복은 그 자체 때문에 선택되지 다른 무엇을 위해 선택되지 않는다고 말했다. 따라서 행복은 궁극적이고 자족적이라고 생각했다. 그는 자족적이란 것은 그것 자체만으로 생활을 바람직하게 만들며, 또 아무것도 부족함이 없는 것이라고 말했다(2003, 1097b8-16).

아리스토텔레스는 행복은 또한 두 개의 다른 속성들, 즉 '완벽함'과 '자기 충족성'을 가지고 있다고 말했다. 행복은 가장 완전한 것이며 부, 쾌락, 이성과는 달리 그 자체를 위해서만 선택된다. 그는 행복은 세상에서 가장 좋고 가장 고귀하고 가장 유쾌한 것이며 이 세 특징들은 서로 구별되지 않는다고 생각했다(2003, 1099a23-25). 행복이 세 가지 특징을 가졌다는 말은 인간에게 가장 완벽한 목적이 될 수 있다는 것을 보여 준다.

그는 행복은 도덕적, 지적 덕을 따르는 활동으로부터 온다고 생각했다. 그래서 소나 말은 행복하다고 말할 수 없다. 같은 이유로 어린이도 행복하다고 말할 수 없다. 어린이는 나이가 어려 유덕한 활동을 할 수 없기 때문이다(2003, 1099b33-1100a3). 소와 말 같은 가축들은 먹이를 주면 마냥 좋아한다. 어린이도 먹을 것 앞에서 비슷한 모습을 보인다. 이러한 모습은 즐거운 것이지 행복한 상태라고 말할 수는 없다.

행동하는 사람의 삶은 그 자체로도 즐거운 것이다. 정의로운 사람에게는 의로운 행위가 즐거움이 된다. 고귀한 것을 사랑하는 사람은 본성상 즐거운 것을 즐거운 것으로 본다. 그러므로 유덕한 활동에는 더 이상의 쾌락이 필요없다. 왜냐하면 그 자체 안에 쾌락을 가지고 있기 때문이다(2003, 1099a13-22). 이러한 쾌락은 감각적 쾌락과는 다른 성격을 가지고 있다.

이러한 행복은 유덕한 활동에서 비롯되지만 외재적 선도 필요하다. 외재적 선, 즉 친구, 재물, 권력 등은 유덕한 삶을 살도록 도와준다. 한편으로 이러한 것들은 운에 많이 좌우되기 때문에 일부 사람들은 행복과 행운을 동일시하기도 한다.

완전한 덕이 완전한 삶을 가져오는 것은 아니다. 따라서 행복은 완전한 덕과 완전한 삶 둘 다를 요구한다. 아리스토텔레스는 트로이(Troy)의 마지막 왕 프리아모스(Priamos)를 그 예로 들었다. 노년의 불운이 그의 행복을 무너뜨렸다는 것이다. 그는 이 불행한 왕을 거론하면서 솔론의 주장을 소개하였다(2003, 1100a6-9).

그가 거론한 솔론의 주장은 헤로도토스(Herodotos)가 쓴 『역사』 제I권 31-32절에 소개되어 있다. 리디아(Lydia)의 왕 크로이소스(Croesus)는 전쟁을 통해 막대한 국부를 이룩한 후 아테네의 현자 솔론의 방문을 받았다. 그는 자신이 이 세상에서 제일 행복한 사람이라고 솔론이 말해 주기를 기대하면서 솔론에게 호화찬란한 왕궁을 구경시켰다. 그는 솔론에게 지금까지 만난 사람들 가운데 누가 제일 행복한 사람이었냐고 물었다. 솔론이 다른 사람들의 이름을 열거하자 크로이소스 왕은 화를 버럭 냈다. 솔론은 왕에게 이렇게 말했다.

> 저는 왕께서 극히 부유하고 많은 백성들을 다스리고 있다는 것을 알고 있지만 왕께서 자신에 관해 물으신 것에 대해서는 훌륭하게 인생을 마치셨다는 것을 알 때까지는 대답할 수가 없습니다. 아무리 부유한 자라 할지라도 자신의 모든 이점이 손상되지 않은 채 훌륭하게 죽을 수 있는 행운을 갖지 않는 한 날마다 벌어먹고 사는 사람보다 행복하다고 말할 수 없습니다. … 한 사람이 죽기 전까지는 그를 행운이 있는 사람이라고 부를 수는 있어도 행복한 사람이라고 말하는 것은 삼가야 합니다(Herodotos, I. 32).

여기서 솔론이 지적한 것은 행복의 불안정성이다. 살아 있는 동안에는 그 누구도 행복하다고 말할 수 없다는 말을 들은 크로이소스 왕은 후에 몸서리칠 정도로 비참한 최후를 맞이하였다. 크로이소스 왕에게 일어난 불행은 솔론의 주장을 뒷받침한 셈이 되었다.

유덕한 생활, 즉 덕이란 가장 안정적이고 영속적이다. 덕에 따른 행복은 지속적이다. 유덕한 사람은 불운이 온다 하더라도 가장 고상하게 그리고 아주 품위 있게 참을 것이기 때문이다. 행복한 사람은 비참해질 수 없다. 왜냐하면 그는 증오할 정도의 야비한 행동을 하지 않기 때문이다(Aristotle, 2003, 1100b33-1101a6).

아리스토텔레스는 행복은 완전한 덕에 따르는 활동이기 때문에 덕에 관한 탐구가 선행되어야 한다고 말했다. 이렇게 행복을 가져오는 덕은 도덕적 덕과 지적 덕으로 대별된다. 『니코마코스 윤리학』의 제2~5권은 도덕적 덕을, 제6권은 지적 덕을, 제8~9권에서는 외적 선의 하나인 우정을 다루었다. 이 모든 덕은 개인의 행복을 향해 설명되고 강조되고 있다.

2. 제10권에 나타난 행복의 개념

아리스토텔레스는 『니코마코스 윤리학』 제1권에서 행복한 삶의 조건을 이론적으로 논의하고(2003, 1096a4-5), 더욱 특수한 논의는 후에 하겠다고 약속하였다(2003, 1098a20-22). 이 약속은 제10권 6~8장에서 실현되었다. 그는 제6장에서 제1권에서 논의한 것을 요약하였다. 그는 행복은 상태가 아니라 활동이며, 자족적이고, 그 자체로서 선택할 만한 가치가 있으며, 인간의 기능에 따른 덕을 표현하는 활동이라고 규정하였다(1176a33-b9). 인간의 활동이 이러한 특징 모두를 달성하기란 어려운 일이다.

아리스토텔레스는 지적, 도덕적 덕과 얼마간의 외적 선을 가짐으로써 인간은 행복할 수 있다고 주장하였다. 그러나 그가 제시한 것을 획득하는 것은 어느 것이나 어려운 과업에 속한다. 대부분의 사람들은 이러한 수준의 행복도 얻지 못한다. 지적, 도덕적 덕의 추구보다는 재물, 권력 등의 외적 선이나 감각적 쾌락을 더 우선시하기 때문이다.

아리스토텔레스는 제10권 6~7장에서 제1권에서 논의한 행복보다 더 높은 수준의 행복 개념을 제시하였다. 제6장부터는 다른 차원의 행복을 제시하고 있다. 아리스토텔레스는 지금까지의 자신의 주장에 만족할 수 없었던 것이다. 그는 이러한 불만을 해소시켜 줄 차원 높은 행복을 필요로 하였다. 테오리아를 통한 행복을 제시하면서 아리스토텔레스는 이것이야말로 최고의 행복이라고 주장하였다.

(1) 테오리아의 개념

아리스토텔레스는 행복은 하나의 상태가 아니라 활동이라고 규정하였다. 활동은 그 자체가 바람직한 것도 있고 다른 것을 위해 바람직한 것도 있다. 활동으로서의 행복은 전자에 속하는 것으로 고귀하고 탁월한 활동은 그 자체가 바람직하다(2003, 1176b2-7).

아리스토텔레스는 즐거운 오락도 그 자체가 바람직한 것이라고 말했다. 그러나 행복을 오락 속에서 발견할 수는 없다. 오락을 위해 일한다는 것은 어리석은 일이다. 오락은 일종의 휴식으로서 진지한 일을 하기 위한 수단으로 필요할 뿐이다. 노예도 아주 훌륭하게 오락을 즐길 수 있다. 행복은 오락이 아닌 탁월성을 드러내는 활동들에서 발견될 수 있다.

행복이 탁월성을 나타내는 활동이라면 그것은 최고의 탁월성을 따르는 것이어야 한다. 고귀하고 신적인 것을 이해하는 것이 가장 좋은 것이므로 완전한 행복은 최고의 탁월성을 나타내는 활동이어야 한다. 아리스토텔레스는 이러한 활동을 테오리아라고 불렀다(2003, 1177a11-17).

아리스토텔레스 연구자들은 'theōria'를 어떻게 번역할 것인가에 대해 고심해 왔다. 학자들은 여러 가지로 번역하였다. 래컴(Rackham, 1934)과 톰슨(Thomson, 2003)은 '관조'(contemplation)로, 어윈(Irwin, 1985a)과 리브(Reeve, 1992)는 '탐구'(study)로, 로(Lowe, 2002)는 '반성적 활동'(reflective activity)으로 각각 번역하였다. 이렇듯 상이한 번역은 테오리아의 의미가 복합적이라는 것을 보여 준다. 테오리아에 대응하는 말을 찾기 어렵지만 대체로 철학자의 활동, 순수하게 사변적이거나 과학적인 사유, 전적으로 이론적인 것을 의미한다고 할 수 있다.

동사 'theōrein'은 'gaze on' 'look upon'을 의미하는 것으로 어떤 것을 명료하게 바라보는 것을 뜻한다. 이것은 하나의 문제나 주제를 주의 깊게 관찰하고 해답을 찾으려는 노력이다. 테오리아는 '실천'(practice)과 대조되는 '이론'(theory)을 의미하지 않는다. 그것은 '행동'(action)과 대조를 이룬다. 테오리아는 이론적 지혜(sophia)를 따르는 것을 의미한다. 아리스토텔레스는 지혜를 탁월한 덕이라고 생각했다. 이렇게 본다면 아리스토텔레스에게 행복은 이론적인 관조, 즉 지혜를 행사한 활동이 된다. 제10권 7장에서는 지혜는 테오리아에만 순수하게 관심을 가지며 행동에는 관심을 가지지 않는다는 점을 강조하고 있다. 그는 행복은 최상의 덕에 따르는 활동이며 이것은 이론적 관조, 즉 지혜의 사용과 동일시된다고 생각했다.

거스리(Guthrie)는 'theōrein'은 'to see or observe'를 의미하며, 아리스토텔레스의 theōria와 theōrein을 각각 '관찰'(observation)과 '관찰하다'(observe)로 번역하는 것이 때때로 '관조'와 '관조하다'로 번역하는 것보다 더 좋다고 말했다. 그는 이를 입증하기 위해 『니코마코스 윤리학』 1169b33-34를 예로 들었다. "우리 자신보다 우리의 이웃을 관찰하는 것이 더욱 쉽다." 이 경우 관조한다는 말로 번역하는 것은 자연스럽지 않다는 것이다(1981, vi, 398).

아리스토텔레스의 테오리아의 개념에는 두 가지 요소, 즉 탐구와 관조의 의미를 포함하고 있다. 아리스토텔레스는 완전한 행복에 탐구활동뿐만 아니라 명상 또는 관조적 활동을 포함하고 있다(2003, 1177a17-18, 1177b24-26, 1178b7-8, 32). 테오리아를 관조로 번역할 경우 이때의 관조는 어떻게 이해하여야 하는가? 아리스토텔레스에 따르면, 최고의 가장 완전한 행복은 관조적 삶에서 온다. 관조적 삶은 활동하지 않는 것이나 정적인 삶을 의미하지 않는다.

단일 활동으로 등장하는 테오리아는 인간에게 최고의 선이며 행복의 절정이다. 그래서 그 의미를 아는 것이 중요하다. 거스리는 최근에 이 말에서 과학적, 철학적 탐구를 제외하고, 그 범위를 이미 획득한 진리를 관조하는 것으로 제한하려는 경향이 있다고 말했다. 관조자를 지혜의 탐구자가 아니라 진리의 소유자로 보아야 한다는 것이다. 아리스토텔레스식 관조자는 이미 지식을 획득한 사람이다(1981, vi, 396). 이러한 이해방식에 따르면, 관조는 탐구활동의 전성기를 지나 탐구의 결과를 음미하고 거기에 헌신하면서 살아가는 것을 의미한다고 할 수 있다. 아리스토텔레스의 견해는 이러한 견해를 배제하지 않는다. 그러나 아리스토텔레스는 지적 호기심과 탐구는 결코 멈출 수 없는 것으로 이해하였다. 이러한 관점에 따른다면, 관조는 탐구와 음미, 이러한 활동이 가져다주는 즐거움을 누리는 삶이라고 할 수 있다.

테오리아는 행복을 가져다준다. 지식과 지적 활동을 관조할 수 있는 사람은 가장 행복한 사람이다. 전지전능한 신이 존재한다면 신의 활동은 관조적이라고 말할 수 있다. 이성적으로 마음을 도야하는 사람은 신에 가장 가깝다고 할 수 있다. 관조적인 사람은 모든 세속적인 것에서 초연하므로 자유인이 된다. 그는 아무것도 필요로 하지 않으며 그 어떤 것의 지배를 받거나 왜곡되지 않는다. 그는 하고 싶은 대로 할지라도 자신과 이웃에게 해로운 행위를 하지 않을 것이다.

(2) 테오리아의 특징

아리스토텔레스는 행복을 가져다주는 테오리아는 진리와 함께 한다고 생각했다. 그는 이것을 입증하기 위해 테오리아의 특징을 다음과 같이 제시하였다(2003, 1177a20-1178a8; Irwin 1985a, 284-285).

① 이 활동은 최선의 활동이다. 왜냐하면 이성은 우리 안에 있는 최고의 요소이며 이성의 대상은 지식 중 최고의 것이기 때문이다.

② 이 활동은 가장 영속적이다. 우리는 다른 어떤 영속적 활동보다 진리를 관조하는 이 활동을 계속할 능력을 가지고 있다.

③ 이 활동은 가장 유쾌하다. 행복에는 쾌락이 포함되지만, 지혜에 따른 활동이 가장 유쾌하다. 철학은 가장 순수하고 확실한 쾌락을 제공해 준다.

④ 이 활동은 자족적이다. 정의로운 사람은 자신의 의로운 행동을 받아줄 동반자가 필요하며, 절제와 용기의 경우도 마찬가지다. 그러나 현명한 사람은 혼자서도 탐구할 수 있다. 동료가 있으면 더욱 좋지만 진리를 관조하는 이 활동에서는 혼자서도 충분히 자족적이 될 수 있다.

⑤ 이 활동은 그 자체를 위해 사랑받는다. 다른 목적이 없다. 관조한다는 것 이외에 실제적인 결과에 좌우되지 않는다.

⑥ 이 활동은 여가를 포함한다. 여가를 갖기 위해 인간은 일을 한다.

⑦ 이 활동은 신적(god-like)이다. 이 활동은 인간의 수준을 넘어

서는 것같이 보인다. 인간 속에는 신적인 요소, 즉 이성이 있기에 이러한 활동이 가능하다. 따라서 다음과 같은 속담을 추종해서는 안 된다. "너희들은 인간이니 인간적인 것을 생각하라." 또한 "너희는 죽을 수밖에 없는 존재이니 사멸하는 것에 대해 생각하라." 그러므로 인간은 할 수 있는 한 불멸의 존재가 되도록 해야 하며, 우리 안에 있는 가장 뛰어난 것을 나타내는 삶을 살아야 한다.

⑧ 이 활동은 개인의 참된 자아를 실현시켜 준다. 이성에 따른 이런 활동은 개인이 마땅히 살아야 하는 삶이므로 다른 방식으로 사는 것은 부조리한 일이다.

(3) 테오리아와 다른 덕들의 관계

아리스토텔레스는 테오리아는 신적인 요소를 가지고 있다고 생각했다. 그는 테오리아 외의 다른 덕은 인간적인 것으로 보았다. 그래서 다른 인간적 덕은 행복을 위한 2차적인 것이라고 생각했다. 테오리아와 다른 덕의 관계를 설명한 것을 다음과 같이 정리해 본다(1178a9-1179a32; Irwin 1985a, 287-291).

다른 덕은 신적인 것이 아니고 인간적인 것이다

그러므로 이러한 것들은 행복에서 2차적이다. 우리는 정의롭고 용감한 행동을 하지만, 이 모든 것은 다 인간적인 것이다. 감성과 정서와 관련된 덕은 모두 인간적인 것이다. 이에 비해 이성의 덕은 다르다.

테오리아와는 달리 다른 덕은 더 많은 외적 선을 필요로 한다

이성적 삶은 외적인 선을 조금만 필요로 한다. 도덕적 덕보다 훨씬 적게 필요로 한다. 둘이 모두 필수품을 필요로 하지만 각 덕에 따라 현저한 차이가 난다. 행동을 하는 데는 많은 외적인 선이 요구되지만 진리를 관조하는 사람에게는 외적인 것이 거의 필요하지 않다. 왜냐하면 가장 적게 활동하기 때문이다. 진리를 관조하는 사람에게는 외적 물질이 오히려 방해가 된다고도 할 수 있다.

테오리아는 신적인 것을 더욱 사랑한다

사람들은 신이 가장 축복받은 존재라고 생각하고 있다. 신은 어떤 종류의 행동을 하는가? 신에게는 정의, 용기, 절제 등 인간적인 덕이 의미가 없다. 신에 적합한 것은 행동이나 제작이 아닌 테오리아다. 따라서 신의 활동에 가까운 것, 즉 테오리아를 행하는 사람이 가장 행복한 것이다. 인간 이외의 동물은 행복을 누릴 수 없다. 동물은 관조할 수 없다. 그러나 행복은 관조 속에 깃들어 있으며 관조활동이 깊어가는 정도에 따라 커진다.

여기서도 인간은 적절한 외적 선을 필요로 한다

제1권에 제시된 행복을 위해서도 외적 선이 필요하였다. 관조적인 삶을 사는 사람도 인간이기에 외적 물질이 필요하다. 인간의 본성은 관조적 삶을 위해 충분히 자족적이지 못하므로, 건강한 신체와 음식이 필요하다. 그러나 행복해지는 데 외적인 것이 많이 필요한 것은 아니다.

관조적 삶을 지지하는 것은 선현의 주장에 어긋나지 않는다

솔론과 아낙사고라스(Anaxagoras)는 행복한 사람에 대해 적절하게 묘사하였다고 생각된다. 선현의 생각도 내 자신의 주장과 대동소이하지만, 그러나 세상 사람들은 선현의 권고를 무시하고 외적인 소유를 보며 사람을 판단해 왔다.

관조적 삶은 실천을 통해 검증되어야 한다

이러한 고찰은 확신을 주지만 행동에 관련된 문제에서 진리는 실제적 삶에서 판단되어야 한다. 이 점이 결정적으로 중요하므로 말한 것을 실제적 삶에 적용함으로써 그 진위를 판단해야 한다. 주장이 실제와 부합되면 받아들여야 하지만 그렇지 않다면 거부되어야 한다.

관조적 삶을 사는 사람은 신의 사랑을 가장 많이 받는다

관조적 삶을 사는 사람은 신의 사랑을 받는다. 이러한 활동을 하는 사람은 현명하며, 현명한 사람은 신의 사랑을 가장 많이 받는다. 따라서 현명한 사람, 즉 지적 성취를 이룩한 사람이 가장 행복한 사람이라고 할 수 있다.

III. 두 행복의 관계

아리스토텔레스는 같은 책에서 두 종류의 행복을 제시하여 사람들을 혼란스럽게 만들었다. 두 종류의 행복은 서로 어떤 관계에 있는가 하는 물음은 계속되었다. 하디(Hardie)는 1965년 「아리스토텔레스 윤리학에서의 궁극적 선」이라는 논문에서 이 행복의 관계를 논의하기 위해 '총괄적'(inclusive)이란 말과 '지배적'(dominant)이라는 말을 사용하였다. 총괄적인 관점은 관조나 탐구도 여러 행복의 요소 중 하나로 보는 데 비해, 지배적인 관점은 그것이 가장 우선적이고 지배적이라고 보는 것이다. 또 총괄적인 관점은 여러 독립적인 가치를 추구하여 행복에 도달할 수 있다는 입장이고, 지배적인 관점은 행복이 단일의 활동으로 되어 있다는 입장이다.

아크릴은 이 둘의 용법에 대해 설명하였다. 전자는 '단일의 목적'과 '복수성'의 대조를 시사하고, 후자는 동등한 집단과 우수한 집단 간의 대조를 시사한다는 것이다. 이 두 말을 결합시킬 때 '총괄적인 목적'은 두 개 이상의 가치, 활동, 선을 포함하는 목적을 의미한다. 여기에 비해 '지배적인 목적'은 '하나의 가치 있는 활동 또는 선' 으로 되어 있는 목적을 의미한다(1984, 17).

케니(Kenny)는 하디의 구별을 따르는 것이 유익하다고 말했다. 행복이 지배적인 목적으로 간주된다면, 돈이나 철학처럼 단일의 중요한 목적의 대상이 된다. 그러나 총괄적인 목적으로 간주된다면, 행복의 욕구는 여러 독립된 욕구들의 질서정연하고 조화로운 만족을 위한 욕구가 된다(1965-1966, 98). 대부분의 사람들은 인생에서 지배적인 목적 하나만 가지고 있지 않다. 사람들은 대등한 중요성을 가진 독립적인 목적들을 연속적으로 추구하며 생활한다. 인생의 모습이 이렇게 다양한 것은 서로 다른 목적을 추구하면서 살아가기 때문일 것이다. 일부 사람들은 자신의 장기적 목적을 위해 행복을 포기하기도 한다.

많은 연구자들이 제1권의 관점과 제10권의 관점을 놓고 다르게 이해하였다. 케니는 이 두 진영을 구분하였다. 즉, 제1권 7장과 제10권 7장의 관계를 어떻게 보는가에 대한 구분이다. 그는 총괄적인 관점을 가진 학자로 A. C. Ackrill(1975), T. H. Irwin(1985b), A. W. Price(1980), D. Devereux 등을, 지배적인 견해를 가진 학자로는 A. Kenny(1965-6), S. R. L. Clark, R. Heineman (1988) 등을 들었다. 그는 저명한 아리스토텔레스 연구자인 쿠퍼(D. Cooper)의 경우 1975년에는 지배적인 견해를, 1987년에는 총괄적인 견해를 지지하고 있다고 말했다(Kenny, 1991, 69). 하이네만(Heineman)은 이외에 M. Nussbaum, D. Keyt, J. Whiting 등의 학자도 총괄적인 관점을 지지하고 있다고 말했다(1988, 31).

총괄적인 관점을 지지하는 학자들은 아리스토텔레스의 행복은 자기 충족적이어야 한다는 주장에 초점을 맞추고 있다. 그들은 행복은 포괄적인 개념으로 많은 요소를 포함하고 있으며 제10권 7장에 나오는 테오리아도 행복의 여러 조건 중 하나로서의 지위를 갖는다고 주장한다.

지배적인 관점을 지지하는 학자들은 아리스토텔레스의 행복은 명상 또는 탐구로 구성되며 이것이 주된 입장이었다고 주장한다. 이런 견해에 따르면, 도덕적 덕은 인간의 좋은 삶을 위한 최선의 것이 아닌 차선에 불과하다. 이런 입장에 선 학자들은 아리스토텔레스가 제1권에서는 행복에서 본질적인 것으로 생각되는 속성들을 열거하고, 제10권에서는 철학적 관조만이 완전한 본질적인 요소들을 가지고 있다고 주장한다는 것이다. 이러한 주장을 따르면, 아리스토텔레스가 도덕적 덕이 행복의 본질적인 요소라고 강조한 부분은 어떻게 이해하여야 하는가?

아리스토텔레스가 제시한 두 종류의 행복은 상충하는 것이라기보다는, 도덕적 덕을 통해 행복을 누리던 사람이 더 높은 경지의 삶을 추구한 나머지 명상과 탐구활동을 통해 행복해졌다고 보는 것이 타당하다. 명상과 탐구를 통해 행복한 삶을 사는 사람은 제1권에서 말한 도덕적 덕을 획득한 사람으로 보아야 한다. 그렇지 않고는 이런 식의 삶에 자족할 수 없다.

하이네만은 총괄적인 관점과 지배적인 관점을 화해시키려고 시도하였다. 그는 이를 위해 다음과 같은 네 개의 상이한 질문들이 구별되어야 한다고 생각했다(1988, 33-34).

① 어떤 삶이 최고 수준의 행복인가?

② 어떤 삶이 행복으로 간주되는가?

③ 어떤 요인들이 행복한 사람의 전체적인 삶을 구성하는가?

④ 사람이 행복해지기 위해서는 무엇을 가져야 하는가?

그는 ①~③의 문제를 구별하지 못함으로써 총괄적인 해석을 가져왔다고 말했다. 아리스토텔레스는 개인을 위해 최상의 전체적인 삶은 관조 이상의 더 많은 것을 포함한다고 생각했기 때문에 '최고의 행복은 무엇인가?'와 '최선의 전체적인 삶은 무엇인가?'를 융합한다면, 아리스토텔레스는 '가장 좋은 종류의 행복' 은 관조와 함께 그 이상의 것을 포함해야만 한다고 결론 내릴 수 있다.

①과 ②의 구별은 제10권 7~8장에 나타나 있다. 행복이 덕에 따른 활동이라면 그것은 최선의 덕에 따른 활동이다. 이것은 ②의 대답인 것처럼 보인다. 그러나 몇 줄 후 아리스토텔레스의 결론은 완벽한 행복은 관조라고 주장한다. 그는 실제로 ①에 대해 대답하고 있다. ②에 대한 답변은 8장에서의 주장인 도덕적 행동, 즉 열등한 종류의 행복으로 간주되는 도덕적 덕에 일치하는 행동에 나타나 있다.

①과 ②의 대답은 다르다. 가장 높은 종류의 행복은 관조인 데 비해, 관조와 도덕적 행위는 또한 행복으로 간주된다. 행복한 사람의 전체적인 삶은 행복으로 간주될 수 없는 지각과 같은 여러 가지 활동들을 포함할 수 있기 때문에 ③에 대한 대답은 다르다. 제1권 7장과 제10권 6~8장은 인간의 모든 활동 가운데 명상과 도덕

적 행위만이 행복의 자격을 갖는다는 것을 보여 준다. ④에 대한 대답은 ①~③보다 더 광범위하다. 왜냐하면 아리스토텔레스는 행복을 구성하지는 않지만, 행복을 위한 필수조건들이 많이 있다고 생각하기 때문이다. 바로 친구, 재산, 권력 등의 외재적 선이다 (2003, 1099a31-b8, 1153b17-25, 1178b33-1179a8). ④에 대한 대답은 도덕적 행동이나 관조 그리고 행복의 모든 필수조건인 음식, 친구, 피난처 등이 해당될 수 있다.

행복을 위한 하나의 필수조건은 덕이다. 덕은 지적 또는 도덕적인 성격을 가지고 있다. 행복은 이러한 덕의 획득에서 비롯된다. 도덕적 행동은 덕의 행사로서 행복으로 간주되며, 관조와 탐구도 지적 덕의 행사로서 행복으로 간주된다.

도덕적 행동은 완전한 행복의 구성요소는 아닐지라도 관조와 탐구에 기여한다. 그러나 기여 여부와 관계없이 그 자체로서 내재적 가치를 가지고 있다. 관조와 탐구가 도덕적 행동보다 일반적으로 우월할지라도 특수한 경우는 도덕적 행동이 더욱 우선적일 수도 있다. 이 점에 대해 하이네만은 이렇게 말했다.

> 관조와 도덕적 행동은 둘 다 내재적 선이다. 전자가 일반적으로 후자보다 우월하다고 할지라도, 모든 특수한 경우에서 어떻게 행동할 것인가에 대해 확고하고 신속한 결론을 이끌어내는 규칙을 가지고 있다고 상정하는 것은 위험하다. 그것은 대부분의 경우에만 진실하다는 전제를 가지고 있는 『니코마코스 윤리학』 제1권 3장의 경고를 무시하는 것이다. 특수한 경우에 해야 할 일은 불타는 이웃집에서 이웃을 구하는 것이다. 왜냐하면 실제적 현인이 판단하는 것처럼 그러한 경우는 도덕적 행동이 관조보다 더 좋기

때문이다(1988, 52-53).

하이네만은 아리스토텔레스 연구자들이 행복의 역할에 대해 아리스토텔레스 이상으로 과장했다고 말했다. 그래서 아리스토텔레스가 행복주의자로 불리게 되었다는 것이다. 행복은 개인에 따라 정도의 차이가 있다. 관조는 도덕적 행동보다 우월한 일종의 행복이다. 관조는 최고의 행복이기 때문에 '전체적 삶' 안에 많이 포함되면 될수록 더욱 행복해진다. 그러나 우리는 계속해서 관조에만 종사할 수 없다. 다른 활동들이 도덕적 행동에 따라 구성되면 될수록 그 사람은 더욱 행복해질 것이다(1988, 34-35).

도덕적 행동도 일종의 행복이기 때문에, 관조와 탐구에 참여하게 하는 지적 덕의 소지 여부와 관계없이 도덕적 행동을 하는 사람은 행복하다. 도덕적 덕의 현실화인 도덕적 행동에 참여하기 위해 우리는 실천적 지혜의 덕을 가지고 있어야 한다. 그러나 이것은 합리적 정신에서 낮은 차원의 덕이다.

관조와 탐구도 일종의 행복이다. 하이네만은 개인이 도덕적 악을 발달시키지 않고 불행해지지 않는 한, 도덕적 행동과 유리된 관조도 행복이 될 수 있다고 말했다. 그는 관조와 도덕적 행동이 서로를 위해 필수적인 조건이라고 가정할 수 있다는 관점을 지지할 증거가 없는 것으로 보았다(1988, 35). 하이네만은 도덕적 덕과 관조가 별개의 것으로 존재할 수 있다고 주장하지만 실제로는 이 둘이 분리되기 어렵다. 관조와 도덕적 덕의 위계적 질서를 지지하는 지배적인 관점에서는 이 둘의 분리는 생각할 수 없는 것이다. 왜냐하면 관조는 도덕적 덕의 획득을 포함하고 있기 때문이다.

하이네만은 총괄적인 해석과 지배적인 해석의 의견 차는 『니코마코스 윤리학』 제1권 7장, 1098a16-18에 대한 해석 차이에서 온다고 보았다. 아리스토텔레스는 행복의 명세화를 위해 기능논증을 도입하였다. "인간의 선은 덕에 따른 영혼의 활동이며 여러 가지 덕이 있다면 그중에서 최상이고 가장 완전한(teleion) 것에 일치해야 한다."라고 아리스토텔레스는 주장하였다. 하이네만은 여기에서 'teleion'이란 말이 모호하게 사용되었다고 말했다. 『형이상학』 V. 16에서처럼 모든 부분들을 가지고 있다는 의미에서 '완전한'을 의미하기도 하고 '최상의 것'이라는 의미에서 '완벽한'을 의미하기도 한다(1988, 36). 『형이상학』을 영역한 트레데닉(Tredennick, 1933)은 'teleion'을 'perfect or complete'로 번역하였는데, 이에 번역의 곤란이 그대로 드러나 있다. 총괄적인 관점을 가진 사람들은 1098a16-18에 있는 'teleion'이 '완전한' 즉 포괄성을 의미한다고 주장할 것이다.

정의로운 행동보다 관조가 더 가치 있는 것이라면 행복한 사람이 되기 위해 후자를 선택해야 하는가? 아리스토텔레스가 『니코마코스 윤리학』 1110a30-b7에서 말한 것처럼, 선과 악이 갈등하는 상황에서는 인간은 어떤 대가를 치르더라도 해야 할 행동을 결정해야만 한다. 정의와 관련된 상황에서 두 개의 선택사항이 있을 수 있다. ① 관조를 선택하고 정의로운 행동을 거부하는 것, ② 정의로운 행동을 선택하고 관조를 거부하는 것이다. 이 두 선택은 각각 장단점을 가지고 있다. ①의 경우 이 선택에 따라 관조의 선이 얻어질지라도 정의를 거부했기 때문에 안전하지 않다. ②를 선택한 경우는 정의로운 행동이 가장 큰 선 중의 하나이므로 관조적 삶을 향상시킬 수 있다. ①을 선택함으로써 공동체에 큰 악을 가져다줄 수 있다면, 관조의 선이 얻어지더라도 안전하지 않다. 이런 정치적인 맥락에서 볼 때 정의를 비롯한 도덕적 덕과 관조는 양자택일의 관계라고 할 수 없다.

철학자, 탐구자 그리고 관조자가 행복해지기 위해서는 도덕적 덕이 필요하다. 도덕적 덕을 비롯한 덕들을 소유할 때만 관조가 행복한 것이 될 수 있다. 아리스토텔레스가 우정을 비롯한 외재적 선의 필요성을 강조한 것도 이러한 이유 때문이라고 할 수 있다. 그러나 한편으로 도덕적 덕을 덕이게 하는 것은 진리에 대한 관조로부터 조명받고 있는 것이므로 도덕적 덕과 관조의 상호작용은 필수적이다. 그러므로 제1권에 나타난 행복의 개념보다 더욱 세련된 관조적 행복 개념은 사람들로 하여금 더욱 정진하도록 자극하는 이상이라고 할 수 있다. 이런 의미에서 도덕적 덕은 획득하기도 어렵지만 행복을 위한 최선의 것이 아닌 차선의 위치에 머문다고 할 수 있다.

케니는 이 문제를 『니코마코스 윤리학』에 국한시켜 논의하지 않고 『에우데모스 윤리학』과 결부시켜 논의하였다. 즉, 전자는 지배적인 관점이, 후자는 총괄적인 관점이 주조를 이루고 있다는 것이다. 『니코마코스 윤리학』 제1권에서는 행복이 '하나의 지배적인 목적', 즉 '최고의 덕'을 가진 활동과 동일시될 수 있는 가능성으로 개방되어 있는데 비해, 『에우데모스 윤리학』에서는 행복을 총괄적인 관점, 즉 영혼의 모든 덕의 활동으로 보고 있다. 『니코마코스 윤리학』 제1권에서 행복은 많은 덕 중 최상이고 가장 완전한 덕인 이론적 지혜이며, 지혜의 활동인 관조가 행복과 동일시되고 있다는 것이다(1991, 68). 케니는 『니코마코스 윤리학』 제1권에서 이미 지배적인 관점의 가능성을 보았다고 할 수 있다.

아리스토텔레스는 인간의 기능이 명상적 덕에 국한되어 있지 않으며, 여러 덕을 획득할 수 있는 역량을 가지고 있다고 보았다. 인간이 가지고 있는 고유한 기능이 바로 인간을 만든다. 이 기능에 따라 인간의 덕이 측정된다. 인간에게 덕을 획득할 수 있는 이성적 기능이 처음부터 없다면 덕의 소지 여부는 문제가 되지 않는다. 인간은 동물 중 가장 복잡한 기능을 가진 존재로서 행복을 누릴 수 있는 역량을 가지고 있다. 이성적 원리를 따르는 역량 때문에 인간은 행복할 수 있다. 다른 동물은 그런 기능을 가지고 있지 않으며 어린이 역시 아직 그런 기능이 발달되어 있지 않다. 노예를 비롯한 많은 부자유한 사람들은 그런 기능을 발달시킬 기회를 갖지 못했다.

아리스토텔레스는 테오리아를 인간의 전체적인 삶 가운데 최상의 부분으로 이해하였다. 그러나 그리스시대의 가치관과는 달리 우리시대의 인생에는 관조와는 별도로 추구해야 할 가치들이 많다. 테오리아는 우리에게도 가능한 최상의 가치일 수 있지만 다른 가치들도 무시할 수 없다. 행복한 사람은 테오리아를 사랑하면서도 다른 가치들을 배려한다. 테오리아를 행복의 중요한 요소로 삼고, 다른 가치를 후순위로 생각하는 사람은 행복을 상실할 우려가 거의 없다. 그는 만족과 충만 속에서 인생을 살아갈 수 있다. 아리스토텔레스가 테오리아를 강조한 것은 이러한 취지에서 비롯되었다고 할 수 있다. 그에게는 도덕적 덕도 가치 있는 것이지만 어디까지나 차선의 위치에 머물렀다. 진정하게 지적인 사람에게 우리는 이러한 삶의 태도를 기대할 수 있을 것이다.

아리스토텔레스는 완전히 성숙한 사람을 염두에 두고 테오리아에 따른 행복이 가장 완전한 것이라고 말했다. 그가 이처럼 순수한 지적 활동을 의미하는 관조적 삶에서 얻는 행복을 최상의 것으로 본 것은, 제1권에서 말한 행복이 여러 힘 때문에 쉽게 상실될 수 있기 때문이었다. 그는 관조적인 삶이 예기치 못한 불운으로부터 우리를 가장 잘 보호해 준다고 생각했다. 그러나 모든 사람이 명상적인 삶을 살 수 없기 때문에 실제적인 삶에서는 선한 삶을 살아야 한다고 생각한 것이다.

Ⅳ. 객관적 행복관의 정립

아리스토텔레스가 살던 시대에나 현대에서 지배적인 행복관은 주관적인 것이다. 주관적인 행복관은 행복에는 정해진 표준이 없고, 자신의 감정과 정열에 따라 행동하여 그 결과에 스스로 만족하면 되는 것으로 이해한다. 이러한 행복관은 환경에 좌우되는 경향이 있다. 자아가 환경에 지배되도록 내버려두면 불행해지기 마련이다.

아리스토텔레스는 이러한 행복관에 동조할 수 없었다. 그러기 위해 그는 행복과 쾌락을 구별하려고 하였다. 그는 행복과 쾌락은 무관한 것은 아니지만 동일시되는 것도 아니라고 생각했다. 그렇게 생각한 것은 쾌락에 대한 사람들의 판단이 너무나 주관적이기 때문일 것이다. 아리스토텔레스가 행복과 쾌락을 구별한 것은 비판의 대상이 되기도 했지만 어느 정도의 구별은 불가피한 것이었다.

행복론에서 아리스토텔레스의 최대의 공적은 객관적인 행복관을 제시한 데서 찾을 수 있다. 주관적 행복론이 난무하던 시대에 그는 행복이 일정한 표준을 가지고 있으며 이 표준은 객관적인 지위를 갖는다고 생각했다. 그의 견해에 따르면, 사람은 자신의 삶에 부과하는 표준들을 충족할 때만 행복하다고 말할 수 있다. 다른 많은 사람들이 세운 행복의 표준들이 너무 낮다 할지라도, 스스로 자신의 표준들을 충족시킬 때 나름대로의 행복한 삶을 영위하고 있다고 말할 수 있다.

아리스토텔레스가 살던 시대는 물론 오랜 세월이 흐른 우리 시대에도 많은 사람들이 주관적인 행복관을 가지고 있다. 그들은 일정한 표준 없이 욕구, 희망, 기대가 만족된 상태를 행복이라고 생각하고 있다. 이러한 행복관은 당사자에게 중요한 의미를 주지만 객관성을 띠지 못할 때는 환상이나 장밋빛 행복에 머무를 수도 있다.

행복의 객관주의란 사람들이 가능한 최선의 삶을 사는 데 합리적으로 접근하지 않는다면 행복하다고 간주되어서는 안 된다는 관점이다. 객관주의에 따르면, 개개인은 이상적인 조건들하에서 충분히 계발할 수 있는 능력과 재능을 가지고 있다. 따라서 어떤 사람이 자신의 완전한 발달과 너무 멀리 떨어져 있다면, 자신의 생활에 부과한 표준들을 충족시켰다 할지라도 행복하다고 판단해서는 안 된다고 보았다(Kraut, 1979, 180-181).

아리스토텔레스는 행복하기 위해서는 인간의 잠재적 기능을 최대한 실현해야 한다고 생각했다. 그는 대부분의 사람들이 자신의 기능이 무엇인지 모르기 때문에 행복을 획득하지 못한다고 생각했다. 그는 사람들이 교육을 통해 충분히 성장하면 객관적인 행복관을 가질 수 있을 것이라고 생각했다. 그러나 그때는 물론 현대에 와서도 이러한 객관적 행복관이 받아들여지지 않고 있다.

객관적인 행복 개념은 우리가 가지고 있는 행복의 주관적 표준을 포기해야 하며, 더욱 엄격하고 객관적인 테스트에 따라 개인을 판단해야 한다고 제안한다. 이 경우 행복해지려는 사람의 관점이 중요하다. 행복의 객관주의자는 현재 자신의 삶이 자신이 세운 바람직한 이상에 아주 가까워질 때만 행복하다고 생각한다. 이에 비해 행복의 주관주의자는 자신의 이상이 어떤 가치를 갖는가에 대해서는 숙고하지 않고 그러한 이상의 실현에만 관심을 갖는다.

행복은 심리적인 상태와 무관하지 않다. 플라톤과 아리스토텔레스도 유덕한 활동은 즐거움 속에서 수행되어야 한다고 생각했다. 그러한 활동을 비참하게 느끼는 사람은 덕에 가까운 사람이라고 할 수 없다. 그러나 행복을 심리적인 상태로 보더라도 주관적 감정에 따라 전적으로 결정되는 것으로 생각해서는 안 된다.

플라톤은 『고르기아스』(*Gorgias*)에서 주관적인 행복관을 경계하였다. 이 책에 등장하는 포로스(Polos)는 소크라테스와 대화하는 가운데 마케도니아의 참주 아르케라우스(Archelaus)는 행복한 사람이라고 주장하였다. 소크라테스는 포로스의 주장에 대해 그를 만나 보지 않았기 때문에 판단할 수 없다고 말했다. 아르케라우스는 기원전 413년 마케도니아 왕위를 찬탈한 사람으로, 권력과 부를 가진 사람이었다. 그는 에우리피데스, 아가톤, 그리고 아테네의 저명 인사들을 왕궁으로 초청하여 연회를 열었다. 소크라테스도 초청되었지만 가지 않았다. 소크라테스는 아르케라우스 왕의 교양과 정의의 수준을 알고자 하였다. 이러한 수준을 알아야 행복에 대해 판단할 수 있다고 생각했다. 포로스는 그것들이 행복을 구성하느냐고 물었다. 소크라테스는 그것들이 행복의 구성요소이고, 선하고 명예로운 사람은 행복하며, 부정하고 사악한 사람은 불행하다고 말했다. 행복은 자신의 욕망이 단순히 충족되었는가에 따라서가 아니라, 일정한 표준에 따라 평가될 수 있다는 점을 강조하고 있다(1925a, 470d-e).

아리스토텔레스와 보통 사람들의 행복 개념에는 유사점들이 많다. 아리스토텔레스는 행복하게 살기 위해서는 우리의 삶에 대하여 어떤 태도를 가져야 하며, 어떤 표준들이 평가되고 충족되어야 한다고 생각했다. 양자 간의 차이가 있다면 아리스토텔레스는 객관적이고 엄격한 표준을 주장하는 데 비해, 우리의 검증은 더욱 주관적이고 융통성이 많다는 것이다. 우리는 아리스토텔레스의 행복 개념을 거부할 좋은 이유를 가지고 있다. 왜냐하면 아리스토텔레스의 표준들은 우리가 모르는 것들에 대해 알고 있는 사람들만 채택할 수 있기 때문이다. 우리도 그러한 지식을 가지고 있다면 아리스토텔레스와 비슷한 행복관을 가질 수 있다(Kraut, 1979, 167).

이 주제에 접근하는 크라우트의 방법은 일상적인 방법과는 다르다. 『니코마코스 윤리학』을 연구하는 학자들은 종종 아리스토텔레스는 우리가 사용하는 의미의 행복 개념을 가지고 있지 않았다고 주장한다. 그들은 아리스토텔레스의 용어인 에우다이모니아가 전통적인 번역어인 '행복'을 사용할 때, 그의 주장들이 의심스럽고 어리석게 들린다는 것이다. 아리스토텔레스가 모든 것은 행복을 위해 추구되어야 하며, 어린이와 악한 어른은 정의, 용기, 자기통제와 같은 특징을 발달시키지 않았기 때문에 행복하지 않다고 주장했던 경우처럼 말이다.

크라우트는 객관주의적 행복관을 비판하였다. 객관주의가 각 개인의 삶을 교정할 수 없는 역량과 환경을 반영하는 표준에 따라 평가한다면 더욱 인간미가 있어질 것이다. 객관주의자가 말하고자 하는 것은 이런 것이다. 행복한 개인은 스스로 성취하고자 하는 이상에 도달하지 못할 수 있지만, 자신의 삶에 어떠한 제한이 생기더라도 합리적으로 잘 대처해 나가야만 한다. 한 개인은 다음의 경우에만 행복하다고 말할 수 있다. ① 스스로 정립한 표준들을 만족시키며, 자신의 삶이 아주 바람직한 것임을 안다. ② 지금 할 수 있는 것으로 자신의 인생을 현저하게 더 좋게 만들 수 없다(1979, 194-195).

크라우트는 두 개의 행복 개념을 논한 결과를 요약하였다. 아리스토텔레스와 우리의 행복관의 차이는, 아리스토텔레스가 모든 인간 존재를 위한 이상적인 삶의 경지에 거의 도달한 사람만 행복하다고 부를 수 있다고 생각한 데 비해, 행복에 대한 우리의 표준은 더욱 주관적이고 융통성이 있다는 것이다. 우리는 어떤 삶이 이상적인지 변호할 수 있는 이론을 가지고 있지 않다. 또한 그런 이론을 가지고 있다 해도 한 인간이 주도하는 최선의 삶에 접근할 때만 어떤 사람을 행복하다고 판단하기를 주저한다. 아리스토텔레스가 노예는 행복하다고 할 수 없다고 말하지만, 우리는 그러한 조건하에서도 그가 행복할 수 있다고 말할 때, 우리는 상호 모순되는 주장을 하지 않는다. 그는 모든 인간을 위한 이상에서 노예의 현저한 차이를 측정하고, 우리는 노예의 삶이 그 자신의 격하된 표준들을 스스로 충족할 수 있다고 말하고 있는 것이다(1979, 197). 이러한 견해 차이는 어느 사회에서나 존재한다. 사람들은 자신의 취향에 따라 선택하겠지만 그 결과는 아주 다른 삶의 양식을 만들어 낼 것이다.

V. 지적인 사람들의 행복

아리스토텔레스는 행복해지기 위해서는 내적 가치를 가진 선뿐만 아니라 많은 외적 선도 필요하다고 주장하였다. 외적 선은 그 자체로서 가치 있다기보다는, 내적 선들을 실현하는 데 도움을 준다. 외적 선은 매력적이어서 누구나 가지려고 한다. 그러나 불운하게도 양적으로 제한되어 있어 치열한 경쟁의 대상이 되고 있다. 사람들은 그 매력에 탐닉한 나머지 그 자체가 가치 있다고 생각한다.

지적인 사람이 제한된 외적 선을 놓고 일반인과 각축을 벌이는 것은 바람직하지 않다. 외적 선을 열렬히 원하는 것은 탐욕을 가졌다는 증거이며 자신이 지적으로 열등한 존재라는 것을 보여 준다. 공동체 안에는 태어날 때부터 그리고 후천적으로 지적인 생활이 불가능한 사람도 있다. 지적인 사람이 물질적 소유를 좋아한 나머지 과도하게 갖게 되면, 지적 생활이 불가능한 사람을 더욱 곤경에 몰아넣게 될 것이다.

지적인 사람은 내적 선인 지적 덕과 도덕적 덕을 갖고자 한다. 이런 사람들 중 소수는 한 걸음 더 나아가 관조의 세계로 들어간다. 이것은 경쟁적인 것이 아니어서 다른 사람과 함께 행복을 공유할 수 있도록 해 준다. 이 과업은 대단히 어려운 것이지만 고대 그리스의 철학자들은 대체로 이런 인생의 길을 걸어갔다. 그들은 권력과 부의 획득을 행복의 징표로 생각하지 않았다. 그들은 부의 과도한 소유가 오히려 행복을 방해하는 것으로 생각하였다. 그들은 속한 학파와 관계없이 금욕생활을 통해 자신들의 영혼을 배려하였다. 금욕생활을 한 스토아주의자들은 각고의 노력을 통해 그들의 이상인 자유와 평정의 세계로 들어갔지만, 그들이 누린 정신적 행복은 자신들의 것일 뿐 공동체의 것은 아니었다.

지적인 사람은 고귀한 것을 독점하려 하지 않고 공유하려고 한다. 그런 사람은 공유를 위해 위험을 무릅쓰고 글을 쓰기도 하고 공개적으로 주장하기도 하였다. 소크라테스와 예수는 자신의 행복을 넘어서서 인류의 행복을 위해 그들이 신봉하는 신념을 공개하다 미움을 받아 처형되었다. 플라톤과 아리스토텔레스도 위험을 무릅쓰고 그 시대의 지배적인 신념을 공격하는 글을 쓰고 사람들을 가르쳤다. 그들은 처형당하지는 않았지만 언제나 위험에 노출되어 있었다. 이러한 사람들은 지적인 사람이 보여주어야 할 표준적인 삶을 예시하였다.

아리스토텔레스는 행복, 덕, 쾌락, 우정 등을 다루었을지라도 중요한 것은 실천하는 것, 즉 지식에 따라 행동에 옮기는 것이라고 말했다. 아는 것만으로는 불충분하며 나아가 덕을 가질 뿐만 아니라 실천하려고 노력해야 한다는 것이다(2003, 1179b1-3). 오늘날 정규 교육기관을 거친 사람들에 대한 가장 큰 비판은 그들의 언행이 일치하지 않는다는 것이다. 말과 글로 자신의 신념을 정교하게 드러내면서도 정작 본인은 그 신념대로 살지 않는다. 이런 사람은 교육받은 사람이라고 부를 수 없다.

아리스토텔레스가 덕을 강조한 것은, 도덕적인 행위를 하기 위해서는 어릴 적부터 그러한 행동들이 습관화되어야 한다고 생각했기 때문이다. 위협과 유혹이 많은 세상에서 선하게 살아가려면 지식이나 논증만으로는 충분하지 않다. 지식과 논증은 사람을 지적으로 자극하고 격려해 주지만, 고귀하고 선한 것을 향해 나아가도록 자극할 수는 없다.

아리스토텔레스는 젊은이들이 좋은 습관을 갖도록 하려면 올바른 법률 밑에서 양육과 교육을 받아야 할 뿐만 아니라 그러한 공동체 안에서 살아야 한다고 생각했다. 좋은 공동체와 정의로운 법률은 유덕한 삶을 살아가게 할 뿐만 아니라 격려도 하기 때문이다. 이런 의미에서 법률은 종종 교사의 역할에 비교되어 왔다. 정치공동체는 인간의 삶 전체에 영향을 미치므로 행복을 위해서는 이상적인 정치공동체를 가져야 한다. 아리스토텔레스의 『정치학』은 이러한 문제들에 대한 숙고의 결과였다.

제3장

행복의 조건

많은 사람들이 행복을 인생의 궁극적인 목적으로 간주하고 있다. 그런데 인생의 이러한 목적에는 합의를 이룰지라도 행복의 조건에 대해서는 현저한 의견 차이를 보인다. 우리는 행복한 삶을 위해 무엇을 필요로 하는가? 이 질문에 대한 대답에 따라 사람들은 각기 다른 인생행로를 간다. 소수의 사람들만이 비교적 안정성을 가진 지적, 도덕적 덕을 행복의 조건으로 받아들이고 있으며, 대부분의 사람들은 불안정한 외적 조건을 통해 행복을 얻으려 한다.

행복의 조건을 추구하는 과정에서 사람들은 애환을 경험하기도 하고 비극적 사건에 직면하기도 한다. 선조들은 이러한 과정을 거쳐 행복의 바람직한 조건을 제시하였다. 이 장에서는 행복의 내적 조건과 외적 조건을 분석하고 이 둘의 바람직한 관계에 대해 고찰하려고 한다.

I. 행복의 조건

철학자들은 일찍부터 행복의 조건에 대해 깊은 관심을 가졌다. 그들은 대체로 외적 조건보다는 내적 조건을 중요시하였다. 철학자들 중에는 외적 조건이 오히려 행복을 방해한다고 생각하기도 했다.

플라톤은 『에우티데모스』(*Euthydemus*)에서 소크라테스와 클레이니아스(Cleinias)가 행복에 관해 대화하는 대목을 소개하고 있다. 그들은 모든 사람이 행복하게 되기를 원한다는 데 동의하였으며 행복은 좋은 것을 많이 필요로 한다고 말했다. 그들은 행복할 수 있는 조건의 목록을 만들었다. 그들이 제안한 것은 부, 건강, 미모, 좋은 가문, 재능, 공동체 안에서의 명예, 절제, 정의, 용기와 같은 도덕적 덕, 지혜, 행운 등이다. 소크라테스는 선 중에서 가장 큰 것을 생략할 뻔했다고 말하면서 행운을 높은 지위에 두었다. 그는 행운은 지혜와 동일시될 수 있다고 말했다. 왜냐하면 지혜는 행운처럼 실수가 없기 때문이라는 것이다. 그는 지혜로운 사람이 더 좋은 행운을 가질 가능성이 크다는 점을 강조하였다(1924, 279a3-280a8). 소크라테스는 행복의 조건으로 내적, 외적 선을 골고루 열거하였지만, 그 자신은 내적 조건 중 특별히 지적, 도덕적 덕에 일치하는 삶을 살았다.

아리스토텔레스는 사람이 행복하게 되는 데 내적 선은 물론 외적 선도 필요하다고 생각했다. 이를 감안하여 그는 행복한 사람을 이렇게 정의하였다. “행복한 사람이란 특정한 기간이 아니라 전 생애에 걸쳐 완전한 덕에 따라 행동하며, 적당하게 외적 선을 갖춘 사람이다."(2003, 1101a14-16). 이러한 신념에 따라 그는 행복에 필요한 지적, 도덕적 덕과 외적 선에 대해 탐구하였다. 그 자신도 소크라테스처럼 내적 조건을 우선시하면서 살았다.

아리스토텔레스는 『수사학』(*Rhetoric*)에서 행복의 구성요소들을 소개하였다. 그는 좋은 출생, 친구, 부, 좋은 자녀, 좋은 노년, 건강과 같은 신체적 탁월성, 미모, 체력, 신장, 육상경기를 위한 좋은 여건, 좋은 평판, 명예, 행운, 덕 등을 들었다. 그는 사람은 내적, 외적 선을 가져야 비로소 독립적이 될 수 있다고 주장하였다. 그는 내적 선은 마음과 몸의 선이고 외적 선은 좋은 출생, 친구들, 부, 명예를 들었다(1926, I. v. 5). 소크라테스와 플라톤처럼 그도 행복의 조건을 많이 제시했다. 이처럼 그리스 철학자들이 제시한 행복의 조건 속에는 일반인들이 열망하는 것이 포함되어 있다.

철학자들과는 달리 일반인들은 행복의 조건 가운데서도 외적 조건, 예컨대 재산, 권력, 명예, 명성(fame) 등을 선호한다. 외적 선은 직접적으로 쾌락을 줄 뿐만 아니라 다른 선을 추구하기 위한 토대를 마련해 준다. 아리스토텔레스는 외적 선은 필연적인 것은 아니지만 선택할 만한 가치를 가지고 있다고 생각했다. 그렇지만 그것을 지나치게 추구하는 사람은 자제력이 없는 사람이라고 간주하였으며, 개인과 공동체에 해악을 가져 온다고 생각했다(2003, 1147b29-32).

권력, 부, 명예와 같은 외적 선은 양적으로 제한된 것이어서 치열한 경쟁을 통해 얻을 수 있다. 이것을 얻기 위해 좋은 인간관계가 파괴되기도 하고 온갖 범죄와 부도덕한 행위가 일어나기도 한다. 또한 외적 선은 쾌락을 동반하고 있어 더욱 강렬한 소유의 대상이 된다. 이를 적절하게 분배하기 위해 일찍부터 법과 규칙이 만들어졌지만 획득하기 위한 투쟁은 계속되고 있다.

아리스토텔레스는 『니코마코스 윤리학』에서도 행복의 조건에 대해 고찰하였다. 인간이 행복해지려면 덕과 더불어 쾌락 또는 외적 선을 첨가해야 된다고 생각했다. 아리스토텔레스는 외적 선으로 친구, 부, 정치권력을 들었으며 좋은 출생, 좋은 자녀, 미모가 없으면 축복이 흐려지고 만다고 말했다. 이러한 것들이 행복에 지대하게 영향을 미치기 때문에 사람들은 행복=덕 또는 행복=행운으로 생각하게 되었다는 것이다(2003, 1099a31-b7).

행복의 조건에 대한 고대 그리스 철학자들의 관심은 현대의 철학자들에게도 전승되었다. 개인과 공동체의 행복을 위해 헌신했던 러셀(Russell)은 소수의 지식인들을 위해서가 아니라 대중을 위한 행복론을 제시하였다. 그는 행복의 필수적인 요소들을 열거하였는데, 식량과 주택, 건강, 사랑, 성공적인 일, 자신이 속한 공동체에 대한 존중심으로 아주 소박한 것들이었다(1971, 186). 이 조건들은 아주 평범하고 일반적인 것으로 대중에게 행복에 대한 자신감을 심어 줄 수 있다고 생각된다. 그러나 러셀 자신은 이러한 조건의 획득에 자족하지 않았다. 그는 이러한 조건을 넘어서 왕성한 지적 욕구를 통해 자신의 행복을 실현해 나갔다.

러셀은 인간은 유한한 존재이고 불운을 맞을 수 있기 때문에 관심사를 가능한 한 확대해야 된다고 생각했다. 한 영역에서 실패하더라도 그것이 인생의 치명타가 되지 않도록 해야 한다는 것이다. 편협한 삶은 위기와 실패에서 좌절하기 쉽다. 그러므로 인생의 핵심적인 관심사 외에도 부차적인 관심사를 가지고 있어야 한다는 것이다(1971, 177). 합리적인 사람은 인생의 관심사를 확장함으로써 위험을 줄일 수 있다. 또한 삶의 열정을 가진 사람은 한 분야에서 실패하더라도 다른 곳에서 보충할 수 있다.

또한 러셀은 내적인 것에도 관심을 기울여야 한다고 말했다. 외적 환경이 불운하지 않은데도 불행한 사람들이 있기 때문이었다. 이러한 사람들은 자기중심적이기 때문에 그런 불행을 맞는다고 생각했다. 그는 밖으로 관심을 돌리지 못하고 내면에 머물게 하는 감정과 정서를 문제시하였다. 이러한 감정 가운데 가장 흔한 것들로서 공포, 시기, 죄의식, 자기연민, 자기도취를 들었다(1971, 187).

폰 라이트(von Wright)는 한 인간의 행복을 결정하는 요인을 행복의 조건이라고 부를 수 있다고 말하고, 행복은 세 가지 요인의 영향을 받는다고 말했다. 바로 '우연적 요인' '기질적 요인' '인간 행동의 요인'이다(1963, 95-96).

우연적 요인

행복은 부분적으로 우연이나 운에 따라 만들어진다. 질병은 개인의 과오 없이도 찾아올 수 있다. 질병이 계속된다면 개인의 행복에 나쁜 영향을 미칠 수 있다. 운은 인간의 선에 좋은 영향을 줄 수도 있다. 좋은 친구, 좋은 교사, 재정적 후원자를 가진 사람은 행운을 잡은 사람이다. 한편으로 지식은 운을 완전히 통제할 수는 없지만 일부는 통제할 수 있도록 한다. 금욕적인 인생관을 가진 사람은 이러한 행운으로부터의 영향을 스스로 받지 않으려고 한다. 우연적 요인인 운은 행복에 큰 영향을 미친다. 아리스토텔레스는 말년에 비참하게 죽은 트로이의 왕 프리아모스를 그 예로 들었다.

기질적 요인

타고난 기질은 행복에 미치는 영향력이 아주 크다. 행복에 영향을 미치는 타고난 기질은 신체적 건강과 정신적 소양 및 성질을 상대해야만 한다. 허약한 사람은 건강한 사람보다 불행해질 위험이 더 크다. 재능이 많은 사람은 시원찮은 재능을 가진 사람보다 행복에 도달할 수 있는 더 많은 원천을 가지고 있다. 따라서 행복에 직접적으로 영향을 미치는 어떤 기질, 특별히 지적 특징을 발달시켜야 한다. 또한 자신의 능력과 기질에 대해 잘못 아는 것은 불행의 원인이 될 수 있다. 좋은 기질과 밝은 인생관을 가진 사람은 조급하고 침울한 사람보다 불행의 위협에 직면하여 자신의 노력이 좌절되는 상황을 허용하지 않을 것이다.

인간 행동의 요인

행복과 관련된 행동은 다음 두 가지 형태를 가지고 있다. (a) 첫 번째 행동은 행위자가 행복을 증진시키고 보호하기 위한 것으로, 행복에 인과적으로 관련되어 있다. (b) 두 번째 형태의 행동은 행위자가 어떤 활동 자체를 위해서 수행하는 경우다. 즉, 그는 단지 그 행동을 하기를 원하고 좋아하기 때문에 그렇게 하는 것이다. 사람이 기뻐서 하는 행동은 그의 행복의 구성요소이며, 그의 행복의 중요한 부분이라고 볼 수 있다. 게임의 경우, 행복의 양면적인 구성요소가 되므로, 또한 불행의 조건이 될 수도 있다.

폰 라이트의 지적처럼 인간은 여러 요인들의 영향을 받는다. 이러한 영향을 어떻게 조정하고 활용하느냐에 따라 행복과 불행이 결정된다. 기질적 요인에 대한 설명에서 지적된 것처럼 인생 전반에서 비관적이고 회의적인 태도를 갖는 것은 행복의 실현 가능성을 방해한다.

바로(Barrow)는 행복의 조건으로 다음의 세 가지를 들었다. 안전, 자기존중, 현실주의(realism)다. 그가 말하는 안전이란 일반적인 의미의 안전으로, 불안과 불확실성이 없는 상태를 가리킨다. 혈연 공동체인 일차 집단의 경우, 사랑을 통해 이것을 향상시킬 수 있다. 또한 안정된 환경은 공동체의 신념과 생활방식에 어느 정도 헌신함으로써 확보될 수 있다. 자기존중이란 자기 자신의 가치에 대해 자부심을 갖는 것이다. 이 말은 부정적인 의미, 즉 자기회의, 무익, 비열, 부적당의 감정이 결여된 상태로 이해하는 것이 좋다. 자신을 경멸하는 사람은 그 누구도 행복해질 수 없다. 자기존중은 격려, 칭찬, 지지를 통해 발달된다(1980, 126).

바로는 위의 세 가지 중에서 가장 중요한 것은 현실주의라고 말했다. 현실주의는 왜곡되지 않고 환상에 젖지 않는 인생관을 갖는 것을 의미한다. 즉, 사물에 대한 견해, 인간관, 미래에 대한 정확한 지각을 뜻한다. 이러한 지각에 따라 우리는 실망과 기대를 줄일 수 있다. 이러한 현실주의를 냉소주의나 패배주의와 혼동해서는 안 된다. 현실주의는 지식과 이해의 산물이며 현실에 대한 인식능력을 높이기 위해서는 풍부한 인생의 경험과 문학과 역사와 같은 학문적인 연구를 병행해야 한다(1980, 127).

사람들은 누구나 행복하기를 원하지만 행복의 조건에 대해서는 일률적인 합의를 이루지 못하고 있다. 왜냐하면 행복은 특정한 조건, 환경, 활동에 국한되어 있지 않기 때문이다. 행복에는 물질적 부와 친구도 필요하고 탁월한 행위와 건강도 필요하다. 폰 라이트와 바로가 제시한 행복의 조건은 많은 조건 중의 일부일 뿐이다. 그러나 이들이 제시한 조건은 숙고의 결과이므로 진지하게 검토되어야 한다.

우리는 한 인간의 행복을 결정하는 요인을 행복의 조건이라고 부를 수 있다. 행복은 부분적으로는 '우연 또는 운'에 따라, 부분적으로는 타고난 기질에 따라, 부분적으로는 행동에 따라, 결정될 수 있다. 또 개인에 따라 결정되는 양상이 다양해진다.

우리가 행복한 사람이라고 부르던 사람이 어느 날 사고로 어린아이를 잃었다고 생각해 보자. 그는 극단적인 고뇌와 슬픔을 경험할 것이다. 우리는 갑작스러운 재앙의 소식이 그를 불행하게 만들었다고 말할 것이다. 그러나 우리로 하여금 그러한 재앙의 뉴스가 그를 불행하게 만들었다고 말하려면, 우리는 단순한 정서적 효과뿐만 아니라 오래 지속되는 효과에 대해서도 숙고해야 한다.

그가 행복하다는 말을 하기 위해서 우리는 그의 남은 생애 전체를 끝까지 관찰해야 하는가? 이 질문에 대답하기 위해서는 행복한 사람과 행복한 인생을 구별해 볼 수 있어야 한다. 전자는 후자보다 좁은 범위에서의 판단을 허용하고 있다. 이런 의미에서라면 생애의 특정한 어느 기간을 놓고 그 사람을 행복하다고 말할 수 있다. 인간은 행복해질 수 있고, 스스로 행복할 수 있으며, 또한 행복을 불행으로 변경시킬 수도 있다. 인생의 여정에서 행복과 불행의 요인은 늘 병존한다. 그러나 행복한 인생이란 삶 전체를 평가하려는 시도에 따라 촉발된 관점이다. 행복한 인생을 살았다고 말할 수 있는 사람도 생애의 어느 한 시기에는 불행했다고 할 수 있다. 그러나 인생 전체를 놓고 볼 때는 행복했다는 평가를 내릴 수 있는 것이다. 특별히 노년까지 행복한 삶을 영위한 경우는 더욱 높이 평가될 수 있다.

II. 외적 선

행복하기 위해서는 내적 선이 필수적이다. 도덕적, 지적 덕은 행복한 삶을 사는 데 필수적인 것으로서, 이러한 덕을 추구하는 것은 그 자체로서도 의미 있고 좋을 뿐만 아니라 행복을 위해서도 좋다. 이런 견지에서 필자는 지적 덕과 도덕적 덕의 장을 따로 설정하여 그 의미를 상세히 고찰하려 한다.

행복은 내적 선뿐만 아니라 외적 선을 필요로 한다. 그러나 사람에 따라서는 외적 선을 덜 필요로 하는 사람이 있다. 이들은 내적 선이 충만한 나머지 그러한 상태에 자족하고 있는 것이다. 소수의 사람들은 외적 선의 도움 없이도 행복을 누리지만, 대부분의 사람들은 도덕적, 지적 덕을 획득하기 위해서도 얼마간의 외적 선을 필요로 한다. 행복에 영향을 미치는 중요한 외적 선 가운데 사람들이 선호하는 것은 '좋은 출생' '친구' '부' '명예' '운' 등이다. 친구와 명예에 대해서는 따로 장을 두어 고찰한다.

1. 좋은 출생

사람들은 자신의 의지와 관계없이 이 세상에 태어난다. 어떤 사람들은 문명국가에 태어나고 어떤 사람은 미개국가에 태어난다. 발달된 복지시설에서 삶을 영위하는 사람이 있는가 하면 열악한 사회적 환경에 거의 동물적인 수준에서 살아가는 사람도 있다. 일부 사람들은 자신의 출생에 대해 감사하는 마음을 가지지만 대부분의 사람들은 자신의 출생에 대해 탄식하면서 살아가고 있다. 이런 연유로 아리스토텔레스는 재산, 권력과 마찬가지로 좋은 출생도 행운으로 얻어지는 것이라고 생각했다(1926, II. xi. 7).

사람들은 자신이 명문가에서 출생했더라면 인생행로가 쉽고 안정되고 행복할 것이라고 생각한다. 실제로 명문가에 태어났다는 이유만으로 엄청난 부를 소유하고 더 좋은 교육기회를 쉽게 갖는 것을 볼 수 있다. 정부는 출생이 가져다주는 이러한 특혜를 완화시키려고 여러 가지 제도를 만들었지만, 오늘날에도 여전히 좋은 출생이 사회적 성공과 행복에 위력을 발휘하고 있다.

아리스토텔레스는 좋은 출생을 두 가지 경우, 즉 민족이나 국가 그리고 개인의 경우로 나누어 설명하였다. 전자의 경우는 토지나 오랜 지도적 지위를 통해 얻어진다는 것이다. 지도자로서 명성을 얻은 사람과 그의 후손들은 그들이 가진 자질 때문에 존중된다. 후자의 경우는 아버지와 어머니 또는 그들 모두로부터의 자손이 되었을 경우다. 그러나 그러한 경우도 아리스토텔레스의 견해에 따라 그 자손들이 신체적 탁월성과 도덕적 탁월성을 견지할 때 좋은 출생으로 간주된다는 것이다(1926, I. v. 5-6).

좋은 출생은 사회적 불평등을 가져오는 중요한 요인이다. 좋은 출생이 행복을 보장하는 것은 아니지만, 행복에 이르는 길이 수월하도록 해 준다. 따라서 공동체는 자신이 선택하지 않은 상황에 대해 가혹한 책임을 묻지 않도록 해야 한다. 사회적 출발점이 현저하게 차이나지 않게 하는 것이 사회정의의 정신이라고 할 수 있다.

좋은 출생은 행운에 속한다. 그러므로 좋은 출생의 행운을 누리는 사람은 겸손의 덕을 가져야 하며, 또한 불운으로 비천한 출생을 한 사람들에 대해 배려하는 마음을 가져야 한다. 좋은 출생을 구성하는 요소인 부, 명예, 권력, 건강 등은 모두 불안정한 위치에 있기 때문이다.

2. 친구

인간은 사회적 존재이기 때문에 이웃과 더불어 살아가도록 되어 있다. 생존을 넘어 행복한 삶을 위해서는 더욱더 이웃의 협력과 관심이 필요하다. 친구는 내가 유덕하게 되는 데 도움을 줄 뿐만 아니라, 어려운 상황에 처했을 때 물질적 도움을 주기도 하고 정신적 위안을 주기도 한다.

플라톤은 친구관계는 모든 것을 공유한다고 말했다. 그는 『리시스』(*Lysis*)에서 메넥세노스와 그의 친구를 향해 "자네들도 알다시피 자네들의 우정이 진실하다면 친구는 모든 것을 공유하는 관계라고 말할 수 있네."(1925c, 207d)라고 말했다. 모든 것을 공유할 수 있는 관계란 상대가 또 하나의 나임을 인정하는 것이다. 플라톤은 소크라테스를 통해 친구의 소중함을 이렇게 표현하였다.

> 모든 사람이 어느 하나에 몰두하듯이 나도 어린 시절부터 한 가지 일에 몰두했었네. 어떤 사람은 말(horses)을 좋아하고, 어떤 사람은 개를 좋아하고, 어떤 사람은 돈을 좋아하고, 어떤 사람은 명예를 좋아하네. 나는 이런 것들에 관심을 두지 않았네. 그 대신 친구를 갖기 위해 열정을 바쳤네. 세상에서 제일 좋은 메추라기나 수탉보다도 선한 친구를 갖기를 원했네. 개에 맹세코, 나는 다리우스 왕의 황금보다도 그리고 내가 다리우스 왕 자신이 되는 것보다도 참된 친구를 얻기를 원했던 것이네(1925c, 211d-212a).

소크라테스는 다른 것들을 예로 들어도 될 텐데 메추라기와 수

닭을 예로 들었다. 왜 그렇게 했을까? 아마도 그는 선한 친구와 같은 고귀한 가치를 등한시하고 사소하고 가치가 적은 것들에 매료되어 있는 사람들을 비판하기 위해 그렇게 했을 것이다. 그는 메추라기나 수탉이 좋아 따라다니는 사람들을 향해 다리우스 왕이나 그가 가진 엄청난 황금보다도 선한 친구가 더 좋다고 말했다.

아리스토텔레스는 외적 선 가운데서도 특별히 우정을 중시하였다. 그의 우정개념 속에는 남녀 간의 애정도 포함된다. 그는 『니코마코스 윤리학』 제8, 9권, 『에우데모스 윤리학』 제7권, 『대윤리학』 제2권 11장에서 우정의 문제를 다루었다. 아리스토텔레스의 윤리학에서 다른 어떤 외재적 선도 이런 대우를 받지 못했다.

아리스토텔레스는 행복한 사람은 모든 좋은 것을 가져야 하기 때문에 친구도 가져야 한다고 말했다. 그는 두 가지 이유로 친구가 필요하다고 생각했다. 첫째, 내가 어려울 때는 친구로부터 도움을 받을 수 있고, 둘째, 내가 풍요로울 때는 친구는 그것을 나누어 줄 상대가 되어 주기 때문이었다(2003, 1169b13-18). 다른 많은 것을 성취했다 할지라도 친구가 없다면 행복하다고 말할 수 없다. 친구가 없다면 성취의 과정도 의심받을 수 있다.

인간은 고독을 필요로 하지만 상호 협력과 상호 성숙을 위해 대화를 가질 친구가 필요하다. 훌륭한 삶을 산 사람들은 선한 사람들로 구성된 인간관계를 가지고 있다. 이러한 인간관계는 아무나 가질 수 있는 것이 아니다. 행운이 따라야 할 뿐만 아니라 타자에 대한 열린 마음, 관심과 배려, 기쁘게 해 주려는 의지가 있어야 한다. 타자도 이에 상응하는 마음을 가져야 우정이 가능해진다. 우정은 상호적이다.

3. 부

부는 경제학의 중요한 관심사이지만 윤리학을 비롯한 다른 학문에서도 중요시되고 있다. 경제학은 부를 목적으로 취급하지만, 경제학 이외의 다른 학문들은 다른 무엇을 성취하기 위한 수단으로 간주한다. 일반인들 중에도 부를 목적으로 생각하는 사람이 있는가 하면 다른 무엇을 성취하기 위한 수단으로 취급하는 사람도 있다. 부를 수단으로 생각하는 사람은 부를 무제한적으로 모은다거나 과도하게 모으려 하지 않을 것이다. 왜냐하면 이런 일은 많은 시간, 정력, 그리고 열정을 필요로 하기 때문이다. 부를 모으는 데 심혈을 기울이다 보면 다른 많은 가치를 획득하지 못한다.

오늘날에는 외적 조건들 가운데 부를 가장 선호한다. 부는 행복하게 되는 데 필요한 외적 선 중 하나이지만, 언제나 이렇게 작동하지는 않는다. 재산을 지혜롭게 관리할 능력이 결여된 사람에게 상속하면 행복은커녕 불행과 파멸로 치닫을 것이다. 부가 행복에 기여하는 것은 부와 관련된 덕을 통해서다. 부와 관련된 도덕적 덕으로는 관후, 호탕, 자선 등이 있다. 부는 이런 덕을 실현하는데 사용될 때 행복에 기여한다. 그런데 부가 유덕한 활동을 가능하게 할 때만 가치 있는 것인지, 부 자체가 내재적으로 가치 있는지에 대해서는 탐구자들 사이에도 논쟁이 계속되고 있다.

부를 가진 사람이 내적 선을 획득하는 것은 아주 어렵다. 그렇다고 해서 가난이 내적 선의 소유를 보증해 주는 것도 아니다. 이 점에 대해 에우리피데스는 자신의 비극작품 『엘렉트라』(*Electra*)에서 오레스테스를 통해 이렇게 말했다.

아아, 인간의 고결함을 정확히 검증할 수 있는 것은
아무것도 없구나. 인간의 타고난 본성은 뒤죽박죽이니 말이오.
나는 이미 고귀한 아버지의 많은 자식들이 아무 쓸모없고,
열등한 부모의 자식들이 훌륭한 것을 보았을 뿐더러
부자의 마음속에는 궁핍이, 가난뱅이의 몸속에는
고결한 마음이 깃들어 있는 것을 보았으니까요.
그렇다면 여기서 어떻게 해야 올바로 선악을 구별할 수 있을까요?
부에 따라서? 그러나 그것은 나쁜 심판관이 될 테지요.
그렇다면 가난에 따라서? 그러나 가난도 위험해요.
가난은 궁핍을 통하여 인간을 악으로 인도하니까요(1990b/1999, 367-376).

에우리피데스는 행복한 삶을 위해서 부와 가난은 모두 바람직하지 않다고 생각했다. 인간의 고결함을 입증하는 데 부와 가난이 척도가 되지 않는다는 것이다. 가난한 사람 중에도 고결한 인품을 가진 사람이 있고 부유한 사람 중에도 수전노가 있기 때문이다.

아리스토텔레스는 『수사학』을 비롯한 여러 저서에서 외적 선으로서의 부에 대해 숙고하였다. 그는 행복의 외적 조건으로 풍요한 재산을 포함시켰다(1926, I. v. 3). 그는 재산은 현금, 토지, 동산, 가축, 노예 등으로 구성된다고 생각했으며, 이 재산은 안정적으로 관후하게 사용되고 유용해야 한다는 것이다. 또한 생산적이고 향유할 수 있어야 하며 유용해야 한다는 것이다. 그는 부유하다는 것은 많이 소유한 것이라기보다는 실제로 사용할 수 있는 재물을 가졌을 때를 의미하였다(1926, I. v. 7).

『수사학』과는 달리 『니코마코스 윤리학』에서는 부의 가치가 덜

강조되고 있다. 이 점에 대해 어윈(Irwin)은 이렇게 말했다.

> 외적 선이 덕과 유리되어 있다면 행복의 구성요소가 될 수 없다. 건강하고, 강하고, 잘생긴, 사악한 사람은 행복의 중요한 요소를 가지고 있지 않다. 왜냐하면 그는 그가 가진 외적 선을 잘못 사용할 것이기 때문이다(2003, 1129b1-4). 『수사학』에서 행복의 구성요소로 간주되던 외적 선이 『니코마코스 윤리학』에서는 인정되지 않는다. 왜냐하면 그것들은 행복의 구성요소가 당연히 아니기 때문이다. 그것은 아리스토텔레스에게 행복의 한 부분으로서의 선은 그 자체로서가 아니라, 이 선들의 하나를 유덕한 자가 옳게 사용하는 것을 의미하기 때문이다(1985b, 96-7).

일상생활에서 부가 결여되면 어떤 점이 안 좋을까? 아리스토텔레스는 부를 비롯한 외적 선이 부족하면 고귀한 행위를 할 수 없다고 말했다(2003, 1099a32-b2). 부는 고귀한 행동을 할 수 있도록 돕기는 하지만 악의 형성에도 영향을 미친다. 이 세상에 있는 많은 가치는 돈으로 살 수 없다. 우리가 덕, 사랑, 영원, 우정 등을 얻고자 할 때 돈으로는 살 수 없는 것이다.

월처(Walzer)는 돈으로 살 수 있는 것과 살 수 없는 것을 제시하였다. 돈으로 살 수 없는 것을 상정한다는 것은 부의 지배에 한계를 두려는 시도라고 할 수 있다. 그는 인신(human beings), 정치권력과 정치적 영향력, 형사적 정의, 언론, 집회, 종교, 결사의 자유, 결혼과 생식의 자유, 정치공동체를 떠날 수 있는 권리, 병역과 배심원 의무 면제, 정치적 관직, 경찰의 보호와 같은 기본적 복지서비스, 최저 임금과 같은 '절망적인 교환'(desperate exchanges), 포상과 명예, 종교적 은총, 사랑과 우정, 범죄행위 등은 돈으로 살 수 없는 것이라고 주장하였다(1983, 100-103). 이 목록을 보면서 참으로 소중한 것들은 돈으로 살 수 없다는 것을 알게 된다. 그러나 정도의 차이는 있지만 어느 사회에서나 이러한 것들이 부분적으로 거래되고 있다. 암시장은 어디에나 존재한다.

행복해지려면 얼마 정도의 재산을 가져야 하는가? 재산을 갖는 데도 어떤 적절한 기준과 원리를 가져야 하는가? 아리스토텔레스는 플라톤이 주장했던, 즉 절제적인 삶을 사는 데 필요할 정도의 재산이라고 말한 것을 보완하려고 하였다. 왜냐하면 절제적인 삶을 살면서도 비참할 수 있기 때문이었다. 그래서 그는 더 좋은 정의를 내리려 하였다. 그가 제시한 것은 "절제 있게, 그리고 관후하게 살 수 있을 만큼"이었다. 그는 재산을 관리하는 데 절제와 관후의 덕이 결합되어야 한다고 생각했다. 둘이 분리되면 넉넉한 삶은 사치로 흐르고, 절제된 삶은 곤궁으로 흐른다는 것이다. 부와 관련된 행복의 원리는 바로 절제와 관후의 덕이었다(1932, 1265a28-39).

아리스토텔레스는 부의 평등화보다는 욕망을 다스리는 것이 더 중요하다고 생각했다. 과도한 부를 가지려는 욕망을 다스려야 한다는 것이다(1932, 1267b5-10). 부를 평등화시켜도 여러 가지 요인들에 따라 조만간에 부의 불평등이 일어난다. 아침에 사람들에게 같은 금액의 돈을 나누어 주었더라도 점심때가 되기 전에 부의 불평등이 일어날 것이다. 따라서 재산에 대한 욕구를 완화시켜 다른 욕구를 갖도록 하는 것이 중요하다. 재산을 모으는 데 과도한 관심을 갖게 되면 이를 위해 다른 모든 중요한 관심을 포기할 뿐만 아니라 이러한 목적을 달성하기 위하여 다른 것들을 전환시킬 것이다.

롱기누스(Longinus)는 테렌티아누스(Terentianus)에게 보내는 글에서 이렇게 말했다.

> 친구여, 일상생활에서도 경멸하는 것이 위대하게 여겨지는 것은 그 어떠한 것도 위대하지 않다는 것임을 우리는 알아야 하오. 예컨대, 부와 명예와 명성과 권력과 기타 겉보기에 매우 화려한 것들이 그렇소. 현명한 사람이라면 그런 것을 큰 선으로 여기지 않을 것이오. 그런 것을 경시하는 것 자체가 적잖은 선이기 때문이오. 그리고 실제로 그런 것을 가진 사람들보다는 가질 수 있는데도 경멸할 수 있을 만큼 고결한 사람들이 더 경탄의 대상이 되는 법이오(1964/2002, 282).

롱기누스는 부를 비롯한 외적 선을 멀리하는 것 자체가 선이라고 생각했다. 재산에 대한 욕심이 많은 해악을 가져온다고 생각했기 때문이었다. 그는 재산에 대한 욕망이 가져오는 해악에 대해 이렇게 말했다.

> 우리 모두가 앓고 있는 탐욕스러운 병인 금전욕과 향락욕은 우리를 노예로 만들고 있소. 아니, 그것들이 우리의 몸과 마음을 익사시킨다고 해야겠지요. 금전욕은 우리를 시들게 하는 병이고, 향락욕은 가장 비열한 것이오. …제어되지 않은 무한한 부 가까이에는 사치가 사람들 말마따나 보조를 맞추며 뒤따르기 때문이오. 부가 도시나 집의 문을 여는 순간 사치도 함께 들어가 그 안에서 살지요. 그리고 우리 생활 속에 얼마 동안 머물면 철학자들의 말대로 둥지를 틀고는 곧 새끼를 치기 시작하는데, 그 새끼란 바로 탐욕과 교만과 허영이오. 이것들은 서자가 아니라 적자들이오(1964/2002, 393-394).

롱기누스는 수단의 지위로 집안에 들어온 부가 곧 목적으로 전환되어 사람들을 지배하게 된다고 말하고 있다. 사람들은 부를 신분을 알려 주는 수단으로 생각하고 부를 더욱 사랑한다. 부의 양은 제한되어 있으므로 부를 사랑하면 사람들은 불가피하게 투쟁해야 한다.

홉스(Hobbes)도 이러한 점을 우려하였다. 그는 이렇게 말했다.

> 부, 명예, 지배력 또는 다른 힘에 대한 경쟁은 논쟁, 반목 또는 전쟁으로 변하기 쉽다. 왜냐하면 어떤 경쟁자가 욕구를 달성하는 방법이란 상대방을 죽이거나 복종시키거나 밀어내거나 추방하는 것이기 때문이다. 특히 칭찬에 대한 경쟁은 고대에 대한 숭배가 되기 쉽다. 인간은 살아 있는 사람과 싸우는 것이지 죽은 자와 싸워서는 안 되는 것이다. 그것은 타인의 영광을 가리기 위해 죽은 자에게 과분한 영광을 주려고 하는 것이다(1946, 64).

경쟁자가 있는 곳에서는 이런 처절한 결과를 쉽게 발견할 수 있다. 부를 행복의 중요한 조건으로 생각하는 사람들은 이러한 결과를 감수할 준비가 되어 있어야 한다.

루소(Rousseau)는 과도한 부의 소유와 사치의 위험성에 대해 비판적이었다. 그는 자신의 저서에서 이 점에 대해 거듭 언급하였다. 이런 사람은 자신의 능력보다는 외적 사물에 더욱 의존한다는 것이다. 이런 사람은 처음에는 자신의 부에 의존하다가 나중에는 부자에게 의존하는 삶을 산다는 것이다(1979, 197).

또한 루소는 부의 과도한 소유는 이웃들과 즐거움을 나누려 하지 않고 독점하려는 성향을 형성시켜 준다고 말했다. 그는 이 점에 대해 이렇게 말했다.

> 쾌락을 독점하는 것은 쾌락을 죽이는 것이다. 참된 쾌락은 대중과 공유하는 쾌락이다. 혼자서 쾌락을 독점하려는 사람들은 결국 쾌락을 잃어버린다. 만일 내가 자신을 위해 정원 주위에 벽을 쌓아 정원을 음침한 회랑으로 만들어 버린다면, 나는 많은 돈을 들여 나 자신에게서 산책의 즐거움을 빼앗은 셈이 된다. 그러면 나는 산책의 즐거움을 얻기 위해 먼 곳까지 가야 한다. 재산의 악마는 손에 닿는 것은 무엇이든지 오염시킨다. 부유한 자는 어디에서나 주인이 되기를 원하며 그렇지 못한 곳에서는 그저 부유할 뿐이다(1979, 354).

이런 사람은 진정한 쾌락을 누리지 못하고 그저 부를 갖지 못하거나 적게 가진 사람에게 자신의 쾌락을 과시하는 것에 관심을 갖는다.

4. 명예

명예는 일반적으로 가치 있는 것으로 인정되고 있다. 그래서 사람들은 명예를 얻으려고 노력한다. 그러나 명예는 혼자서 가질 수 있는 것이 아니다. 어떤 사람이 명예를 가지려면 그를 명예롭게 해주는 사람이 반드시 있어야 한다. 즉, 명예를 얻는 사람, 명예를 부여하는 사람, 그리고 명예에 관련된 분야가 있어야 한다. 이런 의미에서 명예는 외적 선이라고 불린다.

명예는 관계적인 개념이어서 타인의 판단과 평가를 전제로 한다. 내가 명예를 가지려면 타인의 인정을 받아야 한다. 과연 어떤 사람으로부터 인정을 받아야 할까? 범죄자나 미치광이로부터 칭찬을 받는 것은 불명예스러운 일이다. 명예는 어떤 사람의 행위나 자질이 가치 있다는 평가를 내리는 데서 비롯된다. 이러한 판단과 평가에 앞서 행위자는 자기 자신을 존중하는 태도를 가져야 한다. 이에 따라 존중, 자부심, 평판(refutation), 명성과 같은 명예와 관련된 많은 말들이 만들어졌다.

사람들 중에는 명예를 아주 소중하게 생각하는 사람도 있고 전혀 개의치 않고 제멋대로 행동하는 사람도 있다. 전자에 속한 사람 중에는 명예상실에 따른 수치를 감당하지 못해 자살하는 사람도 있다. 명예와 수치는 동전의 앞면과 뒷면의 관계처럼 불가분의 관계를 갖는다. 명예의식이 있어야 비로소 수치를 느끼는 것이다.

덕을 행복의 불가결한 요소로 생각하는 사람들은 명예를 선한 것으로 간주한다. 이에 비해 명성은 중립적인 것으로서 나쁜 사람도 이를 향유할 수 있다. 덕의 이론에 따르면, 명예는 선한 것에 속한다. 힘도 명예를 얻는 중요한 원천이 되고 있다. 사람들은 자신보다 탁월한 힘과 능력을 가진 사람을 존중하고 명예를 부여하려는 경향을 가지고 있다.

명예는 중요한 외적 선이다. 지나치게 겸손한 사람은 자신이 받아 마땅한 명예도 추구하지 않는다. 한편 자신을 과대평가한 나머지 분수에 넘친 명예를 요구하는 사람들도 있다. 다른 외적 선과 마찬가지로 명예도 지나치게 요구되거나 덜 요구될 수 있다. 지나치게 야심이 강한 사람이나 야심이 전혀 없는 사람은 정도의 차이는 있지만 똑같이 비난의 대상이 된다.

아리스토텔레스는 명예란 개념을 아주 소중히 생각하여 명예는 '모든 덕의 제왕'(2003, 1124a1)이며 외적 선 중에 최대의 것(2003, 1123b20)이라고 생각했다. 그는 교양이 있고 실천적인 사람들은 명예를 소중하게 생각하며 명예를 선으로 본다고 했다.

또한 아리스토텔레스는 명예를 가진 사람은 중용인 긍지(magnanimity, megalopsuchia)를 가졌다고 말할 수 있다고 생각했다. 긍지를 가진 사람이란 명예에 대해 올바른 태도를 가진 사람, 즉 적절한 자존심을 가졌다는 것을 의미한다. 유덕한 사람은 명예만 중시하지 않으며 명예를 무시하지도 않는다.

명예와 명성은 서로 다른 말이다. 명성은 중립적인 말로서 단순히 널리 알려졌다는 것을 의미한다. 이에 비해 명예는 가치 또는 존엄의 의미를 함의하고 있다. 따라서 명예를 얻으려면 공동체가 가지고 있는 행위표준에 도달해야 한다. 명성은 성공만을 목적으로 삼지만 명예는 덕과 의무를 염두에 둔다.

5. 운

운도 외적인 것으로서 인간의 행복에 큰 영향을 미친다. 행복한 사람도 불운을 만나면 한순간에 불행해질 수 있다. 심지어 같은 부모 밑에서도 다른 형제와는 달리 아름답고 총명하게 태어나는 이도 있다. 함께 사고를 당하고도 살아남는 사람이 있는가 하면 혹독한 전염병 공격을 받고도 잘 넘긴 사람도 있다. 우리는 이런 사람들을 보고 행운을 얻었다고 하면서 부러워한다.

노력보다 운에 따라 행복을 획득한 것은 사람들의 시기의 대상이 된다. 그러나 오랜 기간 동안 노력과 수고를 다하여 얻은 것들에 대해서는 시기보다는 찬사를 보낸다. 행운을 얻은 사람이 이웃의 시기를 피하려면 행운의 결과를 공유하거나 이전보다 더욱 겸허한 태도를 가져야 한다.

고대인들은 운이 행복에 미치는 영향에 대해 관심이 많았다. 솔론이 크로이소스 왕에게 준 충고, 즉 삶의 끝을 보기 전에는 그 누구도 행복하다고 말할 수 없다고 한 것은 행복에 운이 얼마나 크게 영향을 미치는가를 상기시키는 말이었다. 솔론의 이러한 견해는 널리 지지되었다. 왜냐하면 사람들은 외적 선을 행복의 조건이라고 믿었고 모두 운에 크게 좌우되기 때문이다. 운은 너무나 불안정하여 죽을 때까지는 행복하다고 말할 수 없다는 신념이 생겨났다. 솔론의 충고는 비극작가뿐만 아니라 철학자에게도 큰 영향을 미쳤다.

서사시와 더불어 비극시는 고대 그리스인들을 매료시켰다. 시인들은 플라톤의 신랄한 비판을 받기는 했지만 당대의 존경을 받는 사람들이었다. 호메로스의 서사시에 나타난 덕목은 청소년의 교육 내용으로 활용되었다. 호메로스적 인간상, 즉 연설을 잘하는 능력과 연설에 담긴 내용에 헌신하는 삶이 훌륭한 삶의 표준이 되었다. 비극작가들은 축제를 위해 작시를 했으며 경제적으로 넉넉하지 않는 도시국가들도 경연대회나 공연을 위해 거대한 야외극장을 건설하였다.

고대 그리스의 3대 비극작가들의 작품은 그리스인의 삶을 형성하는 데 지대한 영향을 미쳤다. 그들은 인간의 비극이 어디에서 비롯되는지에 대해 심오한 통찰을 보여 주었다. 그들은 비극의 원인을 내적 그리고 외적인 데서 오는 것으로 이해하였다. 이들은 내적 원인으로는 인간의 갖가지 탐욕을, 외적인 원인으로는 신의 의지, 운, 자연재해 등을 꼽았다.

운은 인간의 자유를 제한하는 것으로 이해되고 있다. 그래서 흔히 운은 신의 작용으로 간주되기도 한다. 인간의 의지와 운의 상충은 수많은 비극적 사건을 가져온다. 특별히 고대 그리스의 비극작가들은 불운의 문제를 깊이 있게 다루었다. 아이스킬로스(Aeschylus)는 『아가멤논』에서 아가멤논의 입을 통해 이렇게 말했다. "행복한 가운데 일생을 마치는 자만이 축복받은 자라고 할 것이오(1950/1999, 928-929)." 그는 노년에 이르러 불행해진 사람들을 보고 이런 말을 하였을 것이다.

아이스킬로스는 『아가멤논』에서 전령을 통해 인생의 고통에 대해 이렇게 말했다.

> 그렇겠지요. 일이 잘 되었으니까. 오랜 시일에 걸쳐
> 일어난 일들 중에는 잘됐다고 말할 수 있는 일들도 많지만
> 잘못된 일들도 있게 마련입니다. 하지만 신이 아닌 이상
> 일생을 통하여 늘 편안할 수만은 없지 않습니까?
> 우리의 노고와 불편한 잠자리에 관해서 말하자면
> 한날한시도 한숨이 나오지 않는 때가 없었습니다(1950/1999, 551-556).

10년간 계속된 트로이 전쟁에 참여한 병사의 탄식은 극단적인 예이긴 하지만 인생의 여러 영역에서도 발견되고 있다. 전쟁터의 힘없는 병사의 삶은 인생의 역정 그 자체라고 할 수 있다.

소포클레스(Sophocles)는 『오이디푸스 왕』에서 탁월한 지성과 용기를 가진 오이디푸스의 비극적인 삶을 바라본 후 코러스를 통해 이렇게 말했다.

> 아아 그대들 죽어야 할 인간의 종족들에서
> 따져 보면, 그대들의 삶은 한낱 그림자에 지나지 않도다.
> 그 누가 행복으로부터 / 행복의 허울 뒤의 몰락보다도

더 많은 것을 얻고 있는가? / 그러니 내 그대의
오오 불행한 오이디푸스여, / 그대의 운명을 본보기로 삼아
죽어야 할 인간들 중에 어느 누구도 행복하다고 기리지 않으리라
(1958/2001, 1187~1197).

오오 조국 테바이의 시민들이어, 보시오, 저 분이 오이디푸스요.
그는 유명한 수수께끼를 풀고 권세가 당당했으니,
그의 행운을 어느 시민이 선망의 눈으로 보지 않았던가!
보시오, 그러한 그가 얼마나 무서운 고뇌의 풍파에 휩쓸렸는지!
그러니 우리의 눈이 그 마지막 날을 보고자 기다리고 있는 동안에는
죽어야 할 인간일랑 어느 누구도 행복하다고 기리지 마시오.
삶의 종말을 지나 고통에서 해방될 때까지는(1958/2001, 1524~1530).

오이디푸스는 다른 사람들이 부러워하는 용기와 지성을 가지고 있었다. 그러나 그는 이러한 것들을 과신하여 비극을 자초하였다.

또한 소포클레스는 『안티고네』에서 코러스를 통해 인간의 불행에 대해 이렇게 말했다.

행복하도다. 평생 동안 고통을 맛보지 않는 자들은
집이 한 번 신에 의하여 흔들리면
그에게는 재앙이 그치지 않고 대대로 이어지기 때문이다.
마치 파도가 트라케 바람의 / 사나운 입김에 쫓겨
검은 심연 위를 굴러가며 / 바닥에서 검은 모래를 파헤쳐 올리고
바람에 시달리는 해안들이
폭풍의 매질에 울부짖을 때와도 같이(1959/2001, 583-592).

소포클레스는 인간의 비극을 주목한 나머지 인간은 아예 태어나지 말았어야 할 존재라고 생각했다. 그는 『콜로노스의 오이디푸스』에서 이렇게 말했다.

> 태어나지 않는 것이 더할 나위 없이
> 좋은 일이지만, 일단 태어났으면
> 되도록 빨리 왔던 곳으로 가는 것이
> 그 다음으로 가장 좋은 일이로다.
> 경박하고 어리석은 청춘이 지나고 나면
> 누가 고생으로부터 자유로우며,
> 누가 노고에서 / 벗어날 수 있단 말인가?
> 사기, 파쟁, 불화, 전투와 살인,
> 그리고 마지막으로 비난받는 노령이
> 그의 몫으로 덧붙여진다네. / 힘없고, 비사교적이고, 친구 없고
> 불행 중의 불행들이 빠짐없이 모두 동거하는 노령이(1955/2001, 1224~1238)

에우리피데스도 같은 견해를 보여 주고 있다. 그는 『트로이 여인들』에서 몰락한 왕비 헤카베의 입을 통해 이렇게 말하고 있다.

> 그대들은 왜 나를 일으켜 세우려 하시오? 무슨 희망이 있다고?
> 전에는 트로이에서 사뿐사뿐 거닐었으나 지금은
> 노예가 되어 버린 이 발을 맨땅 위에 짚단으로,
> 돌 베개로 데려다 주시구려, 그곳에 쓰러져 눈물을 흘리다가
> 지쳐 죽도록 말이오. 그대들은 행복한 자들 중에 어느 누구도
> 행복하다고 믿지 마시오, 그가 죽을 때까지는!(1990c/1999, 505-510).

비극시인의 인생관은 당시의 관객들뿐만 아니라 그 이후의 사람들에게도 큰 영향을 미쳤다. 그리스 비극작품들이 전승되어 지금도 여전히 공연되고 있다는 것이 그 좋은 증거다.

아리스토텔레스는 솔론의 주장에 대해 깊은 관심을 표시하였다. 그는 솔론의 주장을 부분적으로 수용하기도 하고 거부하기도 하였다. 먼저 수용적 태도를 살펴보자.

솔론의 충고는 행복은 영원해야 한다는 가정을 가지고 있다. 그런데 우리는 생애의 한때라도 행복이 결여되어 있으면 결코 행복할 수 없는 것인가 하고 묻는다. 아리스토텔레스는 이 문제를 여러 저서에서 숙고하였다(2003, 1100a3-9; 1935a, 1219b4-8, 1935b, 1185a5-9). 아리스토텔레스는 『에우데모스 윤리학』과 『대윤리학』에서 이러한 영원성의 가정을 받아들이는 진술을 하고 있다. 즉, 솔론의 충고를 지지하는 것이다. 아리스토텔레스는 『대윤리학』 1185a5-9에서 행복한 사람은 영혼의 성숙과 완전한 기간, 즉 전 생애에 걸쳐 행복해야 한다고 주장하였다. 『에우데모스 윤리학』 1219b4-8에서는 솔론의 주장을 더욱 분명하게 지지하는 말을 했다. 즉, 하루 또는 일정 기간 동안 행복하다고 말할 수는 없다는 것이다.

아리스토텔레스가 사람은 살아 있는 동안 행복하다고 말할 수가 없다는 솔론의 주장에 동의한 것을 두고, 솔로몬(Solomon)은 이것이 아리스토텔레스 행복론의 아킬레스건이라고 생각했다(1976, 189). 솔론에 동조한 것이 약점이긴 하지만 행복의 실제에서 운의 영향력은 결코 부인할 수 없다. 솔로몬은 아리스토텔레스의 모순을 극복하기 위해서는 행복의 개념을 더 고찰함으로써가 아니라 우리 자신의 욕구, 만족 그리고 행복의 개념들의 논리에 호소함으로써 해결될 수 있다고 생각했다(1976, 190).

아리스토텔레스는 솔론의 영원한 행복의 요구에는 일리가 있다고 생각했다. 그러나 한편으로 행복과 같은 불안정한 것이 영원해야만 한다고 요구한 것은 잘못이라는 것이다. 우리의 능력 안에 있는 안정된 행복의 구성요소에서 영속성을 요구하는 것이 더 좋다. 덕은 바로 이러한 조건을 충족한다. 우리가 유덕하다면 행복의 지배적인 구성요소를 확보하는 데 영원한 성공을 기대할 수 있다고 아리스토텔레스는 본 것이다(Irwin, 1985b, 106).

이처럼 아리스토텔레스는 솔론의 견해에 전적으로 동의하지는 않았다. 얼마간의 불일치하는 부분도 있다. 그는 솔론의 견해가 너무 극단적이라고 생각했다(2003, 1100b1-10). 그는 솔론과는 달리 안정된 행복이 존재할 수 있다고 생각했다. 안정적인 덕을 통한 행복은 지속적일 수 있다고 믿었던 것이다. 솔론의 행복 개념은 행복이 행위자 밖의 조건에 달려 있다는 것을 시사하고 있다. 솔론의 결론은 외적 선을 지나치게 중시한 데서 비롯된 것이었다. 그는 행복이 우연과 외적 환경에 상처받기 쉬워 불안정하다고 생각했다. 그렇지만 우연과 외적 환경이 인간의 행복을 좌우한다고 주장하는 것은 잘못된 것이다.

그럼에도 불구하고 일반인들은 솔론의 행복 개념을 널리 지지하였다. 그들은 불운을 가져다주는 운명의 여신을 변덕쟁이로 묘사하였다. 운명의 여신은 오만한 자를 공격의 대상으로 삼는다고 생각했다. 사람들은 자신의 안전을 지켜 주는 최선의 장치가 무엇인지 생각하였다. 자신이 가진 행복의 조건이 불안정하다는 것을 발견한 사람들은 여러 가지 방식으로 행복의 안정성을 확보하려 하였다. 덕에 의거한 행복은 이러한 노력의 소산이라고 할 수 있다.

모든 외적 선은 행복의 기초적인 자원이라고 할 수 있다. 이것을 어떻게 사용하는가가 중요하다. 외적 선은 선한 사람에게는 선하게 활용되지만 악인에게는 악하게 사용될 수 있다. 그러므로 외적 선은 하나의 가능성이라고 할 수 있다. 외적 선 때문에 덕을 얻는 것이 아니라 덕의 도움으로 외적 선을 얻는다는 생각을 갖는 것이 바람직하다. 내가 선할 때 친구를 비롯한 많은 외적 선이 부수적으로 획득될 수 있다.

III. 스토아주의와 외적 선

기원전 4세기 후반, 아리스토텔레스 사후에 고대 그리스의 아카데미 학파는 급속하게 쇠락하고 새로운 철학들이 등장하였다. 에피쿠로스(Epicurus)가 창시한 에피쿠로스주의와 제논(Zenon)이 창시한 스토아주의가 그것들이다. 이 두 사상은 국가와 시민의식에 대한 관심보다는 개인의 행복과 구원에 관심을 두었다.

벌린(Berlin)은 이 두 사상의 특징에 대해 이렇게 말했다.

> 도시에 관한 이야기, 도시 안에서 과업을 수행하도록 시민을 교육한다는 이야기, 좋은 정치구조와 나쁜 정치구조에 관한 이야기는 전혀 없다. 위계질서가 필요하다든지 위험하다는 이야기도 없고, 소규모로 조직된 공동체의 가치에 관한 이야기도 없고, 외향적인 사회생활이 인간 본성의 표지이자 기준이라는 이야기도 없고, 사람을 다스리는 일의 전문가를 어떻게 양성할 것인지 또는 삶을 어떻게 조직해야 개인마다 다른 재능이 적절한 대우를 받을지에 관한 이야기도 없고, 정치구조에 따라 서로 다른 유형의 재

> 능과 성격에 강조하는 정도가 각각 달라진다는 설명도 없다 (2001/2006, 561).

이들의 사상에서는 플라톤과 아리스토텔레스가 고심했던 문제들이 발견되지 않는다는 것이다. 즉, 새로운 사상은 정치적, 사회적, 교육적 문제를 외면하고 오로지 개인 차원의 문제들만 관심을 가졌다고 했다. 벌린은 이러한 사상들이 등장하고 사람들의 지지를 받은 배경에 대해 다음과 같이 설명하였다.

> 폴리스는 의미를 상실했다. 알렉산드로스의 군대는 거대한 세계를 열고 있었다. 평균적인 그리스인 또는 (저자가 선택하기에 따라서는) 아테네인은 자기 완결적인 소규모 도시의 방벽을 통해 제공되던 친밀함과 안정감을 잃어버리고, 동방에까지 발을 뻗은 거대한 새로운 제국 안에서 자기가 얼마나 중요하지 않고 하잘것 없는지를 느끼게 되었다. 익숙한 이정표가 사라져 황량하기만 한 새로운 풍토에서 사람들은 외로이 겁에 질려 자신의 개인적 구원에 관심을 기울이게 되었다(2001/2006, 575).

벌린은 새로운 두 사상은 우려할 대상이 아니라 그리스 개인주의의 탄생을 가져왔다고 평가하였다. 이 두 사상이 출현한 때는 서서히 일어난 슬픈 쇠퇴가 아니라 사유의 지평을 확장하는 시기였다는 것이다.

고대 그리스의 철학인 스토아주의는 아카데미학파 못지않게 소크라테스를 흠모하였다. 그가 보여 준 초인적인 인내심, 불굴의 정신, 감정을 억제하는 능력 등을 배우고 실천하려 하였다. 특별히 에픽테토스(Epictetus)는 자신의 저술에서 자주 소크라테스의 말을 인용하였다. 롱(Long)은 에픽테토스가 플라톤의 저서 가운데 16권에 걸쳐 1백여 번이나 소크라테스를 인용하거나 암시하고 있다고 말했다(2002, 69).

에픽테토스는 소크라테스와 제논을 존경하였다. 그는 "누군가를 만나려고 할 때, 특히 높은 평판을 누리고 있는 한 사람을 만나려고 할 때는, 그러한 경우에 소크라테스나 제논은 어떻게 행동했을지 너 자신에게 물어보라. 그러면 쩔쩔 매지 않고도 그 상황에 적절하게 대처할 수 있을 것이다."(1999/2003, 33:12)라고 말했다.

그는 사람은 누구나 자신의 의지에 반하는 행동을 하면 이미 감옥에 있다고 생각했다. 그런 의미에서 그는 소크라테스는 감옥에 있지 않았다고 말했다. 왜냐하면 그는 자발적으로 그 곳에 있었기 때문이라는 것이다(1952, i, 12).

에픽테토스는 자신의 감정과 욕구를 억제하는 동시에 자신의 이성을 최대한 발달시키려 하였다. 이성적이기 위해서는 외적 선으로부터 초연해지고 독립적이 되어야 한다고 생각했다. 그는 행복한 삶을 위해서는 덕만으로도 충분하다고 생각했다. 행복은 모든 외적인 것으로부터 초연해질 때 온다고 생각했다. 그는 역정을 내거나 분노하는 사람들에게 이렇게 질책하였다.

> 잃어버린 물건을 너무 소중하게 생각했기 때문이 아닌가? 네 옷을 칭찬하지 말라. 그러면 너는 훔쳐 간 사람에게 화를 내지 않을 것이다. 네 아내의 아름다움을 자랑하지 말라. 그러면 간부에 대해 분노하지 않을 것이다. 절도와 간부는 너의 것이 아니라 그들에게 속한 것이고 너의 힘이 미치지 않는 곳에 존재한다는 것을 알라. 네가 이러한 것들을 잊어버리고 없는 것으로 생각한다면

> 네가 누구에게 분노할 것인가? 그러나 네가 이러한 것들을 중요시하는 한 너는 절도와 간부보다는 네 자신에게 분노할 것이다 (1952, I, 18).

그는 우리가 무엇인가 소유했기 때문에 역정을 내고 분노하므로 되도록이면 그것들을 갖지 말라고 권고하였다. 그는 외적 물질의 소유는 끊임없이 고통과 번민을 준다고 가르쳤다. 외적인 것에는 부뿐만 아니라 명예와 권력도 포함된다. 에픽테토스는 이러한 것들은 우리에게 의존하는 것이 아니라 우리 밖에 있는 것들이어서 우리의 힘이 미치지 못한다고 생각했다.

죽음을 비롯한 인생의 여러 괴로움을 우주 속에서 바라봄으로써 그것들을 자연적이고 불가피한 것으로 이해하였다. 또한 두려워할 것도 아니며 불안해할 것도 아니라고 생각했다. 모든 것은 태도의 문제라고 생각했다. 잘 교육받은 이성적인 사람은 어떤 조건하에서도 행복할 수 있다고 그는 믿었다. 따라서 모든 불행은 외적 사물이나 환경으로부터 오는 것이 아니라 자신의 내부로부터 온다고 생각되었다.

노예 출신의 철학자인 에픽테토스가 가진 유일한 통제력은 일어난 사태에 대한 자신의 반응에 관한 것이었다. 그의 모토는 "참고 견디어라."이었다. 자기 주인인 에파프로디토스(Epaphroditus)가 다른 노예의 실수를 가지고 에픽테토스를 고문한 적이 있었다. 그런 고문을 계속 하면 다리가 부러진다고 말했지만 주인은 그대로 진행하였다. 실제로 다리가 부러졌을 때 그는 "보십시오. 제가 말한 대로 되었잖아요."라고 말했다. 이 일화 속에서 우리는 어떠한 외적인 것도 에픽테토스에게 영향을 줄 수 없다는 것을 알 수 있다.

에픽테토스는 덕은 행위의 결과로 얻어진다고 생각했다. 겸손은 겸손한 사람을 만들고 충실은 충실한 사람을 만든다는 것이다. 반대인 악덕의 경우도 똑같이 성립한다. 염치없는 행위는 염치없는 사람을 만들고 불충은 불충한 사람을 만든다는 것이다(1952, ii, 9).

그는 덕을 획득한 결과가 바로 평정이라고 생각했다(1952, i, 4). 지적, 도덕적 덕을 획득해야 비로소 마음의 평정을 누릴 수 있다. 이러한 덕이 없으면 외적 자극에 즉각적으로 반응하게 된다. 에픽테토스는 야만적인 분노의 허망함을 보여 주기 위하여 에우리피데스가 쓴 비극작품 『메데이아』의 주인공 메데이아를 예로 들었다. 두 아들을 죽이기 앞서 메데이아가 "내가 얼마나 끔찍한 짓을 저지르려 하는지 나는 알고 있다. 그러나 격정이 나의 숙고보다 더 강력하니."(1990a/1999, 1078-1079)라고 한 말을 인용하였다. 에픽테토스는 메데이아가 격정에 사로잡혀 남편에게 이렇게 복수하는 것이 두 아이를 살려 두는 것보다 더 이익이라고 생각했다는 것이다. 그녀는 자신에게 기만당하고 있어서 분노보다는 연민의 감정이 더 어울린다는 것이다(1952, i, 28; ii, 17).

스토아주의자들은 인간의 행복이나 불행은 외적 요인 때문이 아니라 오로지 인간 자신 때문이라고 생각했다. 에픽테토스는 이 점에 대해 이렇게 말했다. "한 사람이 불행하다면 그의 불행이 자신의 과오 때문이라는 것을 기억하라. 왜냐하면 신은 모든 인간을 행복하도록 그리고 불안으로부터 자유롭도록 만들었기 때문이다. … 인간은 자신의 어리석음 때문에 고통받는다(1952, iii, 24)."

에픽테토스의 영향을 받은 아우렐리우스(Aurelius)는 최고로 영예로운 황제의 지위에 있으면서도 인생의 음울한 분위기를 생각하면서 살았다. 그는 인간의 삶이 아주 진부하다고 생각했다. 그는 이렇게 말했다.

> 지금 일어나는 일들은 전에도 일어났음을 늘 명심하라. 그리고 앞으로도 일어날 것임을 명심하라. 네가 경험을 통하여 알고 있거나 역사 이야기에서 배운 비슷비슷한 연극들과 무대들, 예컨대 하드리아누스의 궁전 전체, 안토니누스의 궁전 전체, 필립포스의, 알렉산드로스의, 크로이소스의 궁전 전체를 눈앞에 떠올려 보라. 그 연극들도 지금 우리가 보고 있는 것들과 같고, 배우들만 다르기에 하는 말이다(1916/2005, x, 27).

이런 비관주의가 『명상록』 전체에 걸쳐 지배하고 있다. 그러나 그의 비관주의는 파괴적이거나 염세적이지 않다. 인생에 대해 교만하거나 경솔한 태도를 보이는 것에 대한 교정의 지위를 갖는 비관주의였다. 하도(Hadot)는 비관주의로 보이는 아우렐리우스의 선언들이 인생에 대한 그의 염증이나 환멸의 표현이 아니라, 인간존재를 형성하는 사건들이나 대상들을 평가하는 자신의 방식을 변경하기 위해 스스로 채택한 수단으로 보아야 한다고 주장하였다(1995, 186).

아우렐리우스는 행복이란 자연에 따른 삶(1916/2005, iv, 39), 또는 이성에 따른 삶(1916/2005, iii, 6; vi, 16)이라고 생각했다. 이성에 따른 삶은 바로 덕을 의미한다. 행복은 덕에 따라서만 온다는 주장은 바로 이런 의미에서 한 것이었다. 그는 의지, 판단 등과 같이 인간의 힘 안에 있는 것과 신체적 건강, 부, 친구, 죽음 등과 같이 인간의 힘 밖에 있는 것을 구별하고, 후자에 대해서는 초연해져야 한다고 생각했다. 그는 죽음과 삶, 명예와 불명예, 고통과 쾌락은 선도 악도 아니라고 생각했으며(1916/2005, ii, 11) 모든 것은 우리들의 관점에 달려 있다는 것이다(1916/2005, ix, 13).

그는 재물은 탐욕의 대상이 아니라 자연의 일부일 뿐이라고 생각하고, 재물을 관조의 대상으로 바라보도록 권고하였다.

> 우리는 자연적으로 발생하는 것에 수반되는 현상들도 우아하고 매력적인 데가 있다는 점에 유의해야 한다. 예컨대, 빵을 굽다 보면 몇 군데 균열이 생기는데, 이런 균열은 어떤 의미에서는 빵 굽는 사람의 의도에 어긋나지만 우리의 주목을 끌어 나름대로 식욕을 돋운다. 무화과나무도 가장 잘 익었을 때 갈라지고, 농익은 올리브도 썩기 직전에 나름대로 아름답다. 고개 숙인 이삭, 사자의 주름진 이마, 멧돼지의 입에서 흘러내리는 거품 등은 따로 떼어서 보면 아름다움과 거리가 멀지만, 자연적으로 발생하는 것에 수반하는 까닭에 돋보이게 하고 나름대로의 매력을 갖는 것이다(1916/2005, iii, 2).

그는 모든 탐욕을 버리고 자연 그대로 바라보는 사람은 이러한 친숙한 감정을 갖는다고 생각했다.

에픽테토스와 아우렐리우스는 모두 용감한 사람들이었다. 이들은 외적 위협과 유혹에 대해 마음의 평정을 잃지 않고 대처하였다. 그리고 물질적 탐욕에 사로잡혀 있는 사람들에게 수치를 일깨워 주었으며, 이들의 행위는 인간이 이성의 구현을 통해 위엄을 가질 수 있는 존재임을 보여 주었다.

스토아주의는 많은 장점을 가지고 있지만 결함도 가지고 있다. 덕을 통해 행복해지려는 것은 올바른 태도였다. 그러나 덕 이외의 것에 대해 관심을 갖지 않으려는 스토아주의자들의 태도는 잘못된 것이라고 할 수 있다. 그들은 덕을 지나치게 강조함으로써 외적 선을 등한시하였으며, 외적 선이 내적 덕을 형성하는 데 지대한 영향을 미친다는 것을 간과하였다.

유덕한 사람은 자기 자신뿐만 아니라 타인에게도 유익을 줘야 한다. 다른 사람도 그런 삶을 살도록 이끌기 위해 공동체에 관여하여야 한다. 덕은 행복의 중요한 구성요소이지 결코 전체는 아니다. 이러한 이유 등으로 스토아주의는 일부 성직자들과 지식인들만 주목할 뿐 거의 도외시되고 있다. 그러나 행복을 외적 선에서만 찾으려는 현대인들의 태도는 스토아주의자들 못지않게 다른 극단으로 치닫는 것이라고 할 수 있다.

IV. 내적 선과 외적 선의 관계

행복의 조건은 내적 선과 외적 선으로 구성되어 있다. 스토아주의와 금욕주의는 내적 선만 인정하고 획득하려 하지만, 인간은 육체를 가지고 있고 공동체의 구성원이기 때문에 얼마간의 외적 선도 필요로 한다.

내적인 선인 도덕적 덕은 외적 선과 밀접하게 관련되어 있다. 외적 선은 사람들에게 쾌락을 제공해 준다. 그런데 쾌락을 제공해주기 때문에 그에 상응하는 위험이 언제나 도사리고 있다. 외적 선은 감정, 정서, 욕구와 결합되어 있기 때문에 도덕적 덕인 중용에 따라 통제되어야 한다. 특히 감정은 외적 선과 깊은 관련을 가지고 있다. 그래서 외적 선을 다룰 때 도덕적 덕이 특별히 중요시되는 것이다.

용기와 절제는 모두 소유욕과 관련되어 있다. 특별히 관후와 호탕은 외적 선인 재물과 직접적으로 관련되어 있다. 그리고 긍지는 외적 선인 명예와 관련되어 있다. 또한 정의의 많은 부분은 명예와 재물과 같은 외적 선의 분배와 관련되어 있다.

아리스토텔레스는 여러 가지 선도 사람에게 해를 끼칠 수 있다고 생각했다. 일부 사람들은 그들의 재산과 용기 때문에 불행해진다는 것이다(2003, 1094b16-19). 우리는 이러한 불행을 주변에서 쉽게 발견할 수 있다. 사람들은 재산을 소유하면서 나태해지기도 하고 방탕해지기도 한다. 용기는 자만심과 과시욕 때문에 쉽게 만용으로 변질될 수 있다.

아리스토텔레스의 중용이론은 외적 선의 이용과 촉구에 응용된다. 어윈은 아리스토텔레스가 주장하는 덕의 두 가지 측면은 피해야 할 두 가지 과오를 규정하고 있다고 말했다(1985b, 118-119).

① 유덕한 사람은 외적 선이나, 이것의 성공적인 이용을 요구하는 어떤 목적에 관심을 갖는 것을 거부하는 비관주의적 태도를 기피한다. 그는 친구를 가지며, 돈을 주며, 명예와 평판을 추구한다.

② 유덕한 사람은 외적 선을 과도하게 중시하는 것을 피한다. 그는 외적 선이 아무리 바람직하다고 해도 그것을 얻기 위해 자신의 유덕한 목적과 안목을 손상시키지 않을 것이다.

불리한 환경에서도 합리성과 안정성을 중요시하는 사람들은 자신의 계획이 외적 환경에 좌우되는 최악의 경우를 상정해야 할 것이라고 가정할지도 모른다. 그렇다고 해도 그는 실망하지 않을 것이며 자신의 계획이나 인격 상태를 변경시키지 않을 것이다. 이것은 합리적 태도인가? 안정되고 합리적인 행위자로서 행운을 누리는 두 사람이 있다면, 외적 선을 이용하는 낙관주의자가 그것들을 잃을까 두려워하며 이용하지 않는 비관주의자보다는 더욱 행복할 것이다. 낙관주의자는 외적 선을 이용함으로써 자신의 능력을 더 많이 실현할 수 있을 것이다. 불운을 맞이할 경우 비관주의자의 가정이 옳았다는 것이 증명되겠지만, 낙관주의자는 여전히 안정되고 유덕한 인격을 행복의 주된 요소로 간주할 것이다. 그는 결코 비관주의자보다 더 나빠지지 않는다(1985, 116).

우리의 취향과 욕구를 인생의 전체적인 틀 안에서 적절하게 자리 매김해야 하듯이, 행복의 조건도 자신의 인생설계에서 적절하게 자리 매김해야 한다. 행복의 내적 조건과 외적 조건이 적절하게 잘 조화될 때 비로소 진정 행복한 삶을 누릴 수 있다. 그렇지 않고 하나의 욕망 또는 행복의 어느 조건을 절대시하고 다른 조건을 등한시할 경우, 많은 문제에 직면하게 되고 언제나 불만 속에서 살아가게 된다.

개인적 노력의 결과이든 행운이든 내적 선을 획득한 사람들은 그렇지 못한 사람들을 위해 과도한 외적 선을 추구해서는 안 된다. 내적 선이 주는 쾌락은 거의 무한한 것이어서 주변에 있는 사물과 인간 일반에 대해 관대하고 친근감 있게 살아가도록 해 준다.

제4장

지적 덕과 행복

아리스토텔레스가 덕윤리학(virtue ethics)을 강조한 이후, 덕은 철학, 윤리학, 교육학 등에서 지금까지 꾸준히 거론되어 오기는 했지만, 행위 또는 규칙 중심의 윤리학의 우세로 덕윤리학의 영향력은 크지 않았다. 시니윈드(Schneewind)는 이러한 경향을 '덕의 불운'이라고 표현했다. 그는 사람들이 칸트의 원리와 의무 중심 윤리학이 이러한 불운을 가져오는 데 크게 작용한 것으로 보고 있다고 말했다(1990, 42, 61). 20세기 후반에 들어와 선두 철학자들은 윤리학의 전면에 덕윤리학을 내세웠다. 앤스컴(E. Anscombe), 폰 라이트(G. H. von Wright), 매킨타이어(A. MacIntyre), 풋(P. Foot), 핀코프(E. Pincoffs) 등이 이 과업의 주도적인 역할을 했다. 지난 30여 년 동안 윤리학에서는 덕에 대한 관심이 부활해 왔지만 이러한 관심은 주로 도덕적 덕에 국한되었다.

작제프스키(Zagzebski)는 안타깝게도 철학자들은 지적인 덕에 관심을 거의 두지 않았다고 말했다. 이러한 등한시는 현대 철학에 국한되지 않으며 철학사 전반에 걸쳐 일어났다고 말했다. 도덕철학자들이 덕에 대해 오래도록 논의해 오긴 했지만, 지적인 덕은 언급되기만 했다는 것이다. 그것도 주로 아리스토텔레스의 실천적 지혜(phronēsis)에 국한되었다고 한다(1996, xiv). 이렇게 된 것은 실천적 지혜가 지적 덕과 도덕적 덕의 가교 역할을 한다고 믿었기 때문일 것이다.

이러한 경향은 교육현장과 교육학 연구에도 그대로 나타났다. 학교와 대학에서 지식과 정보가 강조되기는 했지만 시험이나 자기 과시용으로 주로 사용되었다. 지적 덕을 실현하는 데는 지식과 정보가 크게 활용되지 않았다. 지적 덕은 인격적 상태로서 교육받은 사람의 징표로 간주된다. 지적 덕은 교육뿐만 아니라 인생 전반에 걸쳐 큰 영향을 미친다. 지적, 도덕적 덕을 구비하지 못한 사람들은 유혹 앞에서 무기력하다.

행복한 삶은 고귀하고 바람직한 선택 행위에 기초하기 때문에 지적 덕이 필수적으로 요구된다. 이 장에서는 지적 덕의 개념을 분석하고 이 덕과 행복의 관계를 고찰하려고 한다.

I. 덕의 개념

1. 덕의 개념

고대 그리스 사람들은 덕(aretē)에 깊은 관심을 표시하였다. 그리스어 'aretē'는 영어 'virtue' 'goodness' 'excellence'에 해당되며, 한국어로는 '덕' 또는 '탁월성'으로 번역되고 있지만 정확하게 일치하지 않는다. 풋(Foot)은 아리스토텔레스의 'aretē'와 아퀴나스의 'virtus'는 현대 영어의 'virtue'와 정확하게 일치하지 않는다고 말했다. 우리는 덕을 주로 도덕적 덕으로 이해하고 있지만 'aretē'와 'virtus'는 예술, 심지어는 이론영역인 사변적 지성의 탁월성에도 적용한다. 아리스토텔레스의 '윤리적 덕'(aretai ethikai)과 아퀴나스의 '도덕적 덕'(virtutes morales)에서 덕의 종류는 우리가 알고 있는 도덕적 덕의 종류와 정확하게 일치하지 않는다(1978, 2). 매킨타이어는 라틴어 'virtus'는 '남성다움'의 자질에 붙인 이름으로 'aretē'와는 근본적인 차이가 있다고 말했다. 이러한 어원적 차이가 그리스의 철학적 목록과 다른 덕의 목록을 발전시켰다는 것이다(2001, 1758). 그리스인들이 사용한 'aretē' 의 의미는 아주 넓은 것이었다.

작제프스키는 'aretē'의 영역으로 'virtue'보다는 'excellence'가 더 적합하다고 생각했다. 즉, 덕은 인간의 능력 자체가 아니라 능력의 탁월성을 의미하기 때문이라는 것이다. 그는 고대인들이 사용한 'aretē'는 중세인들이 사용한 'virtus'보다, 그리고 현대 영어에서 사용하는 'virtue'보다 더욱 넓은 개념이라고 한다. 아리스토텔레스의 덕의 개념은 광범위한 것으로, 사변적 지성의 탁월성, 위트와 대화 능력 같은 사회적 매력, 돈을 잘 관리하는 실제적 능력, 위대한 인물들이 보여 준 심미적 자질 등을 의미했다는 것이다(1996, 84).

앞서 언급한 연구자들이 지적한 것처럼 고대 그리스인들이 사용한 덕의 개념은 중세나 현대의 덕의 개념보다 더욱 넓은 의미를 지니고 있었다. 고대 그리스에서는 어떤 사람이 덕을 가졌다는 것은 어떤 역할이나 과업을 아주 잘 수행하는 것을 의미한 것이다. 그리스인들은 사람뿐만 아니라 사물에 대해서도 이 말을 사용하였다. 사람에 사용할 경우 특정한 기능을 염두에 두거나 인간 일반에 대해 사용하기도 하였다. 호메로스의 『일리아스』와 『오디세이아』에는 전쟁영웅들의 수많은 덕이 소개되어 있다. 두 작품에 등장하는 영웅들은 모험심, 인내심, 용기, 의무감, 정의감, 우정 등을 보여 주었으며, 이러한 덕은 그리스의 젊은이들에게 깊은 인상을 남겼다.

호메로스가 강조한 덕은 그리스 고전시대에 전승되었다. 소피스트들과 소크라테스는 덕의 개념과 서열을 놓고 치열한 공방을 벌였다. 소크라테스는 덕은 지식이어서 개인의 노력과 학습에 따라 획득될 수 있다고 생각했다. 그는 덕을 얻으면 다른 것도 부수적으로 얻을 수 있다고 믿었다. 그는 "나는 여러분에게 돈에서 덕이 나오는 것이 아니라, 덕에서 인간에게 공사간(公私間) 좋은 모든 것이 나온다고 말합니다."(Plato, 1914a, 30b)라고 말했다. 당시의 소피스트들은 소크라테스의 이 말이 젊은이들을 해롭게 한다고 믿었다. 그들은 젊은이들이 소크라테스의 권고에 따른다면, 젊은이들은 물론 자신들에게도 수지가 맞지 않는 결과를 가져온다고 생각했다.

플라톤은 『국가』에서 이상적인 국가가 되기 위해서는 시민들이 네 가지 중요한 덕, 즉 지혜, 용기, 절제, 정의를 획득해야 한다고 주장하였다. 그는 지적 덕과 도덕적 덕을 분리하는 데는 관심을 기울이지 않았다. 플라톤이 제시한 덕은 모두 지적, 도덕적 요소를 함께 가지고 있었다. 그는 네 가지 덕이 모두 소중하지만 사회계급에 따라, 즉 철인 통치자는 지혜의 덕, 보조자계급은 용기의 덕, 생산계급은 절제의 덕을 더 많이 가져야 한다고 생각했다. 플라톤은 덕과 행복을 관련시켰으며 덕의 획득을 통한 조화로운 자기실현이 행복을 가져온다고 생각했다.

아리스토텔레스는 플라톤과 다른 입장이었다. 그는 덕을 지적 덕과 도덕적 덕으로 나누었다(2003, 1103a5). 이들의 차이는 영혼의 두 부분에서 비롯된다고 생각했다. 하나는 사고, 즉 이성의 부분이고, 다른 하나는 감정, 즉 불합리한 부분으로, 전자는 명령하고 후자는 복종하는 관계라고 생각했다(1935a, 1220a5-13).

아리스토텔레스는 덕의 개념을 설명할 때 정서, 역량, 기질 등을 언급하였다. 이것들은 정신의 요소로 작용하고 있지만, 그는 덕은 정서도 역량도 아니라고 말했다. 그는 정서에 욕망, 분노, 공포, 자신감, 시기, 즐거움, 사랑, 증오, 동경, 질투, 연민 그리고 쾌락이나 고통을 포함하는 감정을 포함시켰다. 덕은 정서가 아니므로 정서 여하에 따라 칭찬을 받거나 비난받지 않는다. 역량은 이러한 정서들을 느낄 수 있게 하는 것을 의미한다. 역량을 가졌다는 이유로 선하다거나 악하다는 평가를 받지 않는다. 기질이란 정서와 관련하여 잘 처리하거나 잘못 처리했을 때 우리가 갖게 되는 성품을 의미한다(2003, 1105b19-34).

덕은 어떤 것을 선택하는 기질을 의미한다. 덕이 기질이라면 어떤 기질을 의미하는지 설명되어야 한다. 아리스토텔레스는 덕은 중용을 준수함으로써 획득된다고 생각했다(2003, 1104a20-26). 덕은 중용을 목표로 삼을 때 얻을 수 있다. 과하지도 않고 부족하지도 않는 상태가 중용이다. 덕은 정서와 행위에 관계하는데,이것들은 과도, 과소, 중간의 상태에 있다. 그러므로 어떤 상태가 중용인지 숙고해야 한다. 아리스토텔레스는 정서와 행위가 덕이 되게 하려면, 다음의 다섯 가지 조건을 충족시켜야 한다고 생각했다. ① 알맞은 때, ② 마땅한 일에 대해, ③ 적합한 사람들에게, ④ 좋은 목적을 위해, ⑤ 올바른 방식으로 충족시켜야 한다는 것이다. 이 조건을 충족시킨다면 그것은 중간적이고 최선의 조건을 선택한 것이며 따라서 덕에 도달한다는 것이다(2003, 1106b20-25).

덕을 갖는 것은 매우 어려운 일이다. 어떤 것을 잘한다는 것은 드물고, 칭찬할 만하고 고귀하다. 아리스토텔레스는 이것을 칼립소(Calypso)의 충고에 비유하였다(2003, 1109a30-32). 호메로스의 『오디세이아』에는 이런 말이 보인다. "그대는 배를 저기 저 물보라와 파도에서 떨어지게 하고"(1917-1919/2002, xii, 219-220). 그러나 실제로는 키르케(Circe)가 한 충고다(1917-1919/2002, xii, 108-110). 아리스토텔레스가 착오하여 잘못 쓴 것으로 보인다.

중용은 매우 어렵기 때문에 차선책에 관심을 갖게 된다. 여기서 차선책이란 두 개의 악 중에서 덜한 악을 선택하는 것을 의미한다(2003, 1109a34-35). 두 개의 악 중에서 차선책을 택하려면 우선 악을 지적으로 이해하여야 한다.

덕은 자발적인 행위를 전제로 한다. 자발적인 행위는 칭찬과 비난의 대상이 된다. 이에 비해 비자발적인 행위는 용서와 연민의 대상이 된다. 강제와 무지는 비자발적인 행위를 만들어 낸다(2003, 1109b30-35).

덕은 영혼의 상태이며 습관화의 결과다. 덕은 동기화와 깊은 관련을 가지고 있으며 이것이 덕을 기능과 구별되게 하는 방식 중 하나다. 덕은 기능과 달리 덕을 소유한 사람이 덕에 따른 행동을 하도록 동기를 부여하는 경향이 있다. 아리스토텔레스는 또한 덕과 정서를 구별하였다. 정서는 덕과 마찬가지로 영혼의 상태 또는 속성이다. 덕은 이성과 관련되지만 정서는 그렇지 않다는 것이다.

아리스토텔레스는 정서가 "욕정, 분노, 공포, 자신감, 시기, 기쁨, 친밀, 증오, 동경, 경쟁, 연민, 그리고 일반적으로 쾌락이나 고통을 동반하는 감정들"(2003, 1105b21-22)이라고 생각했다. 그는 덕이 이 범주 안에는 들 수 없다고 생각했다. 왜냐하면 그가 말하는 덕은 정서와는 달리 선택을 포함하고 있기 때문이라는 것이다. 정서와는 달리 덕은 특정한 순간에 일어나는 것이 아니라, 행동을 반복해서 수행한 결과인 습관이며 대부분 자발적이다.

아리스토텔레스는 영혼의 기능과 관련하여 덕을 다음과 같이 정의하였다. "덕은 중용 안에서의 선택의 습관이다. 이 경우 중용은 우리와 관련을 가지며, 실천적 지혜를 가진 사람이 결정하듯이 이성에 따라 결정된다."(2003, 1106b36-1107a2). 그가 덕을 습관이라고 규정했을 때의 습관은 언제나 좋은 습관을 의미한다. 덕은 언제나 중용과 관련되어 있기 때문이다.

습관은 안정성을 가지고 있다. 아리스토텔레스는 인격의 상태에서 적절한 종류의 엄격성이 유덕한 사람의 행복의 한 측면이라고 생각했다. 유덕한 사람이 안정되고 불변의 인격상태를 도야할 때(2003, 1100b12-22, 1104b32-3) 자신의 행복을 확보한다. 그의 안정성이 자신을 사악한 사람들과 구별시키게 만든다. 사악한 사람은 안정성이 없기(2003, 1172a9) 때문에 안정성이 가져다주는 이익을 결여하고 있다. 덕은 좋은 습관이므로 안정성을 가지고 있다. 유덕한 사람은 변덕으로부터 자신을 지킨다.

아리스토텔레스의 덕의 개념과 종류는 중세철학에 전승되었다. 중세에서는 세속적인 덕보다는 기독교적인 덕, 즉 믿음, 소망, 사랑의 덕이 강조되었다. 이러한 덕은 기독교를 중심으로 지금까지 전승되고 있다. 20세기의 철학자들은 아리스토텔레스의 덕의 개념을 대체적으로 수용하면서도, 자신들의 관점에 따라 덕의 개념을 다르게 이해하였다. 그들은 덕을 습관, 기질, 의지 등으로 보기도 하고 이들의 결합으로 보기도 하였다.

아리스토텔레스주의자인 아들러(Adler)는 덕은 좋은 습관이며, 좋은 습관은 지성과 관련이 깊다고 생각했다. 지성이 결여된 습관은 악습이 되어 사람들의 성장을 저지시킨다는 것이다. 그는 습관을 지적 습관과 도덕적 습관의 두 가지로 구분하였다. 아들러는 "습관의 기본적인 구분은 지적 습관과 도덕적 습관으로서, 전자는 인식과 사고의 습관이며 후자는 욕구와 행동의 습관이다."(1977, 214)라고 말했다.

듀이(Dewey)는 1908년에 쓴 『윤리학』에서 "덕이란 합리적이거나 공통적인 선을 지속시키고 확산시키는 힘을 발휘하는 인격의 습관들이다. 악이란 이러한 힘과 반대되는 인격의 특징들이다."(1978, 359)라고 말했다. 한편으로 그는 사회생활의 중요한 제도를 분류하고, 이 제도를 융성하게 유지하는 데 적합한 정신적 기질과 흥미의 형태를 세분화하였다. 이에 따라 덕의 정의도 달라졌다. 그는 덕을 이렇게 정의하였다. "행위자의 역량을 합리적이거나 보편적인 행복의 어떤 측면과 정착된 지적 동일시로서 덕을 정의할 수도 있으며, 가치판단을 하는 개인의 습관으로 조직화된 사회적 관습 또는 기질로 정의될 수도 있다."(1978, 362) 듀이는 덕을 개인이 가진 지적 역량 또는 습관으로 이해한 것이다.

거스리(Guthrie)는 덕을 기질로 보았다. 그는 "무엇보다도 덕은 정착된 기질, 즉 영속적인 상태다. 그러나 단일의 유덕한 행동의 연속이 덕을 가지고 있다는 보증은 아니다. 덕의 보증이 되는 준거는 그것이 개인의 정착된 성질에 어긋나게 실행되는 것인가 혹은 자진해서 즐겁게 실행하는가다.”(1981, vi: 352)라고 말했다. 그는 자신의 견해를 강화하기 위해 아리스토텔레스의 견해, 즉 『니코마코스 윤리학』 1144a13-20, 1104b3-13 부분을 제시하기도 하였다. 그러나 그는 이러한 자신만의 독특한 견해에 따라 지적 덕과 도덕적 덕의 분리를 거부하였다. 그는 “유덕한 상태는 이성에 따라 결정된다. 그러므로 도덕적 덕과 지적 덕의 분리는 있을 수 없다. 실천적 지혜 없이 선해질 수 없는 것처럼, 선하지 않고는 실천적 지혜를 가진 사람이 될 수 없다.”(Guthrie, 1981, vi, 355)라고 말했다. 많은 경우 덕은 지적 요소와 도덕적 요소를 함께 가지고 있다. 실천적 지혜의 경우는 더욱 그러하다.

핀코프도 덕을 기질로 이해하고 있으며, 습관보다 기질을 선호하게 되는 세 가지 이유를 제시하였다. ① 습관은 너무 좁은 개념이어서 덕을 수용할 수 없다. 지혜, 겸손, 용기의 습관에 대해 말해야 한다면 그 말을 엄청나게 확대해야 한다. ② 습관은 단지 덕의 현존을 위한 증거인 것 같다. ③ 가장 중요한 것은, 습관은 결정적이 되려는 경향이 있는 데 비해 덕은 결정할 수 있는 특징인 것 같다(2001, 1764). 그는 습관이라는 말의 한계를 의식하고, 덕의 개념은 기질로 이해해야 그 의미를 제대로 파악할 수 있다고 생각했다.

풋은 덕은 의지의 요소를 가지고 있다고 생각했다. 그는 덕과 다른 가치들 간에는 차이가 있으며, 건강과 체력이 신체의 탁월성, 기억과 집중력이 마음의 탁월성인 데 비해 유덕한 사람은 선한 의지를 가지고 있다는 것이다(1978, 4). 덕이 의지에 속한다는 것은 중요한 시사를 던져 준다. 유덕한 사람이라도 실제 상황에서는 여러 가지 요인 때문에 덕의 실행을 주저할 수 있는 것이다. 유덕한 행위는 행위자의 강한 욕구와 의도가 수반되어야 쉽게 일어날 수 있다.

이상의 고찰을 통해 덕의 개념은 복잡하고 다양하여 어느 한 요소로 정의하기가 쉽지 않다는 것을 알 수 있다. 유덕한 행위와 유덕한 사람은 앞에서 제시한 요소를 함께 가지고 있다고 말할 수 있다. 덕의 종류에 따라 어느 요소가 더 현저하게 드러날 수 있다. 덕을 어느 요소로 이해하든 덕의 개념이 가치어와 성취어로 사용되고 있음은 분명하다. 그리하여 덕은 그저 습관, 기질, 의지가 아니라, 좋은 습관, 바람직한 기질, 선한 의지로 이해된다.

현대의 철학자들은 덕을 구성하는 요소를 염두에 두면서 덕을 정의하려는 시도를 계속하고 있다. 매킨타이어는 덕의 시험적 정의를 제시하였다. 그는 "덕은 획득된 인간적 자질이다. 덕의 소유와 그 행사는 우리로 하여금 실천 속에 내재된 선을 성취하도록 하는 경향이 있으며, 덕의 결여는 그러한 선을 성취하지 못하도록 효과적으로 방해한다."(1985, 191)라고 말했다. 이 정의에는 덕의 성격, 즉 획득되는 것, 인간적 자질, 선의 실현이 잘 나타나 있다.

덕은 영혼의 상태로 간주되어 속성으로 이해될 수 있다. 이렇게 되면 덕은 그것을 가진 사람과 밀접하게 결합되어 동일시된다. 정직의 속성을 보여 준 사람은 정직한 사람으로 간주되고 존중을 받는다. 작제프스키는 이러한 시각을 잘 보여 주었다.

> 덕은 탁월성이다. 덕은 인간의 심오한 특징이다. 역사상 상이한 시대, 상이한 장소에서 수많은 덕의 목록에 나타나 있는 자질은 실제로 덕이다. 아마도 이 자질들은 지혜, 용기, 자비, 정의, 정직, 충성, 성실 그리고 관대다. 어떤 덕은 지적이고 어떤 덕은 도덕적이며 어떤 덕은 지적이지도 도덕적이지도 않다(1996, 89).

덕은 획득된 탁월성이며 악은 획득된 결함이다. 덕과 악은 발달하는 데 시간이 걸린다. 이러한 특징은 이것을 가진 사람에게 책임이 있다는 사실과 관련이 있다. 덕과 악은 한 번 발달하면 개인의 인격에 정착하고 제2의 천성이 된다. 덕과 악은 서서히 획득되고, 그 뒤로 영속하게 되므로 그 사람 됨됨이를 그대로 보여 준다. 이러한 경향으로 덕은 일종의 습관이라고 말해지는 것이다(1996, 116).

덕은 개인이 각고의 노력을 통해 얻은 인간적 탁월성이다. 우리는 이 탁월성을 보고 그것을 가진 사람을 평가한다. 덕과 덕을 가진 사람을 동일시하는 이러한 인식은 사람들에게 긴장과 경각심을 심어 줄 수 있다. 작제프스키는 이러한 덕은 다음과 같은 일반적 성향을 가지고 있다고 생각했다. ① 덕은 개인이 획득한 탁월성이다. ② 덕은 행위자 측에서 어느 정도의 시간과 노력을 포함하는 과정을 통해 획득된다. ③ 덕은 기능이 아니다. ④ 덕은 동기화의 요소를 가지고 있다. ⑤ 덕은 성취어다(1996, 135-136). 그는 이러한 특성을 감안하여 다음과 같이 덕을 정의하였다. "덕이란 한 인간이 심오하고 지속적인 성향을 보이며 획득한 탁월성으로 정의될 수 있다. 이 경우의 탁월성은 어떤 바람직한 목적과, 그 목적을 실현함에서 신뢰할 만한 성취를 가져오려는 독자적인 동기화를 포함한다."(1996, 137). 그는 위의 정의가 전통적인 도덕적 덕뿐만 아니라 지적 덕도 포함할 정도로 충분히 넓다고 생각했다. 즉, 도덕적, 지적 덕뿐만 아니라 미적, 종교적, 심지어는 신체적 덕까지 포함할 정도로 넓다는 것이다.

덕을 가진 사람은 그 덕을 공동체에 실현하려는 의지를 가지고 있다. 이런 의미에서 덕은 동기화의 요소를 가지고 있다고 말할 수 있다. 용기 있는 사람은 용기의 덕과 관련된 정서로부터 동기화된다. 덕과 동기는 긴밀한 관계에 있다. 동기는 행동을 선도하고 지도하는 힘이다. 동기에는 기아, 갈증, 피로와 같은 생리학적인 동기들이 있으며 의무에 대한 순수한 동기도 있다(1996, 129). 동기는 덕과 관련을 맺고 있다. 유덕한 사람에게는 세계나 자신을 어떤 방식으로 개선시키려는 정서가 있다. 용기 있는 사람은 용기의 덕과 관련 있는 정서로부터 동기화된다.

덕은 많은 가치를 가지고 있으며, 여러 가지 방식으로 선과 관련되어 있다. 개인은 덕의 소유를 통하여 선한 사람이 된다. 덕은 소유자의 도덕적 가치를 증진시킬 뿐만 아니라, 세계를 위한 선의 증가도 가져온다. 덕을 가진 자는 이웃 사람들에게도 이익을 준다. 이러한 이유로 덕은 인생과 교육에서 장려되고 있다. 풋은 "용기, 절제, 지혜는 이러한 기질들을 가진 사람과 이웃 사람들에게 이익을 가져다준다. 자만심, 허영, 속심(worldliness), 탐욕과 같은 도덕적 실패는 이것들을 가진 사람들과 이웃들을 해친다."(1978, 3)라고 말했다. 내 주변에 용기 있고 지혜로운 사람이 있다면, 내가 이러한 덕을 지향하는 한 그는 친구가 될 수 있고 나를 도울 것이라는 믿음을 갖게 된다. 이에 비해 내 주변에 악한 성향을 가진 사람이 있다면 나는 끊임없이 그를 경계해야 하고, 이를 위해 불필요한 시간과 정력을 낭비할 것이다.

2. 지적 덕의 개념

지적 덕은 지식을 탐구하고 활용하는 과정에서 얻어지는 좋은 습관과 기질을 의미한다. 지적 덕은 교육뿐만 아니라 인식론에서도 중요시되고 있다. 작제프스키는 덕인식론은 사람들의 특징 또는 그들의 능력에 초점을 맞추고 있다고 생각했다. 그는 정당화 또는 지식과 같은 개념을 분석함에서, 덕인식론은 개개 신념의 속성과 신념들 간의 증거관계(evidential relations)가 분석의 초점이 되는 인식론 스타일에 대한 반동으로 등장하였다고 말했다(1998, 618).

덕인식론은 광의의 의미와 협의의 의미가 있다. 협의의 의미에서 볼 때 덕인식론의 핵심적인 주장은, 지식은 지적 덕으로부터 비롯되는 참된 신념이라는 입장이다. 이 견해에 따르면, 지적 덕은 참된 신념에 도달하기 위한 안정된 기질이며, 진리를 결정하는 인간의 능력이다. 이러한 능력의 구체적인 예는 개인의 비전과 내관 같은 인지적 능력과, 주의 깊은 증거수집 같은 인지적 습관이다. 광의의 의미에서 볼 때 덕인식론은 지적 덕이 인식론적 탐구의 적절한 초점이며, 인식하는 사람들의 인격 특징으로 이해되고 있다(Greco, 1996, 581). 덕인식론은 신념보다는 개인의 인격 특징에서 지식과 신념을 이해하려 하고 있다.

아리스토텔레스는 지적 덕은 정신의 이성적 부분과 관계있다고 생각했다. 그는 이성적 부분은 다시 불변적인 것과 가변적인 것으로 나뉘며, 이 두 부분이 모두 진리 획득을 목표로 한다고 보았다. 지적 덕은 진리에 가장 잘 도달할 수 있도록 해 주는 기질이라고 본 것이다(2003, 1139a5-14, 1139b12-14).

모든 사회에서 교육받은 사람은 도덕적 덕뿐만 아니라 진리 및 지식의 발달과 전달을 목적으로 하는 데 관심을 기울이는 역량, 능력, 기질에 대해 높이 평가한다. 이러한 것들이 지적 덕이라고 불리고 있다. 많은 지식과 정보를 가진 사람이라도 비지성적인 행위를 할 수 있다. 도덕성이 결여된 탓도 있지만 지식과 정보가 덕과 무관하게 존재할 수 있기 때문이다.

우리는 지적 덕을 지나치게 지성화해서는 안 될 것이다. 지식이나 지혜 없이는 인간생활이 불가능하다. 그것은 우리 자신의 지식, 자기지식, 그리고 타자에 대한 지식으로 구성되어 있다. 우리 모두는 자연스럽게 그리고 필연적으로 우리 자신을 내면적으로 성찰하지만, 온전히 객관적으로 볼 수는 없다. 우리 자신의 감정, 정서, 태도로부터 완전히 초연할 수 없는 것이다. 그러나 우리에게 지혜가 있다면 객관적인 것을 향해 노력할 것이다. 객관성의 목표는 그것이 사랑받는 정도로 우리를 안내한다. 시인, 극작가, 소설가, 그리고 다른 방면의 예술가는 우리를 객관적으로 관찰하게 함으로써 인간적인 연민을 위한 역량을 교육할 수 있다(Cooper, 1994, 467-468). 쿠퍼의 지적대로 지적 덕이 만능의 역할을 수행하는 것은 아니다. 우리의 행위를 결정하는 요소는 아주 많지만, 지적 덕은 우리의 행동을 결정하는 중요한 요소로서 인생의 안내자로 기능한다.

II. 지적 덕의 종류

덕의 가장 일반적 분류는 지적 덕과 도덕적 덕이다. 아리스토텔레스가 분류한 이후 지금까지 널리 통용되고 있다. 이 두 종류의 덕은 별개의 것으로 간주되기도 하고 매우 밀접한 관계로 간주되기도 한다. 어떤 덕은 두 가지 요소를 모두 가지고 있기도 하다. 인내, 용기, 겸손과 같은 많은 도덕적 덕은 지적 덕을 갖는 데 필수적이다. 그래서 이러한 덕은 지적, 도덕적 덕을 표현하는 데 공통으로 사용되기도 한다. 악의 경우도 마찬가지다. 나태, 편견, 둔감, 완고와 같은 악은 지적, 도덕적 영역에서 공통으로 사용되고 있다.

그러나 우리는 지적 영역에서 특징적인 지적 덕을 발견할 수 있다.

1. 지적 덕의 종류

지적 덕은 성격에 따라 여러 종류로 나뉜다. 고대 그리스 철학자에서 현대의 철학자에 이르기까지 지적 덕을 분류하려는 시도가 계속되고 있다. 플라톤과 아리스토텔레스는 공통적으로 용기, 정의, 절제를 덕으로 간주하였다. 나중에 플라톤은 지혜를, 아리스토텔레스는 실천적 지혜를 첨가하였다. 이 덕은 모두 지적인 요소를 가지고 있다.

아리스토텔레스는 『니코마코스 윤리학』 제6권 1139b16에서 지적 덕을 5가지로 분류하였다. 즉, ① 'technē', ② 'epistēmē', ③ 'phronēsis', ④ 'sophia', ⑤ 'nous' 다. 아리스토텔레스 연구자들은 이 말들을 자신의 견해에 따라 다르게 번역하고 있다. 래컴(H. Rackham)은 위의 덕들을 각각 art 혹은 technical skill, scientific knowledge, prudence, wisdom, intelligence로 번역하였으며(1934, 333), 어윈(T. Irwin)은 craft, scientific knowledge, intelligence, wisdom, understanding으로 번역하였다(1985a, 151). 작제프스키는 art, knowledge, practical wisdom, speculative wisdom, intuitive reason으로 번역하였으며(1996, 213), 로(C. Rowe)는 technical expertise, systematic knowledge, wisdom, intellectual accomplishment, intelligence로 번역하였다(Broadie & Rowe, 2002, 178). 톰슨(Thomson)은 art, science, prudence, wisdom, intuition으로 번역하였다(2003, 120). 이들이 채택한 번역어가 서로 달라서 혼란을 가져오고 있다. 혼란을 피하려면 그리스어를 그대

로 사용해야 할 것 같다. 그러나 본서에서는 기술, 지식, 실천적 지혜, 이론적 지혜, 이성으로 번역하여 사용한다.

아리스토텔레스는 위의 5개 지적 덕 중 ②, ④, ⑤는 필연적이고 영원한 것에, ①과 ③은 우연적인 것을 향해 나아간다고 말했다. 그는 필연적이고 영원한 것에 관심을 갖는 지적 덕은 우리를 이론적인 학문으로 안내하며, 우연적인 것에 관심을 갖는 지적 덕은 생산적인 학문과 실제적인 학문인 윤리학과 정치학에 관심을 갖는다고 말했다.

'기술'은 제작(making)과 생산적인 학문에 관심을 둔다. 제작은 변화하는 대상을 다루므로 합리적 성향을 가지고 있다. 이것은 필연적인 것을 다루는 것이 아니라 지성과 상상력을 통해 새로이 제작하게 한다.

'지식', 즉 학문적인 인식의 대상은 필연적인 존재다. 아리스토텔레스는 모든 과학적 지식은 교수활동에 따라 전달될 수 있으며, 과학적으로 알려진 것은 학습될 수 있다고 했다(2003, 1139b25-26). 과학적 지식은 보편적인 것과 필연적인 것을 다룬다. 모든 과학적 지식은 제1원리들로부터 추론된다. 그러므로 과학적 지식의 근본전제인 제1원리 자체를 인식하는 것은 지식, 기술, 실천적 지혜일 수 없다. 제1원리들은 오직 이성에 따라 인식될 수 있다(2003, 1140b31-1141a8).

'실천적 지혜'는 기술도 지식도 아니다. 아리스토텔레스는 "실천적 지혜는 진리를 획득하는 합리적 성질로서, 인간을 위한 좋은 것과 나쁜 것과 관련하여 행동하는 것"(2003, 1140b6-7)이라고 규정하였다. 이러한 지혜는 가변적인 것을 잘 다루는 능력을 의미한다. 아리스토텔레스는 실천적 지혜를 가진 사람은 자신에게 선하고 유익한 것을 잘 숙고할 수 있는 사람이라고 생각했다(2003, 1140b25-27).

'이론적 지혜'는 이성과 지식을 결합할 수 있는 마음의 상태로 가장 완성된 것이다. 아리스토텔레스는 이론적 지혜를 이성과 지식이 합해진 것으로 보았기 때문에 지적 덕의 수는 결국 3개, 즉 기술, 실천적 지혜, 이론적 지혜로 환원되었다. 이러한 덕 가운데 철학자들의 주목을 받은 것은 실천적 지혜와 이론적 지혜였다.

'이성'은 지식과 다르며 실천적 지혜와도 다르다. 실천적 지혜는 우리가 해야 할 것과 해서는 안 될 것을 명령하는 데 비해 이성은 그저 판단만 하기 때문이다(2003, 1143a7-9). 이성은 지식에서는 제1원리를 이해하는 마음의 상태이며, 실천적 지혜에서는 실천적 근본 명제의 형성에 기초가 되는 개별적인 것들을 파악한다.

아리스토텔레스는 우리의 지적 습관과 기질을 고려하여 지적 덕을 열거하였다. 그러나 그의 지적 덕은 조직의 분명한 원리가 없이 그저 덕을 집합한 것으로 보일 수도 있다.

아리스토텔레스 이후 지적 덕은 더욱 세분화되고 다양해졌다. 많은 철학자들이 지적 활동 속에 들어 있는 지적 덕을 분류하려고 시도하였기 때문이다.

쿠퍼(Cooper)는 지적 덕의 분류표를 만드는 일은 한계가 있다고 생각했다. 지적 덕들 간에는 밀접한 관련이 있다고 말하고 싶은 유혹이 있지만, 실제로는 그렇지 않다는 것이다. 따라서 분류하는 과업은 한편으로는 지적 덕을 제시하고, 다른 한편으로는 논리적으로 관련을 가진 덕을 단단하게 꿰맞춘 건축학적 구조의 관점 사이를 지나가야만 한다는 것이다(1994, 459). 이러한 시각에서 쿠퍼는 지적 덕을 다섯 가지, 즉 탐구적인 덕, 토론에 적합한 덕, 사법적 덕, 교육적 덕, 확산적 덕으로 나누었다. 그의 견해를 다음과 같이 요약할 수 있다.

탐구적 덕

탐구적 덕은 탐구나 조사를 수행하기 위한 것인데, 첫 번째로 호기심을 들 수 있다. 호기심, 흥미, 열정이 없이는 어떠한 지적인 것도 작동하지 못한다. 필요한 것은 탐구의 대상에 흥미를 느끼고 관여하려는 의지와 역량이다. 탐구적 덕 중 두 번째로는 체제와 방법의 확립이다. 질서정연하고 방법론적인 체계를 세우는 것이 성공을 보장하지는 않지만, 가치 있는 성공의 필수조건이 된다. 세 번째는 정밀과 정확성이다. 이것은 탐구의 대상에 따라 적절성의 범위가 달라질 수 있다. 네 번째는 민첩성이다. 거북이의 덕이 종종 찬양되고 있지만, 지적 민첩성은 지식과 이해를 효과적으로 발전시키거나 전달하는 데 필수적이다. 호기심이 탐구의 동력을 작동시킨다면 민첩성은 효과적인 탐구를 가져오는 요긴한 동력이다. 다섯 번째는 철저성이다. 어떤 탐구보다도 충분히 포괄적이어야 하며 균형 잡힌 판단이 가능하도록 깊이가 있어야 한다. 천박성의 폐단은 판단이 성급하고 무모한 결론에 도달할 수 있다는 데 있다. 철저성은 시간과 적용을 필요로 한다. 이것이 인내가 도덕적 덕은 물론 지적 덕이 되는 이유다. 여섯 번째는 민첩한 마음의 활동이 사려 깊게 조절되어야 한다는 것이다. 탐구의 속도는 신중하여야 한다(1994, 461-462).

토론에 적합한 덕

법정에서 변론하는 목적이 정의에 있는 것처럼 탐구의 목적은 진리에 도달하는 것이다. 지적인 문제에서는 우리는 지식의 발달과 전달에 목적을 둔다. 지적인 집요함은 논제를 효과적으로 논증하는 데 요구되지만, 도그마티즘에 다다를 정도로 극단으로 밀고 가면 지적 결함이 될 수 있다(1994, 462).

사법적 덕

사법적 덕은 이성과 경험이라는 이중의 안내하에 지적 정의를 수행하려는 시도로 구성되어 있다. 사법적 정의는 공포나 호의에 관계없이 공평하게, 이해관계를 떠나 갈등하는 주장들과 고려에 적용된다. 다른 것을 배제하기 위해 어느 하나를 등한시하는 것은 이해와 철저함에서 실책이 되도록 유도할 수 있다. 그러한 실책은 지적인 성실에서 이탈하는 것이다(1994, 463).

교육적 덕

인간은 외로운 탐구자가 아니다. 내적 사유는 개인이 지식을 탐구하는 데는 불충분하다. 위의 세 가지 덕에 부가하여 지식의 전달과 전승에 관심을 가진 교육자의 덕이 있다. 지적 겸손과 정직은 개인이 독자적으로 모든 것을 발견할 수 없다는 것을 인정하는 것을 의미한다. 지식의 진보를 위해 겸손과 정직 속에서 비판적으로 협력할 준비가 되어 있다는 것이 바로 지적인 덕이다. 우리는 지식의 전달을 위해 지적 명료성을 필요로 한다. 명료성 없이는 자신의 논증을 발달시킬 수 없으며, 타자의 논증을 반박할 수도 없고, 지식의 진보에 협력할 수도 없다. 또한 지적인 명료성 없이는 논증이 안내하는 대로 판단하거나 따라갈 수도 없다. 타자들이 자신의 사상을 발달시키도록 도와줄 수도 없으며, 스스로 틀렸다는 것을 쉽게 또는 재빨리 파악하도록 할 수도 없는 것이다. 다른 지적 덕과는 달리 명료성은 반대개념인 불분명에 따라 침해되어서는 안 되며 될 수도 없다. 명료성이 획득될 수 있고 적합한 곳에서는 협상의 여지가 없는 것이다(1994, 465).

명확하게 이름 지을 수 없는 것으로 다음과 같은 교육적 덕도 필요하다. 그것은 지적 성실의 한 부분으로 새로운 질문과 관념을 환영하는 것으로서, 학생의 신선한 관념에 스스로를 여는 교육자의 덕이다. 교사와 학생 사이에는 지식과 이해의 불균형이 있다. 그래서 교사는 학생의 입장에 서서 자신의 지식과 이해를 잠시 유보해 보는 상상력을 발휘해야 한다. 학생의 사유는 세련되지 못한 상태다. 교사의 과업은 학생의 개별성과 자발성을 존중하고, 학생 스스로 사고를 발달시키도록 도와주어야 한다. 그러므로 교사는 지적인 관용과 존중심을 보여 주어야 한다(1994, 466).

확산적 덕

확산적 덕은 파이데이아, 지적 성실성, 적절한 판단을 의미한다. 쿠퍼가 제시한 지적 덕의 분류는 지적 활동 전반에 걸쳐 배려했다고 할 수 있다. 탐구, 토론, 판단, 이해 등에 걸쳐 인간이 구비해야 할 지적 덕이 드러나 있는 것이다. 그는 이러한 지적 덕 중에서 지적 성실성에 주목하였다. 그는 이것이 최고의 지적 덕이 될 수 있다고 생각했다. 지적 성실성의 이상은 한 질문에 대해 모든 측면을 고려하고 통합한다는 것을 포함한다. 즉, 사태를 전체적으로 바라보며 균형 잡힌 접근방식을 추구하는 것을 의미한다. 쿠퍼는 지적 성실성을 모든 것을 긴밀하게 항구적으로 연결시키는 마음의 기질로 이해하였다. 그는 철저함, 민첩함, 세밀함을 위해서는 미시적 관점이 요구되고, 통일성, 응집성, 관련성, 이해를 위해서는 거시적 관점이 요구된다고 생각했다(1994, 463). 성실성은 또한 자아의 통일성을 포함한다. 성실성은 도덕성과 지성 양쪽에 관련되어 있으며, 자기 자신에게 진실하려는 중요한 덕이다.

쿠퍼는 합리성의 덕도 확산적 덕에 속한다고 생각했다. 합리성은 역동적 개념으로 이해, 일관성 및 행동과 특별한 관계를 가지고 있다. 그것은 실천적인 개념이다. 일관성은 합리성의 견지에서 설명될 수 있다. 탐구의 과정에서의 목적은 진리와 지식의 획득이기 때문에, 일관성이 없는 신념체계에 만족하는 것은 합리적이지 않다. 합리적인 사람은 결코 쉬지 않으며 만족하지 않는다. 그에게는 개방적인 마음과 사유의 운동이 필수적이다. 비일관성은 합리적인 사상가가 자신의 신념 중 어느 것을 제한하고 수정하고 버릴 것인지를 결정할 때까지만 용납될 수 있다(1994, 467).

쿠퍼가 제시한 지적 덕의 종류는 지식과 탐구의 세계에서 요구되는 덕을 망라하고 있다. 지적 활동은 탐구하고, 토론하고, 전달하는 것을 포함한다. 탐구자가 이러한 활동을 제대로 잘하려면 지적 덕을 가지고 있어야 한다. 쿠퍼가 제시한 지적 덕은 지식을 창출하고 전달하는 데 필수적인 것이라고 할 수 있다.

오크쇼트(Oakeshott)는 지적 덕으로 "이해관계를 초월한 호기심, 인내, 지적 정직성, 정확성, 근면, 회의, 지적 우아, 논증에 따르는 기질, 진리와 정의에 대한 사랑 등"(1989, 60-61)을 들었다. 작제프스키는 지적 덕의 종류를 다음과 같이 열거하였다. 지적 신중, 인내심, 겸손, 활기, 융통성, 용기, 철저함, 열린 마음, 공정한 마음, 통찰력이다(1996, 155).

이상의 세 연구자들이 제시한 지적 덕은 대부분 서로 비슷하다. 제시된 지적 덕은 인간의 이상으로 간주될 수 있으며, 실제로 여러 사회에서는 이것들을 교육받은 사람의 이상에 포함시키고 있다.

III. 지적 덕과 행복

지금까지 우리는 지적 덕의 개념과 종류를 고찰하였다. 이러한 덕은 인생과 교육에서 여러 가지 방식으로 정당화되어 왔다. 지적 덕은 인생의 행복을 가져다준다는 점에서 정당화될 수 있다. 행복해지기 위해서는 여러 가지 요소들이 필요하지만 지적 덕을 소유하지 않고는 그 누구도 진정으로 행복할 수 없다. 행복은 인간의 장기적인 과업이며 행복의 요소와 조건은 모두 지적인 특징을 가지고 있기 때문이다.

행복은 인간의 기능이 최고도로 발달하였을 때 얻을 수 있다. 덕은 인간 기능이 최고도로 발달하여 탁월성을 얻었음을 의미한다. 이런 의미로 볼 때 덕과 행복은 많은 점에서 일치한다고 할 수 있다. 아리스토텔레스는 인간이 행복해지기 위해서는 덕을 개발하고 실행해야 된다고 주장하였다(2003, 1099b25-1100a4). 『니코마코스 윤리학』의 대부분은 행복한 삶의 구성요소들이라고 생각한 덕에 대해 이야기하고 있다. 행복은 외적 요인들 때문에 훼손되기 쉽다. 덕은 이러한 외적 요인의 상처로부터 인간을 어느 정도 지켜줄 수 있다. 그럼에도 불구하고 덕과 외적 요인은 서로 밀접한 관계를 가지고 있다. 아리스토텔레스는 이 상호작용에 대해 관심을 표명했지만 그 난관을 완전히 극복하지는 못했다. 어윈은 이 점에 대해 이렇게 말했다.

> 행복을 결정하는 여러 구성요소 중에서, 그 모든 것들을 가지고 있다면 행복하며, 적어도 그중 어느 하나가 없다면 행복하지 않

> 다. 그런데 행복의 어떤 부분들을 갖는 것과 갖지 않는 것의 차이가 있다. 아리스토텔레스의 견해에 따르면 이 차이가 결정적이다. 왜냐하면 유덕한 사람은 언제나 행복의 한 가지 결정적인 부분을 가지고 있기 때문이다. 그것이 없다면 다른 어느 것도 행복의 한 구성요소로 작용하지 못한다. 유덕한 사람은 언제나 행복의 어떤 결정적인 부분을 가지고 있지만, 유덕하지 않은 사람은 다른 많은 선을 가지고 있다 해도 행복의 결정적인 요소를 상실한 것이다. 유덕하지만 불운한 사람은 행복하지 않다(not happy). 그러나 행운은 있지만 유덕하지 않은 사람은 불행하다(unhappy)(1985b, 100-101).

덕과 행복에 관한 아리스토텔레스의 견해는 새로운 것이 아니다. 플라톤은 『국가』에서 덕이 행복의 충분조건이라는 소크라테스의 주장을 지지하지 않는다. 『국가』에서는 정의롭지만 불운한 사람이 외적 선을 잃고 이 상실로 고통을 받는다. 그의 정의가 그가 행복하다는 것을 보장해 주지 않는다. 단지 그가 부정한 사람보다는 더 행복하다는 것을 보여 줄 뿐이다.

아리스토텔레스의 논증은 솔론의 견해가 틀리거나 심각하게 불완전하다는 것을 암시한다. 솔론은 행복의 지배적인 요소가 안정적이고 운에 좌우되지 않는다는 것을 이해하지 못했다. 솔론은 행복이 영속적이고 일생을 통해 계속되어야 한다고 생각했기 때문에 역설적으로 그는 행복을 불안정한 것으로 보았던 것이다. 아리스토텔레스는 솔론이 생각했던 것보다 행복을 더욱 안정적이라고 주장하였다. 왜냐하면 행복은 유덕한 활동, 즉 덕에 따라 통제되기 때문이다. 덕이 안정적이라면 행복은 유덕한 행동이 행복을 통제하는 범위까지는 안정적이라고 말할 수 있다(2003, 1100b11-22).

유덕한 활동이 행복을 통제한다는 아리스토텔레스의 주장을 고려할 때, 아리스토텔레스의 주장은 일관성이 없는 것처럼 보일지도 모른다. 이러한 주장은 행복이 운에도 의존한다는 것을 승인하는 것과 갈등하기 때문이다. 그러나 유덕한 활동이 행복을 가져오거나 통제한다고 말했다고 해서, 그것으로 행복에 충분하다든가 행복이 그것으로만 구성되어 있다는 것을 의미하지는 않는다. 그는 마땅한 환경에서 유덕한 활동이 행복에 결정적으로 기여한다는 것을 의미했다. 이것이 그가 같은 문장에서 유덕한 활동이 행복을 통제하고, 또한 인생은 외적 선을 필요로 한다고 주장한 이유다 (Irwin, 1985b, 101-102).

아리스토텔레스는 덕이 행복을 통제한다고 주장하였기 때문에 어느 범위까지는 융통성 없는 사람을 찬양하는 한편, 융통성 있는 사람을 의심하는 것이 옳다는 것을 암시하고 있다. 유덕한 사람은 안정적이다. 일부 사람들은 오히려 비융통성이 행복의 지배적인 요소이며, 행복의 희생을 요구하지 않는다고 주장한다. 한편으로 변화하는 운에 대처하기 위해 자신의 인격과 전망을 변경시킬 준비가 되어 있는 융통성 있는 사람은, 운에 의지하는 행복의 여러 측면을 안정시키기 위해 그렇게 하는 것이다(1985b, 102). 아리스토텔레스는 덕을 행복을 구성하는 지배적인 요인으로 보았기 때문에 솔론에 동조할 수 없었다.

아리스토텔레스는 행복을 이성과 덕을 표현하는 영혼의 활동으로 정의하였다. 행복은 최상의 활동을 요구하고 이 활동은 개인의 가능성을 실현시켜 준다. 최상의 활동은 실천이성을 가장 잘 표현하는 것이다.

아리스토텔레스는 인간이 탁월한 삶을 영위할 때 행복해진다고 말했다. 그는 탁월성과 행복은 불가분의 관계라고 믿었다. 탁월성과 행복의 관계는 대체로 세 가지 방식으로 이해되고 있다. ① 이 둘의 관계는 도구적이다. 즉, 탁월성은 행복을 가져오는 수단으로서만 바람직하다는 입장이다. 아리스티포스(Aristipos)와 에피쿠로스의 사상이 이에 해당한다. ② 이 둘은 본질적인 관계이지만 부분적으로만 그러하며 탁월성은 행복을 위해 중요한 요소라는 입장이다. 플라톤과 아리스토텔레스의 사상이 이에 해당한다. ③ 이 둘의 관계는 전체로서 본질적이다. 즉, 탁월성이 바로 행복이라는 입장이다. 스토아철학이 여기에 해당한다(Vlastos, 1991, 204-208).

행복은 인간의 기능이 최고도로 발달되었을 때 얻는다고 할 수 있다. 그래서 덕과 행복은 많은 점에서 동일시될 수 있다. 이 경우 덕은 하나의 덕이라기보다는 여러 덕들의 집합으로 이해되어야 한다.

Ⅳ. 지적 덕과 교육

행복해지기 위해서는 지적 덕이 필수적임을 알았다. 이제 우리는 지적 덕을 어떻게 획득하는지 검토하여야 한다. 아리스토텔레스가 지적했듯이 지적 덕은 교수활동을 통해 얻는다.

지적 덕은 다른 가치와 덕을 탐구하려는 동기를 부여한다는 점에서 바람직한 것이다. 동기는 인간의 행동을 주도하는 힘으로서 덕과 깊은 관련을 맺고 있다. 유덕한 사람은 자기 자신과 세계를 개선하려는 열정을 가지고 있다. 용기 있는 사람은 용기의 덕과 관련 있는 정서로부터 동기화된다. 지적 덕은 덕을 위한 동기를 만들어 냄으로써 사람을 더욱 유덕하게 만든다.

교육의 목적과 교육받은 사람의 이상으로 자주 지적 덕이 열거되고 있다. 지적 덕이 중요하게 간주된 것은 이것이 계속적으로 교육받고자 하는 동기를 유발하기 때문이다. 지적 덕, 예컨대 호기심, 회의, 용기, 겸손, 근면, 열린 마음, 진리에 대한 사랑 등은 학습자가 더욱 탐구적이 되도록 자극한다.

대부분의 사람들은 마음의 지적인 요소보다는 정서적인 요소에 따라 지배되고 있다. 많은 사람들은 분노, 공포, 시기, 질투, 증오 등의 정서 앞에서 압도되는 경향이 있다. 이것은 자기 안에 안정성과 신뢰성을 보여 주는 덕을 구비하지 못했기 때문이다. 덕을 갖지 못한 사람은 흔히 인격을 갖지 못한 사람으로 간주되기도 한다. 우리는 덕을 갖지 못한 사람의 행동을 예측할 수 없다.

도덕적 덕과 마찬가지로 지적 덕도 습관과 기질이기 때문에, 이것은 교육될 수 있다. 교사와 부모들이 이러한 지적 덕을 내재적 가치로 인정하고 배려함으로써, 그들 주위에 있는 젊은이들을 지적이 되도록 동기화할 수 있다. 최병태(1996, 228-250)는 도덕교육의 차원에서 이러한 교육방법을 잘 옹호하였다.

앞에서 열거한 지적 덕은 교육의 현장에서 교사들이 강조하여 왔다. 덕은 언어를 매개로 가르칠 수 없다. 교사가 실제로 유덕한 행동을 해야 할 뿐만 아니라 유덕한 행동을 한 학생을 격려해 주어야 한다. 일찍이 오크쇼트는 "지적 덕은 덕 그 자체를 실제로 배려하는 교사만 전달할 수 있을 뿐, 그것을 언급하는 것으로는 전달되지 않는다. 한 마리의 들오리가 다른 들오리를 하늘 높이 날아오르도록 하기 위해서는 외침이 아니라 스스로 먼저 비상하지 않으면 안 된다."(1989, 62)라고 말했다. 수만 마리의 들오리가 일제히 날아오르려면 어느 들오리가 먼저 혼신의 힘을 다하여 비상하여야만 된다는 것이다. 제일 먼저 비상하는 들오리처럼, 교사가 먼저 지적 덕을 획득하고 즐기지 않는 한 학생에게 지적 덕을 갖게 할 수 없다는 것이다. 오크쇼트는 자신이 지적 덕을 향유하는 삶을 살았으며, 자신이 다녔던 학교의 체육교사로부터 이러한 삶의 방식을 배웠다고 고백하였다. 그는 이렇게 말했다.

> 여러분이 내게 인내심, 정확성, 절제, 우아 그리고 스타일의 가치를 깨닫게 해 준 상황이 무엇인지 묻는다면, 나는 문헌, 논증, 기하학적 증명에서 인식한 것이 아니라, '체육'의 시대에 살았던 체육교사를 통해서였다고 대답하겠다. 그에게 체육은 하나의 지적 기술이었다. 나는 그가 말한 내용 때문이 아니라 그 자신이 인내, 정확성, 절제, 우아 그리고 스타일을 지닌 사람이었기 때문에 그를 통해 배울 수 있었다(1989, 62).

체육교사는 학생들에게 동작을 통해 절제, 우아, 정확성, 인내심 등을 보여 준다. 이러한 덕목을 갖지 않고는 평행봉 위에서 물구나무서기를 보여 줄 수 없다. 교사의 이런 동작은 청소년에게 경탄을 불러일으킨다. 학생은 교사를 따라 그것을 배우려 하고, 비록 실패하더라도 그러한 동작을 보여 주는 교사를 존중하게 된다.

지적 덕과 도덕적 덕은 모두 유덕한 사람을 모방하고 유덕하게 행동함으로써 획득된다. 교사가 일상생활 속에서 사려와 지혜의 덕을 보여 줄 때, 그리고 그러한 덕의 소유함으로 진실로 행복하고 인생의 의미를 발견할 때 학생들은 덕의 가치에 매료될 것이다. 이 과업은 매우 어려운 것이다. 사람들은 이러한 과업보다는 손쉬운 삶의 방식을 선택한다. 위선은 언행의 불일치를 의미한다. 위선자는 자신의 지적, 도덕적 신념을 말과 글로 표현하지만 이러한 신념에 헌신하지 않는다. 이것은 타인을 기만하는 것일 뿐만 아니라 자기기만이기도 하다.

또한 지적 덕은 습관과 기질이기 때문에 도제방식을 통한 오랜 수련과 모방, 반성과 음미를 통해서도 습득된다. 대량교육은 지식과 정보를 전달하는 데는 효과적일지 모르지만 덕을 획득하게 하는 데는 비효과적이다. 학생들을 대량으로 입학시키기만 하고 교육받은 사람을 양성하지 못한다면, 그러한 행위는 무가치할 뿐만 아니라 학생과 공동체에 해악을 끼친다.

지적 덕은 진리를 탐구하고 진리에 헌신하는 데 도움을 주지만, 반드시 그렇게 해 주는 것은 아니다. 지적 덕도 다른 많은 덕처럼 한계가 있다. 예컨대 지적 덕인 개방정신은 진리탐구의 길로 안내하지만, 이것이 도리어 방황과 혼돈상태로 안내할 수도 있다. 밭에 이삭과 가라지가 함께 성장하는 것처럼, 지적 덕을 획득하는 과정에서 지적 성격을 띤 악도 획득될 수 있다.

지적 악에 대해 탐구한 작제프스키는 다음과 같은 지적 악들을 열거하였다. ① 지적 교만, ② 부주의, ③ 나태, ④ 비겁, ⑤ 순응, ⑥ 경솔, ⑦ 완고, ⑧ 편견, ⑨ 희망적 관측, ⑩ 폐쇄정신, ⑪ 세부적인 것에 대한 무관심, ⑫ 둔감, ⑬ 철저성 결여, ⑭ 지적 인내심과 반대되는 것으로 너무 쉽게 포기하는 것, ⑮ 지적 게으름 또는 낙담하기 쉬움, ⑯ 몇 가지 형태의 자기기만이다(1996, 152). 이러한 악들은 모두 지적인 요소와 결부되어 있어서 자기 자신과 타인에게 심각한 해를 끼친다. 이러한 악은 인간이 지력을 기르면서 더욱 위험한 상태에 도달할 수 있음을 보여 준다. 고등교육기관을 졸업한 사람 중에서 교활하고 간교한 지능범이 나오는 이유가 여기에 있다.

이 장의 목적은 지적 덕의 개념을 분석하고 행복과 교육에 주는 시사점을 찾으려는 것이었다. 덕의 개념은 습관, 기질, 의지 등 여러 각도에서 정의되고 있지만 어느 경우나 가치어와 성취어로 사용되고 있다. 따라서 덕은 좋은 선택의 습관, 바람직한 기질이며, 선한 의지의 요소를 지니고 있다. 유덕하다는 것은 특정한 기능을 탁월하게 발휘하는 것을 의미하기도 하고, 인간으로서 기능을 잘 발휘하고 있다는 것을 의미하기도 한다. 교육은 훈련과 다르기 때문에 후자의 덕에 주목한다. 인간으로서 유덕하다는 것은 지적, 도덕적 덕, 예컨대 지혜, 용기, 절제, 정의, 정직, 성실, 관대 등을 가지고 있다는 것을 의미한다. 유덕한 사람은 자신에게는 물론 타인에게도 유익을 가져다주기 때문에 존중을 받는다.

덕 중에는 지적인 것도 있고 도덕적인 것도 있다. 도덕적 덕은 윤리학과 도덕교육에서 많이 강조되어 왔다. 이에 비해 지적 덕은 상대적으로 등한시되었다. 아리스토텔레스는 다섯 개의 지적 덕들, 즉 기술, 지식, 실천적 지혜, 이론적 지혜, 이성을 제시하였다. 이 덕은 지금도 전승되고 있으며 현대인들은 이러한 덕과 관련을 가진 더 많은 지적 덕을 제시하고 있다. 지적 신중, 인내, 활기, 융통성, 용기, 공정, 통찰력, 개방성, 지적 겸손, 철저성, 지식에 대한 호기심 등이 그러한 덕들이다.

다른 지적 덕 모두 중요하지만 실천적 지혜와 지적 덕은 일상생활과 교육에서 더욱 중요시되고 있다. 아리스토텔레스에 따르면, 실천적 지혜는 인간에게 선과 악한 것들에 관련된 합리적 자질이다. 그것은 실제적 문제에 대한 성숙한 인간의 통찰력이며 경험을 통해 발달된다. 그것은 지적인 것과 도덕적인 것을 결합시키는 핵심적인 덕이다. 그리고 인생에서 수단은 물론 목적의 견지에서 올바른 판단을 하는 것을 의미한다. 그것은 행위자가 선에 도달할 수 있도록 하는 지적 덕이다.

실천적 지혜와 이론적 지혜를 포함한 지적 덕은 우리의 행동을 지도한다. 고대 그리스에서는 이것이 교육의 목적으로 간주되었다. 교육받은 사람이란 이러한 덕목을 삶 속에서 보여 주는 사람이다. 지식과 규범을 알기만 하고 헌신하지 않는 사람은 흔히 약한 의지를 가진 사람, 위선자, 사기꾼 등으로 불리면서 경멸의 대상이 되어 왔다. 지적 덕은 지적 덕을 가진 사람과 지적 분위기 속에서 획득된다. 교사를 비롯한 성인들이 지적 덕을 보여 주고 존중할 때 학습자는 거기에 입문하고자 할 것이다. 학습자가 지적으로 유덕한 사람을 존중하고 실제로 유덕하게 행동해 봄으로써 지적 덕을 얻을 수 있기 때문이다.

제5장

실천적 지혜와 행복

지적 덕은 인생 전반에 걸쳐 특별히 행복한 삶에 지대한 영향을 준다. 지적 덕 중 실천적 지혜는 지적 덕과 도덕적 덕을 연결시켜 주는 것으로 행복의 필수적인 요건이 된다. 실천적 지혜는 우리의 일상적인 삶 속에서, 예를 들어, 친구, 배우자, 직업의 선택에서 실천적 지혜가 절실히 필요하다. 이 장에서는 실천적 지혜가 행복에 어떻게 기여할 수 있는지, 이론적 지혜와 어떤 관계가 있는지, 실천적 지혜가 결여될 경우 어떤 해악이 초래되는지에 대해 고찰하려고 한다.

I. 실천적 지혜의 개념과 가치

철학은 지혜를 사랑하는 활동으로 이해된다. 이 경우 지혜는 이론적 지혜와 실천적 지혜 가운데 어느 것을 의미하는가? 그리스 철학자들과 일반인들은 각각 지혜를 어떻게 이해하고 있었는가?

고대 그리스에서 사용된 지혜는 철학과 궤변술의 뿌리를 동시에 가지고 있었다. 소크라테스의 동시대인들은 소크라테스와 소피스트를 구별하지 못했다. 소크라테스가 보여 준 지혜는 극소수의 사람들을 제외하고는 오히려 우둔으로 여겨졌다. 그 시대에 선망의 대상이 된 사람은 소크라테스처럼 무지를 고백하는 것이 아니라, 논쟁과 변론을 잘하여 명성을 얻고 돈을 잘 버는 사람이었다.

플라톤은 행복을 가져오는 지적 덕으로 지혜(sophia)를 들었다. 그는 도덕적 덕인 용기, 절제, 정의의 덕도 지적인 성향을 가지고 있지만, 지혜가 영혼의 모든 선 가운데 으뜸이라고 생각했다(2003, 631c5-d1). 지혜는 영혼의 합리적인 부분에 속하는 것으로, 쾌락을 추구하고 고통을 피하려는 인간의 마음을 규율한다고 이해하였다. 그러나 『국가』에 나오는 지혜의 덕은 너무 많은 것을 포함하고 있다. 플라톤은 수학, 천문학, 변증법 등에 정통하는 것을 지혜의 근간으로 보았다. 또한 지혜는 통치술을 포함한다고 생각했다. 그는 지혜를 학문적 정통과 실제적 문제에 대한 현명한 판단을 포함하는 것으로 이해하였다.

플라톤의 지혜관은 너무 폭이 넓어 혼란을 가져올 수 있다. 그는 아리스토텔레스와는 달리 이론적 지혜와 실천적 지혜를 엄격하게 구별하지 않았다. 독자가 문맥에 따라 어느 정도 구별할 수 있을 뿐이다. 그저 최고 수준의 판단은 이론적 지혜로, 낮은 수준의 판단은 실천적 지혜로 이해할 수 있다. 플라톤에게 지혜의 반대 개념은 우둔(foolishness, amathia)이었다. 우둔한 사람은 무엇이 좋은지 알면서 싫어하는 사람을 가리킨다. 즉, 합리적인 신념이 자신 또는 쾌락추구와 충돌하는 과정에서 빚어진 결과라고 할 수 있다(1926, 689a5-9).

아리스토텔레스는 소크라테스와 플라톤이 사용한 지혜를 둘로 나누어 고찰하였다. 그는 지혜의 이론적인 측면을 'sophia', 실천적인 측면을 'phronēsis'라고 불렀다. 이 어휘를 번역한 영어 단어는 여러 가지가 있다. 전자의 경우는 'wisdom' 'philosophical wisdom' 'theoretical wisdom' 'speculative wisdom' 'intellectual achievement' 등이 후자의 경우는 'wisdom' 'practical wisdom' 'prudence' 'practical good sense' 'intelligence' 'intelligent judgment' 'political wisdom' 등이 사용된다. 두 말이 이렇게 다양하게 번역되고 있다는 것은 함축성이 많은 어휘라는 것을 보여 준다. 아리스토텔레스는 전자는 순수하게 지적인 영역에서 사용될 수 있으며 진리에 대한 초연한 추구라고 이해했다. 후자는 실천적인 삶에서 사용되는 것으로 도덕적 덕의 완성을 의미한다고 생각했다. 아퀴나스는 아리스토텔레스의 구분을 충실히 따랐다. 그는 실천적 지혜와 이론적 지혜를 라틴어로 각각 'prudentia'와 'sapientia'로 표기하였다.

실천적 지혜는 고대의 문헌에서 현대의 문헌에 이르기까지 방대하게 펼쳐져 있으며 인생을 현명하게 살아가는 방법으로 이해되어 왔다.

실천적 지혜는 『성경』의 중요 관심사이기도 했다. 이 책은 지혜문학이라고 일컬어지는 「잠언」 「욥기」 「전도서」를 포함하고 있다. 「잠언」은 책 전체에 걸쳐 지혜와 우둔을 대비시키면서 지혜로운 사람이 되기를 권고하였다. 이 책은 흥미롭게도 지혜를 여성적인 것으로 표현하고 있다. 「잠언」 7:4에는 지혜가 누이로, 9:1-6에는 지체 높은 여성으로, 31:10에는 이상적인 아내로 등장하고 있다. 즉, 고대사회에서는 여성은 학문적인 능력보다는 일상적인 삶에 더 명철하다고 생각한 듯하다. 인생의 현장에서 일어나고 있는 일들에 대해 여성을 좋은 안내자, 상담자, 교사로 생각한 것으로 보인다. 그러나 모든 여성을 지혜로운 사람으로 간주하지는 않는다. 「잠언」 9:13-18에서는 미련한 여자에 대해 강도 높게 비판하였다.

실천적 지혜를 가지려면 개인적 경험이 필요하지만 연장자를 비롯한 다른 사람의 경험과 권고도 필수적이다. 그리하여 「잠언」은 자신에게 권고하는 사람의 중요성을 특히 강조하였다. 즉, 권고하는 사람이 많아야 하고(11:14; 24:6), 권고자의 말을 경청해야 한다는 것(12:15; 13:10)이다. 지혜를 결여한 사람, 즉 미련한 사람은 권고자를 두지 않으려 하고 권고를 받았다 하더라도 순종하지 않는다. 그는 실패가 자명한 상황에서도 기어이 스스로 경험해 보려고 한다.

실천적 지혜는 철학자뿐만 아니라 시인과 역사가도 자주 고찰하였다. 시인과 역사가는 신화나 역사적 인물 중 실천적 지혜를 가진 사람을 인생의 전범으로 소개하였다. 이러한 시도를 한 것은 실천적 지혜가 이론적 지혜와는 달리 명제로서 제시되기 어렵기 때문이다.

호메로스는 자신의 서사시에서 실천적 지혜의 가치를 유감없이 드러냈다. 오디세우스가 외눈박이 거인 키클롭스에게서 벗어나는 장면은 실천적 지혜의 전형을 보여 준다. 그는 키클롭스의 위협과 동료들의 유혹 속에서도 자신의 판단을 신뢰하고 멋지게 난관에서 벗어났다. 이 장면은 키클롭스에게는 실천적 지혜의 결여, 오디세우스에게는 실천적 지혜의 전범을 보여 주는 것이다.

아퀴나스는 아리스토텔레스와 유사한 입장이었다. 그는 '습관'에 관한 논고에서 실천적 지혜에 대해 논의하였다. 그는 "실천적 지혜는 어떤 일을 해야 할 올바른 이유다."라고 말했다(1952, II-I, Q. 57, a. 4). 이러한 덕은 선한 생활을 하는 데 필수적이다. 그는 실천적 지혜의 덕과 도덕적 덕은 상호적인 관계가 있다고 생각했다. 그래서 그는 "도덕적 덕은 실천적 지혜 없이는 있을 수 없다. 왜냐하면 도덕적 덕은 선택, 즉 우리가 잘 선택할 수 있도록 해 주는 습관이기 때문이다."(1952, II-I, Q. 58, a. 4)라고 말했다. 그는 그 반대의 경우도 성립된다고 생각했다. "실천적 지혜는 도덕적 덕 없이는 있을 수 없다. 그 이유는 실천적 지혜가 실행되어야 할 것들에 대한 올바른 이유이기 때문이다."(1952, II-I, Q. 58, a. 5). 이러한 주장은 실천적 지혜는 다른 덕의 도움을 받아야 비로소 제 몫을 수행할 수 있다는 것을 의미한다.

지혜는 지적 탁월성과 도덕적 탁월성을 연결하는 말로 흔히 사용된다. 지혜는 지적, 도덕적 성격을 공유하고 있다. 지혜는 이성과 경험을 통하여 획득되는 것으로 지식과 매우 밀접한 관계다. 지식을 어떻게 사용하느냐 하는 문제는 지혜와 결부된다. 우리는 지식을 선용하는 사람을 보고 지혜로운 사람이라고 부른다. 지식을 많이 가졌더라도 이를 사용하지 않거나 악용하는 사람은 나태하다거나 우둔하다고 말한다.

홉스(Hobbes)는 『리바이어던』에서 실천적 지혜에 대해 언급하였다. 그는 이렇게 말했다. "사람들은 때때로 행동의 결과를 알고 싶어 한다. 그리고 과거의 비슷한 행동을 생각하고 그 행동의 결과를 차례로 회상한다. 비슷한 결과는 비슷한 행동을 따를 것이라고 상정하게 된다. …이러한 종류의 사고를 예상, 실천적 지혜, 섭리, 그리고 때로는 지혜라고 부른다."(1946, 15-16). 그는 결과가 우리의 기대와 일치할 때 실천적 지혜라고 부른다고 생각했다. 따라서 실천적 지혜는 경험과 밀접한 관계를 갖는다. 결과를 잘 예측하는 것은 경험의 소산일 가능성이 매우 높기 때문이다.

홉스는 지적 덕을 설명하면서 실천적 지혜를 다시 규정하였다. 그는 "어떤 의도를 가지고 여러 가지 일을 살피는 사람이 그 일들이 그의 의도에 어떻게 영향을 미치는가 또는 무슨 의도에 영향을 미치는지 관찰할 때, 자신의 관찰이 용이하거나 평범한 것이 아닌 경우라면 이 경우의 그의 지력은 실천적 지혜라고 할 수 있다."(1946, 45). 이러한 지혜는 경험과 기억의 도움을 받는다.

홉스는 실천적 지혜는 경험에서 오고 이론적 지혜는 학문에서 온다고 말하고, 일반적으로는 지혜로 표기되고 있다고 말했다. 그러나 라틴어에서는 'prudentia'와 'sapientia'로 구분하여 사용되었다는 것이다. 그는 이 두 명사의 차이를 드러내기 위해 다음과 같은 예를 들었다. 본래부터 무기를 다루는 탁월한 능력을 가진 사람과 여기에다 전진과 방어의 방법에 대해 학문적으로 준비된 사람의 경우를 예로 들었다. 홉스는 전자의 능력을 실천적 지혜, 후자의 능력을 이론적 지혜라고 불렀다. 이 둘은 모두 필요하지만 후자가 더 완전하다는 것이다(1946, 30).

실천적 지혜는 지적 덕에 속하지만 지식보다는 행동과 더 많이 관련되어 있다. 이런 이유로, 이 지혜는 경험과 인생에 대한 넓은 시야와 깊은 관련을 가지고 있다. 탁월한 과학자나 예술가라도 실천적 지혜가 부족할 수 있다. 편협한 전문가와 기술자는 자신의 분야 이외의 인생의 여러 영역에서 우둔, 고집, 무지를 보인다. 실천적 지혜는 교양처럼 그의 인성이 전반적으로 발달된 사람을 의미한다고 할 수 있다.

II. 아리스토텔레스의 지혜론

1. 이론적 지혜

이론적 지혜 또는 철학적 지혜는 특수 분야가 아니라 일반적인 의미로 사용되기도 한다. 이론적 지혜는 지식의 형식들 가운데 가장 완벽한 것이다. 이론적 지혜를 가진 사람은 제1원리로부터 도출된 결론을 알 뿐만 아니라 이 원리들 자체에 대한 개념을 가지고 있다. 그러므로 이론적 지혜는 학문적 지혜와 이성의 결합이어야 한다(Aristotle, 2003, 1141a15-19).

아리스토텔레스는 이론적 지혜라는 말을 이론적인 학문과 철학에 정통하고 애호한다는 의미로 사용하였다. 지혜의 대상은 필연적이고 보편적인 것이다. 이러한 것에 정통한 것은 인간적 탁월성을 보여 주는 것이다.

아리스토텔레스는 실천적 지혜를 가진 사람과는 대조되는 이론적 지혜를 가진 사람의 전형으로, 고대 그리스의 자연철학자였던 아낙사고라스(Anaxagoras)와 탈레스(Thales)를 들었다. 이들은 탁월한 철학자들이었지만 실천적인 측면에서는 지혜가 부족하여 종종 세인의 웃음거리가 되었다는 것이다. 아리스토텔레스는 이들이 인간적인 선을 몰랐으며, 예외적이고 놀랍고 난해하고 초인간적인 것을 좋아하는 사람들로 보였다고 했다(2003, 1141b5-8). 이러한 관점은 지금도 남아 있어서 일부 사람들은 철학자는 현실감각이 부족하다는 인상을 갖고 있다.

아리스토텔레스는 가장 완벽한 기술자는 이론적 지혜를 가지고 있다고 생각했다. 그는 위대한 조각가인 페이디아스(Pheidias)를 예로 들었다. 이 경우의 이론적 지혜는 예술적 탁월성을 의미한다. 아리스토텔레스는 이론적 지혜를 이러한 제한된 의미를 넘어서서 지식의 양식 중 가장 완벽한 것이라고 말했다(2003, 1141a16-17).

이론적 지혜는 그 성격상 행복을 직접적으로 만들어 내지 못한다. 생성에 관여하지 않기 때문이다. 이론적 지혜는 인간의 행복의 근원을 연구하지 않는다. 그러나 언제나 행복과 관련을 가지고 있다. 이론적 지혜는 가장 정밀한 형태의 지식이자(2003, 1141a16-17), 테오리아를 가져오는 지적 덕이다(2003, 1177a12-19).

이론적 지혜는 완전한 덕을 통해 간접적으로 행복을 만들어 낸다. 건강은 완전한 덕이 아니므로 행복을 만들어 낼 수 없다. 그러나 건강이 건강을 만들어 내듯이 이론적 지혜는 행복을 만들어 낸다.

2. 실천적 지혜

아리스토텔레스는 『니코마코스 윤리학』 제6권에서 실천적 지혜를 복잡한 개념적 조직에 둠으로써 그 본질을 설명하려고 하였다. 즉, 지식, 기술, 정치, 숙고, 결단, 이성, 인격의 덕, 이론적 지혜, 지명도가 낮은 영향들과 관련지어 설명하려고 하였다.

실천적 지혜는 보편적인 윤리적 원리와 특수한 상황 그 자체에 관한 지식을 필요로 한다. 이 점에서 보편적인 학문이 다루는 지식, 이론적 지혜, 이성과는 성격이 다르다. 실천적 지혜는 아는 것만으로는 부족하고 행동이 수반되어야 한다. 그것은 행복을 달성하기 위한 것이다.

실천적 지혜도 보편적인 것에 관심을 갖는데, 바로 특수한 상황에 적절하게 대처하기 위해서다. 실천적 지혜는 보편적인 것을 탐구하지는 않지만 그것에 대한 지식을 얻어야 한다.

기술을 가진 기능인과 실천적 지혜를 가진 사람은 여러 점에서 유사하다. 둘 다 가변적인 것들을 다루기 때문이다. 결정적인 차이점은 실천적 지혜는 행동에, 기술은 생산에 관여한다는 데 있다(2003, 1140b6-7).

정치적 지혜와 실천적 지혜는 동일한 것이지만 그 존재양식은 서로 다르다. 정치는 개인과 가정을 넘어 더 큰 공동체를 문제 삼는다. 따라서 정치공동체는 더욱 큰 실천적 지혜의 완전한 구현을 필요로 한다. 행복을 위해서는 개인이나 통치자나 똑같이 탁월한 능력, 기능, 덕이 필요하다. 실천적 지혜는 일반적으로 개인 자신의 선에 관심을 갖는다. 이에 비해 정치는 시민, 국가를 위한 행복을 획득하고 보존하는 데 관심을 갖는다. 정치는 실천적 지혜와 마찬가지로 구성적인 덕이다(2003, 1141b24-32).

실천적 지혜와 숙고는 깊은 관련을 가지고 있다. 실천적 지혜는 이론적이지 않고 생산적이지도 않으며 실천적이다. 그러므로 그것은 행동, 숙고, 결단과 깊은 관련을 가지고 있다. 사람이 자신의 행복에 관해 잘 숙고할 수 있다면 실천적 지혜를 가지고 있다고 말할 수 있다.

숙고는 선택적인 상황에서 요구된다. 인간은 필연적인 것에 대해서는 숙고하지 않는다. 숙고는 인간의 힘이 미치는 것에 국한된다. 실천적 지혜는 좋은 숙고이므로, 장시간을 필요로 한다. 숙고는 결정을 내리기 전에 나타나는 절차다. 숙고는 목적보다는 수단에 관심을 갖는다(2003, 1112a30-1112b12). 숙고하는 사람은 행복에 관해 숙고하는 것이 아니라 행복을 성취하기 위한 수단에 대해 숙고한다고 말할 수 있다.

이성은 제1원리를 인식하는 능력이다. 그것은 실천적 지혜와 관련하여 행복을 실현하는 데 필요한 윤리적 보편자에 대한 지식을 제공한다. 이성의 활동인 테오리아는 고차원적인 행복을 가능하게 한다(2003, 1140b31-1141a7).

실천적 지혜를 가진 사람은 자신의 목적을 달성하기 위해 어떤 수단과 방법을 사용할 것인지 숙고한다. 그것은 무엇을 할 것인지 또는 어떻게 인생을 살아야 하는지에 대답하는 활동에 중점을 두는 것으로, 수단에만 관심을 두는 것이다(2003, 1112a30-31, b12). 아리스토텔레스는 실천적 지혜는 "인간에게 선하거나 나쁜 것과 관련하여 합리적으로 판단할 수 있는 성향"이라고 말했다(2003, 1140b6-7). 즉, 인생을 잘 사는 데 필요한 수단에 관해 숙고하는 일에 탁월성을 보여 주는 것을 의미한다. 목적의 질에 관계없이 목적을 달성하기만 하면 되는 것이 아니다. 그런 의미에서 실천적 지혜와 영리는 서로 다르다. 실천적 지혜는 선한 생활을 증진시킨다는 의미에서 행위자에게 선하거나 유익한 것을 알고 행동하게 해 주는 탁월성을 의미한다. 그래서 실천적 지혜는 생활 속에서 이행해야 할 책무에 관한 판단을 하도록 요구한다.

아리스토텔레스는 이론적 지혜와 실천적 지혜를 분리함으로써 당시의 지식인들과 일반인의 요구에 부응하였다. 그는 이론적 지혜와 실천적 지혜를 지적 덕으로 이해하였다. 실천적 지혜는 지적 덕인 동시에 한편으로 도덕적 덕과 지적 덕의 가교역할을 수행한다. 그러므로 실천적 지혜 없이는 도덕적 덕을 가질 수 없다. 실천적 지혜를 가진 사람은 누구나 도덕적 덕을 가지고 있다고 말할 수 있는 것이다.

브로디(Broadie)는 아리스토텔레스의 '지혜'를 이해하기 위해서는 형용사 'sophos'에 관심을 둘 필요가 있다고 생각했다. 그는 'sophos'가 특수한 전문성이나 주제와 관련되어 있는 것으로, 완벽, 엄격, 정확, 세심한 것에 대한 정교한 주의가 요구되며, 이것과 반대되는 성질들은 개략(sketchiness), 혼란, 부적절, 조야함을 의미한다고 생각했다. 지혜와 결합된 말인 '철학'이 교양과 교육의 정점을 의미하였다는 것이다. 엄격하고 이론적인 학문에 이러한 지위를 부여한 사람은 플라톤이었으며 아리스토텔레스도 그를 따랐다는 것이다. 지혜는 당시의 일반인들에게는 이러한 의미를 가지고 있지 않았다는 것이다(Broadie & Rowe, 2002, 53-54). 브로디는 아리스토텔레스가 이전에 아무도 구별하지 않았던 것을 구별함으로써 그의 청중들을 당황시켰다고 한다. 소피스트들의 인기에 비추어 볼 때 일반인이 사용하는 지혜란 말은 학문적인 지위를 갖는 것은 아니라고 할 수 있다.

아리스토텔레스는 『수사학』에서 "실천적 지혜는 이성의 덕으로서 사람들로 하여금 선한 것과 악한 것에 관련하여 현명한 결정을 하도록 한다."(1926, I. ix. 13)라고 말했다.

아리스토텔레스는 실천적 지혜의 개념을 설명하기 위해 이것을 소유한 사람을 묘사하였다. 그는 실천적 지혜를 가진 사람은 자신에게 좋고 유익한 것에 대해 숙고하며, 숙고의 결과에 따라 행동한다고 생각했다. 일반적으로 숙고를 잘하는 사람은 실천적 지혜를 가진 사람이라고 한다. 이런 사람은 필연적이거나 자기가 할 수 없는 것들에 대해서는 숙고하지 않는다(2003, 1140a26-35). 아리스토텔레스의 이러한 주장은 사람들에게 이기주의를 가르치기 위한 것이 아니다. 실천적 지혜는 자신의 이익을 합리적으로 추구함으로써 인간의 욕구를 만족시키려는 것이다. 따라서 실천적 지혜를 가진 사람은 자신의 이익을 극대화시키기 위해 공동체의 이익에 깊은 관심을 갖는다. 아리스토텔레스는 이러한 사람의 전형으로 아테네 제일의 민주정치가인 페리클레스(Pericles)를 들었다. 그는 페리클레스가 사람이 자신과 이웃을 위해 진정으로 좋은 것이 무엇인지를 알고 있었으며 그것을 실행에 옮겼다고 생각했다.

페리클레스는 도시국가들 간의 경쟁과 국제적인 갈등 속에서 아테네를 훌륭한 도시국가로 만들었다. 그는 자신의 문제를 현명하게 처리했을 뿐만 아니라 민주주의를 정착시켰으며, 시민 모두가 파이데이아(paideia)를 획득하도록 격려하였다. 그의 '장송연설'은 아테네의 정신과 실제를 잘 보여 주었다. 제한된 국부를 평균적으로 나누어 갖지 않고 파르테논 신전을 포함한 아크로폴리스를 단장함으로써 전 시민의 공원이자 정원으로 만들었다. 이것은 국부와 최고의 건축미와 예술미의 공유를 의미하는 것이었다.

브로디는 이러한 점을 염두에 두고 실천적 지혜의 반대어는 어리석음(anoia), 이론적 지혜의 반대어는 무지(amathia)로 이해하였다(2002, 87). 후자는 학습의 결여에 따른 무지를 의미한다. 실천적 지혜를 가진 사람과 그렇지 못한 사람의 차이는 기술과 지식의 결여 여부가 아니라, 이것들을 자신과 이웃의 이익을 위해 잘 사용하느냐 그렇지 못하느냐에 달려 있다. 즉, 행위자가 선의를 가지고 있느냐에 달려 있다고 할 수 있다.

실천적 지혜를 갖기 위해서는 지식이 필요하지만 풍부한 지식이 실천적 지혜를 보증해 주는 것은 아니다. 실천적 지혜는 이론적 지혜와 종종 혼동되기도 한다. 그러나 아리스토텔레스는 이 둘의 대상이 서로 달라 혼동될 수 없다고 생각했다. 그는 실천적 지혜의 대상은 우연적이며 특수한 것으로서, 추상적이지 않으며 정밀하지 않고 완전히 명확할 수 없지만, 이론적 지혜의 대상들은 필연적, 보편적, 추상적, 그리고 완전히 정밀하다고 생각했다(2003, 1140a25-35, 1141a17-21, 1141b14-22). 이러한 대비는 일견 실천적 지혜가 지적인 요소를 가지고 있는가 하는 의문을 자아낸다.

그렇지만 아리스토텔레스에게 실천적 지혜는 일종의 지적 덕이었다. 그것은 이론적 지혜 및 기술과 연관성을 가지고 있다. 일종의 추리이며 판단인 실천적 지혜는 이론적 지혜와 기술의 획득 없이는 무엇을 할 것인가에 대해 올바른 판단을 할 수 없다. 지적 덕인 실천적 지혜는 인격의 특징으로서, 선한 행위에 필연적으로 기여한다고 보아야 한다. 아리스토텔레스는 이론적 지혜와 실천적 지혜는 선한 행위에 필연적으로 기여한다고 생각했다. 엄격하게 말하면 인격적 탁월성은 본질적으로 지혜와 연결되어 있다(2003, 1143b18-1145a6).

실천적 지혜는 기술과 지식을 필요로 하지만 경험에 크게 의존한다. 젊은 수학자와 과학자는 있을 수 있지만, 실천적 지혜를 가진 젊은 수학자와 과학자는 발견하기 어렵다. 실천적 지혜는 부분적인 판단을 의미하는 것이 아니라 전체적인 판단을 의미하기 때문에 지식과 기술의 전문성과 구별된다. 이러한 이유로 아리스토텔레스는 이렇게 말했다.

> 우리가 말한 것의 증거는, 젊은 사람이 기하학자와 수학자, 그리고 이와 유사한 방면에서 지혜로운 사람이 될 수는 있지만 실천적 지

> 혜를 가진 젊은이를 발견할 수 없다는 것에서 찾을 수 있다. 그 이유는 실천적 지혜의 대상은 특수한 것도 포함하고 있기 때문이다. 이러한 것은 경험을 통해서 잘 알게 된다. 젊은이는 경험이 없으며 경험은 오랜 세월이 지나야 얻을 수 있다(2003, 1142a12-17).

젊은이는 수학과 과학의 전문가가 될 수 있지만 실천적 지혜를 가지기 어렵다. 왜냐하면 실천적 지혜는 과학적 인식이 아니기 때문이다. 나이가 실천적 지혜를 보증하는 것은 아니지만 사람은 시행착오를 통해 조금씩 실천적 지혜를 터득해 간다.

실천적 지혜는 종종 비슷한 말과 혼동되기 쉽다. 자주 일어나는 혼동은 실천적 지혜와 영리(cleverness)의 혼동이다. 영리는 특정한 목적에 국한되지 않고 목적을 실현하는 데만 관심을 갖는다. 목적이 고상하면 칭찬받을 능력이 되지만 그렇지 못하면 속임수가 된다. 선하지 않고는 실천적 지혜를 가질 수 없다(2003, 1144a25-28). 영리와는 달리 실천적 지혜는 행복을 성취하는 데 관심을 갖는다.

실천적 지혜는 행동과 관계한다. 그것은 일반적 원리에 관한 지식과 특수한 사실의 지식을 모두 필요로 하지만 후자를 더 중시한다(2003, 1141b20-22).

곤궁할 때의 타락은 사소하고 제한적이어서 생계를 위한 절도 행위가 주류를 이룬다. 그러나 풍요로울 때 나타나는 타락은 다양하고 심각하다. 풍요를 어떻게 활용할 것인가는 중요한 문제이며, 이러한 때 실천적 지혜의 필요성이 더욱 커진다.

3. 이론적 지혜와 실천적 지혜의 관계

이론적 지혜와 실천적 지혜는 두 가지 형태의 지적 덕이다. 덕들의 관계는 서로 어떠한가? 아리스토텔레스는 실천적 지혜가 이론적 지혜에 비해 열등하지만 이 둘은 밀접한 관계에 있다고 생각했다. 그의 생각을 다음과 같이 정리할 수 있다.

① 이론적 지혜와 실천적 지혜는 각각 정신의 두 부분의 덕으로서 어떤 것도 만들어 내지 않는다 하더라도 그 자체가 바람직하다(2003, 1144a1-3).

② 이론적 지혜와 실천적 지혜는 실제로 무엇인가를 만들어 낸다. 이론적 지혜는 행복을 만들어 낸다. 의술이 건강을 가져온다는 의미에서가 아니라 건강함이 건강의 원인이라는 의미에서 그러하다. 이론적 지혜는 덕의 일부로서 그것을 소유하고 활동시킴으로써 사람을 행복하게 만든다(2003, 1144a5-6).

③ 실천적 지혜와 도덕적 덕은 인간 기능의 완전한 성취를 이루게 한다. 후자는 우리가 지향하는 목적에 정당성을 주고 전자는 우리가 채택하는 수단에 정당성을 준다(2003, 1144a7-9).

④ 목적의 선택에서 정당성은 덕을 통해 확보된다(2003, 1144a15-23).

실천적 지혜는 하위영역이기 때문에 이론적 지혜를 지배하지 못한다. 그렇지만 실천적 지혜는 나름대로의 행복을 만들어 낸다. 그리고 실천적 지혜는 여기에 자족하지 않고 이론적 지혜의 획득을 통해 더 높은 행복을 얻을 수 있다.

아리스토텔레스는 두 종류의 행복, 즉 이론적 지혜에 따른 행복과 실천적 지혜에 따른 행복을 인정하였다. 위의 둘은 서로 관련되어 있지만 후자가 전자를 위해 존재한다.

리브(Reeve)는 아리스토텔레스의 행복 개념을 설명하기 위해 1차적 행복과 2차적 행복이라는 말을 사용하였다. 전자는 인간의 본성에서 비롯되는 것으로 내재적인 가치를 가지고 있다. 이론적 지혜를 나타내는 테오리아는 1차적 행복을 의미하고 실천적 지혜를 나타내는 실천적 활동은 2차적 행복을 의미한다(1992, 96-97).

행복한 삶을 얻기 위해서는 1차적, 2차적 행복과 외적 선을 가져야 한다. 후자는 경쟁적인 선과 여러 유덕한 친구들을 가져야 하는 것을 의미한다. 우리가 이 모두를 가져야 하는 이유는 우리의 본성이 복잡하기 때문이다. 우리는 소망, 정서, 욕구를 가지고 있으며, 이 모두는 만족되어야 한다. 그러므로 실천적 지혜가 직면한 문제는 우리의 삶 속에서 행복과 외적 선을 어떻게 분배하는가 하는 것이다(1992, 183-184). 아리스토텔레스는 외적 선과 2차적 행복은 1차적 행복을 위해서 존재해야 한다고 생각했다. 그는 외적 선이 두 종류의 행복을 만족시키도록 분배된다면 일생동안 행복하게 살 수 있다고 생각했다. 실천적 지혜에 따라 마련되는 2차적 행복과 외적 선은 1차적 행복의 양이 극대화되도록 봉사해야 한다.

우리는 짧고 고귀한 인생과 길고 미지근한 인생 중 어느 것이 더 가치 있는지를 생각한다. 아리스토텔레스는 앞의 삶의 방식이 더 고귀하다고 생각했다(2003, 1169a18-25). 그것은 짧게 살더라도 고귀한 덕을 획득하고 향유하는 것이 더욱 바람직하다고 생각했기 때문이다.

실천적 지혜를 가진 사람은 테오리아를 얻는 데 실패하더라도 어느 정도는 행복할 수 있을 것이다. 아리스토텔레스에 대한 또 하나의 비판은 1, 2차 행복으로 구성된 행복과 1차 행복만으로 이루어진 삶에 대하여 혼동을 유발시켰다는 점이다. 후자는 배타적인 목적으로서 행복 그 자체가 아니다. 행복은 1차적, 2차적, 외적 선으로 구성되어 있으며 뒤의 두 항목은 1차적 행복을 위해 존재한다. 행복 그 자체가 아닌 행복한 삶은, 총괄적 목적이며 1차적 행복과 내재적으로 가치 있는 것으로 구성되어 있다(Reeve, 1992, 192). 테오리아를 경험하고 좋아하는 사람이 바로 철학자라고 할 수 있다. 『니코마코스 윤리학』은 바로 그들을 향하고 있다. 그들에게 실천적 지혜는 삶을 영위하는 데 필수적인 것이지만 이론적 지혜를 향하도록 해야 한다는 것이다.

III. 현대의 실천적 지혜 개념

실천적 지혜는 현대에 와서 지혜와 동일시되고 있다. 저명한 윤리학자인 시지윅(Sidgwick)은 고대 그리스 철학자들에게는 지혜가 언제나 덕 목록에서 첫 번째 위치에 있었으며 다른 모든 덕을 이해하는 방식으로 간주되었다고 말했다. 고대 그리스의 일상 언어에서 지혜는 실천적 지혜 못지않게 순수한 사변적 학문에서의 덕을 의미하였지만 주로 실천과 관련하여 사용되었다고 말했다(1907, 231).

시지윅은 실천적 지혜를 "인생 일반에서 어떤 목적들을 실현하기 위한 최선의 수단을 발견하는 성향"이라고 정의하였다(1907, 231). 그렇지만 그는 어느 경우에나 위의 말이 적용되는 것은 아니라고 말했다. 뛰어난 사기꾼은 지혜롭다고 말하지 않으며 대신에 영리, 재간 등의 말을 사용한다는 것이다. 그는 "요컨대 나에게 지혜는 수단은 물론 목적에서 올바른 판단을 의미하는 것으로 보인다."(1907, 232)라고 했다. 시지윅의 주장대로 실천적 지혜는 수단뿐만 아니라 목적의 현명한 설정도 포함하고 있다. 목적이 그릇될 때는 더욱 큰 혹평을 받기 때문이다.

풋(Foot)의 견해도 시지윅의 견해와 비슷하다. 그는 지혜란 무엇이며, 지혜로운 사람은 무엇을 알고 있으며, 무엇을 하고 있는가 하는 물음에 관심을 가졌다. 그는 지혜가 다음 두 가지 부분을 가지고 있다고 생각했다.

① 지혜로운 사람은 어떤 좋은 목적을 위한 수단을 알고 있다.
② 지혜로운 사람은 특수한 목적이 얼마만큼 가치를 가지고 있는지 알고 있다.

지혜는 의술과 같은 특수한 기능보다는 인간생활 전반에 속한 목적에 관심을 갖는다는 것이다. 바로 우정, 결혼, 자녀양육, 생활방식의 선택을 다루는 목적들이다. 일부 사람들만이 이러한 문제들을 잘 다루는 법을 알고 있으며 우리는 이런 지식을 가진 사람을 지혜롭다고 말한다(1978, 5). 위의 문제들은 대부분의 사람들에게도 중요한 관심사이기 때문에 이러한 문제들을 현명하게 처리하는 것은 행복의 중요한 요건이 된다.

좋은 친구를 갖는 일, 자녀양육과 교육을 잘하여 훌륭한 인물로 성장시키는 일, 결혼을 잘하여 함께 성장하고 즐거움을 공유하는 일 등은 실천적 지혜의 결과라고 할 수 있다. 실천적 지혜를 활용하지 않고 충동, 본능, 감정, 탐욕, 고집, 편견 등에 따라 결정할 경우 위의 사항에 대해 정반대의 결과를 가져올 수 있다. 인생에서 일어나는 회한, 후회, 탄식은 대체로 실천적 지혜의 결여에서 비롯된 것이다.

아리스토텔레스와 아퀴나스가 주장한 것처럼 지혜는 영리와 대조를 이룬다. 왜냐하면 영리는 목적이 어떻든지 간에 적절한 수단을 취하는 능력인 데 비해, 지혜는 선한 목적과 인간생활 일반에만 관련되어 있기 때문이다. 지혜는 보통의 일상적인 성인의 범주 안에 포함된 사람들이 구사하는 지식의 종류에만 속한다. 영리한 사람 또는 특수한 훈련을 받은 사람이 획득하는 지식은 지혜의 한 부분으로 간주될 수 없다. 일부 평범한 사람들은 영리하거나 박식하지 않고도 지혜로울 수 있다. 그들은 좋은 결정을 하며 사물을 잘 알고 있다(Foot, 1978, 6).

풋은 가치를 다루어야만 하는 지혜의 두 번째 부분, 즉 지혜로운 사람은 특수한 목적이 얼마만큼 가치를 가지고 있는지에 대해 어떻게 아는가에 대해서는 기술하기가 더욱 어렵다고 말했다. 왜냐하면 인간생활에서 어떤 것은 사소하고 어떤 것은 중요하다는 것, 그리고 어떤 것에 대한 추구가 다른 것보다 더 가치가 있다는 생각처럼 이상하게도 파악하기 어려운 관념들과 만나기 때문이다. 지혜로운 사람은 알고 있고 우둔한 사람은 모르고 있는 것 중의 하나는 사회적 지위, 부, 세상의 좋은 평판 같은 것들이 건강이나 우정 또는 가족의 유대를 희생하여 지나치게 비싼 값으로 구매되고 있다는 사실이다. 그래서 우리는 지혜를 결여한 사람은 '그릇된 가치들(false values)을 가지고 있다.'고 말할 수 있다는 것이다(1978, 6-7).

노직(Nozick)은 '지혜'란 말을 사용할 때 실천적인 지혜의 의미로 사용하였다. 그는 "지혜는 중요한 것에 대한 이해"(1989, 267)라고 생각했다. 이러한 의미의 지혜는 실제생활에 도움을 주고, 잘 살도록 해 주며, 또한 중요한 문제들을 잘 다루고, 인간이 처한 곤경에서 위험을 피하도록 해 준다는 것이다.

그는 지혜를 일종의 이해와 지식으로 보는 것은 편협한 관점이라고 말했다. 그러면서도 그는 지혜는 단일한 것이 아닌 다양한 형태의 지식이라고 생각했다. 그는 지혜로운 사람이 알아야 하고 이해해야 할 목록을 다음과 같이 나열하였다(1989, 269).

① 인생에서 가장 중요한 목적과 가치. 만일 존재한다면 궁극적 목적
② 지나치게 큰 대가를 치르지 않고도 이러한 목적을 달성할 수단
③ 이러한 목적의 성취를 위협하는 위험요소
④ 이러한 위험을 인식하고 피하거나 최소화하는 방법
⑤ 자신의 행동과 동기에 따른 상이한 형태의 사람들
⑥ 성취할 수 없는 것
⑦ 어느 때가 적절한지를 말하는 법
⑧ 어떤 목적이 충분히 실현될 수 있는가를 아는 것
⑨ 피할 수 없는 한계와 그것을 수용하는 방법
⑩ 자기 자신, 그리고 타자들이나 사회와의 관계를 개선시키는 방법
⑪ 다양한 사물의 참된 가치를 아는 것
⑫ 장기적인 관점을 가질 때
⑬ 사실, 제도, 그리고 인간성의 다양성과 완고성을 아는 것
⑭ 자기 자신의 진정한 동기를 이해하는 것
⑮ 인생의 중요한 비극과 딜레마와 또한 중요하고 좋은 것을 다루는 방법

나열된 항목들은 인생사의 거의 모든 영역을 포괄하고 있다. 이 목록은 실천적 지혜를 갖는다는 것이 얼마나 어려운 과업인가를 보여 준다. 노직이 제의한 것들을 요약한다면 자기 지식과 상황에 관한 지식, 그리고 목표에 관한 이해라고 할 수 있다. 사람들이 이

러한 것들을 이해하고 실천에 옮긴다면 지혜롭다는 말을 들을 수 있을 것이다.

실천적 지혜는 도덕적 덕과 마찬가지로 명령하는 기능을 가지고 있다. 실천적 지혜는 지적인 덕과 도덕적 덕을 결합하는 핵심적인 덕이라고 할 수 있다. 실천적 지혜는 올바른 행동을 가져오기 때문에 그것을 갖기 위해 인간은 다양한 도덕적 덕도 소유해야 한다.

지식, 정보 그리고 기술은 개인과 공동체의 삶을 풍요롭게 하는 중요한 수단이 되고 있다. 그럼에도 불구하고 도덕적 덕과 관련을 갖지 않고는 가치를 제대로 발휘할 수 없거나 위험할 수 있다. 이러한 것들은 가치중립적이어서 선의지로 통제하지 않으면 악용될 수 있다. 고등교육기관을 나온 졸업생이 흉악범이 되거나 지능범으로 활동하는 것을 쉽게 볼 수 있다. 실천적 지혜는 지식, 정보, 기술을 도덕적 덕들과 관계 지움으로써 이것들을 선용하려는 의지를 심어준다.

IV. 실천적 지혜의 결여

실천적 지혜는 있어도 되고 없어도 되는 그런 것이 아니다. 이 지혜의 결여는 삶에 심각한 폐해를 가져올 뿐만 아니라 죽음에까지 이르게도 한다. 이 지혜의 결여로 많은 사람들이 불행을 경험하고 있다.

『성경』은 '실천적 지혜의 결여'(imprudence)가 가져오는 해악에 대해 여러 곳에서 지적하였다. 「창세기」 25:29-34에는 장자의 이득을 취하기 위해 야곱이 형 에서(Esau)와 거래하는 유명한 장면이

나온다. 사냥터에서 돌아온 에서는 허기진 배를 잠시 채우기 위해 장자의 명분을 동생에게 파는 우둔을 보인다. 지혜로운 사람은 삶의 난관을 잘 극복하지만 우둔한 사람은 회한과 오욕 속에서 살아간다. 인생의 모습은 지혜와 우둔의 싸움이라고 할 정도로 이들의 공존을 쉽게 발견할 수 있다.

「잠언」 1:20-22에는 사람들이 지혜를 멀리하는 행위에 대해 신랄한 책망을 하고 있다. 저자는 지혜로운 자들과 대비하여 미련한 자들(fools)이라는 말을 사용하였다. 미련한 자는 지혜와 훈계를 멸시하고(1:7), 불명예를 사랑하며(3:35), 분노를 당장에 나타내고(12:16), 방자하다(14:16)는 것이다. 또한 교만, 어리석음, 거만(arrogance)이란 말도 사용하고 있다. 지혜의 결여는 인생의 장애를 가져올 뿐만 아니라 그 이상의 것도 가져올 수 있다. 어리석음은 사람으로 하여금 죽음에 이르도록 한다고 말하고 있다(「잠언」, 1:32). 「전도서」에는 우매한 사람은 자기 살을 먹는다는 말까지 있다(4:5).

「신약성서」에서도 지혜를 멀리하는 행위들에 대해 질책하고 있다. 「마태복음」은 「이사야서」 6:6-10을 인용하면서 무감각과 우둔의 폐해를 거론하였다. 유대의 지도자들은 예수의 위대성을 음미하기보다는 그의 가르침 속에 있는 약점을 찾기에 골몰하였다. 이러한 행위는 우둔한 동시에 교만하다고 할 수 있다.

우둔한 사람은 자신의 영혼보다는 물질을 더 배려한다. 이런 사람들에 대해 「누가복음」은 이렇게 말하고 있다.

> 내 곳간을 헐어 더 크게 짓고 내 모든 곡식과 물건을 거기 쌓아 두리라. 또 내가 내 영혼에게 이르되, 영혼아 여러 해 쓸 물건을 많이 쌓아 두었으니 평안히 쉬고 먹고 마시고 즐거워하자 하리라

하되, 하나님은 이르시되 어리석은 자여 오늘 밤에 네 영혼을 도로 찾으리니 그러면 네 예비한 것이 뉘 것이 되겠느냐 하셨으니(12:18-20).

우둔한 사람은 우둔으로 더욱 우둔해진다. 우둔한 사람이 우둔에서 벗어나기란 아주 어렵다. 「잠언」은 이것을 개의 행동에 비유하였다. "개가 그 토한 것을 도로 먹는 것같이 미련한 자는 그 미련한 것을 거듭 행하느니라."(26:11). 이 책은 "미련한 자를 곡물과 함께 절구에 넣고 공이로 찧을지라도 그의 미련은 벗어지지 아니하느니라."(27: 22)라고 말하기도 했다.

또한 실천적 지혜의 반대 개념으로 조급(rashness)도 지적하였다(「잠언」, 14:29, 「전도서」, 5:2). 조급한 행동은 대체로 결함을 가지고 있기 때문이다.

실천적 지혜는 고귀한 것이지만 완전한 것은 아니다. 「전도서」는 인간 지혜의 한계를 잘 지적하고 있다. 이 책에는 전편에 걸쳐 비관주의가 흐른다. 1:18에는 이런 말이 있다. "지혜가 많으면 번뇌도 많으니, 지식을 더하는 자는 근심을 더하느니라." 여기서 지혜를 번뇌에, 그리고 지식을 근심에 대비시킨 것은 의미심장하다. 지혜와 지식은 때로는 번뇌와 근심을 가져다주지만 겸손한 마음을 가짐으로써 어느 정도 벗어날 수 있다.

호메로스는 『오디세이아』를 통해 오디세우스의 탁월한 지혜를 그렸지만, 그도 때때로 실천적 지혜를 결여하는 모습을 보였다. 오디세우스는 언제나 부하들 앞에서 탁월한 판단과 행동을 보여 줌으로써 권위를 가졌지만, 자신의 능력에 자족하고 교만한 나머지 부하들의 충고를 들어야 하는 상황이 되기까지 전락하기도 했다.

오디세우스는 탁월한 지혜로 키클롭스의 눈을 멀게 하고 부하들과 함께 동굴을 빠져나온 후 교만한 태도로 키클롭스를 야유하였다. 이를 본 부하들은 오디세우스에게 이렇게 충고하였다.

> 무정한 이여, 어쩌자고 그대는 저 야만적인 사내를 자극하려 하시오?
> 그 자는 방금도 바다를 향하여 나는 무기를 내던져 배를 도로
> 뭍으로 몰았고, 우리는 그곳에서 죽는 줄 알았소.
> 그 자가 우리 가운데 어느 누구의 고함 소리나 말소리를 들었더라면
> 그 자는 울퉁불퉁한 바윗덩어리를 던져 우리의 머리와 선체를
> 박살내 버렸을 것이오. 그자는 그만큼 멀리 던질 수 있기 때문이오(1917-1919/2002, ix. 494-499).

교만한 오디세우스는 부하들의 권고를 무시하고 키클롭스를 계속해서 야유하였다. 무인(無人)으로 활약했던 오디세우스는 교만한 나머지 자신의 이름을 드러내고 말았다. 분노한 키클롭스는 자신의 아버지인 포세이돈에게 기도하여 그 기도가 받아들여지게 만들었다. 그 결과 오디세우스는 풍랑으로 사랑하는 부하들을 잃었고 고국 이타케에 귀환하는 데 10년이나 걸리게 되었던 것이다.

헤로도토스(Herodotos)는 『역사』에서 실천적 지혜를 결여한 지도자들의 모습을 생생히 기술하였다. 그는 대표적인 지도자로 페르시아 왕인 캄비세스(Cambyses)와 크세르크세스(Xerxes)를 들었다. 캄비세스는 중요한 정보를 입수하고도 제대로 활용하지 않았다. 헤로도토스는 그를 '지각없는 광인'으로 묘사하였다. 그의 경솔과 우둔이 여러 곳에 나타나 있다. 분노에 사로잡힌 캄비세스는

식량도 준비하지 않은 채 원정을 떠났다가 허기진 병사들이 서로 잡아먹는 사태까지 초래하였다(1995, III. 25).

크세르크세스 왕이 우둔한 행위를 계속하자 그의 숙부인 아르타바노스(Artabanos)는 합리적인 이유를 들어 왕의 그리스 원정 계획을 포기하도록 진언하였다. 그 진언 가운데는 이런 내용이 들어 있다.

> 내 경험에 따르면 좋은 계획을 세우는 것보다 더 유익한 것은 없다는 것입니다. 좋은 계획은 비록 실패하더라도 그것이 좋았다는 사실을 변경시키지 않습니다. 불운으로 그 계획이 좌절되었기 때문입니다. 그러나 계획을 잘 세우지 못한 사람이 혹시 운이 좋아 실현했더라도 그것은 행운 때문에 그렇게 된 것으로 그의 계획이 건전하지 못했다는 사실 자체를 변경시키지는 못합니다(1995, Vii. 10).

그가 말한 좋은 계획은 실천적 지혜의 성과를 지칭한 것이라고 할 수 있다. 좋은 계획은 지성을 활용하여 여러 가지 원인과 이유, 변수 등을 고려하여 만들어졌다는 것을 의미한다.

베르길리우스(Vergilius)는 사람이 실천적 지혜가 부족할 때 어떤 모습을 보이는지 설명하였다. 그는 주인공 아이네아스를 통해 이렇게 말했다.

> 라티움의 사정은 그러했다. 라오메돈 왕의 친족인 영웅은 이런 사정을
> 모두 알고는 근심의 큰 바다 위에서 이리저리 흔들리고 있었다.
> 그의 마음은 때로는 이쪽으로, 때로는 저쪽으로 움직이며

> 여러 갈래로 갈렸다. 그는 온갖 궁리를 다 해 보았다.
> 그 모습은 마치 청동 대야에 담긴 물의 흔들리는 빛이
> 해나 찬란한 달빛에 반사되어 사방으로 가물대다가 어느새
> 위로 솟아 지붕의 높은 우물천정에서 어른거릴 때와도 같았다
> (1969/2004, 8:18-25).

베르길리우스는 실천적 지혜가 결여될 때 오는 해악에 대해서 숙고하였다. 라티누스 왕은 전쟁보다는 평화를 갈구하여 아이네아스와 협상을 희망하였다. 그러나 그의 백성들은 전쟁을 갈구하였다. 전쟁의 패배와 파멸을 예견한 그는 탄식하면서 이렇게 말했다.

> 아아, 우리는 운명에 가격당하고 있고, 폭풍에 떠내려가고 있소!
> 이 신성 모독에 대해 그대들의 피로 대가를 치를 것이오.
> 가련한 자들이여. 투르누스여, 이 불의한 자여, 가혹한 처벌이 그대를
> 기다리고 있소. 그대는 서약으로 신들을 공경하겠지만 때는 이미
> 늦을 것이오. 나에게는 이미 안식이 주어져 있소. 나는 이미 항구에
> 다 들어왔으며, 잃을 것은 행복한 죽음밖에 없단 말이오(1969/2004, 7:594-599).

연로한 왕은 여생이 얼마 남지 않았지만 실천적 지혜를 결여한 투르누스와 그의 추종자들은 패배의 치욕을 당할 것이라고 말하고 있다. 왕의 예견대로 투르누스와 추종자들은 아이네아스가 지휘하는 트로이군에 참패하였으며 투르누스는 목숨을 잃었다.

아리스토텔레스는 『니코마코스 윤리학』에서 실천적 지혜가 결여될 때 나타나는 여러 가지 양상에 대해 언급하였다. 부족한 운동

과 지나친 운동은 몸을 망친다. 비겁, 무모, 방탕, 무감각 등도 이런 실천적 지혜의 부족에서 온다고 할 수 있다(2003, 1104a17-26). 자제력이 없는 사람이나 고집쟁이도 실천적 지혜를 결여한 사람이라는 것이다(2003, 1151a28-1151b24).

아퀴나스는 지혜의 반대어는 우둔(folly)이라고 생각했다. 우둔 즉, stultitia는 'stupor'에서 온 말이다. 우둔은 멍청함(fatuity)과는 다르다. 우둔은 마음이 냉담하고 감각이 둔한 데 비해 멍청함은 영적 감각이 전무하기 때문이다. 그러므로 우둔과 지혜는 상반된다. 멍청한 사람은 판단력이 결여되어 있지만 우둔한 사람은 우둔하긴 해도 감각을 가지고 있다(1952, II-II. Q.46. a. 1). 아퀴나스는 바보들처럼 자연적 우둔은 죄가 아니지만, 세속적인 것에 몰입하여 신적인 것을 인식할 수 없으면 죄가 된다고 말했다(1952, a. 2). 아퀴나스는 우둔이 죄가 되는 것은 그 사람이 영적 감각을 가지고 있기 때문이라는 것이다. 인간의 감각은 최대의 쾌락인 육욕 때문에 주로 세속적인 것에 빠져 버린다(1952, a. 3).

홉스는 지적 덕의 가치를 찬양하면서 그것의 결여가 초래하는 해악에 대해 언급하였다. 그는 느린 상상력, 둔함, 어리석음, 느린 동작 등을 들었다(1946, 43). 실천적 지혜가 나쁜 의도와 결합될 때는 나쁜 이름을 갖는다. 홉스는 실천적 지혜가 부정하거나 부정직한 수단과 결합될 때는 그릇된 지혜(crook wisdom)가 되며 소심의 징표인 잔꾀(craft)로 불린다는 것이다(1946, 45). 홉스는 이런 현상을 가져오는 것은 정열(passion)이라고 말했다. 정열로 교만과 자만이 만들어진다는 것이다(1946, 46). 교만은 위선일 경우가 많으며 주위의 사람들의 분노를 일으키기 쉽다.

V. 실천적 지혜와 행복

사람들이 살아가는 환경은 시시각각으로 변하고 있다. 지식과 기술이 변할 뿐만 아니라 이것들이 구체적으로 적용되는 사회적 상황도 변화무쌍하다. 치열한 생존경쟁, 점점 다양해지는 욕구들이 실천적 지혜보다는 성급한 판단과 행동, 이기주의, 정서와 감정 등에 의존하도록 만든다. 이러한 상황에서 실천적 지혜를 갖는 일은 점점 어려워지고 있다.

실천적 지혜의 개념에 관한 고찰을 통해 실천적 지혜와 행복의 관계가 어느 정도 드러났다고 할 수 있다. 실천적 지혜는 덕의 일종이지만 지적 덕과 도덕적 덕의 가교를 놓음으로써 행복에 아주 중요하게 기여한다.

노직은 행복과 지혜의 관계는 다음과 같을 것이라고 생각했다. ① 지혜가 행복과 결합되는 경우, ② 행복 없는 지혜, ③ 지혜가 없는 행복, ④ 행복도 없고 지혜도 없는 경우가 그것이다. 그는 지혜는 행복을 만들어 내려는 강한 열망을 가지고 있어서 ③의 경우는 일어날 가능성이 거의 없다고 생각했다(1989, 274). 지혜, 특별히 실천적 지혜의 관심사 중 하나는 행복을 얻는 것이다. 실천적 지혜는 그 자체가 특히 가치 있기 때문에, 자신이 실천적 지혜를 소유하고 있음을 알면, 스스로 자신이 행복하다는 것을 알게 된다.

쿠퍼(Cooper)도 지적한 것처럼 실천적 지혜는 불완전한 과정이며 합리성과 마찬가지로 결코 정지해 있지 않다. 그것은 영원히 시험적이고 탐구적이다. 실천적 지혜를 가진 사람은 언제나 여행하는 중이며 결코 종착지를 가지고 있지 않다(1994, 468). 실천적 지혜의 이러한 성격 때문에 고대 그리스 3대 철학자들은 실천적 지혜를 이미 가졌다고 공언한 소피스트들을 일제히 비난했던 것이다. 지식, 기술, 상황, 자신의 욕구를 고려한다면 우리는 숙고, 선택, 판단에서 겸손하지 않을 수가 없다. "음미되지 않은 인생은 살 만한 가치가 없다."는 소크라테스의 주장은 실천적 지혜를 고려할 때 가장 잘 이해할 수 있다.

인간은 모두 행복해지기를 원한다. 아리스토텔레스의 지적대로 외적인 선도 행복에 기여하지만 안정성이 결여되어 있다. 또 치열한 경쟁의 대상이기 때문에 사람들 간의 선의와 우애를 저해하기 쉽다. 실천적 지혜는 인간의 내적 성향이며 덕으로서의 안정성을 가지고 있다. 실천적 지혜를 통해 얻은 행복은 외적 유혹과 시련 속에서도 지속적일 수 있으며 인간적 위엄을 잃지 않도록 해 줄 수 있다.

실천적 지혜를 획득하기 위해서는 문제되는 상황을 멀리서 바라볼 필요가 있다. 실제적 문제에서 어느 정도 초연해야 사태의 전모를 바라볼 수 있으며, 이성에 따라 판단할 수 있다. 한편으로 우리가 이성을 신뢰한다고 해도 인생을 많이 산 사람들의 조언을 중요하게 생각해야 한다. 이 점에서 아우렐리우스의 권고는 고귀하다. 그는 "다음 두 가지에 언제나 대비하고 있어야 한다. 첫째, 입법능력이 있는 여왕다운 이성이 인류의 복리를 위하여 네게 일러주는 것만을 행하고, 둘째, 너를 시정해 주고 그릇된 의견에서 벗어나게 해 줄 사람이 가까이 있다면 네 생각을 바꾸도록 하라." (1916/2005, iv, 12)라고 말했다. 그는 이성과 경험이 삶을 현명하게 이끌어 준다고 생각했다.

이러한 태도를 통해 그는 로마제국의 황제인데도 겸허한 자세로 자신에게 교육적 영향을 주고 조언을 해 준 사람들을 거명하면서 일일이 감사를 표시하였다. 그중에는 가족, 개인교사 그리고 신이 포함되어 있다. 특별히 개인교사의 공헌에 대한 진술은 우리가 누구에게서 무엇을 배워야 하는지를 알려준다. 실천적 지혜는 탐구와 경험의 성과이므로 인생의 귀중한 경험을 가진 사람들의 가르침은 필수적이다.

제6장

도덕적 덕과 행복

이 세상에서 살아가면서 다른 많은 것을 얻어도 도덕적 덕을 결여함으로써 불행해지는 경우는 너무도 많다. 도덕적 덕은 행복을 보장하는 것은 아니지만 행복의 필수적인 요소로 작용한다. 공동체에서의 삶은 이해관계의 대립 속에서 전개된다. 이러한 대립은 수많은 사회악을 만들어 낸다. 이를 감소시키기 위해 수많은 법령이 만들어지지만 그것만으로는 좋은 사회를 형성할 수 없다. 그래서 사람들은 법령 이외에 도덕에 관심을 갖는 것이다.

도덕적인 사람은 도덕에 관한 지식과 원리를 이해할 뿐만 아니라 그것에 헌신하면서 살아간다. 일관되게 헌신한다는 것은 도덕적 덕을 소유하고 있다는 것을 의미한다. 또한 그런 사람은 도덕법이나 의무에도 충실하다. 인간이 이런 도덕적 덕이나 의무감을 가지고 있지 않으면 이해관계 앞에서 악과 부패의 길로 들어서고 만다.

소나 말 같은 동물이나 어린이는 행복하다고 말할 수 없다. 왜냐하면 그들은 유덕한 활동을 할 수 없기 때문이다. 도덕적 덕은 오랜 세월 동안 살아오면서 각고의 노력으로 획득된다. 도덕적 덕과 도덕법의 존중은 개인에게도 좋을 뿐만 아니라 이웃에게도 유익을 가져다준다. 따라서 도덕적 덕과 의무감을 가진 사람은 행복해질 가능성이 높다고 말할 수 있다.

이 장에서는 도덕적 덕의 개념과 종류, 의무윤리, 도덕적 덕과 행복의 관계 등에 대해 고찰하려고 한다.

I. 도덕적 덕의 개념

도덕적 덕이란 도덕적 능력에서의 탁월성을 의미한다. 인간적 선이란 덕을 드러내는 활동이라고 할 수 있다. 도덕적 덕은 습관화, 즉 오랜 습관의 결과로 생긴다. 도덕적 덕은 본성적인 것도 아니고 본성에 반하는 것도 아니다. 인간의 본성은 도덕적 덕을 수용할 능력을 갖추었다고 할 수 있다.

정의로운 행동을 자주 해야 정의로운 사람이 되고 절제 있는 행동을 자주 해야 비로소 절제 있는 사람이 되는 것처럼, 습관화가 중요시되는 것은 이러한 이유 때문이다. 단순히 정의와 절제의 가치와 중요성을 안다고 해서 정의롭고 절제하는 사람이 되는 것은 아니다.

도덕적 덕은 감정이나 정서가 아니다. 덕을 획득하면 칭찬을 받지만 감정을 가졌다고 칭찬받지는 않는다. 감정과는 달리 덕은 의지가 작용하는 일종의 결단이다. 그러나 덕은 감정의 내용과 표현 방식에 깊은 관련을 가지고 있다. 유덕한 행동을 하려면 자기 안에서 일어나는 감정과 외부에서 오는 감정을 잘 통제해야 하기 때문이다.

날마다 해야 하는 일련의 행동들은 사람의 인격을 형성한다. 아리스토텔레스는 우리의 습관화는 과도와 부족에 따라 왜곡된다고 생각했다. 그는 과도와 부족이 아닌 중간적 상태를 중용이라 부르며 희구하였다. 쾌락과 고통은 우리를 과도나 부족의 상태로 쉽게 몰아넣는다. 이러한 쾌락과 고통을 잘 다루어야 유덕한 사람이 될 수 있다.

지혜문학의 대표적인 책인 「욥기」는 도덕적 덕의 가치를 잘 드러냈다고 말할 수 있다. 여호와는 사탄을 만나 욥(Job)이 순전(純全)하고 정직하며, 자신을 경외하고 악을 멀리하는 보기 드문 사람이라고 격찬하였다. 사탄은 신에게 욥이 신을 잘 섬기는 것은 복을 주었기 때문이라며 그것들을 거두면 신을 저주할 것이라고 말했다. 드디어 욥에 대한 사탄의 시험방법이 시도되었다. 그러나 욥은 불운이 닥쳐와 재물을 모두 잃고 신체적으로 극심한 고통을 받고 있을 때도 자신의 신념을 굳게 지켰다. 욥의 아내는 욥이 기와 조각으로 몸을 긁고 있는 모습을 보고 이렇게 말했다. "당신이 그래도 자기의 순전을 굳게 지키느뇨. 하나님을 욕하고 죽어라."(「욥기」, 2:9). 우리가 도덕적 덕에 관심을 기울이는 것은 어느 정도의 불요성(inflexibility)을 규정하기 위해서다. 우리는 정직한 사람은 유혹과 위협 앞에서도 자신의 원리를 고수할 것으로 기대한다. 욥의 아내는 도덕적 덕의 불요성을 깨기 위해 노력하였다. 그러나 도덕적 덕이 몸에 배인 욥은 사탄의 유혹과 아내의 야유에도 불구하고 도덕적 덕에 따라 일관되게 행동하였다.

「욥기」 1장 21절에서 "주시는 자도 여호와시요, 취하신 자도 여호와시니."라고 했지만 여호와는 욥의 성실성은 취하지 않았다. 성실성의 문제는 욥 자신에게 달려 있는 것이다. 아리스토텔레스는 이러한 태도가 행복을 통제한다고 주장한다. 아리스토텔레스는 고통에 대한 무감각 때문이 아니라 영혼의 관대함과 위대함으로 반복되는 심각한 불행을 이겨 내고 인성의 고귀함을 드러낼 수 있다는 것이다(2003, 1100b23-35).

도덕적 덕은 훈육과 습관에 따라 형성된다. 도덕에 관한 명제적 지식을 많이 안다고 해서 도덕적 덕을 획득할 수는 없다. 아리스토텔레스는 "덕은 기술처럼 먼저 실천함으로써 얻는 것이다. 우리가 할 수 있기 전에 배워야 하는 것들에 비하여, 우리는 행함으로써 배우게 된다."(2003, 1103a32-33)라고 말했다. 행함으로써 배우는 것은 경험 중심의 교육이론의 표어로 사용되고 있지만 아리스토텔레스는 이미 덕의 교육과 관련하여 활용하고 있었다.

II. 도덕적 덕의 종류

철학자들은 도덕적 습관화의 특징을 고려하여 많은 도덕적 덕들을 명명하였다. 플라톤은 『파이돈』에서 네 가지 중요한 덕, 즉 지혜, 용기, 절제, 정의를 제시했으며(1914b, 69a-b), 『국가』에서 이 네 덕을 더욱 구체화시켜 설명하였다.

『성경』에도 많은 도덕적 덕이 제시되어 있다. 「마태복음」 5:1-10에 나오는 산상수훈은 도덕적 덕으로 이루어져 있다. '마음의 가난' '애통' '온유' '정의' '긍휼' '마음의 순수' '화평' '정의를 위해 핍박받음'의 덕은 모두 자신을 위한 것이라기보다는 타자와 공동체를 위한 것이다.

아리스토텔레스는 『수사학』 『니코마코스 윤리학』 등에서 도덕적 덕들을 구획 지어 열거하였다. 『수사학』에서 그는 다음의 것들을 열거하였다. 바로 정의, 용기, 자제, 호탕, 긍지, 관후, 부드러움, 실천적 지혜와 이론적 지혜다. 이러한 덕 가운데 가장 큰 것은 다른 사람들에게 가장 유용한 것이다. 그래서 정의와 용기는 가장 존중받는 덕이다. 전자는 평화 시에 유용하고 후자는 전쟁 중에 유용하다(1926, I. ix. 6).

『니코마코스 윤리학』에도 많은 도덕적 덕이 열거되어 있다. 바로 용기, 절제, 관후, 호탕, 긍지, 적절한 야심, 인내, 진실성, 기지, 친절, 겸손, 의분이다(2003, 1105a-1128b). 이러한 덕들을 중심으로 그 특징을 고찰하기로 한다.

욕구와 이해관계가 첨예하게 대립하는 일상생활에서 개인이 중용을 지키는 것은 쉬운 일이 아니다. 유덕한 삶을 지향하는 사람은 중용을 얻는 방법에 대해 숙고해야 한다. 어떤 것을 잘한다는 것은 드물고, 가치 있고, 훌륭한 일이다. 중용을 지키는 방법은 다양하지만 쾌락과 고통을 주의 깊게 다루는 것이 무엇보다 중요하다.

아리스토텔레스는 『니코마코스 윤리학』에서 많은 도덕적 덕을 열거하였다. 이 덕들은 그가 살던 시대에 이미 중요한 덕목으로 간주되었거나 개인과 공동체를 위해 절실히 필요했을 것이다. 이러한 덕들은 현대사회에서도 여전히 필요하다. 다음은 그가 제시한 도덕적 덕들이다.

1. 용기의 덕

고대 그리스인의 삶과 교육에서는 용기(andreia, courage, bravery, valor)의 가치를 강조하였다. 호메로스의 서사시는 용기를 강조하는 교과서 역할을 하였다. 도시국가들 간의 긴장과 분쟁, 이민족의 침입 등의 상황에서 용기 있는 젊은이가 필요했던 것이다.

용기는 공포와 자신감의 감정 속에서 나타난다. 용기는 모든 종류의 두려움에 관계되는 것인가? 나쁜 평판, 빈곤, 질병, 우정의 상실, 죽음 등이 두려움의 대상인가? 이러한 질문에 대해 어느 정도는 용기가 필요하다고 말할 수 있다. 그러나 용기 있는 사람이 두려워하는 대표적인 상황은 죽음이다. 용기는 공포와 확신의 감정에서의 중용이다. 용기가 과도하면 무모(thrasutēs, rashness)가 되고 부족하면 비겁(deilia, cowardice)이 된다.

용기 있는 사람이 두려워하는 죽음은 어떤 것인가? 또한 그가 배려하는 죽음은 어떤 것인가? 아리스토텔레스는 전쟁터에서의 죽음이 가장 두려운 경우라고 생각했다. 전쟁터에서의 죽음은 가장 위대하고 가장 고귀한 위험에서 일어난다는 것이다(2003, 1115a30-32).

무엇이든지 두려워하지 않는 사람은 일종의 미치광이다. 이런 사람은 무모하다고 말할 수 있다. 무모한 사람은 용감한 사람을 흉내 낸다(2003, 1115b30-32). 어떤 사람이 자신의 공포를 극복한다면 용기 있는 사람이라고 할 수 있다. 용기는 일상적인 상황보다는 죽음과 부상에 직면할 수 있는 고통스럽고 위험한 상황에서 나타난다. 용기는 무서운 일이 일어날 수 있다는 것을 알고 있는 절망적인 상황에서 나타난다.

비겁하게 행동하는 것은 내재적인 악이다. 자발적으로 비겁하게 행동하는 것은 최악의 상태에 도달했다는 것을 의미한다. 그렇게 하면 안 된다는 것을 알고도 도망하는 것은, 도주는 부끄러운 일이고 오히려 죽음이 바람직하다는 것을 알고 있다는 것을 의미한다. 위기를 빠져나온 후에 행복을 성취할 가능성이 있지 않은가 하고 반문할 수 있다. 이러한 입장에 대해 아리스토텔레스는 동의하지 않는다. 그의 견해에 따르면, 비겁하게 행동하는 것은 행복을 멀리하는 악을 짊어진 것이라고 할 수 있다(Heineman, 1993, 52). 비겁한 행동을 통해 살아남은 후의 삶에서는 악과 싸울 수 없다. 그래서 아리스토텔레스는 비겁한 행동이 죽음보다 더 나쁜 행동이며 그 악은 행복의 가능성을 파괴한다고 믿었다. 인생의 여러 상황에서 용기는 그것을 행사하는 행위자에게 이러한 의미의 유익을 가져다준다(1993, 55).

2. 절제의 덕

용기와 마찬가지로 절제(sōphrosunē, temperance)의 덕도 감정과 관련되어 있다. 쾌락과 고통에서의 중용인 절제에 이르지 못하고 과도하면 무절제(akolasia, intemperance)가 되고 부족하면 무감각(anaisthēsia, insensibility)이 된다.

용기와 절제는 모두 정신의 비이성적인 부분과 관련되는 덕이다. 절제는 쾌락에 관하여 중용이다. 절제는 주로 육체적 쾌락과 관련되어 있다. 절제는 육체적 쾌락 중 촉각과 관련되어 있는데, 바로 음식과 성의 쾌락이다. 절제하지 못하는 사람은 모든 쾌락에 대해 관심을 가지고 있으며, 그것을 얻지 못할 때는 괴로워한다. 이에 비해 절제하는 사람은 특정한 쾌락에 대해 절제할 뿐만 아니라, 순리에 어긋나지 않는 쾌락에도 적당한 정도 이상의 관심을 가지지 않는다.

아리스토텔레스는 절제하는 사람의 특징을 다음과 같이 제시하였다(2003, 1119a12-19).

① 무절제한 사람이 즐기는 것을 즐겨하지 않는다.
② 육체적 쾌락에서 즐거움을 취하지 않는다.
③ 육체적 쾌락이 없다고 해서 괴로워하지 않는다.
④ 적당한 욕구만 취한다.
⑤ 건강과 체력을 증진할 수 있는 것도 적당하게 취한다.

자제와 인내는 둘 다 칭찬할 만한 조건이다. 자제력이 있는 사람은 합리적으로 계산할 줄 안다. 자제력이 없는 사람은 자기의 행동이 나쁘다는 것을 알면서도 자신의 감정 때문에 행동에 옮긴다. 이에 비해 자제력이 있는 사람은 행동이 나쁜 것을 알고 있을 뿐만 아니라 이성의 힘에 따라 그것을 따르지 않는다(2003, 1145b13-16).

선한 사람은 자신의 정서를 호오(好惡)에 따라 자연스럽게 표현하고 행동한다. 이에 비해 자기 통제적인 사람은 자신의 정서에 반하는 행동을 한다. 전자는 오랫동안 선한 삶을 살았기 때문에 자연스럽게 행동해도 도덕적이 된다. 후자는 노력을 통해 자신의 감정을 억제하기는 하지만 언제든지 통제력을 잃을 수 있다.

엄슨(Urmson)은 선한 사람과 자기 통제적인 사람을 다음과 같이 구별하였다.

> 우리는 선한 사람, 탁월한 인격을 가진 사람을 그의 행동이나 신념 또는 추리를 통해서는 자기 통제적인 사람과 구별할 수 없다.

그들은 동일한 방식으로 행동하며 동일한 실천적 추리의 지도하에 행동한다. 선한 사람과 자기 통제적인 사람이 구별되는 유일한 점은 둘 다 하고 싶은 대로 행동하기를 원하지만 후자는 어렵게 수행한다는 것이다. 선한 사람과 악한 사람은 서로 극단적인 위치에 있지만 한 가지 점에서는 비슷하다. 선인과 악인은 둘 다 어떠한 내적 갈등 없이 그들이 원하는 대로 행동한다는 점이다(1980, 158).

자제력은 쾌락과 고통에 관계한다. 부, 이득, 명예 등은 쾌락을 주지만 과도하게 추구하면 자제력을 잃어버린다. 육체와 관계된 것에 대해서도 자제력을 고려할 수 있다. 육체적 욕구가 전혀 없거나 조금만 있는 사람이 지나치게 욕구를 추구하면, 강력한 욕구를 가진 사람보다 더 비난받는다. 왜냐하면 그가 강력한 욕구를 가지면 더 방종할 것이기 때문이다.

엄슨은 아리스토텔레스의 『니코마코스 윤리학』 제7권을 참고로 하여 6개의 가능한 인격상태를 소개하였다. 그는 장점에 따라 다음과 같이 나열하였다(1980, 158).

① 영웅적인 탁월성
② 일반적인 탁월성(ordinary excellence)
③ 자기 통제력
④ 자기 통제력의 결여
⑤ 나쁜 성품
⑥ 금수적인 상태

여기서 나쁜 성품이란 나쁘게 행동하면서도 좋은 행동이라고 생각하는 사람이며, 금수적인 상태란 정상적인 도덕 평가를 할 수 없으며 인간 이하로 간주되어야 하는 사람의 상태를 의미한다. 사람의 인격상태는 위의 어느 것에 해당된다고 할 수 있다.

3. 관후의 덕

관후, 호탕, 긍지 등의 덕은 모두 외적 선과 관련된다. 돈을 주고받는 일에서의 중용인 관후(eleutheriotēs, liberality)의 덕이 과도하면 방탕(asōtia, prodigality)이 되고 부족하면 인색(aneleutheria, illiberality)이 된다. 이 경우는 금전 거래의 경우가 소액인 경우다.

관후는 방탕과 인색 중간에 있는 덕이다. 이것은 자기 재산과 관련된다. 재산을 가장 잘 사용할 수 있는 사람은 재산과 관련된 덕을 가지고 있다. 관후한 사람은 받는 것을 즐기는 것이 아니라 주는 것을 즐기는 사람이다. 아리스토텔레스가 제시한 관후한 사람의 상태를 다음과 같이 요약할 수 있다(2003, 1120a23-1120b18; Irwin, 1985a, 87-89).

① 관후한 사람은 고귀한 것을 목적으로 삼는다. 관후한 사람은 아무에게나 주지 않는다. 그는 마땅한 사람에게, 적당한 양을, 적합한 때를 포함한 여러 다른 조건들을 고려하여 준다.

② 관후한 사람은 기쁜 마음으로 준다. 고귀한 일이기 때문에 주는 것이다. 고통을 느끼면서 주는 사람은 재물을 소중하게 생각하므로 관후한 사람이 아니다.

③ 관후한 사람은 재산획득에서 좋은 태도를 보인다. 그는 아무데서나 재물을 취하지 않는다. 그는 마땅한 자원으로부터 재물을 취한다. 즉, 그 자신의 자원으로부터 취한다.

④ 관후한 사람은 아낌없이 준다. 자기 자신을 위해서는 거의 배려하지 않는다. 관후는 주어지는 재산의 양에 달려 있는 것이 아니라 주는 사람의 성품에 따라 결정된다. 자수성가한 사람보다 유산을 받은 사람이 더 관후한 것 같다.

⑤ 관후한 사람은 부를 모으는 데 관심이 없다. 관후한 사람은 부자가 되기 어렵다. 주는 데 관심을 가지기 때문이다. 그는 부를 그 자체 때문이 아니라 베푸는 수단으로 중히 여긴다.

부와 관련된 덕인 관후는 획득하기 어렵다. 왜냐하면 부는 그 자체가 쾌락을 줄 뿐만 아니라 사회적 성공을 나타내 주는 수단이기 때문이다. 따라서 사람들은 자신의 성공을 과시하고 타자를 지배하기 위해 더 많은 부를 모으려 한다.

4. 호탕의 덕(2003, 1122a–1123a)

돈이 많고 규모가 큰 경우는 호탕(megaloprepeia, magnificence)이 덕이 되고, 이것이 과도하면 과시 또는 속악(apeirokalia, vulgarity)이 되며, 부족하면 쩨쩨함(mikroprepeia, niggardliness)이 된다. 호탕도 부와 관련된 덕으로, 대규모로 적절하게 소비하는 것을 의미한다. 호탕한 사람은 관후한 사람이지만 그 반대는 성립하지 않는다. 호탕한 사람의 정신에는 일종의 공공정신이 들어 있다. 호탕은 금액의 규모에서 관후를 능가한다. 가난한 사람은 가난 때문에 호탕할 수 없다. 가난한 자가 호탕을 흉내 내면 우둔한 사람이 된다. 거대한 부를 가지고 있어야 호탕할 수 있다.

거대한 부를 획득한 사람은 그에 상응하는 행동을 하도록 기대되고 있다. 고향에 다리를 놓거나 공공시설을 건립하는 행위는 모두 호탕의 덕을 보여 주는 징표다.

5. 긍지의 덕(2003, 1123a–1125b)

큰 명예와 불명예 사이에서 중용은 긍지(megalopsūchia, magnanimity)다. 긍지가 과도하면 허영(chaunotēs, vanity)이 되고, 부족하면 비굴(mikrosūchia, pusillanimity)이 된다. 작은 명예의 경우는 이름이 없으며, 과도하면 야심가(philotimīa, honor-lover)가 되고, 부족하면 야심 없는 사람(aphilotimīa, indifferent to honor)이 된다.

긍지는 큰 것과 관련되어 있다. 긍지를 가진 사람은 자신이 큰일을 수행하는 데 합당하다고 생각하고 실제로 행동한다. 자신을 과대평가하는 사람은 어리석은 사람이다. 위대성 안에 긍지가 있다. 스스로 큰일에 합당하다고 생각하지만 실제로 그렇지 않은 사람은 허영심이 큰 사람이다. 그리고 자기 자신의 진가보다 낮게 생각하는 사람은 소심한 사람이다.

명예는 가장 고귀한 행위에 대한 칭찬이다. 외적 선 중에서는 가장 큰 것이다. 긍지를 가진 사람은 명예와 불명예에 관심이 많다. 긍지를 가진 사람은 완전한 덕을 가지고 있기 때문에 최선의 인간이다.

긍지는 일종의 선의 장식이다. 이것은 선한 사람에게 주어진다. 긍지 있는 사람은 부, 권력, 행운과 불운에 대해 담담한 태도를 취할 것이다. 그는 행운에 과도하게 기뻐하지 않고 불운에 과도하게 괴로워하지 않는다.

긍지 있는 사람은 하찮은 위험에 뛰어들지 않으며 위험을 좋아하지도 않는다. 그러나 큰 위험에는 대적하며 생명을 아끼지 않는다. 또 긍지 있는 사람은 타자에게 혜택을 주는 것을 좋아하며 그 반대는 부끄러워한다. 그리고 행한 것을 기억하지만 받은 것은 기억하지 않는다. 행한 선을 듣고 기뻐하지만 받은 것을 듣고 기뻐하지 않는다.

모든 아첨하는 사람은 노예적이며 자존심이 없는 사람들은 아첨하는 자들이다. 긍지가 결여된 사람은 비굴하고, 넘치는 사람은 거만하다. 비굴한 사람은 좋은 일을 할 수 있는 능력이 있음에도 불구하고 스스로 가치를 박탈하는 사람이다. 자신이 선한 활동에 합당하지 않다고 생각하여 스스로 잘못을 저지른다.

6. 온화의 덕(2003, 1125b–1126b)

사회적 생활과 관련된 덕이 있다. 바로 온화, 진실성, 재치, 친근성이다. 분노의 경우 온화(prāotēs, mildness)가 덕인데, 이것이 과도하면 성급함(orgilotēs, irascibility)이고 부족하면 무성미(aorgēsia, inirascibility)다.

온화는 분노에 관해서 중용이 된다. 이 중용에는 명칭이 없고 양극단도 이름이 없기 때문에 중간의 상태를 온화라고 부른다.

① 분노해야 마땅한 일에 대해, 당연히 노여워해야 할 사람들에게, 적당한 방법으로, 적당한 때, 적당한 시간 동안 분노하는 사람은 칭찬을 받는다. 이러한 사람이 온화한 사람이다. 그는 쉽게 동요되지 않으며 감정에 지배되지 않는다.

② 온화의 부족은 성급함이다. 그것은 비난의 대상이 된다. 당연히 분노해야 할 일에 대해, 적합한 방법으로, 마땅한 때, 마땅한 사람들을 향해 분노하지 않는 사람은 어리석은 사람이다.

왜냐하면 그는 무감각하고 고통을 느끼지 못하는 사람으로 생각되기 때문이다. 그는 자신을 스스로 보호할 수 없으며, 자기 자신과 친구가 모욕을 당해도 가만히 참고 있는 비굴한 모습을 보인다.

③ 온화의 과도는 마땅하지 않은 사람들, 마땅하지 않은 때, 적당한 정도 이상으로, 오랫동안 분노하는 데서 생길 수 있다. 그러나 이러한 것들이 모든 동일한 사람에게서 생기는 것은 아니다. 화를 잘 내는 사람 중에는 쉽게 풀어지는 사람도 있다. 성미가 급한 사람은 쉽게 화를 내고 쉽게 멈춘다. 성마른 사람은 모든 것에 대해 분노한다. 음울한 사람은 감정을 억누르기 때문에 화해하기 어렵다. 그런 사람은 오랫동안 화를 내며 분풀이를 해야 풀린다. 이런 사람은 자기 자신에게나 친구에게 골치 아픈 존재가 된다. 누구에게, 무엇에 대해, 어느 정도로 얼마나 오래 분노해야 하는가를 규정하는 일은 아주 어렵다. 과도와 부족이 때로는 칭찬의 대상이 되기 때문이다. 따라서 특수한 경우를 고려해야 하고 판단은 현명한 지각에 달려 있다고 말할 수 있다.

7. 교제에서의 친애(2003, 1126b–1127a)

사회적 행동에서 알맞게 처신하는 중용으로는 친근성(philia, friendliness)이 있다. 이것이 과도하면 목적이 없을 때는 비굴(areskeia, obsequiousness)이 되고, 목적이 있을 때는 아첨(kolakeia, flattery)이 된다. 친근성이 부족할 때는 심술부리기(duskolia, quarrelsomeness)가 된다.

사람들과의 교제에서 극단적인 두 형태의 군상이 있다. 첫째는 언제나 남을 칭찬하고 기쁘게 하는 사람이고, 둘째는 언제나 비판하고 헐뜯는 사람이다. 이 양극단 사이에 중용이 있다. 정확한 명칭은 없지만 친애가 적당하다고 생각된다.

교제에는 여러 가지 고통과 쾌락이 따른다. 올바르게 사람들과 사귀는 사람은 만나는 사람에 따라 다르게 대우한다. 잘 아는 사람과 낯선 사람을 대할 때 다르게 대우한다. 이러한 사람이 중용에 이른 사람이지만 그 성격에 대해서는 명칭이 없다. 고귀한 목적 없이 그저 즐거움을 주려는 사람은 비굴한 사람이고, 이익을 고려해 즐거움을 주는 사람은 아첨꾼이다.

8. 사회생활에서의 진실성(2003, 1127a-1127b)

자기를 표현할 때는 진실성(alētheia, truthfulness)이 덕이 되고 이것이 과도하면 허풍(alazoneia, boastfulness)이 된다. 진실성이 부족하면 자기비하(eirōneia, self-depreciation)가 된다. 사회에는 진실을 추구하는 사람과 거짓을 추구하는 사람이 있다. 사람과 교제할 때 잘 나타나는 현상으로 자기를 드러내는 자질이 과도한 경우는 자기를 과장하게 되고, 부족할 경우는 자기의 실제적 자질들을 부정한다. 진실한 사람은 자기 자신을 있는 그대로 바라보며 드러낸다.

고귀한 목적 없이 과장하는 사람은 나쁘기보다는 어리석은 사람이다. 그러나 어떤 목적을 가지고 그렇게 하는 것은 다르다. 명성이나 명예 때문에 큰소리치는 사람은 크게 비난할 것은 아니지만, 돈이나 돈을 벌기 위한 수단으로 그렇게 하는 사람은 더욱 추악한 사람이다.

9. 기지(2003, 1128a-1128b)

대화의 경우는 적절한 기지(eutrapelia, wittiness)가 덕이고, 과도하면 저속한 농담 또는 익살(bōmolochia, buffoonery)이 되며, 부족하면 촌스러움(agroikia, boorishness)이 된다.

오락과 향락에도 과도가 있고 과소가 있다. 이 경우 또한 중간적인 중용의 상태가 있다. 지나치게 익살을 부리는 사람은 속없는 익살꾼이라 불린다. 농담을 할 줄도 모르고 들어주지도 못하는 사람은 촌스럽다거나 딱딱하다고 불린다. 그리고 적절한 방식으로 조크를 하는 사람은 기지가 있다고 한다. 대화에서의 중용은 의젓함이라고 불린다.

교육받은 사람의 농담과 교육받지 못한 사람의 농담은 다르다. 조크가 남용될 경우는 금지되어야 한다. 기지가 과도할 때는 교양이라고 말할 수 없는 것도 서슴없이 말한다.

10. 덕이 아닌 중용 상태

수치와 같은 정서의 경우도 중용이 있다. 이 경우 중용은 겸손(aidōs, modesty)이고, 과도하면 부끄러워함(kataplēxis, shyness)이며, 부족하면 염치없음(anaischuntia, shamelessness)이 된다. 여기서 부끄러워함이란 매사에 걸쳐 항상 부끄러워하는 하는 것을 의미한다. 염치없는 사람은 파렴치라고 부른다. 의분의 경우 중용은 올바른 의분(nemesis, righteous indignation)이고, 과도하면 시기(phthonos, envy)가 되며, 부족하면 악의(epichairekakia, malice, spite)가 된다. 이것들은 중용이긴 해도 덕은 아니다.

11. 정의의 덕

공동체에서 정의의 덕은 매우 중요시된다. 이 덕은 절제, 실천적 지혜, 용기 등과는 달리 타자를 위한 덕이기 때문이다. 정의는 정직, 관대함 등과 같이 이를 가진 사람보다는 이웃이 이득을 보도록 해 준다. 그래서 정의로운 사람이 곁에 있으면 우리는 안심한다. 일반적으로 자신을 위한 덕보다는 타인을 위한 덕을 갖지 못했을 때 더욱 큰 비난을 받는다. 아리스토텔레스는 정의를 여러 종류로 나누어 고찰하였다.

일반적인 정의와 특수한 정의(2003, 1130b-1131a)

정의는 중용으로서 도덕적 덕 가운데서도 중요한 지위를 차지하고 있다. 많은 불행은 정의의 덕을 획득하지 못한 데서 온다. 최악의 사람은 자신의 악을 다른 사람들은 물론 자기 자신과 친구들에게 행사하는 사람이다. 최선의 사람은 자신에게만 덕을 행사하는 것이 아니라 다른 사람과 관련지어 행사하는 사람이다. 이것은 아주 어려운 과업이다. 정의는 타인의 이익을 고려하는 덕이기 때문에 공직자에게 가장 크게 요구된다.

아리스토텔레스는 일반적인 정의에 대해 상세하게 기술할 필요는 없다고 생각했다. 왜냐하면 그것은 완전하다는 의미에서 덕의 전체에 해당되기 때문이다. 이에 비해 특수한 정의는 상세한 기술을 필요로 한다.

부정의는 모두 이웃 사람에 대한 관계에서 성립하는 것으로 두 가지가 있다. 일반적인 부정의와 특수한 부정의다. 특수한 부정의는 명예, 부, 안전과 관련되어 있으며 이익을 얻음으로써 쾌락을 얻으려는 동기에서 비롯된다. 이에 비해 일반적인 부정의는 선한 사람이 관계하는 모든 일에 관련된다.

분배적 정의(2003, 1131a-1131b)

분배적 정의는 명예나 금전 또는 국가와 국민 사이에 분배될 수 있는 것을 관련된 사람들의 공적이나 가치에 따라 분배할 때 성립하는 것이다. 정의는 양극단이 아니기 때문에 중용이라고 할 수 있다. 평등과 공정이 중용이기 때문에 정의도 중용이다. 정의와 평등을 논의하려면 적어도 두 사람의 당사자와 분배되는 두 사물을 상정하여야 한다.

두 사람이 평등하지 않으면 평등한 몫을 받아서는 안 된다. 평등한 사람들이 불평등한 몫을 받거나, 불평등한 사람들이 평등한 몫을 받으면 분쟁이 일어날 것이다. 분배에서 정의로운 것은 어떤 종류의 공적이나 가치에 따라야 한다. 그런데 사람들이 가치 있다고 말하는 것은 서로 다르다. 민주주의 체제를 지지하는 사람들은 자유로운 시민권을, 과두(寡頭) 체제를 지지하는 사람들은 부를, 귀족주의 체제를 지지하는 사람들은 덕을 가치 있다고 생각한다.

정의는 비례적인 평등이다. 따라서 정의로운 것, 즉 평등한 사람들에게 평등하게 분배하는 것은 비례적이라고 할 수 있다. 정의와 관련된 비례는 4개항을 갖는다. 두 명의 당사자와 두 개의 분배되는 사물이다. 분배적 정의는 비례적인 것이어서 4개의 항 A:B=c:d가 비례적이어야 한다. 다르게 표현하면 A:c=B:d가 된다. 이 비례가 깨지면 부정의가 된다.

시정적 정의(2003, 1132a-1132b)

분배적 정의와 '시정적 정의'(justice in rectification)는 서로 다르다. 재판관은 가해자와 피해자를 두고, 가해자의 것을 빼앗아 피해

자에게 줌으로써 균형을 유지시켜 준다. 이러한 정의는 절도행위 이외에도 널리 적용된다. 평등이란 이익과 손실의 중간이다. 손실을 입은 사람은 재판관에게 찾아가서 정의에 호소한다. 재판관은 정의로운 것의 살아 있는 구체화다. 사람들은 재판관을 중개자로 간주하며, 조정자라고 부르기도 한다.

보상적 정의(2003, 1132b-1133a)

보상은 '눈에는 눈으로'라는 의미를 가지고 있다. 그러나 보상적 정의란 비례를 따른 것으로, 반드시 균등하게 반환하는 것을 기초로 하지 않는다. 공동체의 교환적인 경제생활에는 이러한 보상적 정의가 권장된다. 보상은 하나의 척도 역할을 하는 돈으로 이루어진다. 보상은 시정적 정의와 일치하지 않으며 충돌하는 경향이 있다. 통치자와 시민의 경우 같은 행위라도 다르게 처리된다. 정의는 타자의 선이므로 정의를 행한 사람에게는 보상이 주어져야 한다. 그것은 명예와 특권이다.

정치적 정의(2003, 1134a-1135a)

정의에는 자연에 따른 정의와 법률에 따른 정의가 있다. 자연적인 것은 언제 어디서나 똑같은 것이다. 법률적인 것은 원래 아무런 차이가 없는 것을 이런 저런 방식으로 차이를 만들어 내는 것이다. 정치적인 정의는 후자에 속한다.

정의의 일부인 공평(epieikes, equity, decency)은 공정하고 의로운 것이다. 법률은 정의를 실현하려는 동기에 따라 평등을 지향한다. 공평은 법률이 지닌 한계를 채워 준다. 공평한 사람은 법률이 정한 것보다 적게 가지려는 사람이다. 홉스는 "상실과 관련을 가진 공평에서 비롯된 행동은 명예로운 것"(1946, 60)이라고 말했다. 법률이 불완전하기 때문에 이를 보완하는 다른 대안이 마련되어야 한다.

한편 아리스토텔레스의 중용이론은 약점을 가지고 있다. 그중가장 큰 약점은 특수한 정의를 논의하는 과정에서 발견된다. 분배적 정의의 경우 과도와 결핍은 무엇인가? 탐욕은 부정한 사람이 보여주는 전형적인 과도한 정서다. 그러나 부정한 사람이 탐욕에 따라서만 동기 유발되는 것은 아니다. 복수의 욕구도 있을 수 있다(Urmson, 1980, 164-165).

정의는 다른 도덕적 덕과 같은 방식의 중용은 아니다. 엄슨은 정의의 경우를 제외한 아리스토텔레스의 중용이론은 성공적이라고 생각했다. 정의로운 분배자나 개정자가 되기 위해서는 인격의 많은 덕과 풍부한 지혜를 갖춰야 한다. 그러나 재판관으로서 보여 줄 수 있는 인격의 특수한 상태는 없다. 이러한 정의는 분배의 사회적 원리를 따르는 것으로서 인위적인 덕이다(1980, 165).

아리스토텔레스가 제시한 도덕적 덕은 오늘날에도 인생의 여러 국면에서 영향력을 발휘하고 있다. 이러한 덕의 소지는 존경의 대상이 되고 있으며 교육의 현장에서도 장려의 대상이 되고 있다. 이러한 덕 외에도 많은 도덕적 덕이 만들어지고 있으며, 개인과 공동체의 성향에 따라 장려되기도 하고 잊혀지기도 한다. 아리스토텔레스는 많은 도덕적 덕을 제시했지만 공동체 안에는 이러한 덕 이외에도 많은 도덕적 덕이 중요시되고 있다.

기독교는 자선, 연민, 신앙, 희망, 사랑, 겸손, 용서 등의 덕을 제시하였다. 기독교 윤리는 겸손을 전경에 내세우고 있으며 교만을 최대의 악으로 간주하였다. 고대 그리스에서는 겸손의 덕이 대체로 등한시되었다. 델포이 신전의 경구는 겸손의 덕을 강조하는 것처럼 보이기도 하지만, 가난, 전쟁, 내란, 자연재해 등 때문에 겸손보다는 강인함과 자기과시 등이 강조되었다. 도시국가 안에서 일어난 내란과 이민족 간의 전쟁은 겸손의 덕보다는 영웅적이고 애국적인 행동이 숭배되도록 했다.

이러한 분위기 때문에 플라톤과 아리스토텔레스도 겸손의 덕에 대해서는 제대로 다루지 않았다. 아리스토텔레스는 강한 인간을 유덕한 사람으로 보았다. 긍지의 덕을 강조한 것이 좋은 증거다. 그는 불운에 대해 숙고하였지만 겸손의 덕을 등한시하였다.

아우렐리우스도 『명상록』의 여러 곳에서 겸손의 덕을 강조하였다(1916/2005, ii, 1, vii, 31, viii, 33, x, 8). 그는 겸손의 가치를 다음과 같이 드러내고 있다(1916/2005, ii, 1).

> 날이 새면 너 자신에게 말하라. 오늘 나는 주제넘은 사람을, 배은망덕한 사람을, 교만한 사람을, 음흉한 사람을, 시기심 많은 사람을, 붙임성 없는 사람을 만나게 되겠지라고. 그들이 이 모든 결점을 갖게 된 것은 선과 악을 구별하지 못하기 때문이다. 그러나 나는 선은 그 본성에서 아름답고, 악은 그 본성에서 추하며, 내게 잘못을 저지르는 사람은 나와 피가 같고 출신이 같기 때문이 아니라 이성과 신성을 나누고 갖고 있기 때문에 나와 동족이라는 것을 아는 까닭에 그들 가운데 누구로부터도 해를 입을 수 없다. 아무도 나를 추악한 일로 끌어들일 수 없기 때문이다.

『성경』은 겸손의 미덕을 강조하였다. 누가는 「잠언」(25:6-7)의 정신을 이어받아 이렇게 말했다. "네가 누구에게 혼인 잔치에 청함을 받았을 때에 상좌에 앉지 말라. 그렇지 않으면 너보다 더 높은 사람이 청함을 받은 경우에 너와 저를 청한 자가 와서 너더러 이 사람에게 자리를 내어주라 하리니 그때에 네가 부끄러워 말석으로

가게 되리라."(「누가복음」, 14:7-11)

『성경』은 또한 겸손과 지혜를 직접적으로 관련시켰다. 「잠언」(11:2)에는 "교만이 오면 욕도 오거니와 겸손한 자에게는 지혜가 있느니라."라고 되어 있다. 이 정신을 이어받아 마태는 이렇게 적었다.

> 그때에 제자들이 예수께 나아와 가로되 천국에서는 누가 크니이까? 예수께서 한 어린아이를 불러 저희 가운데 세우시고 가라사대, 진실로 너희에게 이르노니 너희가 돌이켜 어린아이들과 같이 되지 아니하면 결단코 천국에 들어가지 못하리라. 그러므로 누구든지 이 어린아이와 같이 자기를 낮추는 그이가 천국에서 큰 자니라(「마태복음」 18:1-4; Cf. 23:11-12).

예수는 어떤 의미에서 어린아이를 겸손하다고 말했는가? 어린아이가 겸손의 가치를 알고 있는가? 파켄엄(Pakenham)은 예수가 말한 어린아이의 겸손은 두 가지 요소를 가지고 있다고 말했다. 즉, 어린아이는 자신이 연약하다는 것과 다른 사람들의 힘에 의존하고 있다는 것을 의식한다는 것이다(1969, 60).

또한 「잠언」은 겸손이 명예를 가져오며(18:12, 15:33), 부와 생명도 가져다준다고 말했다(22:4). 『성경』은 겸손을 통해 명예를 얻은 위대한 인물을 소개하고 있다. 신 앞에 선 아브라함은 자신을 티끌에 비유하였으며(「창세기」, 18:27), 모세는 신이 준 사명을 수행하기에는 너무나 부족하다는 것을 고백하였다(「출애굽기」, 3:11). 이러한 겸손은 신의 사랑을 온전히 받는 기반이 되었다.

겸손은 올바른 자기 지식에서 비롯된다. 자기의 능력을 과신하거나 부풀리면 교만해지거나 거만해진다. 그 반대의 경우는 지나치게 자기비하하거나 비굴해진다. 자기의 한계를 느끼거나 인식하는 사람은 겸손해진다.

도덕적 덕뿐만 아니라 환경과 운도 행복에 영향을 미친다. 행위자의 주변 환경은 매우 직접적인 영향을 미친다. 대부분의 사람들은 환경에 순응하는 길을 택한다. 이런 길을 택하는 것은 비겁하기 때문만은 아니다. 환경에 도전하는 것은 성공하기 어려울 뿐만 아니라 성공한다 하더라도 많은 것을 잃기 때문이다.

지각 있는 사람들은 환경에 어느 정도 적응할 필요가 있다고 생각했다. 그들은 미래에 관해 합리적인 예측에 따라 행동하면 불운해질 경우라도 손실을 줄일 수 있다고 생각했다. 오디세우스가 그 대표적인 경우다. 그러나 비극의 주인공들은 지각이 있고 적응하는 길을 거절하였다. 그럼에도 불구하고 이들은 종종 유연하고 적응할 줄 아는 사람들보다 찬사를 받았다.

오디세우스와 대조적인 사람으로 아이아스(Ajax)를 들 수 있다. 그는 아카이아인들에게는 타협할 줄 모르는 영웅으로 보였다. 아이스킬로스의 작품 『묶인 프로메테우스』의 주인공 프로메테우스, 소포클레스의 작품 『안티고네』에 나오는 안티고네, 에우리피데스의 작품 『메데이아』의 주인공 메데이아도 이러한 특징들을 보여주고 있다. 소포클레스는 적응할 줄 아는 사람과 적응할 줄 모르는 사람 간의 대립에 특별한 관심을 보였다. 그는 그것을 『아이아스』, 『안티고네』, 『엘렉트라』, 『필록테테스』에서 표현했다. 솔론의 행복관은 적응할 줄 아는 사람의 전략을 지지하는 듯하다. 그러한 사람은 예견될 수 있는 모든 것을 예견하고 예견하지 못한 것이 일어날 때 적절하게 임시변통한다(Irwin, 1985b, 92).

III. 의무윤리와 행복

도덕적 덕을 강조하는 윤리와 행복의 추구는 오랜 세월 동안 주도적인 지위를 누려 왔다. 이러한 윤리관은 공동체에 크게 기여했지만 행복과 가치의 주관주의나 상대주의와 쉽게 타협하기도 했다. 이러한 상황이 감정이나 상황에 구애받지 않는 보편적인 윤리관을 요청하도록 자극했다. 이러한 요청에 부응한 사상이 바로 키케로, 에픽테투스, 아우렐리우스 등이 전개한 스토아주의이며 근대에 와서는 칸트를 중심으로 전개된 의무윤리다.

의무의 윤리에서 핵심적인 질문은 '나는 무엇을 해야 하는가?'다. 덕의 윤리가 '나는 어떤 종류의 인간이어야 하는가?'라고 묻는 것과는 대조적이다. 뒤의 질문은 좋은 인격을 형성하는 덕에 대한 관심을 드러낸다. 의무의 윤리를 정립한 칸트는 특수한 덕이나 특수한 사회가 요구하는 도덕성을 넘어 인류의 보편적인 도덕법을 제시하려고 했다. 그는 도덕적인 사람은 도덕법을 존중하는 데서 출현한다고 생각했다.

1. 의무의 개념

의무란 공동체에서 살아가는 인간이 자기 자신뿐만 아니라 공동체를 위해 반드시 수행해야 하는 행위를 의미한다. 칸트는 "의무란 법칙에 대한 존경으로부터 오는 필연적인 행동이다."(1996a, 55)라고 말했다. 이러한 주장은 행위가 인간의 경향성에 따라 좌우되는 것을 방지하도록 해 준다. 권리와 덕을 강조하는 사람들은 개인의 가치와 존엄에 치중한 나머지 개인을 보호하는 공동체에 대해서는 등한시하는 경향을 보인다. 의무에 대한 무관심과 무시는 결과적으로 윤리에 대한 무관심으로 전락한다.

정당화될 수 있는 의무는 반드시 준수되어야 한다. 의무는 왜 준수되어야 하는가? 일부 사람들은 의무는 법이기 때문에 준수되어야 한다는 주장을 펴기도 한다. 스토아주의는 이성의 법에, 아퀴나스는 자연법에, 칸트는 도덕법에 관련지어 의무를 이해하였다. 신이 요구하거나 공동체가 요구하기 때문에 의무는 준수되어야 한다고 대답하기도 한다. 의무의 개념은 법칙에 객관적으로 따르는 행동을 요구하고, 법칙에 대해 주관적인 존경을 표시하는 행동의 준칙 또한 요구한다.

칸트는 행복의 원리와 도덕의 원리를 구별하려고 했다. 행복의 원리를 윤리학의 이론으로는 배격하면서도 인간의 중요한 욕구라는 것을 인정하였다. 그는 "행복해지는 것은 이성적이며 유한한 존재의 필연적인 욕구"(1996b, 159)라고 말했다. 또한 행복을 주관적으로 규정하는 근거의 일반적 명칭으로 보았으며, 쾌락과 불쾌에 대한 특수한 감정에 지나지 않는다고 생각했다(1996b, 159). 그는 의무와 행복이 충돌할 때는 전자를 선택해야 된다고 생각했다. 사람은 자신의 행복에 귀를 기울일 때 의무를 소홀히 하거나 저버릴 수 있기 때문이다.

칸트는 내 자신의 행복만을 고려할 것이 아니라 타인의 행복도 고려해야 비로소 객관적인 실천법칙이 성립될 수 있다고 말했다. 이렇게 되려면 경향성에 근거한 자신의 준칙을 법칙의 보편성을 위해 스스로 제한해야 한다. 이에 따라 자기애의 준칙을 타인의 행복에까지 확대하려는 책무의 개념이 나타난다(1996b, 167-168). 칸트는 행복의 원리가 준칙을 부여해 줄 수는 있지만 의지의 법칙들에는 적합하지 않다고 생각했다. 일반적인 규칙들을 부여해 줄 수는 있지만 보편적인 규칙들을 성립시켜 줄 수는 없다는 것이다. 따라서 실천적 법칙들이 행복의 원리 위에 세워질 수는 없다고 생각했다(1996b, 169).

칸트는 덕과 행복이 인격 안에서 최고선을 형성할 경우 일부 사람들에게서 덕과 행복은 합일된다고 했다. 유덕해지려는 노력과 행복의 합리적인 추구가 동일시될 수 있다고 본 것이다. 고대 철학에서는 이 둘 중 어느 하나를 선택할 경우 학파마다 의견을 달리하였다. 에피쿠로스학파는 행복으로 향하는 길이 덕이라고 생각했다. 스토아학파는 덕을 의식하는 것이 행복이라고 생각했다. 전자에서는 실천적 지혜가 도덕과 동일시되고 후자의 경우는 도덕만이 참된 지혜였다. 덕이 행복보다 더 우선시되었던 것이다(1996b, 229). 칸트는 덕과 행복의 조건 없는 동일시는 그릇된 것이라고 생각했다. 행복의 근간은 감성적이고 덕은 논리적이라고 보았기 때문이다. 에피쿠로스학파는 행복이 최고선이요, 스토아학파는 덕이 최고선이라고 생각했는데, 칸트는 이 둘의 주장이 서로 일치하지 않는다고 생각했다. 행복과 덕의 동일시는 이질적인 것을 종합적인 것으로 통합하려는 시도라는 것이다.

글라우콘(Glaucon)이 '기게스 반지'(Gyges ring)를 꺼내며 정의로운 사람도 자기 이익을 위해 그 반지를 사용할 것이라고 주장했을 때, 소크라테스는 정의로운 사람은 그렇게 하지 않을 것이라고 말했다. 왜냐하면 정의로운 사람은 사적 이익 때문이 아니라, 그것이 정의롭기 때문에 어떤 행위를 해야 한다고 생각해서 행동하기 때문이라는 것이다. 정의는 타인의 이익을 위한 덕이기에 정의로우면 무슨 이득이 생기느냐고 묻는 것 자체가 잘못된 질문이라고 할 수 있다. 이 점에서 우리는 정의의 덕이 의무의 뿌리를 형성한다고 말할 수 있다. 정의는 다른 덕과는 달리 타자의 이익과 직접적으로 결부되어 있다. 절제나 용기의 덕도 타자의 이익과 무관할 때는 개인의 단순한 안녕에 빠지게 된다.

2. 의무와 책무

공동체에서 살아가는 우리는 의무와 책무(obligation)를 가지고 있다. 이러한 것들을 등한시하거나 무시할 경우 우리 자신은 물론 공동체마저 유지될 수 없다.

의무와 책무는 구별해서 사용하여야 한다. 브란트(Brandt)는 의무와 책무가 구별되는 것은 전자가 지위, 신분, 역할로부터 제기되는 데 비해, 후자는 자발적으로 초래되거나 형성되는 데서 찾을 수 있다고 말했다(1964, 375). 그래서 사람은 약속을 통하여 책무를 갖는다. 우리는 누구든지 자기 자신과 의무를 맺을 수는 없다. 우리는 어떤 사회적 지위를 받아들임으로써 어떤 것들이 우리의 의무가 된다. 책무는 우리가 하나의 목적을 선택했다는 것을 의미한다. 인간은 숙고를 통해 책무를 만들어야 하며 최선을 다해 준수해야 한다. 의무와 책무에 맞서는 우리의 성정은 변덕이다. 변덕과 자의성에 우리가 압도되면 우리의 정체성이 사라져 버린다.

콜링우드(Collingwood)는 젊은이들이 이 세계의 혼돈과 암흑 속에서 어떻게 살아야 할 것인가를 묻고 그 대답을 규칙의 형식으로 표현하였다. 그가 제시한 인생의 규칙들은 의무와 책무의 성격을 갖는다고 생각했다. 그가 제시한 규칙들은 다음과 같다.

> 인생의 첫째이자 가장 중요한 규칙은 아주 오래된 규칙인 '너 자신을 아는 것'이다. 여러분이 어떤 것을 원할 때 여러분이 진실로 원하는 것이 무엇인지 발견하기 위해 수고를 다하여야 한다. 그러한 수고를 하지 않는다면 여러분은 후에 그것을 원하고 있다는 그릇된 신념하에서 어떤 것을 추구해 왔으며, 그 때문에 여러분이 진실로 원하는 것을 얻는 것이 불가능하다는 것을 발견하게 될 것이다. … 여러분이 스스로 어떤 행동노선을 선택할 때 여러분의 선택에 대한 참된 이유들이 무엇인지 발견하기 위하여 수고하여야 한다(1989, 172-173).

콜링우드의 첫 번째 규칙은 자기지식을 강조한 것이다. 고대 그리스의 델포이 신전에 걸려 있던 명구, '너 자신을 알라!'는 소크라테스가 철학적인 의미를 부여함으로써 인류의 관심사가 되었다. 소크라테스는 각자가 무지하다는 것을 알라고 권고하였다. 그는 무지, 편견, 선입견, 오류 등으로부터 벗어나 참된 지식으로 나아가려면 무지를 깨달아야 한다고 믿었다. 그는 이 과업을 수행하기 위하여 만나는 사람들마다 질문을 했으며 이러한 활동으로 사람들의 분노를 사게 되어 마침내 처형당했다.

그런데 자기지식은 이러한 의미만 가지고 있는 것은 아니다. 자기에 관한 사실적 지식들, 즉 자기의 욕망, 기대, 능력, 태도 등에 대한 지식도 포함한다. 이러한 것들을 알아야 비로소 자기를 제대로 평가하고 장래를 설계할 수 있다. 자기를 아는 사람은 욕망을 위계적으로 조직할 수 있으며, 욕망들 간에 전개되는 갈등을 해소할 수 있다.

자기지식을 얻는 방법은 여러 가지다. 아리스토텔레스는 우정을 통하여 참된 자기와 친구를 인식할 수 있다고 생각했다. 문학작품을 통해서도 자기의 모습을 파악할 수 있으며 여행을 통해서도 자기의 한계와 가능성을 점검할 수 있다.

콜링우드는 두 번째 규칙에 대해 이렇게 말했다.

> 두 번째 규칙은 '너 자신을 존중하라.' 다. 인간성을 비하시키려는 유혹을 벗어나라. 자기 자신 속에서 발견되는 모든 욕구와 충동, 그리고 감정은 존재할 권리를 가지고 있다. 그것들은 억압되거나 은폐되어서는 안 되며 인생의 지도(map)에서 적절하게 자리 매김되어야 한다. 우리의 본성에는 저차원적인 요소와 고차원적인 요소가 함께 존재한다. 그러나 저차원적인 것도 무목적적인 것은 아니다. … 여러분의 이성뿐만 아니라 정열도 존중하라. 여러분의 의식적인 마음뿐만 아니라 무의식적인 마음도 존중하라. 여러분의 마음뿐만 아니라 육체도 존중하라(1989, 173).

콜링우드의 두 번째 규칙은 자존심(self-respect)에 관한 것이다. 자기존중과 자부심(self-esteem)은 서로 다르다. 전자는 인간의 보편적인 가치에 비추어 자기 자신의 가치를 인식하는 것이다. 이것은 성취에 대한 어느 정도의 자기 확신, 즉 자기의 기대를 충족시켰다는 신념을 필요로 한다. 이에 비해 후자는 정서적 교만(pride)으로서 자기 자신에 대해 호의적으로 평가하고 그러한 평가에 따른 태도를 갖는 것이다.

인간은 자기를 존중하는 마음을 가져야 비로소 수치를 느낄 수 있다. 명예의 상실은 수치에 민감한 문화에서 일어날 수 있는 것 중 가장 나쁜 것이다. 수치는 자기 보호적 정서로서, 역설적이지만 이것을 느껴야 상처나 파괴로부터 자아를 건전하게 보호할 수 있다. 이 세상에는 터무니없이 자기를 높이 평가하거나 낮게 평가하는 사람들이 있다. 어느 경우나 자기존중과는 거리가 먼 행동들이다. 이 점에서 자기지식과 자기존중은 깊은 관련을 가지고 있다고 말할 수 있다.

콜링우드는 세 번째 규칙을 다음과 같이 제시하였다.

> 세 번째 규칙은 '여러분 자신을 정위시키라.'는 것이다. 모든 활동에는 과정이나 발달이 있다. 공포와 분노 같은 정열은 정서들을 압도하고 붕괴시키는 활동으로 나타난다. 그러므로 여러분의 화살을 공포와 분노로 향하지 않도록 하라. 분노와 두려움 때문에 어떤 행동을 하지 않도록 노력하라. 사랑은 동물적인 충동에서 시작되지만 완전한 인간성을 실현하려는 노력으로 향하도록 하라. 최후에는 신을 사랑하는 데로 향하도록 하라(1989, 173).

콜링우드의 세 번째 규칙은 자기를 정위시켜 나가는 노력에 맞춰져 있다. 위협, 유혹, 세뇌, 선전, 광고 등이 난무하는 사회와 세계 안에서 우리 각자는 자신의 위치를 결정하지 않으면 안 된다. 안정된 위치를 정하려면 '원칙에 따라 살아가는 사람'이 되어야 한다. 이 원칙은 각자가 스스로 정하기도 하지만 선택하기도 한다. 타인의 지시에 따르지 않고 스스로 선택하고 만드는 사람을 자율적인 사람이라 부른다. 자율적인 사람은 스스로 입법하고, 원칙을 선택하고, 선택에 따른 책임도 기꺼이 감수한다. 이에 비해 타율적인 사람은 타인의 지시나 명령에 따라 살아가며 가능하면 책임을 회피하려 한다.

그런데 자율적인 사람이 되려면 한편으로 타율적인 양육과 교육의 과정을 거쳐야 한다. 규칙과 원칙의 내재화과정을 거치지 않고는 자율적이고 이성적인 사람이 될 수 없기 때문이다. 피터스(Peters)는 이 과정을 다음과 같이 표현하였다. "어린이들은 습관과 전통의 마당을 거쳐서 이성의 궁전에 들어가야만 한다."(1974, 272; cf. 1966, 314). 습관과 전통의 마당은 수고를 요구하는 타율의 과정이다. 이러한 과정을 잘 견뎌내야 자율의 세계로 들어갈 수 있다.

콜링우드는 세 가지 인생규칙을 제시하면서 각자 자신의 내면을 들여다보고, 결코 밖에 있는 어떤 것에서 도움을 구하지 말라고 권고하였다. 그가 이렇게 말한 것은 내면적인 성찰 없이는 어떤 행위를 내재화할 수 없다고 믿었기 때문일 것이다.

민주사회는 다원주의 사회이기 때문에 획일적인 인간상, 가치관, 세계관을 지향하지 않는다. 자유로운 사회에서는 다양한 종류의 인생의 모습이 우리 앞에 전개되고 허용되어 있다. 그 모습 중 어느 것을 선택하느냐에 따라 우리의 미래가 결정된다고 할 수 있다. 어떤 인생의 모습을 선택하더라도 인간으로서 성취해야 할 공통의 과업이 있다. 인간으로서 성취해야 할 과업이란 바로 지적, 도덕적, 미적 탁월성을 획득하는 것이다. 이것들은 인생의 깊이와 넓이를 확장시키며, 세계와 사회 안에서 나의 존재 이유와 위치를 알게 해 준다. 이것들은 중요한 것과 사소한 것, 본질적인 것과 지엽적인 것, 영속적인 것과 일시적인 것을 구분할 수 있게 해 준다. 인류는 지적, 도덕적, 미적 탁월성을 결여한 사람이 부와 권력을 과도하게 가졌을 때 일어나는 가공할 사태를 자주 경험해 왔다.

제2차세계대전은 히틀러가 자행하였다고 말하지만 그의 뒤에는 수많은 지식인 협력자들이 도사리고 있었다. 그를 추종한 게슈타포(Gestapo), 즉 국가 비밀경찰 요원들의 대부분은 고등교육을 받은 사람들이었다. 정교하고 과학적으로 만들어진 가스 처형실은 뛰어난 건축가, 화학자, 생물학자, 의사, 간호사 등의 도움 없이는 불가능한 것이었다. 도덕성을 상실한 지식인들은 넉넉한 보수와 자신의 능력을 인정해 주기만 하면 무슨 짓이든지 할 수 있다는 것을 보여 주었다.

앞에서 제시한 훌륭한 삶의 규칙들은 타자 지향적인 태도나 인습에 따른 삶과는 무관한 것이다. 훌륭한 인생의 규칙을 지향하는 삶은 고독, 탐구, 자유의 가치를 애호하지 않고는 살아갈 수 없다. 혼자 있는 것을 두려워하고 탐구를 게을리하고 예속을 선호하는 사람은 일상적이고 범용한 인생의 모습들을 선택하고 거기에 헌신하면서 살아갈 것이다.

의무의 윤리는 모든 행위가 도덕법에 따라야 한다고 주장한다. 즉, 옳고 그름 간의 도덕적 구별이 그 목적인 것이다. 이에 비해 행복의 윤리에서는 선과 악, 그리고 의무적인 법보다는 욕구가 평가의 표준이 된다. 양심은 덕의 윤리와 결합되고, 덕은 행복의 윤리와 결합된다. 그런데 의무와 행복 사이에는 간격이 있다. 이러한 갈등의 주제는 여러 영역의 관심사가 되고 있다. 이처럼 두 가치 사이에 충돌이 일어날 경우 로망스와 비극이 탄생한다. 욕구의 충족이나 사랑을 위해 의무를 저버리기도 하며 의무를 가장하여 욕망을 감추기도 한다.

의무 간의 갈등도 무시할 수 없다. 부모에 대한 효와 배우자에 대한 책무 중에서 어느 것이 더 중요한가? 갈등하는 도덕법과 국가의 법 사이에서는 어떠한가? 『안티고네』에서 클레온(Cleon) 왕은 통치자의 의무를 수행하려다가 사랑하는 아들을 잃는다. 이처럼 의무와 책무의 수행에는 사적인 손실이 따를 수 있다.

의무를 강조하는 사람은 상황의 압력보다는 의지에 중점을 둔다. 좋고 안이한 결과보다는 의무에 따른 행위가 옳다고 믿기 때문이다. 아우렐리우스는 의무 수행에서 취해야 할 태도에 대해 자극적인 어조로 이렇게 말했다. "네 의무를 수행할 때는 춥든 따뜻하든, 졸리든 푹 잤든, 욕을 듣든 칭찬을 듣든, 죽어가든 또는 그 밖에 다른 짓을 하든 개의치 마라. 죽는 것도 삶의 행위 가운데 하나이기 때문이다."(1916/2005, VI, 2)

그러나 의무론자들이라 하더라도 개인적 행복에 관심이 없는 것은 아니다. 칸트는 자신의 행복을 확보하려는 것은 인간의 의무라고 주장하였지만 의무를 수행함으로써 결과적으로 행복해져야 한다는 입장이었다. 즉, 의무를 매개로 하여 행복해져야 한다는 것이다. 그런데 이러한 매개행위는 어디까지나 간접적으로만 이루어져야 한다는 것이다. 왜냐하면 인간은 경향성에 너무나 쉽게 사로잡히기 때문이다.

Ⅳ. 도덕적 덕과 행복

덕의 윤리와 의무의 윤리는 모두 행복한 삶에 기여한다. 덕을 따르는 삶을 살다 보면 그것에 대해 일종의 의무의식을 갖게 된다. 각고의 노력을 통해 얻어진 도덕적 덕은 행복에 크게 기여하지만 행복을 보증하는 것은 아니다. 도덕적으로 선한 사람도 다른 여러 요인에 따라 얼마든지 불행할 수 있다. 따라서 행복해지려면 도덕적 덕을 포함하여 여러 요소들이 갖추어져야 한다.

도덕적 덕은 행복을 향상시키는 경우에만 정당화되는 것은 아니다. 덕이 특수한 경우들에서 행복을 향상시키는 데 실패해도 그것은 비참함을 방지할 수 있다는 데서 정당화된다. 커다란 불운으로 행복을 상실한 유덕한 사람은 최악의 비참함으로 고통 받지는 않을 것이다. 그는 불운 앞에서도 자신의 도덕적 덕을 활용하여 최대한으로 극복해 나갈 것이다.

행복에 대한 아리스토텔레스의 사상은, 에피쿠로스의 쾌락주의나 욕망을 무시하고 의무수행만을 강조하는 스토아주의의 양극단에서 벗어나 중용의 길을 제시하고 있다. 에피쿠로스주의나 스토아주의는 보편적인 행복사상이라기보다는 오히려 소수의 극단적인 사람들을 상대로 하고 있다. 아리스토텔레스가 제안한 도덕적 덕을 통한 행복의 성취는 어린 시절부터 교육을 잘 받은 사람들에게는 그다지 어려운 과업이 아니다.

인간의 자연적 감정을 옹호했던 루소도 덕이 행복에 크게 기여한다는 점을 강조하였다. 인간이 감정만을 따르면 자신이 설정한 고귀한 목적을 달성할 수 없다는 것이다. 유덕한 사람은 자신의 원칙과 선의지에 충실하기 때문에 자신의 목적을 향해 지속적으로 나아갈 수 있다. 이 점에 대해 루소는 에밀에게 이렇게 강조하였다.

> 용기 없이는 행복할 수 없고 투쟁 없이는 덕을 얻을 수 없다. 덕이라는 말은 힘이라는 말에서 왔다. 힘은 모든 덕의 기반이다. 덕은 본성이 약하고 의지가 강한 사람에 속한다. 덕은 정의로운 사람의 장점이다. 우리는 신을 선하다고 말하지 유덕하다고 말하지 않는다. 왜냐하면 신은 선해지려고 노력할 필요가 없기 때문이다. … 나는 너를 유덕한 사람으로 만들기보다는 선한 사람으로 만들었다. 그러나 선한 사람은 그가 선함 속에서 쾌락을 발견하는 동안만 선할 뿐이다. 선은 인간이 가진 정열의 공격을 받으면

부서져 없어지고 만다. 선하기만 한 사람은 자기를 위해서만 선하다(1979, 444).

덕의 가치를 확인한 루소는 에밀이 유덕한 사람이 되도록 가르쳤다. 그는 먼저 유덕한 사람이 어떤 사람인가를 분명히 하려고 하였다. 그는 유덕한 사람을 다음과 같이 규정하였다.

유덕한 사람은 누구인가? 자신의 감정을 극복하는 방법을 아는 사람이 유덕한 사람이다. 왜냐하면 그는 자신의 이성과 양심을 따르기 때문이다. 그런 사람은 자기의 의무를 다하며 자기를 스스로 통제할 수 있으므로 어떤 것도 그를 올바른 길에서 벗어나게 할 수 없다. … 너 자신의 주인이 되는 법을 배워라. 에밀이여, 너의 마음을 지배하라. 그러면 너는 유덕해질 것이다(1979, 444-445).

루소는 자신의 욕망과 감정을 다스릴 줄 아는 사람을 유덕한 사람이라고 보았다. 도덕적 원리에 따라 충실히 산 사람만이 덕을 획득할 수 있다. 이런 사람은 감정을 통제할 수 있을 뿐만 아니라 감정에 심각한 동요가 일어날 환경을 만들려 하지 않을 것이다.

칸트는 행복주의나 쾌락주의 모두를 거부하였다. 그는 이 두 사상이 자기애의 원리 위에 기초하고 있다고 생각했다. 이것들은 도덕을 격하시키고 모든 것을 면밀히 계산하도록 한다는 것이다. 그는 이러한 사상들은 욕구를 선악의 도덕적 준거로 채택한 것이라고 생각했다. 의무로부터 오는 행동만이 도덕적이라고 보고, 이러한 행동이 결과적으로 행복을 가져다줄 수 있다고 생각한 것이다.

칸트는 더 나아가 행복의 원리를 배격해야 한다고 말했다. 그는 사람을 행복하게 하는 것과 선하게 하는 것은 전혀 다르며, 사람을 자기 이익에 밝도록 하는 것과 유덕하게 만드는 일은 전혀 다르기 때문에 행복의 원리는 배격되어야 한다고 했다. 그것은 자기애에 근거한 행복의 원리가 도덕성을 저급하게 만들고 도덕성의 숭고함을 파괴하기 때문이라고 생각했던 것이다(1996a, 90).

칸트는 이 세상에서나 이 세상을 초월한 곳에서나 무제한적으로 선한 것은 선의지뿐이라고 선언하였다. 선의지 이외의 것은 조건적으로만 선하다는 것이다. 지성, 기지, 판단력은 물론 권력, 부, 명예 심지어 건강까지도 선의지와 만나지 않으면 사람을 거만하게 만든다고 말했다(1996a, 49).

도덕적 덕을 포함한 덕은 그 자체로서 보상기능을 가지고 있다. 그뿐만 아니라 선한 사람들이 즐거움을 느낄 수 있는 유일한 것이기도 하다. 따라서 덕과 행복은 불가분의 관계를 갖는다. 덕이 행복의 중요한 요소가 되는 이유는 다른 선과 협력하여 잘 행동하도록 해 주기 때문이다.

제7장

인간존중과 행복

여러 가지 범죄, 부도덕, 나태 현상 등이 공동체 안에서 연일 일어난다. 이러한 것이 일어나는 데는 여러 가지 원인과 이유가 있으며 그중에는 서로를 존중하는 행위와 태도의 결여도 포함되어 있다. 자신과 타인에 대해 존중의 신념이나 감정을 갖지 못한 사람은 무슨 짓이든 감행한다. 거만과 교만의 반대편에 서 있는 굴종과 비겁은 모두 자존심의 결여에서 비롯된다고 할 수 있다. 오랫동안 독재와 가부장주의를 경험한 사람은 후자에 더욱 친숙해 있다. 굴종과 겸손은 다른 말이다. 겸손과는 달리 굴종은 자기상실을 가져오는 악이다. 칸트는 굴종에 관한 글을 쓰면서 "자신을 벌레로 여기는 사람은 다른 사람들이 자신을 짓밟아도 불평할 수가 없다." (1996b, 559)라고 말했다.

일상 언어에서 존중이란 말은 여러 의미로 사용된다. 존중이라는 말이 가장 많이 사용되는 경우는 사람과 관련된 경우다. 우리는 모든 사람 또는 대부분의 사람이 존중되어야 한다는 말을 자주 듣는다. 이러한 주장은 흔히 '인간존중의 원리'라고 불린다. 이 원리는 여러 도덕적 권리와 의무를 정당화하는 데 사용될 뿐만 아니라 행복과 교육을 정당화하는 데도 사용된다.

사람을 존중해야 한다는 주장은 널리 알려져 있지만 실제로는 존중이 결여된 인간관계를 쉽게 볼 수 있다. 그것은 도덕원리의 하나인 인간존중의 원리가 잘 지켜지지 않기 때문이다. 사람들은 부도덕하게 행동하는 사람을 보고 자제시키려고 자주 이렇게 말한다. "너는 자존심도 없나?" "자기를 존중하는 사람이 그런 짓을 하다니!" 이런 말을 하는 사람은 상대방의 인격을 비판하는 셈이다. 이러한 말을 듣고도 같은 행동을 반복하면 우리는 그 사람이 자존심을 상실한 것으로 간주한다. 자존심을 상실한 사람은 수치를 모르고 타인을 존중하지도 못한다.

인간존중 사상이 받아들여진다 하더라도 언제 존중이 요구되고, 존중이 무엇을 요구하고, 왜 존중되어야 하는지에 대해서 사람들은 의견을 달리한다. 자기 자신과 인간 일반에 대한 존중을 제대로 하기 위해서는 먼저 존중의 개념을 명료하게 이해해야 한다. 이 장에서는 존중의 개념을 명료화하고 이 기반 위에서 인간존중과 행복의 관계를 고찰하려고 한다.

I. 존중의 개념

1. 존중의 어의

자기를 나타내고 찬양하기 위해 여러 말이 사용된다. 그러한 말 가운데 가장 널리 사용되는 것이 'self-respect' 'self-esteem' 'self-pride' 'self-confidence' 등이다. 일상 언어에서 이러한 말은 엄격하게 구별되지 않고 사용된다. 이 말들을 번역한 것이 적절한가에 대한 논의는 거의 없는 형편이다. 그런데 이러한 말들이 정확하게 구별되지 않고는 자기평가를 제대로 할 수 없다. 이 장에서는 'self-respect' 'self-esteem' 'self-pride'를 잠정적으로 각각 자존심, 자부심, 자만심으로 번역하여 사용한다.

옥스퍼드 영어사전(OED)은 이 어휘들의 미묘한 차이를 설명하고 있다. 자존심은 일종의 자기사랑으로서 사람이나 지위의 위엄에 대해 적절히 고려하는 것으로, 자부심은 자기 자신에 대해 호의적인 평가를 하는 것으로, 자만심은 자신의 성취나 지위를 뽐내는 것이라고 하였다.

존중(respect), 자랑(esteem), 교만(pride)은 '자기'란 말과 결부될 때 자존심, 자부심, 자만심이 되어 어느 정도 구별이 가능하지만 그 자체만으로는 거의 구별되지 않은 채 사용된다. 흔히 'respect'와 'esteem'은 존중으로, 'pride'는 발음 그대로 '프라이드'로 표기되기도 한다. 이러한 어법은 많은 혼란을 가져온다. 이 혼란을 극복하기 위해서는 이 말들이 명료화되어야 한다.

'존중'의 어원적 의미는 'to look back' 'to look again'이다.

존중은 언제나 하나의 '보는 것'(seeing)이다. 존중은 어떤 것을 바라보는 데서 생긴다. 사람은 이 말을 다양한 대상과 관련시켜 사용한다. 즉, 인간, 재능, 성취, 인격, 법률, 권위, 사회적 지위, 의견, 강력한 힘, 자연 등을 염두에 두고 사용한다. 존중이란 어떤 전망 속에서 어떤 것(어떤 사람)의 가치나 중요성을 인정하는 것이다(Hill, 1998, 283).

존중은 대상에 임의로 가치를 부여하는 것이 아니라, 대상이 이미 지니고 있는 가치를 인정하는 것이다. 이것이 바로 존중이라는 말에 객관적 논리를 부여한다고 할 수 있다. 존중은 도덕적 의미로 사용된다. 이 말은 한 사람이 다른 사람과의 관계를 설명할 때 주로 사용되는데, 내가 어떤 사람을 존중한다는 말은 그에게 명예, 경의, 존경을 표시하는 것을 의미한다. 이러한 반응을 내가 보이는 것은 그가 그런 대우를 받을 만한 가치를 획득했기 때문이다.

'자랑'은 주로 심리학적 의미로 사용된다. 심리학 용어로서 '자랑' '자부심'은 중립적인 성격을 가질 뿐만 아니라 주관적인 의미로도 사용된다. 주관적이 되는 것은 평가자가 임의로 대상에 가치를 부여하기 때문이다. 호의적인 의미로 사용될 때는 존중과 거의 같은 의미로 사용된다. 그것은 개인이 가진 재능과 성취에 대한 긍정적인 자기평가로 간주된다. 따라서 재능과 성취가 악용된다고 해도 자부심을 가질 수 있다. 은행 강도가 경찰을 따돌리고 잠적했을 때 그는 자신의 성취에 대해 자부심을 가질 수 있는 것이다. 이 점에서 존중과 자랑은 구별된다.

'교만'은 우월감을 갖거나 잘난 체하는 것을 의미한다. '교만'은 나쁜 의미로 사용되는데, 기독교에서는 일찍이 교만과 자만심을 악으로 규정하였다. 그러나 자만심에도 중용이 있다고 보는 사람도 있다. 그들은 자만심을 사악한 자만심과 비굴 사이에 존재하는 것이라고 말한다. '자만심의 악'(vice of pride)과 '굴종의 악'(vice of servility)은 우리가 피해야 할 극단이다. 인간은 누구나 어느 정도의 자만심을 가진다. 따라서 과도하지도 않고 부족하지도 않은 지점을 발견하는 것이 중요하다. 자만심이 중용이 되려면 다른 가치에 따라 보완되어야 한다. 자만심이 분노, 시기, 경멸과 결부되면 악을 가져오지만 동정이나 연민과 결합되면 좋은 결과를 가져올 수 있다.

사람들은 누구나 자기를 평가하며 살아간다. 그래서 위의 세 말은 자아와 관련을 갖게 되었으며 '자존심' '자부심' '자만심'이란 말이 생겨났다. 이 말들은 모두 자기평가와 관련된다. 자기평가는 이성적 활동인 동시에 수많은 정서와도 관련된다. 수치심, 죄의식, 겸손 등의 정서가 바로 여기에 속한다. 이러한 정서는 긍정적인 것도 있고 부정적인 것도 있다. 자기평가는 두 가지 차원에서 이루어진다. 하나는 자신을 인간으로 보고 평가하는 것이며, 다른 하나는 각자의 역할 수행을 보고 평가하는 것이다. 이 두 영역에서 모두 높이 평가되는 사람도 있고 어느 한 영역에서만 높이 평가받는 경우도 있다.

자존심과 자부심은 인간의 복리 차원에서 서로 다르게 작용한다. 자신과 타인의 최소한의 인정 표준을 충족시킴으로써 스스로 존중할 만한 가치가 있음을 발견하는 것은, 자기평가 하는 사람의 심리적인 건강에 기본적이다(Harris, 2001, 1557). 그러나 자존심과는 달리 자부심은 언제나 인간의 복리에 기여하는 것이 아니다. 자부심은 때때로 스스로를 터무니없이 높이 평가하여 자신은 물론 타인의 냉소를 자아낸다. 자존심은 자부심의 근거가 되지만 그 반대는 성립되지 않는다. 이러한 점에서도 존중과 자랑은 구별된다고 할 수 있다.

2. 존중의 개념

인간으로서든 특수한 역할을 수행하는 사람으로서든, 자신의 가치에 대해 적절한 의미를 부여할 때 스스로를 존중한다고 말할 수 있다. 존중은 인간의 행복과 복리에 크게 기여하기 때문에 많은 철학자들이 이 개념에 관심을 가져왔다. 그들은 존중을 자랑, 교만뿐만 아니라 공포, 복종, 찬양, 사랑 등과도 구별하려 하였다. 그리고 객관적인 존중 개념을 정립하려 하였다.

칸트는 인간존중을 설명하면서 자신의 존중 개념을 사용하였다. 그는 존중이란 말이 법을 존중하는 데서 파생되는 것이라고 주장하였다. 그는 의무를 법에 대한 존중에서 비롯된 행동으로 이해하면서 존중과 경향성을 대비시켰다. 경향성은 결코 존중될 수 없는 것으로 배제되어야 한다고 생각하였다. 그는 존중의 개념을 다음과 같이 설명하였다.

> 존중이 일종의 감정일지라도 그것은 영향을 받아 생기는 감정이 아니라 이성적 개념에 따라 저절로 만들어진 감정이다. … 법에 따른 의지의 직접적인 결정과 이러한 결정의 의식을 존중이라고 한다. … 존중은 나의 자기애를 파괴하는 가치의 표상이다. … 존중의 대상은 법뿐이다. 즉, 우리가 스스로에게 부과하는 것으로서 그 자체가 필연적인 법이다. … 어떤 인간에 대한 존중은 법(정직의 법 등)에 대한 존중에 지나지 않는다. … 우리는 우리의 재능을 확장시킬 의무를 가지고 있기 때문에 재능을 가진 사람을

법의 한 실례(연습을 통해 그와 같은 사람이 되듯이)로 표상한다. 이렇게 하는 것이 그를 존중하는 것이다(1996a, 56).

칸트는 도덕성이 우리의 자존심을 유지시킨다고 생각하였다. 인간은 누구나 존엄을 가지고 있다는 것이다. 그는 인간은 수단이 아니라 목적이기 때문에 자기존중과 타인존중이 인간의 의무라는 입장을 취하였다. 그가 정립한 정언명령들은 모두 인간존중의 구체적 표현이라고 할 수 있다. 그는 도덕법에 충실히 헌신하는 사람은 인간을 존중하는 마음을 가질 수 있다고 생각하였다. 이러한 의미의 존중은 타자의 위엄을 인정한다는 뜻이다.

칸트의 존중 개념은 그가 제시한 정언명령과 함께 윤리학의 중요한 성취로 간주되었다. 그러나 이러한 성취에도 불구하고 그의 존중 개념은 부분적으로 비판을 받았다. 칸트의 도덕철학에 영향을 받은 피터스(Peters)는 그의 주장에 부분적으로만 동의하였다. 그는 원리를 따르는 것과 인간에 대한 경멸은 양립할 수 있다고 주장하였다. 학교 경비의 경우 다른 사람의 이익을 고려하면서도 방문자를 경멸할 수 있다. 그러므로 법이나 원리를 존중하는 것이 반드시 인간존중의 원리와 일치한다고 말할 수는 없다고 주장하였다(1966, 209). 실제로 우리는 이러한 양면성을 지닌 사람을 볼 수 있다. 그러한 사람은 은밀히 사람을 경멸하는 성향을 나타낸다.

피터스의 인간존중 개념은 칸트적이다. 그는 칸트의 인간관, 즉 자율적이고 합리적인 존재를 그대로 수용하였다. 피터스는 인간은 자신의 운명을 결정하는 존재이며, 이런 결단과 행위는 상호 존중되어야 한다고 생각하였다. 어떤 사람이 자기 자신과 다른 사람을 인간으로 생각한다면, 그것은 인간을 자율적인 존재로 보는 일반적 규범을 승인하는 사회에 입문하였다고 보아야 한다. 자신과 타자를 인간으로 인식할 때 그의 인간성은 비로소 발달한다. 그러므로 왜 인간이 존중되어야 하는지를 묻는 것은, 위험한 상황을 왜 두려워해야 하는지를 묻는 것과 같다. 왜냐하면 존중의 개념이 인간의 개념 속에 내포되어 있기 때문이다. 피터스는 인간존중의 개념을 정당화하려고 다시 실천이성의 사태로 돌아가서 인간존중이 그러한 현상에 참여하는 사람이라면 누구나 받아들여야 하는 가정이라는 것을 보여 주려 하였다(1966, 213-214).

크라노(Cranor)도 칸트의 존중 개념에 대해 비판하였다. 그는 칸트의 존중 개념이 찬양(admiration), 존경(reverence), 경외(awe)와 구별될 수 없다고 말하였다. 칸트는 가치를 지닌 현상에 대해 어떠한 제한도 가하지 않고 막연하게 존중이라는 말을 사용하였다는 것이다(1975, 315).

크라노는 찬사를 보내는 것과 존중하는 것은 서로 다르다고 말하였다. 그는 위대한 등산가 에드먼드 힐러리(Edmund Hillary) 경의 히말라야 정복을 예로 들었다. 그의 행위는 찬사의 대상이지만 존중의 대상은 아니라는 것이다. 원정 능력 때문에 그를 존중하려면 그 능력에 대한 지식과 이해가 있어야 한다. 의사만이 다른 의사를 '좋은 의사'로 존중할 수 있다. 환자는 의학적 지식이 없으므로 제대로 판단할 수 없어서 다른 이유, 즉 정직함 등의 이유로 존중할 수 있을 뿐이다(1975, 313). 곡예사의 경우도 똑같이 말할 수 있다. 그는 대중의 찬탄의 대상이 될 수 있지만 존중의 대상은 되지 못한다.

크라노는 이러한 필연적인 조건 때문에 존중은 어떤 의미에서 평등한 사람 사이에서만 유지될 수 있다고 말하였다. 어떤 사람의 인격적인 특성이나 능력이 왜 좋은 것인지에 대해 지식과 이해를 가지려면, 인격적인 특징과 결과 간의 복잡한 관계를 이해하는 문제에서 적어도 평등한 수준에 있어야 한다. 존중이 존중하는 사람과 존중받는 사람 간에 일종의 대등한 관계를 포함하는 것은 인간 존중의 원리에 담겨 있는 존중의 한 특징이다(1975, 313).

롤스(Rawls)는 칸트와 달리 자존심을 의무로 보지 않고 자격이나 권리라고 생각하였다. 그는 정의의 정신이 사회의 모든 구성원에게 자존심을 갖도록 요구한다고 생각하였다. 그는 자존심은 선택하는 것이 아니라 개인이 반드시 가져야 하는 가장 큰 의미의 사회적 선이라고 생각하였다. 이러한 시각에서 그는 존중 개념을 자존심과 관련하여 고찰하였다.

> 우리는 자존심(self-respect 또는 self-esteem)이 두 가지 측면을 갖는 것으로 해석할 수 있다. 첫째, 개인이 자신의 가치에 대한 의식, 즉 자신이 생각하는 선의 개념과 자신의 인생 계획이 실현할 만한 가치가 있다는 확고한 신념을 포함한다. 둘째, 자신의 힘이 닿는 한, 자신의 의도를 성취할 능력이 있다고 확신하는 것을 포함한다(1971, 440).

롤스는 자존심은 자신의 인생 계획이 추구할 만한 가치가 있다고 생각하는 사람이 갖는 것이라고 보았다. 그는 자존심과 자부심을 구별하지 않고 사용하였다. 이러한 이유로 비판을 받기도 했지만 그의 자존심 개념은 정치철학의 핵심 개념이 되었다. 그는 자존심은 사람이 가져야 할 기본적인 선으로서, 공동체는 이 선이 실현되도록 해야 한다고 역설하였다. 그는 자존심이 결여될 경우 여러 부작용이 발생한다고 생각하였다. 자존심이 결여된 사람은 어떤 것에서 추구할 만한 가치를 발견하지 못하고, 가치를 발견하더라도 추구하려는 의지가 없다. 모든 욕구와 활동이 공허해지고 무관심과 냉소주의에 빠지게 된다는 것이다.

롤스는 자존심과 수치심은 불가분의 관계를 가진다고 말하였다. 그는 수치심을 갖는 것은 자존심을 지키기 위한 자기방어라고 생각하였다.

> 우리는 어떤 사람이 자존심에 상처를 입거나 자부심에 충격을 받았을 때 갖는 감정이 수치심이라고 규정할 수 있다. 수치심은 좋아하던 선의 상실이므로 고통스럽다. 수치심과 후회는 서로 다른 것으로서 이 점이 주목되어야 한다. … 후회는 선이라고 생각되는 것의 상실 또는 부재로 일어나는 일반적인 감정인 데 비해, 수치는 특수한 종류의 선인 자존심에 대한 충격으로 일어난 정서다 (1971, 442-443).

롤스가 자존심을 기본적인 선으로 간주한 것은 이러한 바탕이 있어야 다른 사회적 가치가 실현될 수 있다고 믿었기 때문이다.

자존심은 개인의 노력을 통해 확보되기도 하지만 사회적, 정치적 환경에 따라서도 확보된다. 즉, 정치 제도가 구성원의 자존심을 지켜 주도록 마련되어야 한다. 평등한 대우는 자존심을 지켜 주는 유력한 방법이다. 불평등한 사회에서는 전체 구성원의 자존심이 보장될 수 없다.

롤스 이후 많은 철학자들이 존중 개념의 철학적 분석을 시도하였다. 이러한 노력의 성과로 존중은 가치어의 지위를 확보하였다. 어떤 사람이나 어떤 것을 존중한다는 것은 그 사람이나 그것이 가치 있다는 것을 의미한다. 우리가 어떤 사람을 존중한다는 것은 어떤 평가적 관점에서 존중하고 있는 것이다.

딜런(Dillon)은 존중을 '가치를 부여하는 하나의 양식'(a mode of valuing)으로 이해하였으며 이에는 두 가지 접근 노선이 있다고 주장하였다. '이것이 중요하다.'는 노선과 '이것이 좋다.'라는 노선이다. 전자는 어떤 것의 중요성을 인식하고, 후자는 어떤 것의 질을 평가한다. 그는 전자는 아리스토텔레스와 흄(Hume)의 노선이고 후자는 칸트의 노선이라고 말했다(1995, 18).

존중이 분명 가치어에 속하지만 여러 특성을 가지고 있는 복잡한 개념이다. 존중은 감정, 신념, 행동 양식, 행동의 기질, 태도 등의 형태를 취한다. 존중은 인간, 표준, 제도를 향한 느낌이라는 의미에서 감정이다. 그리고 대상이 가치 있다고 믿는다는 점에서 신념이기도 하다. 대상을 존중하는 기질의 형태를 보여 주기도 하고 때로는 존중을 가장하는 행동 양식을 보여 주기고 한다. 또한 존중은 신념, 평가적 판단, 정책에 대한 헌신, 행동과 감정의 기질적인 요소의 결합을 보여 주는 태도이기도 하다(Hill, 1998, 283-284).

인간존중이라는 말은 의미가 애매하다. 인간을 존중한다고 할 때 인간으로서의 인간존중과 전문가 또는 공직자로서의 인간존중은 구별되어야 한다. 전문가로서 탁월하고 도덕적으로 사악한 사람인 경우가 허다하다. 이 경우 도덕적인 측면에서는 존중될 수 없다. 무능한 교사의 경우도 인간으로서는 존중할 수 있다.

사람들 중에는 존중을 받을 만한 사람과 그렇지 못한 사람이 있다고 생각된다. 모든 사람은 존중받을 자격이 있다고 주장하는 도덕주의자도 있다. 그러나 존중받고 있는 대상이 가치가 없을 경우에 존중을 나타내는 행위는 내재적으로 자기모순적인 행위가 된다.

존중이란 말 속에는 신앙과 헌신이라는 의미가 들어 있다. 존중하는 사람은 존중받는 사람과 사안에 대해 헌신하려는 성향을 보인다. 존중은 존중하는 사람의 행위에서 어느 정도 관찰될 수 있다. 인사하는 모습, 자세, 복장, 경어와 경칭 사용 등으로 존중하는 마음을 드러낸다. 상대를 칭찬하고 명령이나 충고를 받아들이는 태도는 그를 존중한다는 것을 보여 준다.

이상의 논의를 통하여 존중이라는 말 속에는 적어도 다음과 같은 의미가 있어야 한다고 할 수 있다. 존중이란 어떤 사람이 타인의 욕구, 의도, 의지 등을 고려하려는 기질과, 타인에 대해 동정적인 태도를 가진다는 것을 의미한다. 또한 자신의 독자적인 관점에서 문제 상황을 바라보는 능력을 가진다는 것이며, 타인을 대체할 수 없는 존재로 인식한다는 것을 의미한다.

존중이라는 말을 인간과 관련시킬 때 인간존중, 자기존중, 타자존중 등으로 나타난다. 이러한 말은 서로 관련되어 있으며 그 자체로서 깊게 논의되어야 할 주제다.

II. 존중의 종류

존중의 개념이 모호하게 사용된 데는 여러 원인과 이유가 있지만, 존중의 종류가 있다는 것을 고려하지 않았기 때문이기도 하다. 여러 학자가 존중의 종류를 구명하였다.

1. Darwall의 분류

1977년에 발표된 다윌(Darwall)의 논문은 주목을 받아 왔다. 그는 존중의 개념이 모호하게 사용되고 있으며, 그 이유는 두 종류의 존중 개념을 구별하지 않기 때문이라고 하였다. 그래서 그는 존중 개념을 '인정존중'(recognition respect)과 '사정존중'(appraisal respect)으로 나누어 고찰하였다. 전자는 인간을 인간으로서 존중하는 것이고, 후자는 개인이 성취한 결과에 비추어 존중하는 것이다. 전자는 장점이 있건 없건 간에 어떤 사람이 인간이라는 사실에 적절한 무게를 두려는 것이다. 후자는 인간으로서든 전문가로서든 개인의 장점에 대한 긍정적인 평가에 기반을 둔 존중이다. 후자의 의미로는 우리가 만인을 존중할 수 없다.

인정존중은 문제되는 대상의 어떤 특징을 평가하고 그에 따라 행동하는 성향으로 구성된 존중을 의미한다. 법률, 어떤 사람의 감정, 사회제도가 이러한 존중의 대상이 될 수 있다. 인정존중은 대상의 어떤 특징을 고려하거나 인정하는 것을 의미한다. 인간은 인정존중의 대상이 될 수 있다. 인간 일반이 존중의 대상이 될 수 있다고 주장하는 것은 인정존중에 해당한다(Darwall, 1995, 183). 사람에 대해 '인정존중'을 하는 것은 사람이라는 사실에 적절한 무게를 두는 것이다.

그런데 인정존중과는 다른 태도인데도 존중이라는 말이 사용되고 있다. 어떤 사람이 우리의 존중을 받을 만하다고 말할 때 우리가 염두에 두고 있는 것은 '사정존중'이다. 사정존중은 한 사람 또는 그의 인격과 관련된 특징을 긍정적으로 평가하는 것이다. 그러한 존중의 적절한 근거는 그가 긍정적인 평가를 받을 만한 특징을 보여 주었다는 것이다. 다월은 인간으로 판단된 인간 일반의 평가존중과 더욱 특수한 추구에서 평가된 사정존중을 구별하였다. 인간 일반에 대한 사정존중은 주로 도덕적 태도를 염두에 두고 있다.

한편 특수한 추구에서 탁월성을 보이는 것은 인간 일반에 대한 평가와 무관할 수도 있다. 테니스 선수로서 존중받으려면 인격의 탁월성이 아닌 테니스의 탁월성을 보여 주어야 한다(1995, 186-187).

그러나 탁월한 테니스 선수라도 동료에게 존중받지 않을 수 있다. 바로 예절이 결여되어 있는 경우다. 교사의 경우도 마찬가지다. 따라서 지적 덕 외에도 윤리적 표준이 요구된다.

인정존중과 사정존중은 똑같이 사람을 존중의 대상으로 삼으므로 이 둘을 구별하는 것이 중요하다. 인정존중은 인간 일반에 대한 존중이며 사정존중은 인간의 탁월성의 특징에 대한 존중이다. 한 사람을 다른 사람보다 더 존중한다는 것은 사정존중의 태도를 보여 주는 것이다. 존중을 논의하는 경우 이 둘을 구별하는 것이 무엇보다 중요하다.

다월은 존중의 두 종류를 구별하는 것이 중요하지만, 이들은 다음과 같이 서로 관련되어 있다고 생각했다(1995, 192-193).

① 특수한 사람에 대한 사정존중의 근거와 인정존중의 적절한 대상으로서 받아들이는 고려 간에는 서로 관련이 있다. 인간에 대한 평가는 적절한 인정존중에 의존한다.
② 사정존중의 적절한 대상인 존재는 이유를 가지고 행동할 수 있고, 여러 사실은 장점이 있는 것으로 인식할 수 있는 것이다.

인간 일반에 대한 인정존중과 인간으로서의 개인에 대한 사정존중은 독자적으로 행해질 수 있다. 따라서 이 둘은 구별되어야 한다. "너는 자존심도 없니?"란 말은 인간으로서의 자기존중을 문제 삼는다. 이것은 자기사정(self-appraisal)의 문제가 아니라, 인간으로서의 권리와 책임을 인식하도록 호소하는 것이다(1995, 193).

한편으로 '사정자존심'(appraisal self-respect)과 다른 사정 태도를 구별하는 것 또한 중요하다. 후자에 속한 것으로 자부심이라는 것이 있다. 자부심의 기초를 형성하는 특징은 인격적인 특징에 국한되지 않으며, 그것을 지니고 있다는 신념에 따라 즐거워지는 특징을 포함한다. 자부심을 가진 사람은 자신의 외모, 위트 등이 낮게 평가될 때 고통받는다(1995, 194). 자존심을 구성하는 자기사정은 인간으로서의 자신에 대한 평가다. 인정존중은 우리가 행동을 위한 이유로 고려하는 것이고, 사정존중은 인격을 이루는 특징을 기초로 인간을 평가하는 것이다.

2. Dillon의 분류

딜런도 존중에 두 종류가 있다고 생각하였다. 그는 이를 자존심과 관련지어 고찰하였다. 그가 제시한 것은 '인정자존심'(recognition self-respect)과 '평가적 자존심'(evaluative self-respect)이다. 그는 전자가 결여되면 굴종 상태가 되고 후자가 결여되면 수치심을 갖는다고 생각하였다. 평가적 자존심을 가진 사람은 언제나 수치심으로 고뇌한다. 평가적 자존심은 어떤 가치, 이상, 표준에 헌신하는 것을 의미한다. 수치심에 민감하지 않은 사람은 어떠한 환경도 수치심을 유발시키지 않는다고 생각하기 때문에 평가적 자존심을 가질 수 없다(1992, 127).

인정자존심은 만인이 가질 수 있는 것으로 자기 자신을 존중하는 형태다. 지나치게 자신을 비하하는 사람은 이것이 결여되었다는 것을 의미한다. 인정자존심은 자신이 인간이라는 것을 인식하는 데서 온다. 이것은 단순히 인간이라는 것을 아는 데서 오는 것이 아니라, 인간에 대한 규범적인 인식을 가져야 비로소 가능하다. 이러한 견해는 칸트로부터 비롯되었다고 할 수 있다. 인간 존재는 합리적이고 자율적인 것이라는 전제하에서만 이러한 인식이 가능하다.

인정자존심은 만인이 갖는 것이지만 평가적 자존심은 개인에 따라 향유 여부가 결정되는 종류의 자존심이다. 이것은 이미 수행한 행위에 대한 평가에서 유래한다. 평가적 존중의 규범적 근거는 대체로 그 사람이 가진 도덕적인 인격에서 유래한다. 평가적 자존심은 인간이기 때문이 아니라 인간이 가진 탁월성과 능력 때문에 가능한 것이다.

자부심은 평가적 자존심과 유사한 점이 있지만 서로 다른 개념이다. 자부심과 평가적 자존심은 자신에 대해 호의적으로 평가하지만 이 둘의 규범적 근거는 다르다. 자부심은 직접적인 도덕적 인격에 의존하지 않는다. 유머 감각, 장기 경기에서 우승하는 경우가 자부심의 근거가 될 수 있다. 평가적 자존심은 도덕적 인격에 근거한 호의적인 자기평가다. 그러나 자부심의 경우는 도덕성과 상관이 있다 할지라도 그것은 어디까지나 간접적이다(Stark, 1998, 636).

딜런은 평가적 자존심이란 말을 1980년에 발표된 허드슨(S. D. Hudson)의 논문 「존중의 본질」에서 발췌하였다고 말하였다. 딜런의 평가적 자존심은 다월의 사정존중 개념에 해당된다고 할 수 있다. 딜런은 평가적 자존심을 "자신이 획득한 가치를 인정하고, 자신의 이상의 표준에 비추어 한 인간으로서 자신의 자질에 대해 긍정적으로 평가하는 것"(1992, 134)으로 이해하였다. 평가적 자존심을 가진 사람은 자신의 가치관에 일치된 삶을 살아가고 스스로 존재할 만한 가치를 갖는다. 그는 자신을 존중할 만한 가치가 있는 사람으로 본다. 이러한 사람은 자율적이며 자기 교육을 실현할 수 있다.

딜런은 자존심을 상실하거나 부족한 사람을 지칭하기 위해 많은 용어를 사용하였다. 비굴한 사람(the servile), 자기를 비난하는 사람(the self-deprecator), 거만한 사람(the arrogant), 부끄러워하는 사람(the ashamed), 자기를 경멸하는 사람(the self-contemptuous), 자기 용서를 못하는 사람(the self-unforgiving), 무분별하게 자기를 수용하는 사람(the indiscriminately self-accepting), 자기의 신념을 상실한 사람(the self-doubter), 변덕스러운 사람(the wanton), 부끄러움을 모르는 사람(the shameless), 굴욕적인 사람(the shiteater), 자기를 배반하는 사람(the self-betrayer), 상습적으로 무책임한 사람(the chronically irresponsible), 자기를 변명하는 사람(the self-excuser), 자기에 도취된 사람(the self-absorbed) 등이다(1992, 126-134).

딜런이 소개한 수많은 말 속에서 우리는 자존심의 상실에 따른 사람의 비애, 혐오, 탄식을 읽을 수 있다. 딜런은 자존심을 상실했어도 부끄러워하는 사람, 자기를 경멸하는 사람, 자기를 용서하지 못하는 사람, 자기 신념을 상실한 사람은 나름의 표준을 가지지만, 이에 비해 변덕스러운 사람, 부끄러움을 모르는 사람, 굴욕적인 사람은 표준을 가지지 않으며 이런 사람은 자존심을 가질 능력이 없다고 말했다(1992, 129).

존중의 종류에 대한 이상의 논의는 존중 개념을 이해하는 데 도움을 준다. 존중 개념에 대한 최근의 철학적 논의는 이러한 분류가 유용함을 보여 주고 있다. 이러한 분류 외에도 존중에 대한 객관적인 관점과 주관적인 관점, 존중에 대한 도덕적인 관점과 심리적인 관점으로 나누어 고찰해 보는 것도 유용하다.

III. 존중 개념의 구조

존중의 구조를 이해함으로써 존중 개념의 정확한 용법을 배울 수 있다. 크라노는 존중의 개념에는 4개의 요소, 즉 '존중하는 사람' '존중받는 사람' '존중받는 대상의 특징', 그리고 '대상이 존중받도록 하는 평가 관점'이 복잡하게 관련되어 있다고 생각하였다. 그는 이것을 다음과 같이 도식화하였다. "존중하는 사람 R은 어떤 사람 P가 F라는 특징을 가지고 있기 때문에 존중한다(1975, 310)." 이 경우 F는 P의 어떤 능력이나 인격 특징(character-trait)을 의미한다. 여기서 사용되는 존중이라는 말은 가치어이기 때문에 P가 F를 갖는 것은 좋은 것이라는 의미를 함의한다. R이라는 사람이 P가 F라는 특징을 가지고 있고, P가 F를 갖는 것이 바람직하다고 믿어야 한다.

크라노의 주장은 일상 언어에서도 찾아볼 수 있다. 타인에게 무조건 나를 존중하라고 말하거나 남을 존중하라고 말하지 않는 것은 이러한 도식을 염두에 둔 것이라고 할 수 있다. 그러나 우리는 존중 개념이 언제나 이런 도식으로 사용되는지 묻지 않을 수 없다. 교사는 학생을 존중해야 한다고 말하는 경우도 이런 도식이 적용되는가? 크라노의 도식은 명료해 보이기는 하지만 존중의 대상이 되는 상이한 방식을 구별하지 않음으로써 모호해졌다고 할 수 있다. 그의 도식은 사정존중과 평가적 자존심에만 적용할 수 있다.

어떤 사람을 존중하는 데는 그럴 만한 이유가 있어야 한다. 아무 이유 없이 존중한다는 것은 논리적으로 부적절하다. 우리가 어떤 사람을 존중할 때 그 사람은 존중할 만한 가치가 있는 특징을 가지고 있다. 사람을 존중하는 이유 가운데에는 공리적인 이유도 있으며 비도구적인 이유도 있다. 사람을 존중하기 위한 이유는 존중의 태도가 아닌 그 사람의 속성이어야 한다. 그래야만 주관적인 평가에서 어느 정도 벗어날 수 있다.

우리가 어떤 사람의 특징 때문에 존중할 때, 그의 과거의 특징뿐만 아니라 현재의 특징 때문에도 존중하는 것이다. 과거에 아무리 존중받을 만한 특징을 가졌다 할지라도 현재 그 특징이 없다면 존중의 대상이 되기 어렵다. 그런 경우는 도리어 안타까움과 연민의 대상이 될 수 있다. 계속해서 존중받는 존재가 되려면 끊임없이 존중의 대상이 되는 가치를 창출해야 한다.

메이어스(Meyers)는 존중 개념에 대한 도덕적 관점과 심리적 관점이 모두 불만족스럽다고 말하고 대안을 제시하였다. 그는 존중은 삼중적(triadic)인 관계, 즉 대상, 행위, 태도의 관계라고 말하였다. 그는 대상과 행위는 객관적인 요소로, 태도는 주관적인 요소로 보았다(1995, 223). 그는 이 세 요소가 상호 충돌하는 경향이 있다고 생각하였다. 어떤 사람은 존중하는 태도를 행위로 표현하는 데 실패할 수 있다. 무관심하거나 무례한 태도임에도 불구하고 상대를 존중하는 마음을 품을 수 있는 것이다. 때로는 존중하는 행위도 존중할 가치가 없는 대상으로 향할 수 있다. 한편 표현되지 않은 존경하는 태도는 억압된 존중이다. 존중하는 태도에 기초를 두지 않은 존중 행위는 불성실한 존중이다. 또한 가치 없는 대상을 목적으로 하는 존중 감정과 행위는 공인되지 않은 존중이다. 이러한 불일치는 존중의 형태를 제한한다(1995, 224). 이러한 불일치 때문에 학생이 교사를 존중하는 감정을 가지지 않으면서 존중하는 행동을 가장할 수 있다. 이 경우의 행동은 불성실하고 위선적이라고 할 수 있다.

IV. 존중의 대상

1. 타인존중

인정존중의 경우는 모든 사람이 존중의 대상이 될 수 있다. 그러나 인간의 삶은 다양하고 성취의 정도가 매우 다르기 때문에 사정존중에 따른 여러 문제가 제기된다. 인간을 존중하는 경우 인간의 어떤 측면이 존중의 대상이 되는가? 인간의 능력과 특징 중에 어떤 것이 포함되는가? 인간의 자연적 역량과 그것을 표현하는 행동은 존중의 대상이 되지 않는다. 그것은 놀라움과 경탄을 자아내지만 존중하는 마음을 불러일으키지는 못한다. 거인 농구 선수의 경우가 그러하다.

크라노는 '인간이 존중되어야 한다.' 는 말의 의미는 '인간이 되는' 본질적인 특징을 존중하라는 것을 의미한다고 했다. 그는 '인간이 된다.' 라는 말에는 두 가지 의미가 있다고 말하였다. 첫 번째 의미에서의 인간은 도덕적 공동체 안에 포함되는 생물체의 특징을 의미한다. 칸트에게는 정언명령이 그 자신에게 이해, 판단, 그리고 적용하는 능력을 가진 생명체로서의 의미를 지닌다. 롤스에게는 그 자신의 선 개념과 정의감을 가진 사람을 의미한다. 이러한 의미에서의 인간존중은 동물존중과 구별된다. 두 번째 의미에서의 '인간' 은 인격이나 개성의 중요한 부분인 인격의 특징과 덕을 의미한다. 이러한 의미의 인간존중은 사람이 가진 어떤 기능이나 능력을 존중하는 것과 구별된다. 이런 경우 인간은 도덕적 덕이 오히려 인간이 되는 데 본질적인 요소로 부상한다(1975, 317).

두 개의 상이한 인간개념이 있으므로 두 개의 상이한 인간존중 이론이 존재하는 것이다. 첫 번째 형태는 우리에게 도덕 공동체의 모든 구성원을 존중하라고 말한다. 왜냐하면 동물과 무생물과는 다른 가치 있는 특징을 지니기 때문이다. 두 번째 형태는 도덕적 탁월성을 가진 인간을 존중하라고 말한다(1975, 317).

일반적으로 도덕적 덕을 가진 사람은 존중된다. 도덕적 덕은 오랫동안 각고의 노력을 통해 획득되는 것으로서 사람들의 존중의 대상이 된다. 이러한 덕을 가지지 못한 사람은 가진 사람을 더욱 존중하거나 그것의 가치를 모른 채 폄하하기도 한다. 도덕적 덕, 예컨대 정의, 절제, 용기, 지혜 등과 같은 탁월성은 존중의 대상이 된다. 이 경우 우리는 이러한 덕의 가치를 먼저 인정하고 있어야 한다. 또한 용기의 경우처럼 존중의 대상이 되는 사람이 위험한 상황에서 용기 있는 행동을 자주 했다는 증거를 가지고 있어야 한다. 목격은 믿음의 좋은 원천이 된다. 또한 신뢰할 수 있는 사람의 증언도 필요하다.

도덕적 덕 이외에도 지적 덕과 능력도 존중의 대상이 된다. 사람은 아주 다양한 능력을 가지고 있다. 이러한 능력 모두가 존중의 대상이 될 수는 없다. 일부 사람들은 나치 장교나 절도범을 아주 편협한 관점에서 존중하기도 한다. 자신에게 주어진 임무를 빈틈없이 해내거나 신출귀몰한 동작으로 도피하는 모습에 존중을 표시하는 것이다. 그러나 우리는 도덕적 관점에서 그들을 존중할 수 없다.

또한 우리는 어떤 사람의 능력 때문에 존중할 수 있다. 어떤 사람의 수학적, 논리적, 예술적 능력 때문에 존중할 수 있는 것이다. 인격의 특징처럼 이러한 능력도 비교적 지속적이다. 이러한 능력을 존중하는 태도는 개인을 단순히 칭찬하는 것과는 구별된다. 우리는 하나의 탁월한 행위에 대해 칭찬하지만 그러한 행위를 존중하지는 않는다. 비교적 지속적인 성향, 즉 인격적인 특징과 능력을 가진 사람을 존중한다(1975, 312). 존중받는 사람의 능력이 그의 노력의 결과이고 스스로 그것을 통제하고 있을 때 존중의 대상이 된다. 존중의 대조적인 말인 '경멸'에도 같은 방식으로 적용될 수 있다. 경멸도 자질과 특징이 행위자의 통제하에 있을 때만 적용된다.

2. 자기존중

지금까지 우리는 인간존중의 개념을 논의하면서 주로 타인존중에 대해 고찰하였다. 인간존중의 개념 속에는 자기존중도 포함된다. 자기를 존중한다는 것은 자신이 자유인임을 확신하는 것이다. 콜링우드는 "이러한 자유의식이 자기존중이다."(1992, 308)라고 말하였다. 이런 의미로 본다면 타자를 존중한다는 것은 그의 자유를 인정하는 것이라고 할 수 있다. 자유의 차원에서 볼 때 자기존중과 타자존중은 밀접하게 관련되어 있다. 자유인은 개인주의에 입각하여 공동체 구성원들을 동료로서 존중하고 그들이 자신을 존중해 주기를 기대한다.

자기존중은 매우 복잡한 개념이다. 스타크(Stark)는 이렇게 정의하였다. "자기존중은 자신에 대한 가치 의식을 표현하거나 구성하는 태도, 신념, 욕구, 기질, 헌신, 기대, 행동 그리고 정서의 무리를 포함하는 다면적인 관념이다."(1998, 635).

자기존중이란 자기 자신이 인간으로서의 가치를 가졌는가에 대해 스스로 호의적으로 대하는 태도를 의미한다. 자만심과 자부심과는 달리 자기존중은 합리적인 근거를 가지므로 객관성을 띤다.

자신이 인간으로서 마땅히 가져야 할 가치를 획득했을 때 자기를 존중하는 마음을 갖는다. 자기존중은 자신을 참된 가치가 있는 존재로 스스로 평가하는 것을 포함한다. 그러나 자기존중은 개인이 자의적으로 해석하는 태도가 아니며, 개인이 마땅히 가져야 할 사회적 선으로 간주된다.

사람은 자기 평가를 하면서 살아간다. 자기 평가는 두 가지 차원에서 이루어진다. 하나는 인간으로서 자신에 대한 평가이고, 다른 하나는 역할과 관련된 자기 평가다. 인간으로서 자신을 존중한다는 것은 인간이 되는 데 필요한 어떤 자질을 높이 평가한다는 것을 의미한다. 이것은 인간에 대한 관용을 가지는 능력이 있다는 것을 의미하기도 한다.

자기 평가에 관련된 정서가 있다. 바로 자부심, 수치심, 죄의식, 겸손 등이다. 이 중에는 긍정적인 정서도 있고 부정적인 정서도 있다.

인정자존심은 자신이 인간이라는 것을 인식하는 데서 온다. 이것은 자신이 단순히 인간이라는 것을 아는 데서 온다기보다 규범적인 인간상을 가짐으로써 온다. 그리고 인간은 합리적인 존재이며 자율성을 가지고 있다는 믿음에서 발현되는 것이다. 인정자존심은 거만과 굴욕 사이에 존재하는 말이다.

평가적 자존심은 이미 수행한 행위에 대한 평가로부터 온다. 평가적 자존심의 규범적 근거는 그 사람이 가진 도덕적 인격의 질이다. 평가적 자존심은 그가 사람이기 때문이 아니라 그 사람의 덕 때문에 가능한 것이다.

개인이 자신의 성취를 이상에 비춰 보아 자랑스럽다고 생각할 때 평가적 자존심이 생긴다. 평가적 자존심의 활동에 참여하는 것은 자아형성에 중요하게 작용한다. 자신의 자아이상에 비추어 자신을 스스로 평가하려는 기질과 평가적 자존심을 유지하려는 관심은 자기비판을 위한 동기화, 수단, 준거를 제공한다. 그것은 결과적으로 자기지도, 자기통제, 자기발달을 위한 것이기도 하다. 또한 우리로 하여금 자기 비판적, 자기 규율이 되도록 한다(Dillon, 1992, 134).

스타크는 인정자존심은 객관적인 관념이라고 생각하였다. 사람은 반드시 가져야 하는 어떤 태도, 기질, 반응이 있다는 것이다. 이에 비해 평가적 자존심은 객관적이기도 하고 주관적이기도 하다. 객관적인 관념으로 간주되는 경우는 평가의 척도로 간주되는 표준이 도덕적으로 가치 있을 때다. 주관적인 개념으로 간주되는 경우는 개인의 적극적인 자기 평가가 스스로 가치 있다고 생각되는 표준에 기초하고 있는 경우다(1998, 636).

자존심이 결여되면 어떤 현상이 일어날 수 있는가? 어떤 사람이 자존심이 결여되어 있다고 말하는 것은 그 사람의 인격을 비판하는 것이다. 자존심이 결여될 경우 일어날 수 있는 현상을 여러 가지로 유추해 볼 수 있다. 롤스는 다음과 같은 것을 들었다(1971, 440).

① 모든 것이 할 가치가 없어 보인다.
② 가치가 있다 해도 추구하고자 하는 의지를 상실한다.
③ 모든 욕구와 활동이 공허하고 하찮은 것으로 생각된다.
④ 무관심과 냉소주의에 빠진다.

또한 자존심의 결여는 다른 방향의 해악을 가져오기도 한다. 자기경멸, 자기학대, 거만, 자기회의, 비굴의 양상을 보이는 것이다.

특별히 평가적 자존심이 결여될 때는 수치심이 따른다. 평가적 자존심은 어떤 가치, 이상, 표준에 헌신하는 것을 의미하기 때문에 이것을 가진 사람은 수치심에 매우 민감해진다. 수치심에 민감하지 않은 사람은 어떠한 활동도 수치심을 유발시키지 않는다고 생각하기 때문에 평가적 자존심을 가질 수 없다(Dillon, 1992, 127). 평가적 자존심이 결여되면 수치심만 갖는 것이 아니라 자기경멸의 태도도 갖는다.

자기를 존중하지 않는 삶은 무의미하다. 자기를 존중하지 않는 사람은 아무렇게나 행동한다. 따라서 자존심은 도덕적 삶을 가능하게 한다고 할 수 있다.

딜런은 자존심이 도덕적으로 문제가 되는 방식을 고찰하였다(1992, 135-136).

① 자존심은 인간가치를 구성하는 것과 관련되어 있다. 인정자존심은 도덕적 중요성을 가진 것을 존중한다. 자기평가, 자기정의, 자기를 지도하는 능력, 비타협적인 평가적 자존심은 도덕적으로 더욱 중요하다.

② 대인 간의 인정자존심은 우리에게 다른 방향으로 봉사한다. 이것은 도덕적 공동체 안에 있는 개인이 평등한 위엄을 가진 사람 사이에서 심오한 내재적 도덕 가치를 가진 사람으로 살도록 한다.

③ 평가적 자존심은 공동체를 위해 중요하다. 서로의 행위를 점검하는 것은 사회생활에서 필수적인 것이다. 평가적 자존심은 내재화된 점검의 한 형식이다. 평가적 자존심은 어떤 삶이 가치 있는 것인가, 나는 어떤 인간이어야 되는가에 대한 대답을 스스로 음미하며 살도록 자극하는 데 중요한 역할을 한다.

④ 자존심, 성실, 동일성 사이에는 관련이 있다. 자존심은 자신

의 평가적 가치와 어떤 이상적 가치에 대한 연관적 동일성을 요구한다. 평가적 자존심을 배려하는 사람만이 자신의 성실성을 유지할 수 있다. 자신의 가장 핵심적인 가치를 배반하는 것은 자신과 함께 살아갈 수 없을 뿐만 아니라, 함께 살아가야 할 자아를 더 이상 가질 수 없음을 예상하게 한다. 왜냐하면 자기를 존중하는 마음을 상실하는 것은 결국 자신을 상실하는 것이기 때문이다.

인정존중은 모든 인간이 평등한 도덕적 가치를 가진다는 관념을 포함하는 것이 아니다. 많은 특수한 인정존중 개념이 있다. 따라서 '인정적 인간존중'(recognition respect for persons)은 위계적 인간가치의 개념과 양립할 수 있다(1992, 138, 24n).

자존심은 파괴되기 쉽다. 자기배반, 자기경멸 등은 자기 자신에 따라 또는 외적인 영향에 따라 쉽게 무너진다. 책임의 회피 등도 작용한다. 이러한 이유 때문에 자기존중을 유지하기가 어렵다.

힐(Hill)은 자존심을 유지하는 방법을 소개하였다(2001, 1564).

① 칸트는 도덕성이 우리로 하여금 자존심을 유지하도록 해 준다는 것이다. 그는 인간을 목적으로 대해야 하므로 우리는 타인에 대한 존중과 자기존중의 의무를 가진다는 입장을 취하였다. 자존심과 결합된 의무는 만취, 자살, 굴욕, 자신을 성적 대상으로 만드는 행위 등을 피해야 할 의무로 파악한다. 이러한 입장은 자존심의 개념을 자신의 도덕적 권리를 인정하는데 따른 적절한 태도와 행위로 이해한다.

② 자존심은 그것을 가진 사람에게 중요한 선이며, 자존심을 인정하는 제도와 정책도 지지한다. 롤스가 이러한 입장을 서 있

다. 이 견해는 자존심을 개인이 추구해야 할 도덕적 이상이 아니라, 합리적 행위자에게 바람직하게 보이는 일차적 선으로 인식하고 있다.

인간에게는 스스로를 존중해야 할 의무가 있다. 자존심은 개인의 노력을 통해 획득되지만, 사회적 환경에 따라 확보되기도 한다. 정치사회 제도가 자기존중을 파괴하기도 하며, 권위주의적인 사회 공동체는 자존심을 갖도록 허용하지 않는다. 평등한 대우는 자존심을 지켜 주는 중요한 방법이다. 억압받은 사람은 자존심을 가질 수 없다. 그런 점에서 자존심은 인간복지의 핵심적인 요소라고 할 수 있다.

한 번 획득한 자존심은 비교적 안정성을 가진다. 자존심을 가진 사람은 자신을 존중하고 자신의 현재 모습을 아끼고 보호하려 한다. 그렇지만 고정된 것이 아니므로 외부의 힘이 파괴할 수도 있다.

V. 존중의 가치와 한계

존중은 다른 가치와 마찬가지로 인간의 행복과 복지를 위한 필수 요소다. 개인적, 집단적 이기주의가 만연하는 사회에서는 자신과 이웃을 존중하는 태도가 없이 인생의 의미를 제대로 발견하고 실현할 수 없다.

콜링우드는 이 세계의 혼돈과 암흑 속에서 인생을 어떻게 살아야 하는가 하는 질문에 대답하면서 몇 가지 규칙을 제시하였다. 그 규칙 가운데 하나가 바로 '자존심'이다(1989, 172-173). 그는 자존심은 자기지식과 불가분의 관계이며, 사람은 자존심을 가지지 않고는 자신의 삶을 잘 설계해 나갈 수 없다고 생각하였다.

롤스는 자존심을 가장 큰 의미의 선으로 공동체를 위한 필수적인 가치라고 생각하였다. 그는 자존심은 그것을 가진 사람에게 중요한 선이며, 자존심을 인정하고 지지하는 제도와 정책을 지지하도록 만든다고 생각하였다.

딜런은 자존심은 심리적으로 중요할 뿐만 아니라 그 이상의 가치를 가진다고 생각하였다. 자존심을 상실한 삶은 지루하고 역기능적일 뿐만 아니라 무의미하기도 하다는 것이다. 그는 자존심은 다음의 두 가지 중요한 가치를 갖는다고 말하였다. ① 자존심은 다른 사람의 의견으로부터 자유롭게 해 준다. 그러나 자존심만 이런 기능을 발휘하는 것은 아니다. 거만, 자폐증, 자기기만도 역기능적이지만 이런 기능을 발휘한다. ② 자존심은 도덕적으로 중요하다. 도덕적으로 중요한 것, 즉 개성, 권리, 자율성, 성실, 책임, 동일성 등이 자존심의 내용을 구성하며 인격과 밀접한 관계를 가지고 있기 때문이다(1992, 134).

존중 개념은 자기의 존재를 확인시켜 줄 뿐만 아니라 타자로 하여금 삶의 가치를 발견하게 할 수 있다. 자신의 가치를 존중하고 가치를 확장시키려는 노력은 인생의 의미를 창조한다. 이러한 노력을 게을리하면 결국 자기를 상실할 것이다.

존중의 가치에 대한 탐구는 계속되어야 하며 이 가치가 실현되기 위해서는 반드시 행위로 나타나야 한다. 행위가 가식일 수 있기 때문에, 존중 행위는 신념과 기질로 내재화되어야 한다. 그래야 존중의 가치가 지속적으로 실현될 수 있다.

존중은 가치 있는 활동이기는 하지만 가장 중요한 가치이거나 유일한 가치는 아니다. 존중 이외의 가치도 고려되어야 한다. 다른 가치와 공존하고 협력하여야 존중의 가치를 제대로 발휘할 수 있다. 자존심과 인간존중이 가치 있기는 하지만 내적, 외적 힘에 부서지기 쉽다. 존중은 자기배반, 자기경멸, 책임 회피, 근거 없는 변명처럼 자기 자신 때문에, 또는 억압, 폭력, 권력, 권위주의와 같은 외적인 영향 때문에도 쉽게 무너진다. 이러한 힘 때문에 자존심과 인간존중의 원리가 파괴되지 않으려면 존중의 가치를 인식하는 개인과 공동체가 있어야 한다. 사회적 분위기는 다른 가치처럼 존중의 가치를 형성하고 지속시키는 데 중요한 역할을 한다.

인간존중의 개념은 사회의 여러 영역에서 자주 강조되어 왔다. 자존심, 자부심, 자만심 등 인간존중을 표현하는 말은 모두 존중의 가치를 드러내려는 말이다. 이 장에서는 철학적 분석을 통하여 존중의 의미를 분명히 하려고 하였다. 존중의 대상, 종류, 존중의 가치와 한계에 대해서도 고찰하였다. 존중 개념의 분석을 통하여 발견한 것은 이 개념이 매우 복잡하다는 것이다. 왜냐하면 존중의 개념은 감정, 신념, 기질, 태도, 기대 등을 포함하기 때문이다. 이 존중 개념을 인간에게 적용할 때는 여러 개념이 등장하는데, 바로 자존심, 타인존중, 그리고 이 모두를 포괄하는 인간존중이다. 이러한 개념은 따로 그 자체로서 깊이 있게 논의되어야 할 주제다. 이 장은 이러한 논의를 전개하기 위한 하나의 기초를 놓으려는 시도였다.

인간을 존중한다는 말은 인간으로서 존중한다는 의미와 개인이 성취한 탁월성과 능력을 존중한다는 의미를 포함한다. 전자는 인간으로 태어난 것만으로도 존중되어야 한다는 의미이며, 후자는 개인이 각고의 노력으로 얻은 성취를 인정한다는 것이다. 후자의 경우는 반드시 존중할 만한 이유가 제시되어야 한다. 인간으로서 인간존중이 중요하기는 하지만 거기에 자족할 수는 없다. 인간이 성취한 객관적 가치를 획득함으로써 자존심과 타인이 주는 존중을 함께 얻을 수 있다.

VI. 인간존중과 행복

인간이 존중되지 않는 사회적 환경에서는 행복한 삶을 기대할 수 없다. 인간을 무시하는 행위인 거만, 교만, 굴종, 경멸 등이 지배하는 공동체와 인간을 존중하는 행위인 사랑, 우정, 배려 등이 지배하는 공동체를 비교할 때, 행복과 불행이 극명하게 드러난다.

인종, 종교, 학력, 성별, 사회적 계층 등에 따른 차별은 개인을 불행하게 할 뿐만 아니라 공동체도 불행하게 만든다. 사람은 겉으로 경멸하는 행위를 하지 않고도 타인을 멸시할 수 있다. 이런 행위가 있는 곳에서는 건전한 인간관계가 성립될 수 없다.

인간존중의 원리는 행복의 조건을 획득할 수 있도록 해 줄 뿐만 아니라 제 힘을 발휘하도록 도와줄 수 있다. 인간이 존중되는 분위기에서 지적, 도덕적 덕과 외적 선을 더 잘 획득할 수 있기 때문이다. 인간존중은 선택 사항이 아니라 의무다. 왜냐하면 사람은 누구나 행복을 갈구하며, 타자로부터 존중받기를 원하기 때문이다.

인간은 타인존중과 자존심을 달성하지 않고는 행복할 수 없다. 타인을 존중하지 않는 행위, 즉 거만, 몰염치, 경멸 등은 타인의 행복을 방해한다. 이에 비해 타인을 존중하는 사람은 타인의 행복을 배려한다. 타인이 행복하도록 노력할 뿐만 아니라, 실제로 그 상태에 도달했을 때 함께 즐거워한다. 타인의 불행과 불운을 보고 좋아하는 사람은 미성숙한 사람이라고 할 수 있다.

인간존중 원리의 토대는 자기의 존중이다. 자존심이 결여된 사람은 무관심과 냉소주의에 빠지기 쉽다. 그런 사람이 타자를 존중할 리가 없다. 우리는 그런 사람을 행복하다고 생각하지 않는다. 자존심을 결여한 행위, 즉 비굴, 자기를 비난하는 행위, 자기 배반, 자기도취 등은 모두 불행으로 인도한다.

자기를 존중하는 사람은 행복의 조건을 얻기 위해 끊임없이 노력할 것이다. 자신의 능력을 최대한 실현하기 위해, 그리고 인간으로서의 위엄을 갖기 위해 자기교육을 계속할 것이다. 그는 그러한 능력의 발달이 행복을 가져온다고 믿기 때문이다.

제8장

쾌락과 행복

쾌락은 사상사에서 인기 있는 주제다. 고대 그리스 시대부터 쾌락과 고통은 가장 기본적인 경험으로서 사상가의 주요 관심사가 되었다. 철학자는 물론 시인, 생리학자, 경제학자, 윤리학자도 쾌락의 본질과 가치에 대해 탐구하였다. 일반인도 비슷한 경향을 가지고 있었다. 이렇게 관심이 많았던 이유는 쾌락과 고통이 일차적인 경험이면서 일상적인 경험의 대상이기 때문이다. 쾌락과 고통은 수많은 유사어를 만들어 내면서 인간의 삶을 지배해 왔다.

대부분의 사람들은 쾌락을 추구하고 고통을 피하려 한다. 이러한 노력에도 불구하고 쾌락의 만족과 고통을 피하기란 쉽지 않다. 쾌락에 지나치게 의미를 부여한 나머지 인생의 궁극적 목적으로 생각하거나 쾌락을 행복과 동일시하는 사람들도 있다. 인생에서 쾌락은 중요한 지위를 가지기 때문에 쾌락의 본질을 이해하는 것은 중요한 의의를 갖는다. 쾌락은 행복과 깊은 관계가 있을 뿐만 아니라 인간의 죄와 벌과도 관련이 있다.

I. 쾌락의 개념

쾌락의 개념은 일찍이 사람들의 관심의 대상이 되었다. 왜냐하면 쾌락이 인생에 활력을 주는 중요한 동인으로 작용할 뿐만 아니라, 쾌락과 고통의 관점을 통하여 활동과 일의 성격을 제대로 이해할 수 있기 때문이다. 쾌락과 고통은 누구나 쉽게 이해할 수 있는 일차적인 감각이다. 인간은 이러한 감각에 활발하게 반응한다. 즉, 인간에게는 쾌락을 취하고 고통을 피하려는 기본적 욕구가 있다.

소크라테스 이전의 철학자와 소크라테스도 쾌락의 문제에 깊은 관심을 가졌다. 플라톤은 『국가』에서 영혼은 세 가지 요소를 가지며, 그 요소에 상응하는 쾌락이 있다고 생각하였다. 이 요소 중 어느 것을 중시하느냐에 따라 지혜를 사랑하는 사람, 명예를 사랑하는 사람, 이득을 사랑하는 사람이 된다는 것이다(2003, 580d-581c). 이 세 사람에게 어느 삶이 가장 즐겁냐고 묻는다면 저마다 자신의 삶이 즐겁다고 대답할 것이다. 플라톤은 이들의 말 중 누구의 말이 진실인가를 어떻게 알 수 있느냐고 물었다. 그는 경험과, 실천적 지혜, 그리고 이성적 추론으로 알아낼 수 있다고 생각하였다. 그리하여 플라톤은 세 가지 쾌락을 모두 맛본 사람의 주장이 옳다고 생각하였다. 지혜를 사랑하는 사람은 성장하면서 다른 두 쾌락을 맛보았으므로 가장 참된 판단자일 수 있다는 것이다(2003, 581e-582d).

플라톤은 인간의 육체와 영혼의 활동에서 조화로운 상태가 무너질 때 고통이 오며, 그것이 원상으로 회복될 때 쾌락이 온다고 주장하였다. 자연의 상태로 돌아갈 때 쾌락을 느낀다는 것이다. 갈증이 나는 경우는 신체적인 조화상태가 무너진 것이고, 물을 마셔 갈증을 해소한 것은 자연 상태로 되돌아간 것을 의미한다(1925b, 31e-32a).

소크라테스 이후에는 공동체보다는 개인의 복지와 안녕을 추구하는 철학자들이 나타나기 시작하였다. 안티스테네스(Antisthenes, c.445-360 BC)는 금욕과 덕을 강조하는 견유학파(Cynics)를 태동시켰다. 그는 소크라테스의 영향을 받았으며 견유학파를 이끈 디오게네스(Diogenes, c.400-325 BC)와 크라테스(Crates, c.365-285), 그리고 스토아학파에도 영향을 미쳤다. 견유학파에 따르면, 행복과 쾌락은 욕망이나 욕구의 합리적 통제를 통한 자기 훈련으로 얻어진다는 것이다.

쾌락의 문제를 주된 철학적 의제로 제시한 아리스티포스(Aristippos, c.430-350 BC)는 북아프리카 해안에 있는 키레네에서 살았다. 그는 특별히 신체적 감각을 통해 느끼는 쾌락에만 가치를 두었다. 소크라테스 문하에서 제자들과 사귀었으며 귀향하여 키레네에 철학학원을 세웠다. 그의 세련되지 못한 쾌락주의 이론은 키레네 쾌락주의로 명명되었다. 이것은 쾌락의 질적 차이를 구별하지 않고 즉시적이고 강렬한 쾌락을 추구하는 것을 의미한다.

키레네학파의 쾌락주의는 쾌락의 추구와 직접 관계되지 않는 것에는 무관심하였으며 주관적 감각이 중시되었다. 그들은 모든 쾌락을 동등하다고 생각하여 쾌락의 위계를 인정하지 않았다. 따라서 좋은 쾌락과 나쁜 쾌락이 있을 수 없다는 것이다. 쾌락 간의 차이는 얼마나 강한가에 있다. 쾌락과 정열은 악한 것이 아니며 오직 자기통제의 상실이 나쁘다고 생각하였다. 왜냐하면 자기통제를 상실하면 덜 강렬한 쾌락으로 인도되기 때문이다.

아리스토텔레스는 대부분의 사람이 선과 행복을 쾌락과 동일시한다고 주장하였다(2003, 1095b13-15). 그는 이러한 견해를 비판하기 위해 『니코마코스 윤리학』 제7권 11~14장, 제10권 1~5장, 『수사학』 제1권 11~12장에서 쾌락의 문제를 집중적으로 다루었다.

『니코마코스 윤리학』 제7권은 쾌락에 대한 부정적인 관점을 시정하려는 데 관심을 쏟고 있으며, 제10권은 에우독소스(Eudoxos)의 쾌락주의를 교정하려는 데 관심을 쏟고 있다. 건전한 쾌락과 전도된 쾌락을 비교하면서 건전한 쾌락이 좋고 유쾌하다고 주장하였다.

아리스토텔레스는 쾌락을 다루면서 다음과 같은 논의 순서, 즉 당시에 널리 유행하던 견해를 소개한 후 비판하는 동시에 자신의 견해를 제시하였다. 그는 당시에 널리 퍼져 있던 쾌락에 관한 부정적인 관점을 소개하였다. 세 가지 형태의 부정적인 관점은 다음과 같다. ① 모든 쾌락은 선하지 않다. ② 일부 쾌락은 선하지만 모든 쾌락은 그러하지 않다. ③ 모든 쾌락이 선하더라도 쾌락이 세상에서 제일 중요한 선일 수는 없다(2003, 1152b7-11). 그는 이러한 주장을 뒷받침하기 위해 사용된 논증도 열거하였다.

그러나 아리스토텔레스는 쾌락은 과정이 아니며 과정을 수반해야만 하는 것도 아니라고 생각하였다. 그에게 쾌락은 활동이며 목적이었다. 따라서 쾌락은 자연적 상태의 활동으로 보아야 한다는 것이다(2003, 1153a10-14). 그는 쾌락도 행복처럼 그 자체가 목적이 된다고 생각하였다(2003, 1097b3).

아리스토텔레스는 유덕한 사람의 삶은 본질적으로 쾌락적이라고 생각하였다. 정의를 좋아하는 사람에게 정의로운 행위는 즐거움을 준다는 것이다. 덕을 좋아하는 사람은 유덕한 행위가 즐거운 것이다(2003, 1099a10-12, 21). 쾌락과 고통에 대한 반응이 그 사람의 참된 인격의 모습을 보여 준다고 할 수 있다. 절제의 경우만 하더라도 육체적 쾌락이나 고통과 직접적으로 관련된다.

아리스토텔레스는 도덕적 덕은 쾌락과 고통에 관련되어 있다고 말했다(2003, 1104b9). 마땅히 취해야 할 쾌락과 고통을 회피하는 것은 바람직하지 않다. 도덕적 덕은 쾌락과 고통을 지혜롭게 관리하는 능력이라고 할 수 있다.

아리스토텔레스는 쾌락과 고통을 활용하여 청소년을 양육하고 교육하려 하였다(2003, 1172a20-21). 왜냐하면 쾌락과 고통이 인생 전체에 지대한 영향을 미치기 때문이다. 이처럼 쾌락과 고통이 인생 전체에 영향을 미치기는 하지만, 가치 있는 모든 것이 쾌락을 포함하는 것은 아니다. 쾌락을 주지 않는 활동이라도 열심히 획득해야 할 것이 있다. 아리스토텔레스는 무엇을 본다는 것(sight), 지식, 덕을 그 예로 들었다. 이러한 것은 쾌락을 수반하지만 쾌락이 없더라도 추구되어야 한다(2003, 1174a5-8).

아리스토텔레스는 최선의 활동이 가장 즐거운 것이라고 말했다(2003, 1174b17-20). 쾌락은 그 자체가 완전하며 바람직하지만 계속해서 가질 수 없다. 왜냐하면 쾌락은 활동에 수반되는 것인데 계속 활동할 수는 없기 때문이다(2003, 1175a4-6). 쾌락은 활동을 완전하게 하며, 사람이 욕구하는 삶도 완전하게 한다. 그러므로 쾌락을 추구하는 것은 당연하다. 삶은 활동이기 때문이다. 삶은 활동이 없으면 쾌락이 없고, 쾌락이 없다면 완전한 활동도 없다(2003, 1175a10-22).

쾌락은 활동에 따라 다르며 활동에는 고유한 쾌락이 있다(2003,

1175a23-35). 아리스토텔레스는 탁월한 활동에 따른 쾌락은 좋은 것이고 야비한 활동에 수반되는 쾌락은 사악하다고 말하였다. 그는 지성의 쾌락이 감각의 쾌락보다 우월하다고 생각하였다(2003, 1176a3-5).

사람과 동물은 좋아하는 것이 서로 다르다. 인간도 좋아하는 것이 서로 다르다. 동일한 것이 어떤 사람에게는 쾌락을 주지만 어떤 사람에게는 고통을 준다. 아리스토텔레스는 선한 사람에게 쾌락으로 보이는 것이 진정한 쾌락이라고 생각하였다. 선한 사람은 모든 것의 척도가 된다는 것이다. 쾌락의 질은 활동의 질에 따라 결정되는 것이다. 완전하고 행복한 사람이 누리는 쾌락이 인간적인 쾌락이고, 그 외의 것은 이차적이거나 낮은 수준의 쾌락이라고 본 것이다(2003, 1176a25-29).

아리스토텔레스는 필연적이고 강제적인 것은 유쾌하지 못하다고 말하였다. 그는 안이한 상태, 한가, 태평스러움, 오락, 기분전환, 잠은 유쾌하다고 말하였다. 강제적이지 않기 때문이다(1926, I, xi, 4). 억지로 하는 활동은 결코 유쾌할 수 없다. 그는 기억하는 사람과 희망하는 사람은 유쾌한 사람이라고 생각하였다. 모든 유쾌한 것은 현재에는 감각에, 과거는 회상 속에, 미래는 희망 속에 있기 때문이라는 것이다(1926, I, xi, 7).

습관을 형성할 때 쾌락과 고통은 아주 중요한 역할을 수행한다. 어떤 활동에서 쾌락이나 고통을 느끼는가 하는 것은 그 사람의 됨됨이를 보여 준다. 육체적 쾌락을 멀리하는 데서 기쁨을 느끼는 사람은 절제 있는 사람이고, 고통을 느끼는 사람은 방탕한 사람이다. 덕은 쾌락, 고통과 밀접한 관계에 있다. 따라서 올바른 교육은 쾌락과 고통에 대하여 올바르게 느끼게 된 상태를 의미한다(2003,

1104b4-14).

도덕적 덕은 쾌락과 고통에 대해 최선의 행위를 하는 것을 의미한다. 악은 그 반대다. 아리스토텔레스는 선택해야 할 세 가지와 피해야 할 세 가지를 언급하였다. 선택해야 할 세 가지는 고귀한 것, 유익한 것, 유쾌한 것이며 피해야 할 것은 이것의 반대인 비천한 것, 유해한 것, 고통스러운 것이다(2003, 1104b31-33). 그는 선한 사람은 전자를 선택하고 악한 사람은 후자를 선택한다고 보았다.

에피쿠로스(Epicurus, c.341-271 BC)는 사모스 섬에서 태어났지만 아테네 시민이 되었다. 그는 정원이 있는 집을 사서 학원을 세웠으며 이름을 정원이라고 불렀다. 이 학원은 모든 사람을 환영하였으며 여성은 물론 노예도 받아들였다. 그는 쾌락이나 고통의 질을 문제 삼아 키레네학파의 쾌락주의와 다른 길을 걸었다. 에피쿠로스학파는 행복과 쾌락을 동일시하였다. 이 학파는 쾌락은 동적인 쾌락과 정적인 쾌락을 모두 포함한다고 생각하였다. 전자는 욕구를 스스로 만족시키는 데서 일어나고 후자는 욕구가 만족되었을 때 얻어지는 즐거움이다. 이 둘 중 정적인 쾌락, 즉 욕구가 만족된 상태가 핵심적인 위치를 차지하고 있다. 왜냐하면 고통이 없는 상태이기 때문이다. 동적 쾌락은 스스로 욕구를 해소하므로 평정을 가장 적게 방해한다. 그래서 그들도 단순하고 소박한 삶이 최상의 것이라고 주장한다.

에피쿠로스는 욕망의 만족보다는 오히려 욕망의 부재에서 오는 결과가 쾌락이라고 생각하였다. 그는 육체적 고통과 정신적 혼란의 부재를 쾌락이라고 정의하였다. 유쾌한 삶이란 계속 먹고, 마시고, 춤추고, 성행위를 하는 것을 의미하지 않는다는 것이다(1995a, 45). 그는 색욕, 폭식, 방탕의 만족보다는 기아와 좌절을 피하여 오는 쾌락을 중시하였다. 그는 쾌락의 적극적인 추구보다는 고통의 결여가 급선무라고 생각하였다. 이러한 관점은 아리스토텔레스의 행복 개념과 대조를 이룬다.

에피쿠로스는 이런 쾌락의 원리가 모든 선택적인 행위에서 안내자가 될 수 있다고 생각하였다. 그렇지만 인간은 모든 경우에 쾌락을 선택하지는 않으며 더 큰 쾌락을 위해 고통을 잠정적으로 수용하기도 한다는 것이다(1995a, 44-45). 그는 쾌락을 극대화하려고 풍요롭게 사는 것이 아니라, 오히려 소박하게 살아야 한다고 주장하였다. 왜냐하면 소박한 삶은 불운을 두려워하지 않게 해 주기 때문이다.

그는 유쾌한 삶을 살기 위해서는 또한 도덕적 덕이 요구된다고 생각하였다. 지혜롭게, 훌륭하게, 그리고 정의롭게 살지 않고는 유쾌할 수 없다고 말하였다. 반대의 경우도 성립된다는 것이다. 즉, 유쾌하게 살지 않고는 현명하게, 훌륭하게, 그리고 정의롭게 살 수 없다는 것이다(1995b, 5).

쾌락주의는 그 성격에 따라 심리적 쾌락주의와 윤리적 또는 평가적 쾌락주의로 나누어진다. 심리적 쾌락주의는 인간의 모든 결정은 쾌락과 고통의 기준에 견주어 결정되며, 인간이 쾌락을 추구하지 않고 고통을 피하지 않는 것은 심리적으로 불가능하다고 믿는 신념이다. 이러한 관점에서는 자기희생의 행위도 쾌락주의적이라는 것이다. 윤리적 또는 평가적 쾌락주의는 의도적으로 쾌락을 피하고 고통을 선택하는 것이 가능하다 할지라도, 그것은 도덕적으로 나쁘다는 입장이다. 인간은 쾌락을 추구하고 고통을 피할 도덕적 책무가 있다는 것이다. 인간은 가능한 한 스스로 즐겨야만 한다는 것이다.

쾌락주의자는 쾌락을 최대로, 고통은 최소로 하는 삶이 행복한 삶이라고 생각한다. 쾌락의 추구는 생득권이어서 가르칠 필요가 없다. 오히려 그 반대의 경우는 강제되어야 비로소 가능하다. 그러나 실제로 사람은 행복해지기 위해 무슨 쾌락을 추구해야 하는가를 알고 있는가?

공리주의는 쾌락과 행복의 개념에 기초한다. 그것은 밀(J. S. Mill)의 사상처럼 질적으로 탁월한 쾌락과 행복의 확장을 목적으로 하는 사회사상이다. 쾌락의 개념은 영국 공리주의자들의 주된 관심의 대상이 되었다. 벤담(Bentham)은 공리주의로 알려진 사회적 쾌락주의를 제창하였다. 이것은 19세기 산업혁명에 대한 반응으로 나온 사상이다. 그는 사회적 조건과 인간행동에 대해 사려 깊은 관찰을 하였으며, 쾌락과 고통이 모든 인간 활동의 근저를 형성한다고 생각하였다. 그는 쾌락과 고통이 인간의 행동을 결정한다고 주장했다는 점에서 심리적 쾌락주의자였으며, 인간의 행동을 명령한다고 주장한 점에서는 윤리적 쾌락주의자이기도 하였다.

벤담은 개인적 쾌락주의에 자족하지 않았다. 그는 쾌락주의를 사회적, 윤리적 철학으로 확장시켰다. '최대 다수의 최대 행복'이라는 슬로건은 이런 입장을 대변하는 것이다. 그는 윤리학을 과학이 되도록 하였다. 실제적 조건을 관찰하고 사실에서 행동의 원리를 이끌어 내려 하였다. 행동의 과정을 계량적으로 평가하기 위해 수학을 끌어들였다. 그는 쾌락과 고통의 단위(units) 개념을 제안하였다. 그는 7개의 요소(elements), 즉 강도(intensity), 지속성, 근친성(propinquity), 확실성, 생식성(fecundity), 순수성, 그리고 이 요소들의 범위를 제시하였다. 여기서 말하는 범위는 얼마나 많은 사람이 영향을 받는가 하는 것이다.

벤담과는 달리 밀은 쾌락의 종류에 관심을 가졌다. 그는 쾌락에서 질의 관념을 공리주의에 새롭게 도입하여 벤담의 입장과 결별하였다. 그는 모든 쾌락이 평등하지 않다고 생각하였다. 그는 행복과 '단순한 만족'을 구별하였다. 후자는 낮은 수준의 쾌락을 즐기는 것을 의미하는 것으로, 그의 사상은 가능한 한 많은 사람을 만족시키려는 것이 아니다. 그러나 그의 공리주의는 많은 사람을 행복하게 하려는 것이었다. 그는 불행의 중요한 원인은 이기심이라고 생각하였다. 이기심은 만족을 모르기 때문에 마음의 평정을 빼앗고 관심의 범위를 지나치게 좁혀 삶의 의미를 제한한다.

밀의 가치개념은 본질적으로 비쾌락주의적이다. 그는 쾌락이 가치 있으며 그중에서도 일부 쾌락, 즉 정신적 쾌락이 다른 것보다 더욱 가치 있다는 쾌락주의자의 주장에 동의한다. 한편 밀은 이러한 쾌락주의자와는 달리 행복을 도덕적 표준과 동일시하였다. 그는 쾌락이 단순히 쾌락이기 때문이 아니라 행복과 긴밀한 관련을 가지기 때문에 가치 있다고 주장하였다.

그런데 밀은 행복을 추구하는 데 쾌락을 지배적인 요소로 간주하지 않고 총괄적인 목적의 시야 아래 다양한 가치를 추구하는 것으로 인식하였다. 그리하여 밀은 행복 속에 건강, 음악, 덕, 그리고 개별성 등이 포함된다고 생각하였다. 행복의 구성 요소들이 행복의 모든 목적과 수단으로서 바람직하게 된 것이다. 쾌락을 포함한 다양한 요소가 동시에 도덕적 표준의 요소로 작용하는 것이다.

이처럼 밀은 쾌락의 근거에서 행복을 정의하였다. 그는 『공리주의』에서 "행복은 의도된 쾌락이며 고통의 결여다. 불행은 고통이며 쾌락의 결여다."(1952, 448)라고 말하였다. 이러한 행복관은 인간본성에 충실한 것이라고 할 수 있다. 사람은 쾌락을 추구하고 고통을 회피하려는 경향이 있다. 실제로 그런 형태의 쾌락이 없다면 행복하다고 말할 수 없다.

버거(Berger)는 밀의 행복에 대한 정의가 『공리주의』에 나타난 사상에 국한되어 혼란을 가져왔다고 말하였다. 행복이 '쾌락의 총합'으로 인식되도록 만들었다는 것이다. 이 저서에 입각하면 이러한 오해를 할 수밖에 없다는 것이다. 버거는 밀이 권력, 돈, 덕을 행복의 중요한 부분으로 생각했으며 자유는 내재적 가치로 생각했다고 했다. 그래서 『공리주의』를 넘어서서 그의 다른 저서에 입각하여 행복의 개념을 규명하도록 해야 한다고 말했다(1984, 30-31). 그는 밀의 행복관이 더욱 넓게 해석되어야 한다고 주장하였다.

현대에 와서도 쾌락은 인간 활동의 중심에 있다. 쾌락이란 무엇인가 하는 물음이 여전히 다양한 각도에서 제기되고 있다. 이 물음은 매우 복잡하기 때문이다. 왜냐하면 쾌락은 감정을 포함한 다양한 요소를 포함하기 때문이다. 철학을 비롯하여 많은 학문에서 쾌락의 본질을 규명하려고 시도하였다.

행복과 마찬가지로 어떤 특수한 혹은 비상한 맥락과 상관없이 '왜 쾌락을 추구하는가?'라고 묻는 것은 논리적으로 불필요하다. 쾌락은 그 자체가 목적일 수 있기 때문에 목적을 물을 필요가 없다는 것이다.

시지윅(Sidgwick)은 쾌락을 이렇게 정의하였다. "쾌락은 일종의 감정으로 쾌락을 유지하거나 만들어 내는 행동에의 의지를 자극한다. 이와 마찬가지로 고통은 그것을 제거하거나 피하려는 행동을 자극하는 일종의 감정이다."(1907, 42-43). 그는 쾌락과 고통은 각각 욕구와 혐오로 연결된다고 생각하였다. 욕구는 쾌락이 현재 존재하지 않는다는 것을 의미한다.

그러므로 쾌락은 욕구를 이미 포함하고 있다고 말할 수 있다. 달콤 씁쓸한 초콜릿을 먹을 때는 즐거움을 느낀다. 그러나 치과 의자에 앉을 때는 치아를 치료하고 싶은 욕구는 만족시키는 것이지만 즐기는 것은 아니다. 치과 의자에 앉는 일과 초콜릿을 먹는 것의 차이는 전자는 목적을 위한 수단이지만 후자의 경우는 그 자체로서 맛을 즐기고 있는 것이다. 이러한 시각에서 워너(Warner)는 "쾌락은 어떤 것 그 자체를 위한 욕구의 만족으로 구성된다."라고 말했다(1996, 489). 쾌락의 이러한 특성 때문에 자주 인생의 내재적 목적으로 간주되어 왔다.

또한 워너는 "쾌락은 행동을 설명하고 정당화할 때 언급되는 감정이다. 쾌락을 철학적으로 이해하는 것은 감정, 설명, 그리고 정당화가 어떻게 서로 조직적으로 관련되는가를 이해하는 것이다."라고 말하였다(1996, 489). 그는 쾌락에 대한 지금까지의 고찰은 쾌락의 감정적인 측면과 설명 또는 정당화의 측면 중 어느 한쪽을 지나치게 강조하여 쾌락이 제대로 자리 매김되지 못했다고 생각하였다.

워너에 따르면, 쾌락을 감정의 측면에서 이해하는 것이 중요하다. 쾌락을 욕구로만 이해할 경우 감정은 도외시되어 버린다. 이렇게 되면 쾌락의 감각적인 측면이 무시될 뿐만 아니라 쾌락의 설명적 측면과 정당화의 측면도 적절하게 고려되지 못한다. 감정은 우리가 쾌락을 추구할 때 목적으로 작용하는 것이다. 이러한 비판을 참조하면 감각적인 측면과 인지적 측면, 그리고 정의적 측면을 날카롭게 구별하는 문제가 제기된다. 초콜릿을 먹을 때는 감각적인 측면과 정의적인 측면이 혼합되어 있다(1996, 490).

우리가 쾌락을 추구할 때는 경험, 신념, 욕구가 혼합된 상태를 추구하는 것이다. 이러한 상태가 쾌락의 감정으로 나타난다. 그러한 감정이 없는 삶은 공허하고 참을 수 없는 것이다. 감정이 메마른 사람의 삶은 아무도 부러워하지 않는다.

쾌락의 감정은 행동을 설명하고 정당화하는 데 일정한 역할을 수행한다. 그러나 이것이 유일한 것은 아니다. 우리는 행동을 설명하고 정당화하기 위해 쾌락 이외에 덕, 의무 등에도 호소하기 때문이다.

II. 쾌락의 종류

인간은 여러 원천에서 쾌락을 얻는다. 쾌락은 준거에 따라 여러 가지로 분류될 수 있다. 아리스토텔레스는 인생에서 경험할 수 있는 여러 쾌락을 열거하였다. 그것을 다음과 같이 정리할 수 있다 (1926, I, xi).

① 응용, 탐구, 힘든 노력은 고통스러우며 이것의 반대되는 것들, 예컨대 안이한 상태, 한가, 태평스러움, 오락, 기분전환, 잠은 쾌락을 가져다준다.

② 촉각, 미각, 청각, 시각을 통해 들어오는 여러 자극은 쾌락을 준다.

③ 현재의 감각, 과거를 회상하는 것과 미래에 대한 희망을 가져보는 것도 쾌락을 준다.

④ 사랑은 쾌락을 준다. 연인에게 말하고 글을 쓰는 일, 연인에 대해 회상하는 일, 연인의 죽음을 놓고 애도하는 일마저도 쾌락을 준다.

⑤ 복수(revenge)는 쾌락을 준다. 이 경우 성공은 쾌락이지만 실패는 고통이기 때문이다.

⑥ 승리도 쾌락을 준다. 승리자는 자신의 우수성을 입증했기 때문이다.

⑦ 법정에서의 변론은 쾌락을 준다. 변론에 친숙한 사람에게는 더욱 그러하다.

⑧ 명예와 좋은 평판은 쾌락을 준다. 사람에게 자신이 가치와 신뢰를 주고 있다는 확신을 주기 때문이다.

⑨ 친구는 쾌락을 준다. 사랑받는 것같이 사랑하는 것도 유쾌한 일이다.

⑩ 아첨은 쾌락을 주지만 아첨하는 사람은 사이비 친구다.

⑪ 변화는 쾌락을 준다. 변화는 자연의 질서다.

⑫ 학습은 쾌락을 준다. 학습과 관련된 것도 유쾌하다.

⑬ 선행은 쾌락을 준다. 넉넉하지 못한 이웃을 도와주는 것은 유쾌한 일이다.

아리스토텔레스는 쾌락의 원천을 다양하게 분류하였다. 그가 열거한 사항 외에도 많은 쾌락의 원천을 생각할 수 있다. 그는 육체적 쾌락과 정신적 쾌락을 함께 고려하였다.

타이거(Tiger)는 쾌락을 이론적 쾌락과 육체적 쾌락으로 분류하였다. 전자는 관념, 기술, 대화에서 오는 쾌락을 의미하고, 후자는 음식, 성욕, 기후에서 오는 쾌락을 의미하였다(1992, 20). 또한 그는 이러한 쾌락을 신념에 따라 네 가지로 범주화 하였다(1992, 53-60).

① 생리적 쾌락: 육체와 관련된다. 성적 기관, 미각, 후각에서 오는 감각 등에서 쾌감을 얻는다.

② 사회적 쾌락: 파티, 대화 등 타인과 함께 있어서 오는 쾌락을 의미한다. 도덕성과 결부된다.
③ 심리적 쾌락: 개인이 스스로 주도하는 활동에서 비롯되는 것으로, 잔디 깎는 일처럼 독자적으로 동기화되고 향유된다. 타자의 존재에 영향을 받는다.
④ 이념적 쾌락: 지적, 미학적, 그리고 매우 개인적인 의미에서의 침묵이 요구되는 도서관, 극장 등에서 이념적 쾌락을 경험한다. 어떤 것을 경험하는지 그 내용은 분명하지 않다. 또한 자연은 우리에게 이념적 쾌락을 제공한다. 자연을 바라보는 것 자체가 즐거움을 준다.

사람이 날마다 경험하는 쾌락은 종종 육체적 쾌락과 정신적 쾌락으로 나뉜다. 사람은 개인의 경험, 교육, 취향, 문화 등에 따라 육체적 쾌락과 정신적 쾌락 중 우선순위를 정하면서 살아간다. 여기서는 쾌락의 종류를 감각적 쾌락과 정신적 쾌락으로 대별하여 고찰하기로 한다.

1. 감각적 쾌락

플라톤은 『필레보스』에서 가장 크고 강력한 쾌락은 육체적 쾌락이며 이것은 선한 삶에는 도리어 방해가 된다고 주장하였다(1925b, 63d-e). 그는 이러한 쾌락은 일종의 광기로 작용한다고 믿었다. 육체적 쾌락의 이러한 성향 때문에 그는 육체적 쾌락은 지혜와 결합되어야 한다고 주장하였다. 이 경우 가장 좋은 것의 결합이 된다는 것이다(1925b, 61c-e).

플라톤은 『국가』에서 감각적 쾌락, 특별히 성적 쾌락에 대해 극적으로 표현하였다. 은퇴한 상인 케팔로스는 성적 욕망이 사라진 것을 탄식하기보다 광적인 주인에게서 도망쳐 나온 기분이라고 말한 소포클레스의 말을 인용하면서 자신도 그런 생각을 한다고 말했다(2003, 329c).

플라톤은 『파이돈』에서도 친구와 제자에게 몸을 통한 쾌락을 경계하는 말을 하였다. 이러한 쾌락을 멀리해 온 사람은 죽음을 두려워하지 않는다는 것이다(1914b, 65a). 그는 몸의 욕구에서 해방되는 것은 죽음에 직면해야 가능하다고 말했다(1914b, 66e). 소크라테스는 죽음 앞에서 스스로 이런 모습을 보여 주었다.

아리스토텔레스는 쾌락을 두 가지 종류, 즉 육체적 쾌락과 정신적 쾌락으로 나누었다. 육체적 쾌락은 시각, 청각, 후각, 촉각, 미각에서 비롯되며 이러한 감각 가운데 쾌락과 가장 관련이 깊은 것은 촉각과 미각이라고 주장하였다(2003, 1118a24-27). 음식과 성행위는 모두 촉각과 밀접한 관계가 있다. 이들은 감촉을 통하여 최대의 쾌락을 얻는다.

또한 그는 쾌락을 필수적인 것과 필수적이 아닌 것으로 나누기도 하였다. 필수적인 것으로는 육체적인 것, 즉 식욕, 성행위 등을 들었다. 이에 비해 승리, 명예, 부 등은 필수적인 것은 아니지만 그 자체로서 가치 있다고 생각하였다(2003, 1147b24-31).

아리스토텔레스는 쾌락을 맛보지 못한 사람은 매우 드물다고 말하였다. 그런 무감각한 사람은 사람이라고 말할 수 없다는 것이다(2003, 1119a7-8). 실제로 이런 사람은 드물다. 대부분의 사람은 쾌락에 탐닉한다.

아리스토텔레스는 인간이 가장 빈번하게 접하고 일상적으로 경험하는 것이 육체적 쾌락이라고 말하였다. 그래서 육체적 쾌락이 쾌락이라는 명칭을 독점하였으며, 사람들은 그런 쾌락만 있는 것으로 알고 있다는 것이다(2003, 1153b35-1154a1). 그는 쾌락을 과도하게 추구하는 경우를 반대하였다. 육체적 쾌락은 강렬하기 때문에 여기에 몰입하면 다른 쾌락을 등한시하게 된다.

쾌락은 어린 시절부터 자라나므로 이것을 근본적으로 제거하는 것은 불가능하다. 헤라클레이토스가 말한 것처럼 분노와 싸우는 것보다 쾌락과 싸우는 것이 더 어렵다. 기술이나 덕은 얻기 어려울수록 더 좋은 것이다. 따라서 쾌락을 잘 처리하는 사람은 선인이 되고 그렇지 못하면 악인이 된다(2003, 1105a2-14). 우리는 쾌락을 멀리함으로써 절제를 갖추게 되고 또한 우리가 절제를 갖추었을 때 쾌락을 멀리할 수 있다.

한편 아리스토텔레스는 활동 없이는 쾌락이 있을 수 없다고 생각하였다. 활동의 종류가 많듯이 쾌락의 종류도 다양하다는 것이다. 따라서 쾌락의 질은 활동의 질에 따라 결정된다고 말할 수 있다.

또한 아리스토텔레스는 우리가 모든 일에서 가장 경계해야 할 것은 쾌락이라고 생각하였다. 쾌락에 직면할 때는 공정한 판단을 할 수 없기 때문이다. 아리스토텔레스는 옛날 사람이 헬레네(Helene)를 보고 반응한 것처럼 쾌락에 반응해야만 한다고 말했다(2003, 1109b8-11). 한 여인의 미모와 매력 때문에 수많은 사람이 고통과 비참을 경험했기 때문이다. 호메로스는 이 점에 대해 『일리아스』에서 트로이아군 원로장군의 입을 빌려 이렇게 말하였다.

> 트로이아인과 훌륭한 정강이받이를 댄 아카이아인이
> 저런 여인 때문에 오랫동안 고생을 하는 것은
> 나무랄 일이 아니오. 그 용모가 너무나 불사의 여신을 닮았으니

말이오.

하지만 그녀가 아무리 아름답다 하더라도 함선을 타고 떠나게 하고,

우리와 후손에게 재앙이 되지 않도록 이곳에 남지 않게 하시오 (1956/1996, iii, 156-160).

우칼레곤과 안테노르를 포함한 퇴역 장군은 헬레네가 가까이 오는 것을 보면서 서로에게 속삭일 뿐 프리아모스 왕에게 직접 말하지는 못하였다.

이러한 질책은 『성경』에도 자주 등장하고 있다. 「잠언」 2:16-19, 5:3-14, 20, 6:20-35, 7장은 이를 집중적으로 경고하는 글로 가득 차 있다. 여기에서는 여성을 등장시켜 쾌락의 위험을 알리고 있지만 반대의 경우도 그대로 적용될 수 있다. 미모의 남성도 똑 같은 결과를 가져올 수 있다. 남성의 주도로 저술한 책이기 때문에 편파적인 진술만 드러나 있다고 할 수 있다. 육체적 쾌락은 매우 강렬한 것이어서 이것에 매료되면 다른 많은 가치를 등한시하게 된다.

스토아주의자들은 감각적 쾌락에 대해 금욕적인 태도를 보여주었다. 키케로는 『의무론』에서 육체적 쾌락에 대해 자신의 아들에게 이렇게 말하였다.

> 육체적 쾌락이란 합리적 인간의 위엄에는 어울리지 않으며, 당연히 경멸하고 거부하여야 한다. 육체적 쾌락에 가치를 두는 사람은 누구든지 이성과 절제의 범위 안에서 쾌락을 즐기도록 주의해야 한다. 그러므로 우리는 쾌락에 관심을 가져서는 안 되며 우리의 건강과 근력을 유지하기 위해서만 음식, 의복, 육체에 속한 다른 편의를 배려해야 한다(1909, 47).

그는 의무의 이행을 염두에 두는 사람은 육체적 쾌락을 멀리할 수밖에 없다는 것을 분명히 하였다. 키케로는 도덕적 선과 쾌락을 결부시키는 사람들을 비판하였다. 그는 모든 쾌락은 도덕적 선에 반하는 것이라고 생각하였다. 이 둘을 연결시키려는 것은 인간과 가축을 연결시키려는 시도와 같다는 것이다. 쾌락은 기껏해야 인생의 양념 정도의 구실을 할 뿐이라는 것이다(1909, 165).

에픽테토스는 사이비 철학자를 질책하는 과정에서 감각적 쾌락에 대해 이렇게 말하였다.

> 철학자여! 학교에서 왜 다른 말을 하는가? 왜 우리를 속이는가? 당신은 벌레에 불과한데도 사람이라고 말하는가? 나는 철학자 중 한 사람이 여자와 잠자리하는 현장에 있기를 좋아한다. 나는 그가 스스로 어떻게 하는지, 무슨 말을 하는지, 그가 철학자임을 떠올리는지, 그리고 그가 듣거나 말하거나 읽은 것을 기억하는지를 볼 것이다(1952, iv, 1).

이 말은 철학자에게만 국한되지 않는다. 감각적 쾌락에 사로잡혀 다른 고귀한 활동을 등한시하는 사람에게 주는 질책이라고 할 수 있다. 아우렐리우스는 자신을 향해 달려오는 육체적 정열에서 해방되려고 하였다. 그는 감각적 쾌락을 멀리하라고 말하였다. 그는 이 점에 대해 이렇게 말하였다.

> 맛 좋은 요리나 그와 비슷한 다른 음식을 보고 이것은 물고기의 시체이고, 이것은 새나 돼지의 시체라고 생각하고, 팔레르누스산 포도주를 보고 이것은 포도송이의 액즙에 불과하다고 생각하며, 자포(紫袍)를 보고 이것은 조개의 피에 담갔던 양모에 불과하다고 생

각하는 것이다. 또한 성교란 것도 장기의 마찰과 진액의 발작적인 분비라고 생각하는 것은 얼마나 멋진 발상인가(1916/2005, vi, 13).

그는 감각적 쾌락에서 벗어나 고매함, 마음의 자유, 소박함, 남에 대한 배려, 경건 등이 주는 쾌락을 누리라고 권고하였다(1916/2005, v, 9). 그는 쾌락의 상반된 덕인 절제를 사랑하라고 했으며(1916/2005, viii, 39), 쾌락을 선인 양 추구하는 행위는 불경죄에 해당된다고 질책하였다(1916/2005, ix, 1).

홉스는 『리바이어던』에서 쾌락을 두 종류로 나누었다.

> 쾌락 또는 즐거움(delights) 가운데 일부는 현존하는 대상에 대한 감각에서 생긴다. 그리고 이것은 감각의 쾌락이라고 부를 수 있다. 감각적이라는 말은 이것을 비난하는 사람이 사용하듯이 법칙이 존재할 때까지는 어떤 지위도 갖지 못한다. 이러한 종류 가운데는 신체의 모든 섭취 작용과 배설 작용이 있다. 시각, 청각, 후각, 미각, 촉각에서 얻는 쾌락도 마찬가지다. 다른 한 종류는 감각에 호소해 오는 사물이 기쁘게 하든, 불쾌하게 하든 간에 목적을 예견하거나 사물의 결과에 대한 기대에서 생긴다. 이것은 이러한 결과를 예견하는 사람의 마음의 쾌락이며 일반적으로 기쁨(joy)이라고 불린다(1946, 34).

홉스의 말대로 우리의 오감은 쾌락과 고통을 알려 주는 통로다. 그는 이러한 쾌락은 그 자체가 나쁜 것은 아니라고 생각하였다. 감각은 수많은 정서와 감정을 만들어 낸다. 대상은 우리 앞에 있으며 여러 방식으로 감각을 통해 우리에게 쾌락과 고통을 가져다준다. 이러한 쾌락은 수많은 이름을 가지고 있으며 너무나 강렬한 것이어서 인간의 마음을 압도해 버리기도 한다.

2. 지적 쾌락

지적 탐구활동이 실제로 쾌락을 가져다주는가? 많은 사람은 지적 탐구활동은 쾌락보다는 고통과 수고를 가져다준다고 생각한다. 그리하여 지적 탐구보다는 다른 활동에서 쾌락을 얻으려 한다. 그들은 지적 탐구는 통과의례로 생각하거나 되도록 피하려 한다.

아리스토텔레스는 『형이상학』에서 "모든 인간은 날 때부터 알고자 하는 욕망을 가지고 있다. 이것의 직접적인 증거가 감각기관에 대한 존중이다. 감각기관의 유용성과 관계없이 우리는 감각기관 그 자체를 존중한다."(1933, 980a22-24)고 말하였다. 사람은 저마다 지적 욕구와 호기심을 가지지만 그 정도는 천차만별이다. 적은 지식에 만족하는 사람이 있는가 하면 수많은 저술을 남기고도 타계할 때까지 탐구를 계속하는 사람도 있다.

아리스토텔레스는 정신적 쾌락의 대표적인 예로 명예를 얻는 것과 학문하기를 좋아하는 것을 들었다. 이러한 것을 좋아하는 경우는 절제나 방탕이라는 말이 사용되지 않는다고 말했다(2003, 1117b29-33). 그는 쾌락에는 흔히 고통이 따르지만 관조의 쾌락은 고통이 따르지 않는다고 생각했다(2003, 1152b37-1153a1-2). 관조는 어떤 결함이 있어서가 아니라 정상적인 상태로 돌아가 절대적으로 즐거운 것을 향유하는 것을 의미한다. 관조와 학문의 쾌락은 우리로 하여금 더 잘 관조하고 탐구하도록 해 준다(2003, 1153a23-25).

아리스토텔레스는 『수사학』에서 "선행하는 것은 즐거운 일이기 때문에 가난한 이웃을 돕는 사람은 유쾌하다. 배우는 것과 칭찬하는 것은 유쾌한 것이기 때문에 이것과 관련된 모든 것 또한 유쾌하다. 예컨대 회화, 조각, 시와 같은 모방 작업과 잘 모방된 모든 것이 그러하다."(1926, I, xii)라고 말하였다. 타자를 배려하고 돕는 것은 타자의 즐거움이 되며 그의 즐거움을 바라보는 것은 배려하는 사람 또한 즐겁게 한다.

키케로는 자신의 아들이 육체적 쾌락보다는 지적 쾌락을 즐기기를 기대하였다. 그는 이 점에 대해 아들에게 이렇게 말하였다.

> 인간의 모든 속성과 성향 가운데 진리에 대한 욕망과 탐구보다 더욱 자연스럽고 고유한 것은 없다. 그러므로 우리의 마음은 필수적인 일에 대한 생각과 종사에서 해방되어 어떤 것을 보고 듣고 배우기를 열망하며, 비밀이나 경이로운 것에 대한 지식을 행복한 생활의 필수적인 조건으로 존중한다. 인간의 본질과 마음에 숨김없는 개방성, 진리, 성실성보다 더 적합한 것이 없다는 사실이 명백하다(1909, 6-7).

그러나 키케로는 지적 쾌락을 즐기는 것도 폐단이 있을 수 있다고 생각하였다. 탐구자가 지적 탐구를 한다는 이유로 조국이나 이웃이 처한 난관을 등한시할 수 있다는 것이다. 지적 탐구를 핑계로 의무 이행을 게을리 하는 것은 바람직하지 못하다. 그는 곤경에 처한 사람은 보호되고 변호되어야 하기 때문이라고 하였다(1909, 13, 68).

루크레티우스(Lucretius)는 『사물의 본질』에서 지적 탐구의 즐거움에 대해 이렇게 말하였다.

> 현자의 학문에 따라 잘 구축된 높고 고귀한 위치에서, 다른 사람들이 이리저리 방황하며 인생의 길을 찾고 서로 경쟁하고 밤낮으

로 권력의 정상을 목표로 세계의 주인이 되려고 투쟁하는 것을 내려다보는 것보다 더 유쾌한 것이 어디 있겠는가(1952, bk. II, 15).

루크레티우스의 이 말 속에는 지적 즐거움을 만끽한 탐구자의 모습이 배어 있다. 삶을 관조하고 탐구의 즐거움을 아는 현자는 가장 높은 인생의 쾌락을 누린다고 말할 수 있다.

아퀴나스는 지적 쾌락과 감각적 쾌락을 비교하였다. 그는 지적 쾌락이 감각적 쾌락에 비해 더욱 강렬하다고 생각하였다. 왜냐하면 사람은 감각으로 사물을 지각하는 것보다 사물을 알고 이해하는 데서 더욱 기뻐하기 때문이라는 것이다. 육체적 쾌락의 대상은 쉽게 사라지지만 지적, 영적 쾌락의 대상은 그렇지 않다는 것이다(1952, II-I, Q. 31. a. 5).

베이컨(Bacon)도 모든 쾌락 중에서 지적 쾌락이 가장 즐거운 것이라고 생각하였다. 그는 이 점에 대해 이렇게 말하였다.

지식과 학문이 주는 쾌락과 즐거움은 다른 모든 쾌락을 능가한다. 욕망이나 승리를 얻는 것이 노래 한 곡이나 식사 한 끼를 능가하듯이, 감정의 쾌락이 감각의 쾌락을 능가하지 않겠는가? 그리고 지성이나 오성의 쾌락이 감정의 쾌락을 능가하지 않겠는가? 우리는 모든 쾌락에는 만족감이 따르며, 만족하면 신선함이 사라진다는 것을 안다. 이것은 그것이 쾌락이 아니라 쾌락의 기만이라는 것을 보여준다. 이런 쾌락은 신선함에서 오는 것이지 좋은 자질에서 오는 것이 아니다. 그래서 우리는 방탕한 사람이 탁발수도사가 되고 야망을 가진 군주가 우울증 환자가 되는 것을 볼 수 있다. 그러나 지식에는 만족이 없으며 만족과 욕구가 영원히 교차할 수 있다. 그래서 오류나 우발 없이 그 자체로서 좋은 것

같다(1952, 27).

베이컨은 지적 쾌락의 특성을 잘 지적하였다. 다른 쾌락은 어느 정도 충족되면 거기에 대한 관심이 급속히 사라지지만 지적 쾌락은 사람을 더욱 몰입하도록 만든다.

홉스는 지적 호기심과 쾌락이 인간의 고유한 특징이라고 생각하였다. 그는 인간과 동물을 구별하는 특징을 제시한 후에 지적 쾌락의 특징이 가장 강렬하다고 주장하였다.

> 왜 그리고 어떻게 그러한가를 알려는 욕망이 호기심이다. 인간 이외에는 어떤 살아 있는 피조물도 호기심을 가지지 않는다. 그러므로 인간은 이성뿐만 아니라 이 특유한 정열에 따라서도 다른 동물과 구별된다. 다른 동물에게는 먹이에 대한 욕구와 다른 감각의 쾌락이 너무도 강해 원인을 알려는 관심을 빼앗는다. 원인을 알려는 관심은 마음의 욕망이며, 계속적이고 끊임없는 지식의 산출에 대한 즐거움을 유지함으로써 일시적으로 맹렬하게 밀려오는 육체적 쾌락을 능가한다(1946, 35).

몽테뉴는 금욕주의의 길을 걸어가지 않고 지적 쾌락과 육체적인 쾌락의 조화를 염두에 두고 일생을 살았다. 그는 이 점에 대해 이렇게 말하였다.

> 자연은 어머니와 같은 마음으로 우리의 필요를 위해서 우리에게 요구하는 행동이 우리에게 쾌락이 되도록 하는 규칙을 지켜 왔으며, 이성뿐만 아니라 욕망에 따라서도 우리를 행동으로 초대하였다. 자연의 규칙을 어기는 것은 옳지 못하다. 카이사르와 알렉산드로스 대왕이 자신들의 가장 위대한 사업을 수행하는 중요한 시

기에도 인간적, 육체적인 쾌락을 충실히 즐기는 것을 보았을 때, 나는 그러한 쾌락이 그들의 영혼을 나약하게 만들었다고 주장하지 않는다. 나는 그런 행동이 용기의 힘으로 그들의 힘든 일과 사색을 일상적인 생활에 예속시킴으로써 더 높은 경지로 끌어올렸다고 생각한다. 그들이 후자를 일상적인 일로 보고 전자를 비상한 일로 보았다면 그들은 현명한 사람이었다(1952, III, 13).

몽테뉴는 이러한 현상을 소크라테스에게서 발견하였다.

소크라테스는 육체적 쾌락을 마땅히 누려야 할 것으로 평가한다. 그러나 그는 정신의 쾌락을 더 우선한다. 정신적 쾌락은 더욱 힘있고, 일관되고, 쉽고, 다양하고, 위엄이 있다. 그에 따르면, 정신적 쾌락은 결코 홀로 가지 않으며, 단지 우선일 뿐이다. 그에게 절제는 쾌락의 적이 아니라 조절을 의미하였다(1952, III, 13).

위대한 작가는 일관되게 감각적 쾌락보다는 지적 쾌락의 가치를 높이 평가하였다. 그들은 이러한 쾌락을 인간의 고유한 특징으로, 사람을 계속적으로 성장시킬 수 있는 동력으로 이해하였다.

III. 쾌락과 만족

모든 종류의 쾌락은 만족을 지향한다. 만족되지 않는 쾌락은 고통을 줄 수 있다. 그래서 에피쿠로스는 "자기만족하는 사람이 가장 부유한 사람이다."(1995c, 62)라고 말하였다. 아무리 많은 재산을 가졌더라도 자기만족을 하지 않으면 더 많은 재산을 모으기 위해 여전히 허기진 상태에 있을 것이다. 이러한 사람은 현재의 재산이 자신을 기쁘게 하지 않는다는 것을 알고 있다.

'만족한다는 것'은 어떤 대상이 있는 것을 전제로 한다. X가 Y에 만족한다고 말하려면 둘은 어떤 관계를 가져야 하는가? 어떤 것에 '만족하고 있다는 것'과 어떤 것에 '만족을 느끼고 있다는 것'은 서로 다르다. 후자와는 달리 전자는 만족을 나타내는 행동을 보여 주어야 한다. '그가 결혼 생활에 만족하고 있다.' '그가 학교 생활에 만족하고 있다.' '그가 직장 생활에 만족하고 있다.'라고 말할 경우 우리는 그의 행동을 보고서야 판단할 수 있다.

어떤 것에 만족한다는 것은 자신의 희망, 기대, 요구, 요청 등이 함의된 것을 의미한다. 즉, 희망과 기대가 실현되었다는 것을 의미한다. 우리는 직업, 결혼, 휴가에 만족할 수 있다. 그런데 어떤 사람이 어떤 것에 만족한다는 것은 그 어떤 것의 모든 측면에 만족한다는 것을 반드시 의미하지는 않는다. 어떤 것의 대부분 또는 중요한 부분에 만족한다고 할 수 있다. 어떤 것에 만족하는지는 그가 그것에 어떻게 만족을 느끼는가를 살펴보면 알 수 있다.

고통과 쾌락의 감정이 다양하듯이 만족의 감정도 다양하다. 만족이란 말의 영어에는 'satisfaction'과 'contentment'가 있다. 이 두 말은 구별된다. 벤디트(Benditt)는 좋은 음식을 비롯한 일상적인 일을 수행할 때와 평정, 용이, 휴식, 휴양, 의기양양의 감정에 'contentment'가 사용된다고 말하였다. 이러한 감정은 본래 생리적인 것이다(1974, 10-11).

'contentment'의 감정과 'satisfaction'의 감정은 차이가 있는가? 전자는 생리적이며 후자는 정서적이라고 말할 수 있는가? 몬태규(Montague)는 전자는 사태에 대한 중요한 욕구 전반에 관심을 갖는

데 비해, 후자는 한 가지 또는 그 이상의 선행 욕구에 관심을 갖는다고 말하였다. 전자는 인생 전체에 관심을 갖지만, 후자는 특수한 경우에만 전체로서의 삶에 관심을 갖는다는 것이다(1966-1967, 94).

직업과 관련하여 만족을 느끼는 경우도 두 가지로 구별된다. 직업이 만족스러운 감정을 유발시키므로 만족을 느낄 수 있다. 혹은 자신의 직업과 관련하여 어떤 기대의 대상이 실현되었기 때문에 만족을 느낄 수도 있다. 후자의 경우만 자기의 직업에 만족을 느낀다고 말할 수 있다. 벤디트는 우리는 어떤 경우도 어떤 것과 더불어 만족을 느끼지는 않으며 반드시 어떤 것 때문에 만족을 느낀다고 말했다(1974, 11). 그는 어떤 것에 만족을 느낀다는 것에 대한 고찰이 인과적인 문제이므로 다음과 같은 문제를 고려해야 한다고 말했다(1974, 14-15).

① 개인은 어떤 것에 대해 그릇된 판단을 할 수 있다. 예컨대 자기의 아내가 정숙하다고 잘못 판단하는 경우를 들 수 있다. 결혼에 대한 만족감이 아내의 정숙에 대한 신념에 달려 있다면 이 사람이 결혼에 만족을 느끼고 있다고 말할 수 있는가 하는 문제가 제기된다. 이 경우 그가 아내의 기만 행위를 발견하지 못하고 죽는다면 기만당했더라도 행복했다고 말할 수 있을 것이다. 그러므로 판단의 오류가 행복을 방해하지 않는다고 말할 수 있다.

② 어떤 사람이 X에 대해 정확하게 판단하는 경우, 즉 X에 관해 만족감을 가져야 하는데 갖지 못하는 경우를 생각할 수 있다. 예컨대 어떤 사람이 자신이 경력을 잘 수행하고 있다고 판단하거나 성취하고자 하는 것을 성취하고 있다고 스스로 판단

하지만 만족을 느끼지 못할 수 있다. 그사람은 만족감을 주는 다른 경력을 선택하든가 그가 하는 일에서 가치를 발견하도록 학습할 필요가 있다.

③ 어떤 사람이 일상적으로 하지 않는 행동에 유발되어 어떤 것에 만족을 느낄지도 모른다. 예컨대 자신의 경력에 불만족하던 사람이 약간의 술을 마신 후 자신의 경력이 잘 수행되고 있다고 판단할 수 있다. 이것은 색안경을 끼고 자신의 생활을 바라보는 셈이다.

공리주의자의 행복관은 그 판단의 기초를 본질적으로 만족에 두고 있다. 그들은 행복이 필요와 소망과 만족 간의 균형이라고 믿고 있다. 소크라테스는 더 좋고 더 만족스러운 생활양식을 추구해 온 사람이다. 그의 열망 모두가 무익과 고뇌 이외에 아무것도 아니라면, 불만족한 소크라테스를 이상화시키는 것은 선한 삶에 대한 잘못된 견해를 찬양하는 것이 된다. 이러한 삶의 스타일은 인생을 매우 적극적으로 살아가도록 자극할 수 있다. 만족을 높이기 위해 욕구를 줄일 수도 있으며, 더 많은 노력과 활동을 통해 만족을 극대화할 수도 있다. 이러한 관점에서 소크라테스는 진리탐구를 위해 개인적 행복을 희생시켜야 한다고 생각하였다. 밀도 마찬가지다. 그가 "만족한 바보보다는 불만족한 소크라테스가 되는 것이 더 낫다."(Mill, 1952, 449)라고 말했을 때는 이 점을 염두에 두고 있었다.

자신이 원하는 것을 가진 사람이 행복한 사람인가? 이 질문에 대한 대답은 그가 무엇을 원하는가에 달려 있다. 그는 중요한 것을 원할 수도 있고 사소한 것을 원할 수도 있다. 혹은 한 가지만을 원하고 나머지를 외면하는 경우도 생각할 수 있다. 그러나 그가 그것을 얻기 위해 애쓰는 동안 그의 영혼은 추락할 것이다. 부유한 수전노, 성공한 복수자, 미끄러운 정상에 등정한 등산가는 스스로 공허해지는 것을 발견할 것이다(Kekes, 1982, 359).

행복은 본질적으로 만족을 포함한다. 그렇지만 행복을 가져다주는, 특별히 정해진 만족의 영역이란 없는 것이다. 행복과 관련된 만족의 대상은 전체로서의 자신의 삶이라고 할 수 있다. 사람은 살아 있는 동안 특수한 만족을 경험한다. 많은 면에서 불만족도 경험한다. 행복은 많은 중요한 욕망의 만족을 필요로 한다. 무엇이 중요한 것인가는 개인의 인생관, 가치관, 세계관에 달려 있다. 사람은 다양한 종류의 욕망을 가지고 살아간다. 그 욕망의 중요도는 각기 다르다.

그리하여 행복은 '만족을 느끼는 것'이 아닌 '만족하고 있는 것'에 가깝다고 말할 수 있다. 행복은 일시적인 감정이기보다는 더욱 지속적이어야 하기에 그러하다. 만족을 느끼는 것은 일시적인 데 비해 만족하고 있는 것은 비교적 영속적이다. 행복은 한 가지 욕구의 만족일 뿐만 아니라 다양한 욕구의 만족이며, 모든 욕구의 만족이 아니라 욕구 중의 가장 중요한 것의 만족이다. 또한 행복에의 욕구는 욕구 일반이 아니라 메타욕망(meta-desire), 즉 욕구가 만족되기를 바라는 욕구다(Solomon, 1976, 192).

그렇지만 욕구의 만족이 능사가 아니다. 만족을 자신의 이상으로 삼는 사람은 불만족을 피하기 위해 만족의 표준을 지나치게 낮게 책정할 수도 있다. 그런데 성공이 너무 쉬우면 성공에 불만을 느낀다. 따라서 적정한 만족의 표준이 요구된다.

행복과 만족은 밀접한 관계가 있지만 동일시될 수는 없다. 행복하다는 것은 일반적으로 삶에서 기쁨을 얻는 것과 같은 의미다. 그러므로 행복은 특수한 욕구의 만족을 의미하지는 않는다. '불만스러운'(dissatisfied)은 'discontented'처럼 '행복한'에 반대될 수 있지만, '마음에 차지 않는'(unsatisfied)이란 말은 그렇지 않다. 왜냐하면 '마음에 차지 않는' 것은 특수한 욕구와 관련된 용어이기 때문이다. 그리하여 우리는 '마음에 차지 않는 갈증'이더라도 아직도 행복할 수 있는 가능성은 열려 있다. 고통 속에 있어도 행복할 수 있으며, 어떤 것을 적극적으로 즐기거나 좋아하지 않고도 특정한 시간에는 행복할 수 있다(Wilson, 1968, 13).

한편 욕구의 객관적 만족과 주관적 만족을 구별할 필요가 있다. 행복은 욕구의 주관적 만족에 의존한다. 객관적 만족은 기껏해야 간접적으로만 영향을 준다. 객관적 만족은 두 가지 측면에서 행복에 간접적으로 영향을 준다.

우리가 어떤 것에 만족을 느낄 때는 그것에 호의적인 평가를 함으로써 느낀다. 그런데 어떤 판단을 함으로써 얻어지는 만족감은 인간이 자기의 생애에서 일어나고 있는 일에 관해 평가를 하기 때문에 아주 중요하다. 이러한 평가는 우리가 그것을 좋아하든 좋아하지 않든 어떤 종류의 감정을 유발하고 우리가 행복한지 아니한지를 결정하도록 한다. 여기서 사람은 필연적으로 자기 생애를 평가하는가를 문제 삼을 수 있다. 평가를 하지 않는다면 행복할 수 있는 사람이 없다고 말해야 하기 때문이다. 정상적인 사람은 자기의 생애에 대해 평가하면서 살아간다. 인간은 계획자이며 스스로 계획의 성공과 실패를 평가하면서 살아간다(Benditt, 1974, 12).

벤디트는 어느 하나의 정점에서 생을 살아가지 않는 사람이라도 스스로 만족과 행복을 얻는 두 가지 정반대의 삶이 있다고 제안하고 싶다고 말하였다. 이것은 대체로 에피쿠로스적인 이상과 아리스토텔레스적인 이상에 상응한다. 한 극단은 가능한 만족을 느끼기를 원하고, 다른 극단에서는 스릴, 흥분감, 황홀감 등으로 채워진 인생을 갈망하고 있다(1974, 16).

그런데 만족을 자신의 이상으로 삼는 사람은 표준 자체의 만족도 표준으로 삼을 가능성이 있다. 이런 사람에게 최선의 정책은 가능한 표준을 낮추는 것이라고 생각된다. 행복한 삶에 대한 이러한 접근 방식은 그 실천에서는 실패할 가능성이 높다. 성공이 너무 쉬우면 이룩한 성공에 불만을 느끼기 때문이다. 선한 삶을 위한 표준의 저하는 종종 '불행한'보다는 '행복하지 않은' 상태로 안내한다(Thomas, 1968, 112-113). 행복과 만족은 밀접한 상관관계가 있지만 동일시할 수는 없다. 우리가 원하는 것을 얻는 것은 행복의 필수조건일 수 있다.

행복한 사람의 인생은 완전히 만족한 삶으로 간주된다. 이것은 행복이 쾌락보다는 오히려 만족에 더욱 동일시될 수 있다는 가능성을 시사한다. 행복과 쾌락은 서로 구별된다. 다음의 예를 살펴보자. 어떤 사람이 자신의 작업을 즐기기는 하지만 그 안에서 만족을 얻지 못할 수 있다. 장기 두는 사람은 장기를 즐기기는 하지만 자기의 생을 보내는 만족한 방법은 아니라고 생각할 수 있다(Simpson, 1975, 170). 이처럼 심슨의 논지에 따르면, 자신의 삶이 어떠한 것이 되어야 하는가에 대한 다소 분명한 관점이 없이는 행복한 삶을 누릴 수 없다. 중요하지 않은 욕망의 만족은 행복에 기여하기 어렵다. 따라서 만족의 대상을 선택하여야 한다.

여기에서 '행복을 느끼는 것'과 '지속적으로 행복한 것'을 구별할 필요가 있다. '느낌'은 '일차 질서적 만족'의 일시적인 결과다.

'지속적으로 행복한 것'은 전 생애를 포함한 이차 질서적 만족에서 온다. 사람은 행복을 느끼면서도 지속적으로 행복하지 않을 수도 있다.

쾌락과 고통에 관련된 행복의 시사점으로는 사람은 큰 고통을 겪으면서도 행복한 삶을 가질 수 있다는 것이다. 쾌락이 모든 형태의 만족을 의미하는 것이라면 행복은 필연적으로 쾌락과 관련되어 있다.

현대인에게 행복하다는 것은 개인적 만족과 동일시된다. 즉, 내가 행복을 느낀다면 나는 행복하다고 말할 수 있다는 것이다. 이러한 행복관은 '행복하다.'를 주관적으로 그리고 개인주의적인 어휘로 정의하도록 한다.

Ⅳ. 쾌락과 행복

쾌락과 행복의 관계는 어떠한가? 이 물음에 대한 대답은 매우 다양하다. 크게 나누어 본다면 쾌락과 행복은 동일한 것이라는 입장, 별개의 것이라는 입장, 쾌락은 행복의 일부라는 입장이 서로 대립하고 있다.

쾌락과 행복은 별개의 것이라는 입장을 지지하는 사람들도 있다. 우리는 행복하지 않아도 쾌락을 경험할 수 있다. 불행을 느끼고 있다고 할지라도 쾌락을 느낄 수 있다. 왜냐하면 행복과 불행은 쾌락보다 더 포괄적인 개념이기 때문이다. 흡연에서 오는 쾌락이나 피학증세처럼 고통 속에서도 사람은 쾌락을 느낄 수 있다. 따라서 쾌락의 질을 문제 삼지 않을 수 없다.

인간은 쾌락을 느끼지 않고도 행복할 수 있다. 지적인 성취를 포함한 일련의 성취를 통해 행복을 느낄 수 있는 것이다. 어떤 종류의 성취는 쾌락보다 더욱 높은 가치로 평가되기 때문에 쾌락을 추구하는 삶과 성취를 추구하는 삶은 인생의 상이한 길이라고 말할 수 있다.

쾌락이 인생의 근본적인 목적은 아니다. 그것은 좋은 삶의 일부에 지나지 않는다. 쾌락 그 자체만을 추구하는 삶은 피상적이고 천박할 수밖에 없다. 그래서 가치 있는 활동을 위하여 수고를 하는 과정에서 그리고 그 결과에서 오는 쾌락이 바람직한 것으로 받아들여진다.

선한 삶, 행복한 삶이 아닐지라도 쾌락은 느낄 수 있다. 그리고 행복한 사람은 쾌락을 느낀다고 말할 수 있다. 행복한 삶이 쾌락에서 추론되는 것은 아니지만, 쾌락이 행복한 삶의 하나의 표준일 수 있기 때문이다. 그러나 쾌락이 행복의 유일한 표준이라고는 말할 수 없다.

아리스토텔레스는 행복은 모든 것 중에서 최선의, 가장 고귀한, 가장 유쾌한 것이라고 말하였다(2003, 1099a25-26). 그에게 최고선은 일종의 쾌락이었다. 행복한 삶은 유쾌한 생활이다. 그는 쾌락은 행복의 필수적인 요소로 간주될 수 있다고 보았다(2003, 1153b14-18). 그는 지혜를 나타내는 활동이 탁월성을 나타내는 활동 중에 가장 즐거운 것이므로, 철학은 가장 순수하고 확실한 쾌락을 제공해 준다고 생각하였다(2003, 1177a25-30). 아리스토텔레스는 윤리학과 정치학의 과업은 쾌락과 고통을 취급하는 것이라고 생각하였다. 그것을 잘 다루는 사람은 선해지고 나쁘게 다루는 사람은 악해진다는 것이다(2003, 1105a10-13).

사람은 덕의 가치를 인정하면서도 육체적 쾌락에 압도되는 경우가 많다. 아우구스티누스는 덕을 중시하지만 육체적 쾌락과 관련지어 생각하는 사람들에게 수치심을 안겨 주기 위해 이렇게 말하였다.

> 쾌락은 우아한 여왕처럼 왕좌에 앉아 있고 덕성은 시녀처럼 그 주위에 서서 여왕의 명령을 시행하려고 여왕의 눈짓만 쳐다보고 있다. 쾌락은 현덕에 명하여 어떻게 하면 쾌락이 통치하고 안전할 수 있는지 깨어 있으면서 궁리하라고 시킨다. 정의에 명하여, 육체적 이익에 소용되는 우정을 마련할 만한 혜택을 베풀라고 시킨다. 아무에게도 불의를 행하지 말라고, 법을 어겨 쾌락이 편안히 살아갈 수 없게 만드는 일이 없도록 하라고 시킨다. 용기에 명하여, 육체에 고통이 닥치더라도 그것이 죽음으로 내모는 것이 아닌 한 자기 여주인, 즉 쾌락을 수호하라고, 강력한 정신력으로 지나간 기쁨을 회상하여 현재의 고통이라는 가시를 다듬으라고 시킨다. 절제에 명하여, 음식이든 좋아하는 것이든 무절제 때문에 건강에 해로운 것을 초래하지 않을 만큼만 취하라고, 에피쿠로스학파는 신체의 건강에 크나큰 쾌락을 두고 있으니까, 그 일로 쾌락이 크게 손상되는 일이 없게 하라고 시킨다. 그러므로 온갖 덕성은 각각의 영광에서 오는 온갖 품위를 간직하고 있으면서도 세도가 당당하고 정숙치 못한 여편네나 다름없는 쾌락에 시중드는 노예와 다를 바 없다(1955/2004, V. 20).

아우구스티누스는 덕을 정욕에 사용하든, 명예욕에 사용하든 나쁜 결과를 가져온다고 생각하였다. 그는 우리 안에 유덕한 것이 있다면 진리를 위해 존재하도록 해야 한다고 생각하였다.

아퀴나스는 모든 쾌락은 행복에 따라오거나 행복의 어떤 부분을 따라오는 것으로 생각하였다. 그러나 신체적 쾌락은 행복 자체도 아니고 행복의 한 부분도 아니라고 말하였다. 그는 선한 행위는 즐거움을 동반한다는 것을 인정하였다. 그러나 완전한 선에 따른 쾌락일지라도 행복의 본질을 이루는 것은 아니라고 생각했다(1952, Q. 2. a. 6).

행복은 쾌락과 같은 개념은 아니지만 쾌락과 깊은 관련을 가진다. 폰 라이트는 행복과 쾌락의 관계를 구명하기 위해 역사적인 고찰을 하였다. 그는 행복의 이상에는 세 가지 형태가 있다고 말하였다. 그리고 행복에 관해 숙고한 사람은 세 가지 중요한 쾌락의 형태 중 어느 하나에 관련되어 있다고 보았다. 그가 제시한 행복 또는 행복한 삶의 세 가지 형태의 이상들은 다음과 같다(1963, 92-94).

에피쿠로스의 이상

에피쿠로스학파에 따르면, 행복은 우리를 즐겁게 해 주는 것을 누리는 데서 온다는 것이다. 쾌락은 감각적인 것뿐만 아니라 회상과 사유, 우정, 아름다움에서 오기도 한다. 폰 라이트는 『윤리학원리』에 나타난 무어(G. E. Moore)의 입장은 에피쿠로스주의에 기초한다고 말하였다. 이 입장은 충분한 쾌락을 유발하는 것을 소유하는 데서 행복을 얻는다는 입장이다. 그러나 이것은 행복을 얻는 하나의 방식으로 모든 사람을 위한 것은 아니다. 그것은 단순히 수동적인 쾌락의 삶이 행복이 아닐 수 있으며, 이처럼 사물에서의 쾌락의 추구가 행복을 가져오는 유일한 방법은 아니라고 생각하는 사람도 있기 때문이다.

공리주의적 이상

공리주의자에게 행복은 본질적으로 만족에 기초한다. 이 경우는 욕구가 실현된 상태를 행복으로 본다. 즉, 한편으로는 필요와 욕망, 다른 한편으로는 만족 간의 균형이라고 할 수 있다. 폰 라이트는 자신은 공리주의자가 아니라고 말하였다. 그는 밀(J. S. Mill)의 말 즉, "만족한 돼지보다는 불만족한 인간이 되는 것이 더 좋다."는 주장에 항의하고 싶다고 말하였다. 인간이 돼지처럼 사는 것이 좋지 않은 궁극적인 이유는, 돼지의 삶이 인간을 만족시키지 못하기 때문이라는 것이다.

한편 행복이 본질적으로 욕구와 만족 간의 균형이라는 견해를 채택한다면, 행복에 이르는 가장 안전한 길은 가능한 한 최소한의 욕구를 가짐으로써, 욕구좌절의 기회를 최소화하고 만족의 기회를 극대화하는 것이라는 결론에 이를 것이다. 이러한 행복관을 금욕적인 인생관이라고 부를 수 있다. 폰 라이트는 영혼의 선을 위해 세속적 욕망을 포기하는 금욕주의는 삶의 이상으로 그가 생각한 금욕주의와는 구별되어야 하며, 전자의 금욕주의는 그 자체가 목적이나 가치가 아니며 선한 삶을 위한 연습이자 준비라는 것이다.

금욕주의를 극단적으로 추구하면 이 이상은 모든 욕구의 전체적 포기에서 완전한 행복을 그리게 된다. 이러한 의미의 금욕주의는 불구가 된 행복관이라고 할 수 있다. 극단적인 금욕주의를 '불구 이상'(cripple ideal)이라고 부르는 것은 논리적 과오를 범했기 때문이다. 이것은 행복과 불행을 서로 반대되는 개념으로서가 아니라 모순으로 간주하는 실수를 저질렀기 때문이다. 욕구좌절을 피함으로써 인간은 불행을 피할 수 있다. 그러나 아무런 욕망이 없는 사람은 불행하지 않지만 행복할 것이라는 결론은 나오지 않는다.

행복한 삶의 세 번째 형태의 이상

행복을 수동적인 쾌락이나 욕구의 만족에서가 아니라, 능동적인 쾌락, 즉 그 자체를 위해 우리가 하기를 원하는 활동의 쾌락을 통해 행복을 추구한다. 이 경우 우리는 기술적 선 또는 완벽을 목적으로 한다. 그리하여 우리가 그 기술에 능숙할수록 더욱 즐겁고 행복해진다. 능동적인 삶의 쾌락은 행복을 지속시키는 데 아주 적합하다. 우리가 하는 일보다 소유에 의존하는 행복은 위험이 크게 뒤따른다. 그것은 능동적인 쾌락보다 수동적인 쾌락에서 행복을 추구하는 것이므로 더욱 위험할 것이다. 그러나 능동적인 삶을 통해 행복으로 가는 길이 위험이 전혀 없다고 생각하는 것 또한 잘못된 것이다.

플라톤, 아리스토텔레스, 스토아주의자는 행복을 중요시하였다. 이들은 덕과 행복을 부분적으로 또는 완전히 동일시한다. 즉, 덕을 행복의 중요한 요소로 간주한다. 아리스토텔레스는 어떤 행동이나 활동에서 오는 쾌락으로부터 행복이 온다고 주장하였다. 이러한 행복의 이상에 따르면, 훌륭한 삶은 개인이 자신이 원하는 역량을 최대한 발달시키는 것이 된다.

이상의 고찰을 통해 볼 때 사람을 행복하게 만들 수 있는 삶의 양식이 매우 다양하다는 것을 알 수 있다. 어떤 사람은 쾌락을 주는 것을 소유하여 행복할 수 있고, 어떤 사람은 노력이 요구되는 역량과 관련된 것을 수행하여 행복할 수 있다. 공리주의적 이상은 에피쿠로스학파나 아리스토텔레스의 이상과 양립할 수 있다.

행복은 일반적인 개념인 데 비해, 쾌락은 특수한 많은 상황을 가정하고 있다. 따라서 많은 종류의 쾌락이 존재한다. 쾌락의 형태를 명시함이 없이 사람이 쾌락을 즐기고 있다고 말하는 것은 적절하지 않다. 마음의 행복한 상태는 강도와 느낌에서 다양하다. 그런데 쾌락은 엄밀한 범주화에 종속된다. 지적 쾌락, 육체적 쾌락, 미적 쾌락, 감상적인 쾌락은 있지만, 지적 또는 미적 행복이라고 말하는 것은 부적절하다. 성적 활동, 흡연, 크리켓 등과 결합된 쾌락의 특수한 감각이 있는 것이다(Barrow, 1991, 124).

디어든(Dearden)은 다음과 같이 말하였다.

> 행복이 쾌락주의적 개념이라고 하더라도 쾌락과 동일시될 수는 없다. 행복은 그 대상으로서 특정 기간 동안 우리의 삶과 환경을 배경으로 삼는다. 이것은 우리가 바라는 삶에 대한 관점과 관련이 있다. 이와 대조적으로 쾌락은 특수한 신체적 감각에서도 취할 수 있으며, 이러한 비인지적 쾌락은 우리가 불행할 때 전환 혹은 도피처로 추구될 수도 있다. 행복처럼 사고와 신념에 의존하는 인지적 쾌락까지도 우리의 핵심적인 욕구에 대해 지나치게 특수하고 무관하여 행복하다고 말하는 것을 정당화시켜 주지 못한다. 그러한 인지적 쾌락은 여행을 하는 데서 얻는 쾌락이나 타인에게 찾아온 어떤 이익이나 성공에 관한 소식을 듣는 데서 오는 쾌락을 포함한다. 행복이 쾌락주의적 개념이라고 해도 쾌락이라는 말이 사용되는 전체적인 문맥을 고려할 때 쾌락과 동의어일 수 없다(1998, 300).

인간은 언제 행복한가? 인생의 여정에서 많은 고통스러운 불쾌한 일이 일어났어도 행복한 사람이라고 칭송받는 사람이 있을 수 있다. 그러나 그에게 쾌락이 전혀 없었다면 그렇게 칭송 받지 않을 것이다. 행복하다고 불려지려면 쾌락의 양이 불쾌보다 더 많아야 하는가? 즐거움과 슬픔이라고 부르는 상태를 고려하는 것이 도움이 된다. 행복과 불행 사이에는 일종의 중개자가 있다. 치통이 있는 사람도 즐거울 수 있다. 고통에는 보상의 기회가 주어질 수 있기 때문이다(von Wright, 1963, 96).

많은 사람이 행복은 궁극적으로 개인의 감정에 의존한다고 주장하고 있다. 즉, 행복은 '행복한 감정을 느끼는 것'이라고 믿고 있다. 감정은 단기적으로 지속되는 것도 있고 판단이 개입된 것도 있다. 감정은 우리의 통제 안에 들어오기도 하지만 들어오지 않는 경우도 많다. 감정은 어느 정도 선택의 문제이기도 하다. 많은 사람이 쾌락이 행복한 감정이라고 믿는다. 쾌락의 행복은 인간에게 쾌락을 주는 것과 고통을 주는 것이 무엇인가에 관심을 갖는다.

행복은 비참, 불안, 불쾌와 구별된다는 점에서 행복이 쾌락주의적인 요소를 가지는 것은 분명하다. 쾌락은 감각적일 뿐만 아니라 회상과 사유, 우정, 아름다움에서 오기도 한다. 에피쿠로스학파의 행복관은 이처럼 주로 개인주의적인 쾌락에 기초하고 있다. 텔퍼는 이러한 행복 개념을 '쾌락주의적 행복' 이라고 불렀다(1980, 18).

행복은 개념적으로 인간의 유쾌한 정신 상태와 관련되어 있다. 행복과 쾌락은 동일한 것은 아니지만 행복에는 쾌락적인 요소가 있다. 또한 행복에는 쾌락과 대조적인 요소도 있다. 이타주의를 실현하여 행복을 느끼는 사람도 있다. 공리주의자인 밀은 "행복은 의도한 쾌락이며 고통의 결여다. 불행은 고통이며 쾌락의 결여다."라고 말했지만 그는 행복을 개인적 행복에 국한시키지 않았다(1952, 448). 실제로 한 개인이 자신의 행복을 희생시켜 타인을 행복하게 하는 경우가 있다. 공리주의자는 개인의 행복보다는 일반적인 행복에 깊은 관심을 표시하였다. 그리하여 그들은 최후의 목적으로서의 행복에 공정과 정의의 원리가 부가되어야 한다고 주장하였다.

행복의 쾌락주의적 개념은 행복을 쾌락으로, 고통에서 자유로, 쾌락이 고통을 넘어서는 어느 균형으로 인식한다. 그것은 쾌락을 감각, 감정, 정서의 형태로 인식한다. 쾌락을 시간과 관련시킬 때 세 가지 측면을 고려할 수 있다. 내가 과거에 쾌락을 누렸음을 기억할 수도 있으며, 미래와 관련해서는 내게 쾌락이 일어나리라 기대할 수도 있다. 쾌락주의자는 이러한 의미의 쾌락보다는 현재 쾌락을 가져다주는 것에 관심을 갖는다. 즉, 쾌락의 현재주의를 지향한다.

행복은 평가활동과 불가분의 관계를 갖는다. 쾌락이 행복과 관련을 가지려면 불가피하게 평가의 대상이 되어야 한다. 인생에는 열등한 쾌락과 우수한 쾌락이 있으며, 인생을 숙고하면서 살아가는 사람은 우수한 쾌락, 즉 추구할 만한 가치가 있는 쾌락과 욕구를 염두에 둔다. 소크라테스는 지적 탐구와 도덕적 덕의 실현을 통한 즐거움을 추구하였으며, 그러한 삶의 방식이 옳다는 것을 보여주었다고 할 수 있다.

제9장

명예와 행복

우리는 매일 명예를 얻는 사람과 잃은 사람의 소식을 들으면서 살아간다. 명예는 다른 사람의 칭송을 의미한다. 사람은 저마다 종사하는 활동 분야에서 성취를 이루어 공적을 인정받을 때 명예를 얻는다. 사람은 이러한 명예를 갖기 원한다. 명예욕은 다른 욕망 못지않게 사람의 마음을 사로잡는다. 명예욕에 사로잡힌 나머지 무리하게 처신하여 이미 가진 명예마저 잃는 사람도 있다.

명예란 말은 명성을 비롯한 많은 유사한 말과 함께 사용된다. 이러한 말을 구별하는 것은 명예의 개념을 이해하는 데 필수적이다. 명예의 개념적 조건, 명예의 사회적 기능 등을 이해하는 것은 인생의 목표를 세우는 데 매우 유용하다.

우정과 더불어 명예는 대표적인 외적 선이다. 불멸의 명예는 사람에게 삶의 의미와 행복을 안겨 준다. 이 장에서는 명예의 개념을 철학적으로 분석하고 외적 선으로서의 명예개념이 행복과 어떤 관련을 갖는지 고찰한다.

I. 명예의 개념

1. 명예의 개념

명예는 다양한 의미로 사용되며 유사한 말도 아주 많다. 월처(Walzer)는 귀족사회에서 민주사회로 전환하는 과정에서 명예를 위한 투쟁이 시작되었으며 명예에 대한 명칭도 다양하게 만들어졌다고 말하였다. 그는 명예, 존경, 존중, 칭찬, 위신, 지위, 평판, 위엄, 신분, 중시, 감탄, 값어치, 수훈, 복종, 경의(homage), 감사, 영광, 명성, 유명 등을 열거하였다. 그는 이처럼 명칭이 다양하지만 이들 간에 공통된 요소를 발견할 수 있다고 말하였다. 즉, 이 말들은 호의적인 인정을 나타내는 것이다(1983, 252-253). 명예란 말은 많은 유사어를 가지지만 그 말은 모두 타자의 인정을 받으려는 강한 욕구를 내포한다.

이러한 욕구는 너무나 보편적이어서 "도둑의 세계에도 명예가 있다."는 말이 생겼다. 이것은 악인의 세계에서도 공동생활을 공유하는 사람의 지지를 받으려는 욕구가 있다는 것을 의미한다. 의적의 경우가 그러하다. 의적은 탐관오리의 집을 겨냥하며, 일부 도둑은 쩨쩨하다는 말을 듣지 않으려고 절도의 대상을 엄격하게 가린다. 장물을 분배하는 과정에서도 정의의 정신을 발휘하여 부하들에게서 불만이 일어나지 않도록 한다. 이런 두목은 부하들의 칭송을 얻으며 도둑의 세계에서 명성을 얻는다.

명예란 말이 도둑에게까지 사용된다면 명예란 말은 고귀함을 잃어버리게 된다. 이렇게 되면 명예는 도덕적 행동에 대해 조야한 안내자로 간주될 것이다. 일반적으로 명예는 가치를 함의하고 있는 말이다. 명예란 말이 도둑에게 사용된다면 본래의 의미를 잃을 것이다.

스피노자는 "우리는 외적 원인의 관념을 동반하는 기쁨을 명예로, 그리고 이에 반대되는 슬픔을 수치라 부를 것이다."(1952, pt. 3. prop. 30. schol.)라고 말하였다. 또한 그는 "명예란 다른 사람이 우리의 행동을 칭찬할 것이라고 상상하는 데 따른 기쁨이다."(1952, pt. 3. prop. 59. The affects. def. 30)라고 말하기도 하였다. 그에게 명예는 가치 있는 개념이며 실제적으로 그리고 상상적으로 발생되는 기쁨으로 받아들였다.

토크빌(Tocqueville)은 명예의 개념이 둘로 나누어진다고 생각하였다. 첫째는 어떤 사람이 동료들의 존중, 영예, 숭배를 받는 것을 의미하며, 이런 의미에서 그 사람은 '명예를 획득한다.' 고 말할 수 있다. 둘째는 이러한 존중, 영예, 숭배를 획득하는 데 도움이 되는 규칙의 총체를 의미한다. 이 경우는 '명예의 법칙을 엄격하게 준수했다.' 라는 표현을 쓸 수 있다. 토크빌은 후자의 의미로서 명예 개념을 분석하였다(1994, Vol. II, 230n). 이러한 의미의 명예는 특정한 사회에 기초한 특수한 규칙이며 이 규칙의 적용에 따라 사람은 칭송받기도 하고 비난받기도 한다. 토크빌은 봉건사회의 명예제도를 검토한 후 이렇게 말하였다.

> 어느 나라에서든 비슷한 관찰의 근거를 발견할 수 있다. 사람이 모여 공동체를 형성할 때는 언제든지 그들 사이에 명예관념이 즉

시 형성된다. 즉, 비난받을 수 있는 것이나 칭찬받을 수 있는 것이 무엇인지에 대한 그들 나름의 의견 체계가 만들어진다. 이 특이한 규칙은 언제나 공동체의 특수한 습관과 특수한 이해관계에서 비롯된다(1994, II, 235).

토크빌은 명예의 제도적 측면만 고찰하였다. 모든 사회에는 그 나름대로의 정교한 명예제도가 있다. 명예는 제도화되어 통용되지만 제도화와 관계없이 순전히 개인적인 차원의 것으로 활용되기도 한다.

매킨타이어(MacIntyre)는 공동체적인 차원이 아닌 개인적인 차원에서 명예개념을 이해하려고 하였다. 그는 명예개념을 설명하기 위해 두 개의 형용사 조합, 즉 'good-bad' 'honorable-disgraceful'의 차이를 이해할 필요가 있다고 말하였다. 'honorable'이란 좋게 생각된다는 의미다. 아테네의 신사가 되기 위해서는 선할 뿐만 아니라 선하게 생각되어야 한다. 'honorable'과 'disgraceful'의 논급은 한 사람이 타인에게 어떤 모습으로 보이는가 하는 것이다(1967, 28). 이처럼 명예와 불명예란 말은 모두 타인의 평가를 전제로 한다는 점을 보여 준다고 하였다.

명예는 자신이 속한 집단을 위해 바람직한 것으로 이해되기도 한다. 로버츠(Roberts)는 "명예는 명시적이든 암묵적이든 집단의 다른 구성원에게 약속을 지키고 헌신하려는 기질이다."(1998, 502)라고 정의하였다. 이러한 의미에서 볼 경우 명예개념과 관련된 여러 난관이 제기된다. 그는 다음 세 가지를 고려하였다(1998, 503).

① 명예는 주로 지위의 문제, 수동적으로 얻는 평판의 문제라는 논박이 있을 수 있다. 명예가 개인이 성취한 덕의 총합이라면

개인적 장점이 한 몫을 차지해야만 한다. 좋은 평판을 얻고 있는 집단의 구성원이라는 이유로 명예로워지는 것은 아니다. 명예 집단에 대한 논의가 필요하다.

② 명예와 무비판적으로 이를 지지하는 집단주의의 관련 문제다. 명예가 개인 사이의 맥락 관계를 요구할지라도 개인만이 그것을 가질 수 있다. 명예는 개인이 가지고 있는 덕의 총체이며 목표다. 그것은 집단에 귀속되지 않는다.

③ 명예는 사회적 맥락의 이익과 관심을 반영한다.

로버츠가 지적한 것처럼 명예가 집단에 대한 헌신으로 이해될 경우 위에 열거한 난관을 만날 수 있다. 많은 사람들은 평판이 좋은 집단의 일원이 되어 명예를 얻으려 한다. 그런데 집단에 의지하면 자기 노력을 등한시하기 쉬우며, 집단에 무비판적으로 충성하려는 경향이 나타난다. 학교, 정당, 전문직 단체 등에서 이런 명예관이 나타나고 있다.

철학과 교육의 견지에서 주로 문제되는 것은 개인적 차원에서의 명예개념이다. 이러한 차원의 명예는 주로 덕과 힘(power)으로 이해된다. 덕과 힘은 모두 개인이 각고의 노력을 함으로써 얻어진다.

(1) 덕으로서의 명예

사람이 명예를 갖고자 하는 이유는 무엇인가? 그것은 여러 가지로 설명할 수 있지만 개인이 갖는 덕과 능력이 타인에게 인정받기 때문이라고 할 수 있다. 개인의 덕은 명예의 가장 대표적인 원천이라고 할 수 있다.

아리스토텔레스는 "올바른 것과 명예로운 것은 덕의 목적이다."

(2003, 1115b13-14)라고 말하였다. 그는 올바른 것과 명예를 동일시함으로써 명예는 가치를 함의하는 개념임을 분명히 하였다. 그는 사람과 관련하여 칭찬을 받는 자질이 있으며 정의로운 사람, 용기 있는 사람, 선한 사람이 칭찬받을 만하다고 말했다(2003, 1101b14-15). 칭찬은 덕에 잘 어울리는 말이다. 왜냐하면 덕이 사람으로 하여금 고귀한 행동을 하도록 하기 때문이다(2003, 1101b32-33).

아리스토텔레스는 『수사학』에서 명예를 행복의 요건으로 간주하였으며, 선행을 통해 좋은 평판을 얻는 것과 동일시하였다. 명예를 얻은 사람을 위해서는 제물, 시와 산문으로 된 기념물, 특권, 토지 하사, 상석 배정, 국립묘지 안장, 국가의 부양, 명예의 징표가 제공된다는 것이다(1926, I. v. 9). 아리스토텔레스가 지적한 명예의 징표는 오늘날까지도 잘 전승되고 있다.

아리스토텔레스는 명예란 개념을 아주 소중히 생각하였다. 교양 있고 실천적인 사람은 명예를 선과 동일시한다는 것이다. 넓은 의미에서 명예는 정치적 생활의 목표이기 때문이다. 그러나 아리스토텔레스는 명예는 그것을 얻는 사람보다 주는 사람에게 더 의지한다고 생각했다(2003, 1095b23-25).

또한 그는 명예를 중용인 긍지와 관련하여 고찰하였다. 그는 "명예와 불명예의 경우, 그 중용은 긍지요 그 과도는 일종의 허영이고 그 부족은 비굴이다."(2003, 1107b22-24)라고 말하였다. 그는 긍지는 큰 명예에 적합한 말이라고 생각하였다. 긍지를 가진 사람이란 명예에 대해 올바른 태도를 가진 사람을 의미한다. 유덕한 사람은 명예만을 중시하지 않으며 명예를 무시하지도 않는다. 아리스토텔레스는 긍지를 가진 사람의 특징을 기술하여 명예의 가치를 드높이려 하였다.

① 긍지를 가진 사람은 자신이 큰일을 수행할 사람이라고 생각하며 실제로 그런 사람이다. 그는 자신을 과대 또는 과소 평가하지 않는다. 긍지란 말 속에는 위대성이란 말이 포함되어 있다(2003, 1123b1-7).

② 긍지를 가진 사람은 명예를 중시하며 명예는 모든 외적 선 중에서 가장 고귀한 것이다(2003, 1123b17-21).

③ 긍지를 가진 사람은 큰 가치를 지니기 때문에 가장 선한 사람이다. 선하지 않은 사람은 긍지를 가질 수 없다. 긍지는 덕의 보상으로 보인다(2003, 1123b27-38).

④ 긍지를 가진 사람은 명예와 불명예에 깊은 관심을 갖는다. 따라서 행운을 만났다고 해서 좋아하거나 불운을 만났다고 해서 괴로워하지 않는다. 부와 권력을 중시하지 않기 때문에 그러한 것을 좋아하는 타인에게는 거만해 보일 수 있다(2003, 1124a4-17).

⑤ 긍지를 가진 사람은 하찮은 목적을 위해 위험에 뛰어들지 않으며 위험을 좋아하지도 않는다. 그는 큰 목적을 위해서만 위험에 직면한다(2003, 1124b6-8).

⑥ 긍지를 가진 사람은 경탄을 하지 않으며 사소한 일을 오래 기억하지 않는다. 그는 한담을 하지 않는다. 그는 자기 자신과 타인에 대해 별로 할 말이 없다. 그는 조용하며 적에 대해서도 나쁜 말을 하지 않는다(2003, 1125a3-9).

⑦ 긍지를 가진 사람은 명예를 소중하게 생각하지만 지나치게 중시하지는 않는다. 명예욕에도 정도가 있다. 명예를 지나치게 사랑하거나 올바르지 않은 것에서 명예를 추구하는 사람은 비난의 대상이 된다(2003, 1125b1-10).

한 사람이 이러한 의미의 긍지를 가졌다는 것은 높은 수준의 인격을 가졌다는 것을 의미한다. 아리스토텔레스는 명예를 가장 큰 외적 선이라고 생각하였다. 그는 허영과 겸손은 중용과는 거리가 멀다고 생각하였다. 지나치게 겸손한 사람은 자신이 받아 마땅한 명예도 추구하지 않는다. 허영심이 있는 사람은 자신을 과대평가한 나머지 분수에 넘치는 명예를 요구한다.

덕으로서의 명예는 의무의 이행과 관련이 깊다. 왜냐하면 덕과 의무는 불가분의 관계이기 때문이다. 키케로(Cicero)는 의무를 이행함으로써 모든 덕을 획득할 수 있으며 의무를 등한시함으로써 모든 악을 얻는다고 말했다(1909, I. ii). 덕과 의무는 명예와 관련이 있지만, 명예가 타인의 공적 인정을 전제로 한다는 점에서 명예개념에 들지 않을 수도 있다. 명예가 공동체의 의견을 반영할 때 사라지는 경향이 있기 때문이다. 이 경우는 개인의 도덕적 가치보다는 정치적 유용성에 기반을 두고 있는 상황을 반영하는 것이다.

명예와 의무는 유사한 점이 있다. 명예가 공동체의 합의된 표준을 반영하는 것처럼 의무는 법을 전제로 하며, 의무의식은 특정한 개인에게만 관련되는 것이 아니다. 또한 합의된 공적 인정의 틀 안에서 자격을 갖춘 모든 사람에게 명예가 개방되듯이 법의 보편성 때문에 의무의식은 다른 사람에게도 적용된다. 한편 이와는 반대로 엄밀한 의미의 명예의식은 덕에 대한 자기의식을 전제로 한다(Adler, 1952, 729). 개인의 능력과 사회의 필요에 따라 결정되는 명예개념에는 덕과 의무가 들어설 자리가 없어 보인다. 왜냐하면 이런 상황에서는 사회의 유용성에 따라 개인의 가치가 결정되기 때문이다.

아우구스티누스는 명예의 가치를 인정하면서 덕의 결과로 비롯되어야 한다는 점을 강조하였다. 그는 이 점에 대해 다음과 같이 말하였다.

> 기만적 야망이 아니라 덕성으로 명예와 영광과 권력에 도달하려는 것이 바로 선한 기술이다. 그런데 이것은 선인이든 비열한 인간이든 똑같이 탐한다. 다만 전자, 곧 선인은 정도(正道)로 노력한다. 덕이야말로 소유하려는 목표, 곧 명예와 영광과 권력을 추구하는 길이다. … 악인은 명예를 탐하기는 하지만 덕을 갖추지 못했으므로, 악한 기술인 음모와 사기로 명예를 얻으려고 한다 (1955/2004, V. 12).

이러한 신념이 지지된다면 사람은 덕을 추구하여 명예를 얻는 길을 선택할 것이다. 명예와 덕이 분리될 경우, 즉 별개로 생각될 때는 명예의 의미가 달라질 수 있다. 명성이나 단순한 평판으로 인식될 수 있는 것이다. 덕과 무관한 명성은 무가치하거나 쉽게 사라질 우려가 있다.

사람은 자존감 없이는 명예의식을 가질 수 없다. 인간이 자기 자신을 명예롭게 또는 불명예스럽게 할 수 있다는 것은 그가 타자에 따라서도 쉽게 명예롭게 또는 불명예스럽게 될 수 있다는 것을 의미한다. 개인적 명예는 덕의 내적 결과이지만 공적 명예는 덕의 외적 보상에 불과하다.

유덕한 사람이라고 해서 언제나 합당한 명예가 주어지는 것은 아니다. 좋은 사회에서 유덕하게 살아가는 사람은 그에 상응하는 대우를 받지만, 나쁜 사회에서는 무시되거나 오히려 탄압을 받는다. 이런 인물은 후세 사람들이 재평가하기도 한다. 정상적인 사회라 하더라도 명예의 분배는 부당하게 이루어질 수 있다. 왜냐하면 명예를 누릴 자격이 있는 사람 중에는 나서기 싫어하는 사람이 있기 때문이다.

인간의 내적 가치와 그가 받는 명예 사이에는 이처럼 불균형이 있을 수 있다. 따라서 명예의 분배는 정의의 문제로 등장한다. 정의로운 사회는 명예를 공정하게 분배하지만 부정한 사회에서는 부정하게 분배한다. 그래서 명예의 박탈 행위가 일어난다. 그런 일은 사회체제가 바뀌거나 가치 표준이 달라질 경우 더 잘 일어난다.

명예는 덕의 결과로 얻어지는 것이다. 이러한 의미의 명예는 선한 것에 속한다. 그러나 오직 명예를 얻기 위해 덕을 추구하는 사람도 있다. 이 점에 대해 몽테뉴(Montaigne)는 명예가 아무리 좋은 것이라 해도 남에게 보이기 위해 하는 행동은 바람직하지 않다고 생각하였다. 덕이 명예 때문에 권장된다면 공허하고 경솔해진다는 것이다(1952, II. 16).

덕과 명예의 이러한 관계 때문에 일부 사람들은 자신의 덕을 드러내지 않으려 한다. 이러한 상황 때문에 사람들의 명예와 명성은 실제와 판이하게 다를 수 있다. 더구나 많은 이들은 의도적으로 명예와 명성을 추구하기도 한다.

덕은 명예를 가져오는 원천이지만 모든 덕이 이런 대우를 받는 것은 아니다. 많은 지적 덕은 공적 인정을 받기가 쉽지 않다. 왜냐하면 대중이 그러한 덕의 가치를 인정할 수준이 안 되기 때문이다. 도덕적 덕의 경우도 마찬가지다. 토크빌은 한 가지 점에서 미국에서의 명예는 유럽에서 인정되는 명예관념과 일치한다고 말하였다. 두 지역에서는 용기를 최고의 덕으로 보며, 인간의 도덕적 필요 중에서 가장 큰 것으로 간주한다는 것이다(1994, 237). 그 이유는 용기가 다른 많은 지적, 도덕적 덕의 형성에 큰 영향을 미친다는 것을 인식했기 때문일 것이다.

덕으로서의 명예개념은 개인이 자신에게 부여한 행위 표준을 존중하는 데서 형성된다. 자기존중을 유지하기 위해서는 자신에게 부여한 행위 표준을 존중해야만 한다. 명예의식을 반영하는 수치심은 자신이 결정한 행위 표준에 미흡할 때 일어난다. 자존심과 자신의 양심을 저버린 사람은 명예의식을 가질 수 없다.

(2) 힘으로서의 명예

명예를 얻는 사람을 관찰하면 권력을 가지거나 지적, 도덕적, 미적, 신체적 능력을 가지고 있음을 발견할 수 있다. 대중은 이런 능력을 가진 사람을 칭송한다. 홉스는 힘으로서의 명예를 잘 설명하였다. 그는 힘의 견지에서 명예를 가진 사람의 특성을 설명하였는데, 다음과 같이 요약할 수 있다. 원조 요청을 받는 사람, 복종을 가져오는 사람, 선물을 가져오게 하는 사람, 타인의 이익을 열심히 증진시키도록 하고 아첨하도록 하는 사람, 어떤 이득이 있을 때 양보하도록 하는 사람, 다른 사람에 대해 사랑이나 공포의 표시를 보여 주는 사람, 찬양하고 찬미하고 행복하다고 말하도록 하는 사람, 타인에게 숙고해서 말하도록 하고 예의와 겸손을 갖도록 하는 사람, 믿고 신뢰하고 의지하도록 하는 사람, 상담이나 논의를 경청하도록 하는 사람, 명예의 징표로 생각하거나 법률과 관습이 그렇게 만든 것을 준수하도록 하는 사람, 자신의 의견에 동의하도록 하는 사람, 모방하도록 하는 사람, 명예를 준 사람을 명예롭게 대하도록 하는 사람, 조언이나 어려운 행동을 받아들이도록 하는 사람 등이 명예로운 사람이다(1946, 58-59). 이런 의미의 명예는 힘 없이는 얻을 수 없다.

홉스는 명예를 힘의 견지에서 보기 때문에 부는 명예이고 가난은 불명예라고 생각하였다. 그는 호탕, 관후, 희망, 용기, 자신감은 명예로운 것이고 이것과 대조되는 소심, 인색, 공포, 주저는 불명예스러운 것이라고 생각했다(1946, 59). 이 외에도 홉스는 행운이 오래 지속된다면 명예로운 것이며, 시의 적절한 결단도 명예로운 것으로 보았다. 풍부한 경험, 학문, 분별과 기지에서 오는 모든 행동과 말은 명예로운 것이다. 침착은 명예의 징표다. 부, 지위, 훌륭한 행동, 탁월한 선 때문에 저명해지는 것은 명예로운 것이다. 저명한 조상의 후예라는 것도 명예로운 것이다. 실패한 사람에게 형평을 보여 주는 것도 명예로운 것이다. 막대한 부와 위대한 명예에 대한 야망도 명예로운 것이다.

홉스의 명예관은 명예를 가진 사람의 내적 자질도 고려하였지만 외적 조건도 고려하였다. 외적 선도 명예의 중요한 조건임을 분명히 하고 있는 것이다. 홉스의 명예관은 현대의 명예관에도 영향을 미쳤다. 홉스의 명예관에 영향을 받은 로버츠는 명예는 행위자가 소유하는 수단에 크게 영향을 받는다고 생각하였다. 명예는 약속을 실현할 수 있는 수단을 가진 사람에게서 잘 드러난다는 것이다. 이것이 왕자와 재력가가 명예의 좋은 예로 등장하는 이유다. 질병과 빈곤 같은 무능력은 명예를 감소시킨다는 것이다. 홉스에게 명예는 힘의 과시이며, 명예를 부여하는 것은 그에게 힘이 있다는 것을 인정하는 것이다(Roberts, 1998, 503).

개인이 가진 힘은 덕과 마찬가지로 명예를 가져올 수 있다. 사람은 공동체 안에서 힘을 인정하면서 살아가기 때문이다. 명예를 얻기 위해서는 힘을 가져야 하지만 힘은 명예를 소유하기 위한 하나의 조건일 뿐이다. 힘의 내용이 외적 조건이라면 이 경우의 명예는 안정성이 결여되기 쉬우며 충돌의 대상이 되기 쉽다.

2. 명예개념의 구조

명예개념은 인간관계를 설명하는 것이어서 일정한 구조를 가진다. 키케로는 명예개념의 구조를 잘 이해하였다. 그는 참되고 완벽한 명예는 세 가지 조건에 달려 있다고 생각하였다. 즉, ① 대중의 사랑과 선의, ② 한 인물에 대한 대중의 신임, ③ 한 인물에 대한 대중의 높은 평가와 찬양이다(1909, II. ix). 명예개념의 이러한 구조에서는 명예를 부여하는 사람, 즉 대중의 판단이 결정적인 요소로 간주된다.

키케로는 대중의 사랑을 얻는 방법은 관대와 친절이며 관후, 정의, 성실도 대중의 애호와 사랑을 얻는 좋은 방법이라고 주장하였다. 대중의 신임을 얻기 위해서는 실천적 지혜와 정의의 덕이 요구된다는 것이다. 한 사람이 대중보다 더 지혜로우면 그가 당면한 문제를 잘 해결할 것이라는 믿음을 줄 수 있다. 두 가지 덕 중에서 정의가 대중의 신임을 더 잘 얻도록 한다. 지혜 없이도 정의는 목적을 성취할 수 있지만, 정의가 없는 지혜는 아무것도 성취할 수 없다. 영리하고 간교할수록 사람에게 더 의심과 미움을 받는다. 그러므로 지혜와 협력하는 정의는 인간을 더욱 신뢰할 수 있게 한다(1909, II. ix).

대중의 높은 평가와 찬양을 얻으려면 그럴 만한 자질을 갖추어야 한다. 대중은 자신들보다 드물고 월등한 자질을 보여 주어야 비로소 찬양하고 숭배한다. 덕을 가졌거나 놀라운 힘을 가진 사람은 대중의 찬양과 경탄을 불러올 수 있다.

키케로의 지적처럼 명예는 염원하는 사람 혼자서 가질 수 있는 것이 아니다. 어떤 사람이 명예를 가지려면 그를 명예롭게 해 주는 사람이 반드시 있어야 한다. 명예는 삼중 관계를 가지고 있다. 즉, 명예를 얻는 사람, 명예를 주는 사람, 명예와 관련된 분야가 있다. 명예를 주는 사람의 경우, 자신은 명예를 가지지 않지만 그것을 줄 수 있으며 이미 명예를 가진 사람일 수도 있다.

명예는 관계적인 개념이어서 타인의 판단과 평가를 전제로 한다. 내가 명예를 얻으려면 타인의 인정을 받아야 한다. 명예는 어떤 사람의 행위나 자질이 가치 있다는 평가를 내리는 데서 비롯된다. 이러한 판단과 평가에 앞서 행위자는 자신을 존중하는 태도를 가져야 한다. 자신을 천하게 생각하는 사람은 거기에 상응하는 행동을 할 것이고 그러면 불명예스러운 삶을 살게 된다.

아리스토텔레스는 대부분의 사람은 사랑하는 것보다 사랑받는 것을 더 원하는 것 같다고 말하였다. 그 이유는 사람이 명예욕을 가지고 있기 때문이라는 것이다. 그는 사람이 아첨을 좋아하는 것도 이러한 이유 때문이라고 생각하였다(2003, 1159a13-15). 사랑을 받는 것과 명예롭게 되는 것 또는 아첨을 받는 것이 실제로 같은 것인가? 파카룩(Pakaluk)은 아리스토텔레스가 이 둘을 혼동했다고 생각하였다. 그는 이 둘을 구별하면서 사랑받는 것은 명예로워지는 것과는 달리, 명예와 감사를 얻는 동시에 봉사의 상호성을 받아들이는 것이라고 생각했다(1998, 100). 그는 사랑은 명예와는 다른 요소를 더 가진다고 생각하였다.

명예를 얻고자 하는 사람은 타자에게서 칭송과 사랑을 받고자 한다. 스피노자는 "사랑받는 대상이 우리를 사랑한다고 상상할수록 우리의 명예는 더 클 것이다."(1952, pt. 3. prop. 34)라고 말하였다. 사랑과 명예는 상이한 것이지만 사랑받는 것은 명예를 형성하는 중요한 요소라고 할 수 있다. 대중의 사랑 없이는 명예 관계가 성립하기 어렵기 때문이다.

권위의 개념처럼 명예도 삼중 관계를 가지기 때문에, 명예를 부여하는 사람을 배려해야 할 뿐만 아니라 그들의 기대를 저버리지 않아야 한다. 명예를 주는 사람을 배려하고 감사하는 마음을 갖지 않으면 교만하기 쉽고 그럴 경우는 명예 관계가 사라지고 만다. 아우구스티누스는 명예를 주는 사람을 다음과 같이 대하라고 권고하였다.

> 자기를 칭송하는 사람을 상대하더라도, 비록 자신에 대한 칭송은 대수롭지 않게 평가하더라도, 그들의 사랑까지 가볍게 평가하지는 말아야 할 것이다. 또 자기를 칭송하는 사람을 기만하려고 해서는 안 되며 자기를 사랑하는 사람을 현혹하지도 말아야 할 것이다. 그러므로 그가 참으로 열성을 다해 힘써야 할 바는, 인간이 온당하게 칭송받을 만한 것이 있다면 그것을 베풀어 준 그 분이 칭송을 받게 하는 일이다(1955/2004, V. 19).

명예는 공적 인정과 불가분의 관계다. 명예와 불명예의 개념은 개인과 이웃의 관계로 이해해야 한다. 따라서 개인이 자기를 아무리 가치 있게 생각하더라도 명예를 획득하는 것은 아니다. 그렇지만 명예로운 사람이 되려면 자신을 소중하게 생각해야 한다. 자기를 소중하게 생각하지 않으면 다른 사람도 자신을 아주 낮게 바라볼 수 있다. 그렇다면 개인의 가치는 전적으로 타인의 인정과 존중 정도에 따라 결정되느냐고 물을 수 있다. 많은 훌륭한 사람이 당대의 사회에서 인정을 받지 못한 채 타계하고 있다. 그들은 명예나 불명예 없이 삶에서 떠나는 것이다. 명예는 자신만으로 형성되는 것이 아니라 다른 사람에게서 받는 것이다. 따라서 명예는 개인이 가진 힘과 사회의 필요에 따라 설명되어야 한다.

일부 사람들은 명예 관계를 이해하지 못하고 공적 인정과 무관하게 명예개념을 사용하려고 시도한다. 이들의 명예개념은 그릇된 것이라고 할 수 있다. 그들은 자주 '내 명예를 걸고'라는 표현을 쓴다. 다른 사람의 신임을 얻고자 할 때 사람은 흔히 '신에 맹세코' '하늘에 맹세코'라는 말을 사용하기도 한다. 이러한 표현은 명예개념의 삼중 관계를 모르고 사용하는 것이어서 거짓을 말하려는 의도가 숨어 있다고 할 수 있다.

3. 명예욕

대부분의 사람들은 명예욕을 가지고 있다. 이러한 욕망은 아주 자연스러운 것이다. 그래서 온갖 노력을 다하여 자신의 이름을 드높이려 하고 타인의 칭송을 받으려 한다. 문제는 명예욕이 지나치다는 데 있다. 스피노자는 이를 염두에 두고 "명예욕이란 명예에 대한 지나친 욕망이다."(1952, pt. 3. prop. 59. The affects. def. 44)라고 정의하였다.

키케로는 대부분의 사람들이 찬양하는 명예를 경멸하는 사람을 문제 삼았다. 영광과 갈채를 염두에 두지 않는 그들을 비난하기 어렵지만, 그들이 그것을 멀리하는 진짜 이유는, 공무로 인한 수고와 피로, 수치와 불명예를 동반하는 비난과 논박에 직면하는 것을 두려워하기 때문이라는 것이다(1909, xxii). 명예를 얻으려면 활동을 하여야 하고 활동은 실패를 가져올 수 있다. 이를 두려워하면 실패하지는 않지만 명예와는 거리가 먼 삶을 살 것이다.

아우구스티누스는 고대 로마인의 특성을 설명하는 가운데 “그들은 영광이라는 것을 열렬히 사랑했고, 그것을 위해 살고 싶어 했고, 그것을 위해서라면 죽음도 서슴지 않았다. 그들은 이 한 가지에 대한 지대한 욕망으로 여타의 욕망을 억눌렀던 것이다.”(1955/2004, V. 12)라고 말하였다. 그는 로마인이 자신의 명예욕으로 다른 사악한 욕망을 제어할 수 있었다고 믿었으므로 명예욕에 대해 긍정적으로 평가하였다. 그는 “명예에 대한 탐욕과 영광에 대한 욕망이 참으로 놀라운 많은 업적, 다시 말해 세인의 평에 따라 명예롭고 영광스럽다는 업적을 이루게 만들었다.”(1955/2004, V. 12)고 말하였다. 그는 이러한 신념 때문에 명예욕과 지배욕을 구별하려고 하였다. 그는 이렇게 말하였다.

> 인간적 영광에 대한 탐욕과 지배에 대한 탐욕 사이에는 상당한 차이가 있다. 무릇 인간적 영광을 지나치게 좋아하는 사람은 지배하는 데도 열렬히 애착하는 경향이 있지만, 진정한 인간적 칭송의 영광을 갈망하는 사람은 올바른 판단력을 가진 사람에게 불쾌감을 주지 않으려는 노력도 기울인다. 윤리도덕에는 선한 것이 많으며 비록 많은 이가 그것을 갖추지는 못하더라도 그것에 관해 올바른 판단을 할 수는 있다(1955/2004, V. 19).

그러나 명예욕이 이렇게 긍정적으로만 이해되지는 않는다. 명예욕 때문에 수많은 해악이 나타날 수도 있다. 스피노자는 다양한 종류의 정서 중에서 가장 현저한 것은 향락욕, 음주욕, 정욕, 탐욕, 명예욕이라고 말하였다. 이것은 관련되는 대상을 통해 그 본성을 드러나게 하는 사랑이나 욕망의 관념에 지나지 않는다는 것이다. 그 이유는 우리가 향락욕, 음주욕, 정욕, 탐욕, 명예욕을 향락, 음주, 여인, 부와 명예에 대한 지나친 사랑이나 욕망으로 이해하기 때문(1952, pt. 3. prop. 56. schol.)이라는 것이다. 그는 명예욕이란 모든 정서를 키우며 강화하는 욕망으로서 이 정서는 거의 정복될 수 없다고 생각하였다. 왜냐하면 인간이 어떤 욕망에 사로잡혀 있는 동안에는 필연적으로 명예욕에 동시에 사로잡혀 있기 때문이다(1952, pt. 3. prop. 59. The affects. def. 44. explanation). 이러한 신념 때문에 스피노자는 "탐욕, 명예욕, 정욕 등은 비록 병이라고 생각되지는 않을지라도 일종의 광기"(1952, pt. 4. prop. 44. schol.)라고 말하였다.

베이컨은 "다른 사람과 경쟁하여 승리하여 얻은 명예는 잘 다듬어진 금강석처럼 가장 좋은 반사작용을 보인다."(2002, 189)라고 하였다. 공정한 선의의 경쟁은 개인과 공동체에 활력을 주지만 그렇지 않은 경우도 아주 많다. 경쟁의 과정에서 수많은 악이 개입될 수 있기 때문이다. 경쟁에 참여하는 사람이 승리와 명예에 과도하게 집착하면 교만의 죄와 야심의 악에 빠져들게 된다.

지나친 명예욕에서 벗어나려면 다른 사람이 자신의 방식대로 살기를 기대하지 않아야 한다. 사람은 저마다 삶의 방식이 있다는 것을 인정하는 것이 중요하다. 스피노자가 지적한 것처럼 "모든 사람이 모든 사람에게서 칭찬받거나 사랑받으려 한다면 서로 증오하게 된다."(1952, pt. 3. prop. 31. corol). 공동체 안에는 다양한 삶의 방식과 가치관이 존재하기 때문에 누구든지 모든 사람의 사랑과 칭송을 받을 수는 없다.

명예는 가치 있는 것이지만 이것이 가져오는 해악에 대해서도 관심을 가져야 한다. 이 점에 대한 베이컨의 권고는 적절하다고 생각한다. 그는 "명예의 암적 존재인 시기를 없애는 최선의 방법은 자신의 목적이 명성이 아니라 업적에 있다는 것을 보여 주는 것이며, 자신의 성공을 자신의 덕이나 정책보다는 신의 섭리와 행운으로 돌리는 것이다."(2002, 189)라고 말하였다. 명예는 그것을 가진 사람에게 즐거움을 주지만 가지지 못한 사람에게는 선망과 시기, 때로는 고통을 안겨 준다. 자신의 명예를 운으로 돌리는 사람은 타인이 가진 시기심을 상당히 감소시킬 수 있다.

II. 명예와 명성

사람들은 명예와 명성(fame)을 상호 치환하면서 사용하고 있다. 명예와 명성을 동일시할 경우 이름이 널리 알려지기만 하면 명예로운 것으로 간주할 수 있다. 이런 견해에 동의할 사람은 많지 않을 것이다. 그래서 사람은 '명예의 표준', 즉 무엇 때문에 알려졌는가에 관심을 갖는다.

명예와 명성의 공통점은 공적 인정을 받는다는 점에 있다. 이 둘은 자기인정에서 비롯되는 것이 아니라 타자의 인정에서 비롯된다. 차이점은 전자는 가치어인데 후자는 중립적이라는 것이다. 명성이나 평판은 중립적인 것이어서 좋은 쪽으로도 나쁜 쪽으로도 형성될 수 있다. 따라서 '명성을 얻었다.' 는 말을 들을 때 즉각 '무엇으로' 라고 되묻는 것이다.

명예의 의미 속에는 가치 또는 존엄의 의미가 들어 있지만 이를 더 잘 이해하려면 명예의 개념이 등장하는 공동체를 이해하여야 한다. 개인과 공동체의 자질을 모르면 명예의 성격을 제대로 이해할 수 없기 때문이다. 그러므로 특정 사회에서 개인이 타자에게 칭송되는 표준이 무엇인가를 알아야 한다.

명성은 도덕적으로 중립적인 말이다. 명성은 덕, 의무 대신에 사회적 성공만을 고려한다. 그것은 중립적인 개념이어서 그 자신이 아닌, 사람이 받은 인상에 따라 판단한다. 유명해지는 것은 필연적으로 동료에게 좋게 평판받는 것은 아니다(Adler, 1952, 730). 따라서 사람은 자신의 이름이 칭송될 때 그것이 명예인지 아니면 명성인지를 분별하여야 한다. 아우렐리우스는 명예와 명성을 다음과 같이 구분하였다.

> 존중할 만한 것은 무엇인가? 박수받는 것? 아니다. 혀로 박수 받는 것도 아니다. 대중의 갈채는 혀로 박수치는 것이기에 하는 말이다. 그래서 너는 명성이라는 하찮은 것조차 버렸다. 그렇다면 존중할 만한 것으로서 무엇이 남아 있는가? 내 생각으로는 자신의 고유한 소질에 따라 활동하고 다른 활동은 자제하는 것이다. 그것은 궁극적으로 모든 직업과 기술이 추구하는 목표다. … 네 소질을 존경하고 존중한다면, 너는 자신에게는 상냥하게, 이웃에게는 사이좋게, 신에게는 순응하게, 말하자면 신이 나누고 규정해 놓은 모든 것을 찬양하게 만들 것이다(1916/2005, vi, 16; cf. iv, 3, 19, 33).

아우렐리우스는 명성을 멀리하는 동시에 개인의 소질에 따라 활동하고 타자의 존경과 사랑을 받더라도 겸손하게 살아갈 것을 권하고 있다. 그는 명성은 너무나 허무하기 때문에 인간의 본성에 따라 충실하게 사는 것만이 영원할 수 있다고 말하였다. 이 점에 대해 그는 이렇게 말하였다.

> 모든 것이 금세 사라져 옛이야기가 되고 완전히 망각되기 때문이다. 여기서 나는 놀랍도록 빛을 발하던 자에 관하여 말하고 있는 것이다. 나머지는 숨이 끊어지자마자 보이지도 들리지도 않기 때문이다. 그렇다면 영원한 사후의 명성이란 대체 무엇인가? 그야말로 아무것도 아니다. 그렇다면 우리가 열성을 쏟아야 할 것은 무엇인가? 한 가지뿐이다. 올바른 생각, 공동체에 이익이 되는 행동, 거짓을 모르는 말, 그리고 일어나는 모든 일을 필연적인 것으로, 친숙한 것으로, 우리와 같은 근원과 원천에서 흘러나온 것으로 환영하는 심성이 바로 그것이다(1916/2005, iv, 33).

아우렐리우스는 명성을 새 모래가 밀려오면 이전의 모래 언덕이 묻히는 것에 비유하였다(1916/2005, vii, 34). 아퀴나스도 아우렐리우스와 같은 견해를 가지고 있었다. 그는 명성은 안정성이 결여되어 있으며 그릇된 소문으로 인해 쉽게 상실된다고 말하였다. 비록 어느 정도 지속된다 하더라도 우연에 지나지 않는다는 것이다(1952, II-I, Q. 2. a. 3).

명성의 덧없음을 알게 된 사람은 고독을 선호하고 외로움을 감내하는 길을 선택할지도 모른다. 고독은 일시적이라면 괜찮지만 장기간 지속될 경우는 대화를 나누었던 사람과 친숙했던 사람에게서 나쁜 평판을 받을 수 있다(Adler, 1952, 731). 사람은 공동체 생활을 통해서 문명을 공유함으로써 비로소 자기 자신을 실현할 수 있는 것이다.

지혜로운 사람은 자신의 명성이 명예로 인한 것인지 확인할 뿐만 아니라 명성을 안겨 주는 사람이 누구인지 알고자 할 것이다. 베이컨은 「칭찬에 대해」라는 에세이에서 이렇게 말하였다.

> 칭찬은 덕의 반사다. 그러나 그것은 반사하는 거울이나 물체에 따라 다르다. 그것이 평범한 사람에게서 오는 것이라면 대체로 거짓되고 헛된 것이며 유덕한 사람보다는 천박한 사람에게서 온 것이다. 왜냐하면 평범한 사람은 많은 탁월한 덕을 이해하지 못하기 때문이다. 가장 낮은 수준의 덕은 평등한 사람에게서 칭찬받을 수 있고, 중급의 덕은 그들의 마음속에 경탄과 칭송을 가져오며, 최고의 덕에 대해서는 전혀 인식할 수가 없다(2002, 184).

베이컨은 높은 자질과 판단력을 가진 사람의 의견이 일치된다면 명성은 명예가 되지만 그렇지 않은 경우는 오히려 부끄러움을 느끼게 된다고 생각하였다. 어떤 부류의 사람에게 칭송을 받는가가 중요하다. 부정한 사람이 보내는 칭송은 수치이며 스스로 부정한 삶을 살았다는 것을 보여 줄 뿐이다. 세상에는 거짓된 칭송과 감탄이 많기 때문에 그것에 대한 분별력을 가져야 한다.

III. 명예의 가치와 덧없음

1. 명예의 가치

명예는 그 가치에 따라 판이한 영향력을 보여 준다. 어떤 명예는 영원성을 보여 주지만 어떤 명예는 명성처럼 일시적으로만 영향을 미친다. 사람은 자신에게 주어진 명예가 영원히 지속되기를 희망한다. 그렇지만 살아 있는 사람에게 주어지는 명예는 그 사람이 그릇된 행동을 함으로써 사라질 수 있으며, 타자가 더 큰 명예를 가짐으로써 약화되거나 잊히기도 한다.

위인의 명예는 시대를 초월하여 불멸성을 보여 준다. 덕과 능력에서 탁월함을 보인 사람은 당대는 물론 후대까지 칭송된다. 학문의 세계만 하더라도 탁월한 탐구자는 타계했어도 그의 이름으로 학회가 만들어지고 탄생일이나 사망일을 기념하며, 학문적인 업적이 기려지고 계승된다.

플라톤은 지혜를 사랑하는 사람을 최선자라고 생각했으며 그러한 사람이 다스리는 정치체제를 이상국가로 보았다. 이러한 이상국가가 타락하면 명예를 사랑하는 사람이 통치하는 명예체제(timocracy)가 등장한다고 말했다(2003, 545a-b). 그는 명예를 좋아하는 사람의 성향을 이렇게 묘사하였다.

> 그는 더욱 완고한 사람이고 교양적인 공부에는 시간을 덜 보내네. 그는 교양을 인정하지만 그저 듣기만 하고 스스로 말을 잘하지는 못하네. 이런 사람은 노예를 가혹하게 대하네. 적절하게 교육받은 사람이 하는 방식으로 그를 대할 걸세. 그러나 자유인에 대해서는 상냥하며 통치자에 대해서는 극히 순종적일세. 또한 그는 스스로 권위자이기를 열망할 걸세. 그는 말하는 능력보다는 군사적 성취를 정치적인 직위에 적합하다고 생각하네. 그런 사람은 스포츠와 사냥을 좋아하는 사람이네(2003, 548e-549a).

위의 글은 경쟁과 승리를 통해 명예를 얻는 것을 즐기는 사람을 묘사한 것이다. 명예는 지적, 도덕적 덕과 힘을 보여 주어 얻어지는 것이며, 스포츠나 군사적 우위를 통해 얻어지는 명예는 제한적으로만 가치를 갖는다. 플라톤은 명예 그 자체를 추구하는 사람, 즉 야심가를 낮게 평가하였다. 그는 명예를 지혜보다는 못하지만 중요한 선으로 간주하였다.

명성의 반대는 무명(anonymity)이지만 무명은 부분적으로 명예의 반대일 수 있다. 선하지도 악하지도 않고 명예도 명성도 없이 이 세상을 살다가는 사람이 있다. 이들 중에는 명예와 명성에 초연한 사람도 있지만 의욕과 능력의 결여로 그렇게 되는 경우도 있다. 단테(Dante)는 명예에 무관심하거나 자기애에 빠져 있는 사람들을 혹평하였다. 그는 『신곡』에서 베르길리우스의 입을 빌려 이들에 대해 이렇게 말하였다.

> 이 한스러운 꼬락서니는
> 한뉘 부끄러울 것도 칭찬받을 것도 없는 사람의
> 고통스러운 영혼을 붙잡고 있단다.
> 하나님께 항거하지도 않고 복종하지도 않고
> 단지 자기 자신만을 위하던 천사의
> 저 나쁜 무리 속에 그 영혼이 섞여 있단다.
> 하늘은 더 이상 추하게 되지 않으려
> 저들을 쫓아냈고 깊은 지옥도 그들을 받아 주지 않으니
> 그들 스스로 어떤 영광을 가지려 했음이라(1955/2005, 지옥편, 제3원, 34-42).

단테는 이런 사람들을 "한 번도 살아본 일이 없는 비열한 자들"(64행)이라고 불렀다. 그는 이들을 인생을 제대로 살아 보지 못한 까닭에 천국이나 지옥 중 어느 곳에도 가지 못하고 입구에서 고통받는 영혼으로 묘사하였다. 그는 자기 자신의 이익만을 생각하여 현실에 안주한 사람이 이런 부류를 형성한다고 생각하였다.

셰익스피어(Shakespeare)는 명예의 가치를 중시한 나머지 『안토니와 클레오파트라』에서 안토니의 입을 빌려 이렇게 말하였다.

"만일 내가 내 명예를 잃는다면 나는 나 자신을 잃는 셈이오." (1952, Act III sc. iv. 22-23). 이것은 안토니가 자신의 아내 옥타비아에게 한 말이다. 이 말 속에는 저명한 장군이 잠시 더 살기 위해 구차스럽게 구걸하는 행위는 죽은 것이나 마찬가지라는 생각이 담겨 있다.

몽테뉴는 명예의 가치를 인정하면서도 부작용을 우려하였다. 그는 명예가 선의지를 요구하고 모욕과 멸시를 덜 당하도록 해 준다고 말하였다. 그렇지만 명예는 사람의 경멸을 초래할 수 있다고 생각했다(1952, II. 16). 덕과 힘으로 얻어진 명예와, 명예 그 자체를 추구하는 행위는 구별하기가 쉽지 않다. 그래서 명예는 시기나 경멸을 초래할 수 있다.

과거의 철학자들은 정도의 차이가 있기는 하지만 대체로 명예가 도덕적 가치를 가졌다고 생각하였다. 그들은 명예를 부여하는 것을 존경하고 숭배한다는 것으로 이해하였다. 철학자들과는 달리 유대교와 기독교는 명예와 반대되는 견해를 가지고 있었다. 「구약전서」는 물론 예수와 그를 따르는 교부들은 명예와 반대되는 것으로 보이는 가치인 겸손을 강조하였다. 힘이나 승리보다는 자비, 용서, 사랑, 겸손, 자선, 섬김 등과 같은 행위를 강조하였다. 「잠언」 15:33에는 "명예보다 먼저 겸손이 있다."라는 주장이 명시되어 있다. 18:12에도 이 말이 반복되고 있다. 22:4에는 겸손의 보상이 명예라고 말하였다.

명예의 가치는 명예가 행복의 외적 조건이라는 데서 드러난다. 고귀한 사람의 칭송은 행복의 중요한 조건이 될 수 있다. 아퀴나스는 행복을 논의하는 가운데 행복과 명예의 관계에 대해 언급하였다. 그는 먼저 인간의 행복은 명예로 구성되어 있다는 견해와 행복은 명예로 구성되어 있지 않다는 견해를 소개한 후, 자신의 입장을 제시하였다.

> 행복이 명예로 되어 있다는 것은 불가능하다. 왜냐하면 명예는 어떤 사람의 어떤 탁월성 때문에 주어진다. 그 결과 명예는 명예로운 사람 안에 있는 탁월성의 표시와 증명이 되는 것이다. 그런데 인간의 탁월성은 인간의 완전한 선인 행복에 따른 것이다. … 그러므로 명예는 행복에서 올 수는 있지만, 행복이 주로 명예 안에 있는 것은 아니다(1952, II-1, Q. 2. a. 2).

아퀴나스는 명예와 행복을 동일시하는 것을 거부하였다. 행복은 명예를 포함하여 더 많은 덕과 의무가 요구되기 때문이었다.

명예는 사회적 상황의 산물이다. 명예의 개념을 제대로 이해하려면 문제되는 사회를 이해하여야 한다. 내란과 전쟁이 빈번하게 일어나는 곳에서는 장군이 명예의 주인공이 된다. 평화로운 사회에서는 장군보다는 학문과 예술의 위대성을 성취한 사람이 명예를 얻을 수 있다. 정치체제에 따라서 명예를 얻는 사람이 달라질 수 있다. 토크빌은 귀족 사회뿐만 아니라 민주주의 사회에서도 명예가 존재하며 그 형태만 상이할 뿐이라고 말하였다. 다른 점이 있다면 민주주의 사회에서는 명예가 수적으로 적고 덜 정교하며 덜 복종적이라는 데 있다는 것이다(1994, II. 238). 토크빌은 민주국가에서는 명예의식이 많이 약화되었다고 말하였다. 그 이유는 여론이 안정적이지 못하기 때문이라는 것이다.

토크빌이 지적한 것처럼 사회적 조건의 불평등과 명예는 아주 밀접한 관계를 맺고 있다. 그는 계급이 없어지고 특권이 사라지면 국가를 구성하는 사람이 평등해지고 명예제도도 사라질 것이라고 말했다(1994, II. 241-2). 그러나 사람이 사는 곳에서는 어디에나 계급이 존재하며 특권과 소외가 공존하고 있다. 전 세계가 민주화를 향해 나아가고 있어서 명예제도가 전제시대보다 약화되기는 했지만 더욱 다양화되고 있다. 이러한 현상은 바람직한 것이라고 할 수 있다.

2. 명예의 덧없음

명예는 가치 있지만 대부분의 명예는 불안정하다. 사람들은 이러한 명예의 운명을 놓고 덧없는 것이라고 생각한다. 「호세아」 9:11은 명예의 무상함을 지적하기 위해 "명예는 새같이 날아간다."라고 하였다. 지적, 도덕적 덕을 통해 얻은 명예는 지속성을 갖지만 외적 선을 통해 얻은 명예는 쉽사리 상실될 수 있다.

명예를 좋아하는 사람은 타인의 인정을 지속적으로 받기 위해 비열하고 구차한 선택을 하기도 한다. 높은 지위에 있던 사람이 무명해지는 상황을 수용하지 못하고 낮은 지위에라도 머물려는 모습을 보이기도 한다. 소크라테스는 글라우콘과 나누는 대화 속에서 이러한 경향에 대해 말하였다.

> 명예를 좋아하는 사람은 장군 노릇을 할 수 없게 되면, 하급 지휘관 노릇이라도 하는 것일세. 그리고 고귀하고 존엄한 사람에게 존경받지 못할 경우는, 미천한 사람에게라도 존경을 받으면 만족해하는 것을 자네가 목격할 것으로 나는 생각하는데, 이는 요컨대 이들이 명예를 욕구하는 사람이기 때문일세(2003, 475a-b).

한때 명예를 얻었던 사람은 자신의 이름이 잊혀지는 것을 큰 고통으로 받아들인다. 이러한 고통은 명예의 속성을 제대로 이해하지 못하는 데서 온 것이다.

아우렐리우스, 보에시우스(Boethius), 스피노자는 명예의 덧없음을 더욱 강렬하게 지적하였다. 아우렐리우스는 명예와 명성의 덧없음에 대해 다음과 같이 말하였다.

> 무수한 군중, 무수한 의식(儀式), 폭풍과 잔잔한 바다를 가리지 않는 온갖 항해, 태어나는 자, 함께 어우러지는 자, 사라져 가는 자의 천태만상을 위에서 내려다보라. 그리고 이전에 다른 사람이 살다간 삶과, 네 다음 세상에 살게 될 삶과, 지금 야만족이 살고 있는 삶을 생각해 보고, 얼마나 많은 사람이 네 이름을 알지도 못하고, 얼마나 많은 사람이 곧 네 이름을 잊어버릴 것이며, 얼마나 많은 사람이 지금은 너를 칭찬하지만 머지않아 비난할 것인지도 생각해 보고, 또 기억도 명성도 그 밖에 다른 모든 것도 모두 언급할 가치조차 없다는 것을 생각해 보라(1916/2005, ix, 30).

아우렐리우스의 이 말 속에는 스토아주의의 인생관이 잘 나타나 있다. 칭송과 비난에 대해 부동심을 견지하려면 명예와 명성에 대해 무관심해야 한다는 것이다.

보에시우스는 철학이라는 여인의 입을 빌려 인간의 유한성 때문에 명예와 명성은 허무한 것이 될 수밖에 없으며, 광활한 공간과 영원한 시간에 비춰볼 때 인간의 업적은 너무나 보잘것없는 것이라고 말하고 있다(1998, bk 2. VII). 스피노자는 "명예는 이성과 모순되지 않고 이성에서 생길 수 있다."(1952, pt. 4. prop. 58.)는 점을 인정하면서도 명예는 덧없는 것임을 분명히 하였다. 그는 위의 명제를 주석하면서 다음과 같이 말하였다.

> 헛된 명예란 오직 대중의 칭찬으로 자라나는 자기만족이며 이러한 칭찬이 사라지면 만족, 즉 모든 사람이 사랑하는 주된 선도 사라진다. 이러한 이유로 대중의 칭찬에서 명예를 찾는 사람은 명성을 보존하기 위하여 불안해하며 날마다 걱정하면서 애쓰고, 일하며, 투쟁한다. 왜냐하면 대중은 잘 변하고 변덕스럽기 때문에 명성이 보존되지 못할 경우 곧 사라지기 때문이다. 더구나 만인이 대중의 갈채를 받기를 원하므로 각자는 쉽게 타인의 명성을 파괴한다(1952, pt. 4. prop. 58. schol.).

스피노자는 명예를 추구하는 과정에서 빚어지는 해악에 대해 우려를 표시하고 있다. 그의 우려는 경쟁을 통해 명예와 명성을 얻는 경우에 더욱 커질 것이다.

몽테뉴도 젊은 시절에 얻은 명예와 영광은 이내 사라지며, 사람은 얼마간 존재하는 명예를 위해 참되고 본질적인 삶을 등한시하고 있다고 비판하였다(1952, II. 16). 사람이 이러한 비판을 받지 않으려면 본질적인 삶, 즉 지적, 도덕적 덕의 추구를 통해 명예를 획득하여야 한다.

명예는 사회적 규약과 표준을 준수함으로써 획득되고 유지되지만 여러 원인과 이유로 표준을 준수하지 못할 때는 명예가 상실된다. 이런 실패가 일어나면 공동체는 경멸과 조소로 반응한다. 자신의 과오로 명예를 잃은 사람은 자부심을 잃어버리고 수치의 정서에 희생된다. 실패가 적다면 각고의 노력을 통해 만회할 수 있지만 너무 크면 만회할 수 없다. 그는 변두리로 밀려나거나 극단적일 경우는 추방되기도 한다(Fotion & Elfstrom, 2001, 789).

어느 사회에서나 명예개념은 이전에 비해 덜 중요시되고 있다.

인간존중의 원리가 강조되고는 있지만 명예개념처럼 강렬한 열정을 불러일으키지는 못하고 있다. 그런데 명예개념의 등한시는 수치심의 등한시를 가져온다. 수치심을 느껴야 할 사람이 타인의 과오를 들먹이며 악의 보편성을 내세운다. 명예의 덧없음과 명예의 의도적인 등한시는 별개의 문제다.

Ⅳ. 명예와 수치

사람들 중에는 명예를 아주 소중하게 생각하는 사람도 있고 전혀 개의치 않고 제멋대로 행동하는 사람도 있다. 제멋대로 행동하는 사람은 스스로를 천하게 여기기 때문에 명예를 얻을 수 없다. 명예를 중시하는 사람 중에는 명예상실에서 오는 수치를 감당하지 못해 자살하는 사람도 있다. 명예와 수치는 동전의 앞면과 뒷면의 관계처럼 불가분의 관계다. 명예의식이 있어야 사람은 비로소 수치심을 갖게 된다.

수치란 불명예를 가져올 듯한 현재, 과거, 미래의 비행의 견지에서 예상하는 일종의 고통 혹은 불안으로 정의될 수 있다. 염치 없음(shamelessness)은 위의 동일한 사안에 대한 경멸과 무관심으로 정의될 수 있다. 수치는 자아를 보호하려는 데서 온다. 수치심을 느낀다는 것은 자아를 보호하고 회복할 수 있다는 가능성을 보여준다. 수치심을 강하게 느끼는 사람은 수치를 유발하는 자신의 행위를 중단하고 잃어버린 명예를 회복하기 위해 노력한다. 그러나 염치없는 사람은 자아를 포기한 사람으로 자기 개선의 의지를 전혀 보여 주지 못한다.

스피노자는 "수치란 다른 사람이 우리의 행동을 비난할 것이라고 상상하는 데 따른 슬픔이다."(1952, pt. 3. prop. 59. The affects. def. 31)라고 말하였다. 그는 수치와 겸손을 구별하려고 하였다. 그는 "수치와 겸손의 차이에 주의해야만 한다. 수치란 우리가 부끄러워하는 행동에 뒤따르는 슬픔이다. 겸손이란 추한 행동을 범하지 않도록 해 주는 수치에 대한 두려움 또는 공포다."(1952, pt. 3. prop. 59. The affects. def 31. explanation)라고 말하였다. 스피노자는 명예와 수치를 각각 기쁨과 슬픔으로 표현함으로써 사람들로 하여금 이것의 특징을 분명하게 의식하도록 하였다.

사람은 수치를 느낄 수 있는 행동을 하면 안 되지만 그러한 행동을 했다면 수치를 느끼는 것이 바람직하다. 왜냐하면 수치심을 느낄수록 개선 가능성이 높기 때문이다. 스피노자는 이 점에 대해 이렇게 말하였다.

> 수치와 마찬가지로 연민 역시 덕은 아닐지라도, 고통이 신체의 손상 부분이 아직 곪지 않았다는 것을 보여줄 경우에 선이라고 일컬어지는 것처럼, 수치를 느끼는 인간에게 고귀하게 살고자 하는 욕망이 있다는 증거로 볼 수 있을 때는 선이다. 그러므로 자신의 행위를 부끄러워하는 사람은 슬퍼할지라도, 고귀하게 살고자 하는 욕망을 갖지 않은 몰염치한 사람보다는 더 완전하다(1952, pt. 4. prop. 58. schol.).

고백문학의 영역에서 걸작을 남긴 아우구스티누스, 루소, 톨스토이는 모두 젊은 시절에 평범한 젊은이보다 더욱 나쁜 행위를 저질렀다. 그러나 그들은 자신들의 행위에 강한 수치심을 느꼈으며 이 수치심을 기반으로 하여 자신의 영역에서 과오를 만회하고도 남는 위대한 성취를 보여 주었다.

스피노자와 달리 플라톤은 수치를 공포로 이해하였다. 그는 공포심에는 두 가지가 있다고 생각하였다. 악에 대한 공포와 나쁜 평판에 대한 공포가 그것이다. 사람은 이 공포를 수치라고 부른다는 것이다(1926, 646e-647a). 그는 명예와 관련하여 가장 정확하고 가장 중요한 규칙을 제시하였다. 즉, 좋은 평판을 추구하는 사람은 그 자신이 진실로 선해야 한다. 선함이 없이 좋은 평판을 추구해서는 안 된다(1926, 950c). 선의지로 얻은 명예는 덧없음은 물론 수치로부터 자아를 보호할 수 있다.

V. 명예, 행복 그리고 교육

명예개념의 분석을 통해 이 말이 인생에서 매우 중요한 지위를 차지하고 있음이 드러났다. 명예는 외적 선의 하나로서 행복의 중요한 요소가 되고 있다. 덕을 가짐으로써 타인의 칭송을 받는 것은 행복한 사람의 징표라고 할 수 있다. 이런 사람은 사후에도 명예가 주어지며 후손에도 명예가 전승된다. 그래서 사람은 누구나 타자의 공적 인정, 즉 명예를 갈망한다. 그러나 일부 사람들만이 살아 있는 동안이나 사후에 명예를 얻으며 대부분의 사람들은 명예나 명성을 얻지 못하고 생을 마감한다. 무명이 좋다고 자위하기도 하지만 명예욕의 실재를 부인하기는 어렵다.

명예를 얻었다가도 탐욕이나 부주의로 명예를 잃어버린 경우도 많다. 이런 사람은 한때 명예를 얻은 것이 도리어 회한으로 남을 것이다. 잃어버린 명예를 회복하기 위해 노력하는 사람이 있지만 명예를 얻을 당시에 비해 훨씬 더 많은 노력과 수고가 필요할 것이다.

명예를 얻었다고 해도 다른 사람이 더 큰 명예를 얻거나 사회적 환경이 달라지면 명예는 쉽게 사라질 수 있다. 이러한 경향이 명예의 덧없음을 알려 주지만 이러한 현상이 명예에의 무관심을 정당화해 주지는 못한다. 사람이 덕을 획득하고 힘을 기르면 결과적으로 다른 사람의 주목을 받는다. 덕을 존중하는 사람은 자연스럽게 덕의 소유자를 칭송할 것이다. 덕의 획득을 통해 명예를 얻는 것은 더없는 영광이다. 이런 명예는 비교적 영속적이다. 위인은 대체로 이러한 과정을 거쳐 역사 속에서 자신의 지위를 얻었다.

명예는 타자의 공적 인정으로 얻어지지만 무엇보다 소중한 것은 그것이 자존심에서 비롯된다는 것이다. 자존심이 결여된 사람은 행복한 마음을 가질 수 없으며 명예를 기대할 수도 없다. 세상의 그 누구도 스스로 무가치하다거나 비굴하게 살아가는 사람을 존중하지 않기 때문이다.

우리나라 교육에서는 명예개념이 등한시되고 있다. 중등학교 도덕 교과서에서는 명예개념이 거의 다루어지지 않았다. 중학교 3학년 도덕 교과서에는 명예에 대해 "어떤 사람은 타고난 재주를 잘 발휘하여 개인적 명예를 얻는 일을 보람으로 여긴다."(교육인적자원부, 2003, 33)는 언급이 보일 뿐이다. 이러한 경향은 고등학교 윤리 교과서에서도 비슷한 양상을 보인다. 교과서 집필자는 물론이고 교사도 명예의 도덕적, 교육적 가치에 대해 확신을 가지지 않는 것 같다.

명예의식이 결여된 사람은 자존심을 가질 수 없다. 그런 사람은 자신의 사적 이익을 위해서는 무슨 일이든지 감행한다. 학교교육과 대학교육을 받은 사람이 도처에서 범죄와 비행을 저지르는 것은 명예의식의 결여 때문이라고 할 수 있다. 졸업생이 흉악범이 되고 반인륜적 범죄를 저질러도 학교 경영자나 교사가 이에 대한 유감을 공개적으로 표시하는 경우는 거의 없다.

학교와 대학이 학생에게 교과를 통해 명예개념을 가르치는 데 소홀하면서도 한편으로는 다른 여러 방법을 통해 학교와 대학의 명예를 드높이려 한다. 학교는 수능시험에서의 고득점과 명문대학 진학, 각종 경진대회 입상이 학교의 위상과 명예를 높여 준다고 믿고 있다. 이러한 노력은 학교가 가지고 있는 명예욕의 징표라고 할 수 있다.

덕과 힘으로서의 명예는 교육의 중요한 목적이 될 수 있다. 교육받은 사람은 이러한 것에 상응하는 행동양식을 보여 준다. 그가 실제 생활에서 유덕함을 보여 줄 때 사람의 존경을 받으며 명예를 얻는다. 졸업생이 이런 행동을 보여 주면 본인과 모교에 명예가 주어지지만, 졸업생이 악행을 보여 줄 때는 행위자 자신은 물론 그들을 배출한 학교와 대학이 불명예를 얻게 된다.

명예의 가치와 명예의식은 각급 학교에서 모든 교과를 통하여 간접적으로 획득될 수 있다. 모든 교과에는 위대한 성취를 이룩한 사람의 얘기가 담겨 있다. 그중에는 지적 덕과 성취를 남긴 사람도 있고 용기, 정의, 관후 등을 비롯한 도덕적 덕을 보여 준 사람도 있다. 교사와 교수가 이들에 대해 진심으로 존중하고 칭송하는 마음을 가져야 이 마음이 학생에게 전승될 수 있다. 교사와 교수는 교과에 나오는 명예로운 사람에 대해 존경을 표시해야 할 뿐만 아니라 스스로도 명예의식과 명예를 획득하여야 한다.

명예의식은 학생에게 자존심과 더불어 타인존중의식을 갖도록 해 준다. 자존심은 자기가 세운 표준을 사랑하게 하고 도덕적 원리에 기초한 타인존중은 선한 사람에게 명예를 부여하는 법을 배우도록 해 준다. 타인에 대해 배려하지 않는 자기중심적인 사람은 자신의 명예는 물론 타인의 명예에도 무관심하다. 이런 사람은 공동체 안에서 언제나 국외자로 남는다.

한편으로 학교에서의 지나친 명예 강조는 다른 부작용을 가져올 수 있다. 대부분의 명예는 시기심을 동반하기 때문이다. 스피노자는 "인간은 본래 증오와 시기의 성향을 가지고 있으며 인간의 교육은 이 성향을 도와준다. 왜냐하면 부모는 자녀에게 단지 명예와 시기의 자극을 통해 덕을 따르도록 하는 데 익숙해 있기 때문이다." (1952, pt. 3. prop. 55. schol.)라고 말하였다. 부모와 교사는 명예가 시기를 동반하지 않도록 하거나 시기심이 최소화되도록 노력하여야 한다. 명예를 얻을수록 겸손한 태도를 보이고 명예의 획득을 행운으로 인식한다면 이웃의 시기심을 감소시킬 수 있을 것이다.

명예는 가치 있는 것이지만 명예욕은 악을 초래할 수 있다. 명예욕은 경쟁에서의 승리를 즐기도록 하며 수단과 방법을 가리지 않고 승리를 얻도록 한다. 이러한 과정에서 시기심과 같은 해악이 들어온다. 명예욕은 타자의 이익을 도와주는 덕과 조화를 이루어야 하며 이러한 과정에서 얻어진 명예는 오래 유지될 수 있다.

명예는 행복의 중요한 외재적 조건이 되듯이 교육의 외재적 목적이 될 수 있다. 교육의 내재적 목적을 추구할 때는 그 결과로 명예가 주어지며, 외재적 목적으로 추구될 때는 직접적으로 얻을 수 있다. 그러나 후자의 경우는 명예의 영속성이 문제된다. 교육의 외재적 가치는 안정성이 결여될 수 있기 때문이다.

학교와 대학은 모든 교과와 활동을 통해 학생에게 명예의식을 갖도록 해야 한다. 위대한 성취를 이룩한 사람을 존중함으로써 타자를 명예롭게 하는 법을 배우고 덕과 능력의 획득을 통해 칭송을 받아 명예를 얻는 법도 배워야 한다. 교육받은 사람의 배출은 개인의 명예인 동시에 학교와 대학의 명예다.

제10장

우정과 행복

도덕적 덕의 하나인 우정은 바람직한 인간관계의 중요한 요소다. 우정은 인생의 의미를 풍부하게 하고 올바른 삶의 태도를 갖도록 자극한다. 그러나 우정이 긍정적으로 작용하는 것만은 아니다. 우정의 개념이 잘못 사용되거나 우정의 가치가 절대화될 때 삶의 조화를 상실할 수 있다. 우정은 가치 있는 덕이지만 다른 가치와 조화를 이루어야 우정의 가치가 더욱 잘 실현될 수 있다.

현대사회에서는 전반적으로 도덕적 덕의 지위가 다른 가치에 비해 하락하고 있다. 사랑, 신의, 선, 헌신 등의 가치에 바탕을 둔 우정은 세속적이고 실제적인 가치 때문에 밀려나고 있으며, 이러한 사회적 경향은 일반 사회는 물론 학교와 대학의 교우 관계에도 영향을 미치고 있다. 그리하여 오늘날의 학교와 대학의 교육은 우정의 가치를 강조하기보다는 우정이 오히려 입학시험과 취직시험에 장애가 되는 것으로 간주되며, 이러한 시험에 합격할 때까지는 유보되어야 하는 것으로 여겨지고 있다.

그러나 우정은 행복한 삶을 위한 필수적인 요소다. 외적 선에 속하는 우정은 불안정하고 불완전하지만, 내적 탁월성을 획득하는 데 도움을 줄 뿐만 아니라 그 자체로서도 행복에 기여한다. 이 장에서는 우정개념을 분석하고 행복과의 관련성을 검토하려고 한다.

I. 우정의 개념

일찍이 철학자들과 문학가들은 우정의 가치를 깊이 인식하였다. 플라톤과 아리스토텔레스, 중세의 아우구스티누스와 아퀴나스, 르네상스 이후로는 몽테뉴, 스피노자, 칸트 등의 철학자들은 우정의 가치를 드러내려 하였다. 문학가들도 우정과 사랑의 가치를 강조하는 작품을 발표하였다. 때로는 이러한 작품이 철학자의 저서보다 더욱 큰 영향력을 발휘하기도 하였다.

고대 그리스의 철학자, 특별히 플라톤과 아리스토텔레스는 사랑과 우정에 대해 깊은 관심을 표시하였다. 그러나 그들의 탐구방향은 서로 달랐다.

플라톤은 에로스(eros), 즉 사랑의 탐구에 깊은 관심을 가졌다. 에로스는 대상에 따라 세속적 에로스와 천상적 에로스로 구별된다. 플라톤의 『향연』과 『파이드로스』에서 전개되는 에로스는 천상적인 것, 즉 지혜와 지식에 부족을 느껴 그것을 갈구하는 힘과 정열로 이해하였다. 그리하여 애자(lover)와 소년(the beloved), 현대적인 말로 표현하면 교사와 학생의 관계는 천상적 에로스로 맺어지는 것이며, 에로스야말로 두 사람을 함께 성장하게 할 수 있는 동력으로 보았다.

플라톤에 따르면, 애자는 소년의 또래 관계를 권장하지 않는 데 비해, 비애자(non-lover), 즉 소피스트는 소년의 우정을 찬양하고 권장한다는 것이다. 소피스트가 소년에게 허용하는 우정은 세속적인 성격을 가졌던 것이다. 세속적인 우정, 즉 유용성과 쾌락에 따르는 우정은 지적 탐구생활과는 양립하기 어려운 것이지만, 소피스트는 소년이 요구하는 대로 허용하였다.

플라톤은 친구가 되는 데는 상호 간에 충분한 지식을 가지고 있어야 한다고 생각하였다. 현명해야 친구를 얻을 수 있다는 것이다. 친구가 어떤 사람이며 어떤 감정을 가졌는지를 아는 것은 그를 이해하고 도와주는 데 필수적인 조건이다. 그는 인간이 지혜롭다면 만인이 친구가 될 수 있다고 생각하였다. 왜냐하면 지혜로운 사람은 유용하고 선하기 때문이다. 그렇지 않다면 그 누구도 가까이 하지 않을 것이라고 생각했다(1925c, 210a).

플라톤은 『리시스』에서 친구는 재물을 공동으로 소유한다고 말하였다. 친구 사이에서는 어느 쪽이 더 부자인가를 따질 필요가 없다는 것이다(1925c, 207c). 우정은 모든 것을 공유하도록 자극한다. 정신적, 물질적인 것을 공유한다는 것은 쉬운 일이 아니다. 일차집단인 혈연관계에서도 공유 생활은 어려운 것으로 알려져 있다. 플라톤은 "친구는 모든 것을 공동으로 소유한다."(1914c, 279c)고 말하였다. 그는 공유의 내용을 구체적으로 말하지 않았지만 문맥으로 보아 모든 것을 한계 없이 공유하는 것을 의미한다고 보아야 한다.

아리스토텔레스는 우정에 대해 최초로 체계적인 연구를 하였다. 그는 의식적으로 에로스를 무시하였으며 그 대신에 우정(philia)을 전면에 내세웠다. 개인적 도덕을 집중적으로 다룬 그의 『니코마코스 윤리학』은 많은 지면을 우정에 할애하였다. 그의 우정개념은 다른 도덕적 덕과 지적 덕에 관련을 가지며, 그의 실천철학의 전모를 드러낸다고 말할 수 있다.

아리스토텔레스는 우정과 동일한 개념은 아니지만 우정의 일부를 포함하는 것으로서, 호의(eunoia), 융화(homonoia), 선행(euergon)을 들었다. 호의는 우정의 초보단계로서 행동화되지 않은 우정이라고 할 수 있다. 융화는 정치적인 특성과 도시 생활과 관련된 성격을 보여 주는 우정이다. 시민이 동일한 목적을 실현하기 위해 의견을 같이하고 행동할 때 일어나는 일종의 동지애라고 할 수 있다. 선행은 선행자와 수혜자의 관계에서 나타나는 것으로 선행자가 더욱 고귀한 지위를 갖는다(2003, 1166b30-1168a8). 호의는 우정과 비슷하지만 같은 것은 아니다. 왜냐하면 우리가 모르는 사람에 대해서도 호의를 가질 수 있기 때문이다. 호의는 순간적으로 일어날 수 있으며 일정 기간 지속되어야 비로소 우정의 이름을 얻는다.

융화도 우정의 한 특징인 것처럼 보인다. 이것은 신념을 같이 하는 것만을 의미하지 않는다. 시민이 도시를 위해 무엇이 유익한지에 대해 동의했을 때 도시국가는 융화를 이룩했다고 말할 수 있다. 따라서 융화는 정치적 우정이라고 말할 수 있다. 융화는 선한 사람에게서 발견된다. 악한 사람은 탐욕적이라서 극히 제한된 부분에서만 융화할 수 있기 때문이다(2003, 1167a22-1667b14).

시혜를 베푼 사람은 왜 사랑받는 것 이상으로 사람을 더 사랑하는가? 일반적으로 시혜를 베푼 사람은 자신의 호의를 언젠가 되돌려 받으려 한다고 믿는다. 대부분의 사람들은 베푸는 것보다 은혜를 얻는 것을 원하기 때문이다. 그러나 채권자가 채무자의 무사를 기원하는 것과는 달리, 시혜를 베푼 사람은 시혜를 받은 사람이 생존하지 않을지라도 그리고 돌려받지 못할지라도 그를 사랑한다. 시혜를 준 사람은 시혜 그 자체가 고귀하다고 생각하는 데 반해 시혜를 받은 사람은 단순히 유쾌한 이익만을 생각한다. 따라서 시혜를 준 사람은 시혜를 받는 사람보다 탁월하다(2003, 1167b16-1168a18).

우정은 많은 도덕적 덕 중 하나이지만, 인생의 필수적인 요소로 간주되고 있다. 친구가 없으면 부유할 때 자선할 곳도 없고 가난할 때 피난처도 없다. 친구는 젊은 시절에는 과오를 저지르게 않게 도와주고 연로할 때는 육체적으로 도와주며 장년기에는 고귀한 일을 하도록 도와준다. 우정은 도시국가를 단합하게 한다. 그러므로 입법자는 정의보다 우정에 더 많은 관심을 갖는다는 것이다(2003, 1155a10-25).

아리스토텔레스는 친구 사이의 공유를 강조하면서 주로 감정의 공유를 요청하였다. "친구란 감정을 함께 느끼는 사람이다. 서로 같은 감정을 느끼는 사람은 스스로 친구라고 생각한다(1926, 1381a)." 감정을 공유하는 것은 우정의 분명한 징표라고 할 수 있다. 슬픔, 고통, 기쁨을 함께할 수 있는 것은 우정의 조건, 즉 타자에게 선을 행하려는 정신, 서로의 감정을 알려는 정신과 잘 어울리는 것이다. 프라이스(Price)는 이 점에 대해 "아리스토텔레스가 제시한 우정의 이상은 그것의 철학적 내용에서는 풍부하고, 실제적으로 시사하는 점이 매우 크며, 그의 도덕철학을 가장 잘 나타내 분명하게 알려 준다(1989, 130)."라고 말하였다.

고대인이 인생의 중요한 가치로 간주했던 우정은 현대에 와서는 등한시되고 있다. 현대에서는 우정의 개념이 철학적 탐구의 대상이 되지 못하고 단순한 심리현상으로 간주되고 있다. 이렇게 된 데는 여러 가지 원인과 이유가 있다.

상업주의적인 인간관계의 범람, 기계화가 가져온 인간 소외현상, 경직된 관료주의가 지배하는 사회집단 증가 등이 주요 원인으로 간주된다. 상업주의적 인간관계는 인간을 대체 가능한 상품으로 간주한다. 이해관계에 따라 우정이 해소되기도 하고 결합되기도 하는 것이다. 인간 소외현상은 사회적 고립과 더불어 고독도 가져온다. 고독은 대화와 교제를 위한 준비로는 가치 있는 것이지만 그 자체가 목적이 되면 위험하다. 경직된 관료주의는 의사소통이 일방적이고, 엄격한 상하관계는 권위주의를 만들어 낸다. 이러한 분위기에서는 우정이 성립되기 어렵다.

매킨타이어는 현대에 와서는 우정이 애정(affection)으로 전락되어 일종의 정서적 상태를 지칭하는 말이 되었다고 보았다(1981, 146-147). 이렇게 되면 우정의 가치는 저하되고 지위도 낮아진다. 우정이 하나의 덕목에서 정서적 상태로 전락되었다는 것은 현대의 인간관계의 양상을 그대로 보여 준다고 할 수 있다. 이것은 분명히 현대의 비극적 상황의 구체적 표현이다.

그러나 한편 우정은 에로스와 아가페처럼 사랑의 한 단계로 간주되기도 한다. 로츠(Lotz)는 다음과 같이 말하였다.

> 그리스어 단어에 따르면, '필리아'는 '필로스'(philos), 즉 친구와 관련된다. 이를테면 필리아는 우애와 같은 의미다. 여기서 필리아는 좁은 의미에서의 우정을 상회하며 더욱 넓은 의미에서의 우정으로 파악될 수 있는 정신-인격적 사랑으로 이해하려고 한다(1971/1985, 51).

이러한 견해 때문에 로츠는 필리아를 사랑의 삼 요소 중의 하나로 간주하고 다른 두 종류의 사랑과 결부시키려 하였다. 그는 "필리아는 한편으로는 에로스를 정화하고 에로스의 인간적 변모를 보전시키며, 또 한편으로는 인격적 사랑으로서의 아가페를 위한 길을 마련한다."(1971/1985, 17)고 말하였다.

이러한 의미의 우정은 에로스와 아가페의 중간자와 매개자의 역할을 한다고 할 수 있다. 로츠는 에로스, 우정, 아가페가 서로 배타적인 관계가 아니라 하나요, 동일한 사랑인 전체의 한 부분을 구성하는 서로 다른 국면으로 보았다. 그리하여 사랑의 세 단계는 고유한 기능을 가지고 협력한다는 것이다. 고대 그리스인이 우정을 도덕적 덕으로 간주한 것도 우정의 이러한 매개적인 역할 때문인지도 모른다.

로츠의 지적처럼 우정은 아가페로 나아가려 하지만 완전한 아가페는 되지 못한다. 우정은 어디까지나 인간적인 사랑이며 이것이 오랜 세월에 걸쳐 지속되려면 어느 정도는 상호적이어야 하기 때문이다. 부모의 자식 사랑을 아가페로 인식하지만 실제로는 대부분의 경우 상호적인 성격을 가진다. 부모 자식 사이에 전개되는 비극적 갈등은 사랑의 상호성이 결여된 데서 비롯된 결과라고 할 수 있다.

이제 우정의 특징을 중심으로 우정의 개념을 살펴보자. 우정은 여러 다른 말로 표현된다. 일상적으로 쓰는 친애, 우애, 동료애, 친밀 등의 말이다. 이러한 말은 우정과 치환하여 사용될 수 있지만 사용법이 조금씩 상이하기도 하다. 예컨대 동료애는 동일한 연배끼리 나누는 우정임을 강하게 시사한다.

우정과 매우 유사한 말이 많지만 다른 유사 개념들과 어느 정도 구별될 수 있다. 이제 우정의 고유한 성격을 중심으로 이 말의 의미를 살펴보기로 한다.

우정은 이타주의를 지향한다. 우정의 가장 넓은 개념은 '한 개인을 그 자신을 위해서 사랑하는 것'이라고 할 수 있다. 이러한 설명은 아가페를 연상시켜 주기도 한다. 고대부터 우정이 칭송되어 온 것은 이러한 이타주의 때문이라고 할 수 있다. 그러나 '친구를 위하여'라는 구절은 애매한 말이다. 친구를 위한다는 것이 실제로 무엇을 의미하는 것인가? 이 질문에 대한 대답은 지적, 도덕적 수준에 따라 상이하다. 그것의 내용이 친구의 현재적 즐거움이 될 수도 있으며 친구의 성장과 자기실현일 수도 있다. 내용에 따라 아주 다른 결과를 가져올 것이다. '친구를 위하여'라는 말을 사용하는 사람은 스스로 일정한 표준을 가지지 않으면 안 된다.

우정은 사랑하는 행동에서 생긴다. 사랑받는 것보다는 사랑하는 데서 비롯되는 것이다. 적극적으로 타인을 배려하고 혜택을 주는 데서 우정은 더욱 커진다. 왜냐하면 그러한 능동성에 따라 '친구를 위해서'라는 조건이 더욱 충족될 것이기 때문이다.

몽테뉴는 완전한 사랑은 의무감을 넘어서게 하며, 그들의 대화 속에서 분리와 구별을 의미하는 은혜, 감사, 간청과 같은 말을 추방해 버린다는 것이다. 그들 사이에는 모든 것, 즉 의지, 사고, 의견, 재산, 아내, 아이를 공유한다는 것이다(1952, I. 27). 완전한 우정에서는 이러한 공유가 가능할 것이다. 친구는 또 하나의 자신이므로 이러한 우정이 실제로 가능할 것이다. 몽테뉴는 이러한 높은 수준의 우정을 향유했음을 암시하는 말을 하였다. 그는 친구이자 시인인 라 보에티(Etienne de la Boetic, 1530-1563)와의 우정에 대해 이렇게 말하였다. "어떤 사람이 내게 와서 왜 그를 사랑하게 되었는지 이유를 묻는다면, 나는 그가 그였고 나는 나였기 때문이라고 대답하는 것 외에 달리 표현할 수 없을 것이다."(1952. I. 27). 이러한 표현은 완전한 우정을 의미한다고 말할 수 있다. 실존적 관계는 언어로 표현될 수 없다. 어떤 조건 때문에 친구를 사랑하는 것이 아니므로 왜 그를 사랑하는지 설명할 수 없다.

II. 우정의 가치

우정의 가치는 무엇이며 다른 도덕적 가치와의 관계는 어떠한가? 이러한 질문은 우정의 탐구에 필수적인 물음이라 할 수 있다.

도덕적 덕으로서의 우정은 인간의 본성과 조화될 뿐만 아니라 다른 많은 가치를 획득하는 데도 도움을 준다. 인간은 누구나 본래적인 한계가 있어 인생을 살아가는 동안 수많은 순경과 역경을 맞이한다. 어느 경우나 고립된 사람은 그러한 상황을 바람직하게 맞이하지 못한다.

역경은 인간존재를 괴롭히기도 하고 위협하기도 한다. 단련의 계기를 주기도 하지만 많은 경우 좌절을 겪게도 한다. 역경에 처해 있는 친구를 돕는 것은 매우 가치 있는 일이다. 자포자기에 빠져 있거나 위험을 당한 친구에게 구조의 손길을 내미는 것은 최상의 가치가 될 수 있다. 예로부터 역경에 처한 친구를 구한 사람을 예찬하는 문헌이 많은 것은 이러한 이유 때문일 것이다.

아리스토텔레스는 역경에 있을 때는 물론 행복할 때도 친구가 필요하다고 하였다. 친구는 또 하나의 자기이고, 외적인 선 가운데서 최대의 것이기 때문이며, 또한 타인에게 잘 베푸는 것이 선의 특징이므로 그는 베풀 상대가 필요할 것이기 때문이다(2003, 1169b15-1170b9). 아리스토텔레스에게 친구는 생의 의의를 제공해주는 존재였다. 그는 "친구가 없으면 다른 모든 좋은 것을 가졌더라도 살고 싶지 않을 것"(2003, 1155a3-4)이라고 말하였다.

아리스토텔레스는 외로움은 사람을 행복하게 할 수 없다고 말하였다. 고독과는 달리 고립과 외로움은 사람이 싫어하고 피하고자 하는 상태다. 아리스토텔레스는 공동체 안에서 사람은 함께 살아야 할 뿐만 아니라 친구를 가져야 한다는 것을 강조하고 있다. 행복이란 말 속에는 공동체적 삶을 포함한다. 그는 "인간은 정치적인 존재이며 본질상 다른 사람과 함께 살도록 되어 있다고 생각했다."(2003, 1169b15-19)라고 하였다.

다른 사람과 함께 살아가다 보면 거기에는 갈등과 투쟁이 한계상황으로 다가온다. 때로는 그러한 갈등과 투쟁이 불가피하지만, 우리는 삶을 사랑해야 한다. 홀로 있다는 조건하에서 온 세계를 다 준다 하여도 그것을 수용할 수는 없을 것이다. 행복한 상태에 있는 사람은 더욱더 그러한 선택을 하지 않을 것이다. 아리스토텔레스는 이 점에 대해 이렇게 말하였다.

> 사람들은 행복한 사람은 즐겁게 살아야만 한다고 생각한다. 그가 만일 고독하다면 그에게는 힘든 생활이 될 것이다. 왜냐하면 혼자 계속해서 활동하는 것은 어렵기 때문이다. 그러나 다른 사람과 함께 그리고 다른 사람을 향한다면 훨씬 쉬워진다. 그러므로 다른 사람과 함께한다면 그의 활동은 더욱 계속적이 되고 그 자체가 즐거운 것이 된다(2003, 1170a4-8).

다른 사람과 함께 있다는 것 자체가 즐겁다는 것은 무엇을 의미하는가? 제한된 자원 속에서 살아가는 사람들이 벌이는 치열한 생존경쟁에서 공동생활이 과연 즐거운 것인가? 고독과 외로움을 경험해 보지 못한 사람은 이러한 질문에 대답하지 못할 수도 있다. 우정은 우리에게 즐거움을 제공해 준다. 반면 외로움은 우리에게 삶의 고역을 안겨 준다.

아리스토텔레스는 역경은 물론 순경에서도 친구가 필요하다고 말하였다. 역경에서는 도움이 필요하고 순경에서는 함께 향유할 사람이 필요하기 때문이다. 그는 두 경우를 놓고 볼 때 역경에서 더욱 친구가 필요하다고 생각했다(2003, 1171a23-28). 이러한 생각은 현대사회에서도 널리 인정된다. 역경 속에서 피어나는 우정은 그 가치를 가장 잘 드러내 준다고 할 수 있다.

예수도 우정의 가치에 대해 관심을 표시하였다. 역경에 처한 친구를 전제로 한 설교에서 그는 "사람이 친구를 위하여 자기 목숨을 버리면 이에서 더 큰 사랑이 없다."(「요한복음」, 15:13)고 강조하였다. 이러한 우정은 친구가 타인이 아니라 또 하나의 자기라는 인식을 필요로 한다. 이러한 인식 없이는 위험한 모험을 감행하지 않을 것이다.

또한 우정은 덕을 추구하도록 도와준다. 선한 친구와 함께 지내다 보면 지적, 도덕적으로 도야하고 싶은 의욕이 솟아난다. 이렇게 우정은 매우 가치 있는 도덕적 덕이기는 하지만 다른 가치를 무시하거나 압도해서는 안 된다. 우정은 다른 가치와 충돌할 수 있으며, 우리는 때로 우정보다 다른 가치를 선택해야 할 경우를 맞는다. 따라서 우정과 다른 가치와의 관계를 고찰하지 않으면 안 된다.

우리는 도처에서 우정이 진리 또는 정의와 충돌하는 경우를 본다. 친구가 그릇된 길로 가고 있는데도 우정과 의리를 내세워 그를 돕거나 묵인하는 경우가 있다. 이러한 갈등의 상황에서 우리는 어떻게 해야 하는가?

아리스토텔레스는 그의 스승 플라톤과 그의 추종자를 염두에 두고 다음과 같이 말하였다.

> 진리를 지키기 위해서는 우리와 아주 가까운 사람과의 관계마저 단절하는 것이 좋으며 우리의 의무라고 생각된다. 특별히 우리와 같은 철학자, 곧 지혜를 사랑하는 사람에게는 더욱 그러하다. 진리와 친구가 다 같이 소중한 것이지만 친구보다 진리를 소중하게 생각하는 것이 경건한 태도이기 때문이다(2003, 1096a13-16).

아리스토텔레스는 진리와 우정이 충돌할 때 의심 없이 진리를 선택할 것을 주장하고 있다. 그는 자신이 그러한 선택을 했음을 실제로 보여 주었다. 바로 그가 스승 플라톤의 사상을 비판하는 데서 알 수 있다. 스승과 친구보다 진리와 정의의 편에 섰을 때 많은 사람들은 그를 비정한 사람이라고 말했을 것이다. 그러나 그는 자신의 길을 갔으며 우리에게도 요청하고 있다.

아리스토텔레스는 공동체를 이끄는 "입법가는 우정을 정의보다 더욱 중요한 목적으로 생각하는 것 같다"(2003, 1155a24)라고 말하였다. 우정과 정의 중 어느 것이 더욱 중요시되어야 하는가? 상황에 따라 그 대답은 달라질 것이다. 아리스토텔레스는 입법가의 경우는 우정이 정의보다 더욱 중요시되어야 한다고 말하였다. 왜냐하면 단합은 우정과 비슷하므로, 입법가는 당파적 대립을 멀리하는 정치적 융화를 입법의 최우선 목표로 세우기 때문이다. 또한 정의의 가장 참된 형태는 우정의 성격을 띠고 있어 우정에 속한다고 믿었기 때문이다.

아리스토텔레스의 이러한 견해에 대해 매킨타이어는 이렇게 말하였다. "이유는 명백하다. 정의는 응분의 상벌을 주며 이미 구성된 공동체 안에서 상벌 체제의 약점을 개선하는 덕이다. 우정은 새로운 공동체를 형성하는 데 필요하다."(1981, 146). 매킨타이어의 지적처럼 정의는 일반적으로 기존 사회를 수호하는 데 필요한 덕목이다. 따라서 정의의 강조는 경직된 사고방식을 유발할 수 있다. 이에 비해 우정과 사랑은 공동체 안의 인간관계를 부드럽고 인간미 있게 하며 정의의 한계를 보완해 주는 역할을 한다.

아리스토텔레스는 "사람들이 서로 친구일 때 그들은 정의를 필요로 하지 않지만, 이에 반하여 정의로운 사람들은 정의 이외에도 우정을 필요로 한다. 가장 참된 형태의 정의는 우정의 성질을 가지고 있는 것으로 간주된다."(2003, 1155a27-30)라고 하였다. 친구일 때는 공유하는 경향을 가지므로 정의의 정신이 그다지 필요하지 않다. 이에 비해 정의로운 사람은 황량해지지 않으려고 사랑과 우정을 필요로 한다. 좋은 인간관계는 우정과 정의 모두를 필요로 한다.

매킨타이어는 영웅시대의 덕을 논하는 가운데 이렇게 말하였다. "용기 있다는 것은 신뢰할 수 있다는 것을 의미한다. 그러므로 용기는 우정에서 하나의 중요한 요소다."(1981, 116). 용기와 우정은 깊이 관련되어 있다. 우정은 순경보다는 역경에서 더욱 그 가치를 드러낸다. 용기도 역경에서 그 모습을 드러내는 경우가 많다.

이처럼 우정은 그 자체로서도 가치 있는 덕목이지만 다른 가치와의 관계에서 그 성과를 더욱 잘 드러내고 있다고 할 수 있다. 그러므로 우정은 또한 다른 가치와도 조화를 이루어야 한다. 정의와 용기는 우정을 가능하게 하는 덕목이다. 우정의 가치가 잘 드러나기 위해서는 진리, 정의, 용기와 같은 가치뿐만 아니라 다른 가치의 도움도 필요하다고 생각된다.

III. 우정의 종류

우정은 여러 종류가 있는데 친구를 사랑하는 목적에 따라 분류될 수 있다. 아리스토텔레스는 우리가 사랑의 대상을 알게 되면 우정의 종류가 분명해질 것이라고 생각하였다. 그는 사람들이 유용성, 쾌락, 선을 얻고자 친구를 갖는다고 생각하였다. 이들 중 뒤의 두 가지만이 그 자체가 목적이 된다. 이런 이유로 우정은 무생물과의 관계에서는 성립되지 않는다. 나는 와인을 좋아하지만 와인은 나를 좋아하지 않는다. 우정은 상호적인 선의지이기 때문이다. 두 친구는 이 사실을 인지하고 있어야 한다.

아리스토텔레스는 우정의 종류를 각각 유용성의 우정, 쾌락의 우정, 선의 우정이라고 명명하였다. 아리스토텔레스 연구자는 세 우정을 영역할 때 서로 다르게 표현하였다. 유용성의 우정은 'friendship of utility' 'advantage-friendship' 'utility friends'로, 쾌락의 우정은 'friendship of pleasure' 'pleasure-friendship' 'pleasure friends'로, 선의 우정은 'friendship of the good' 'friendship of character' 'virtue-friendship' 'perfect friendship' 'virtue friends' 'character friends' 등으로 표기하였다.

위의 세 가지 우정의 형태 중에서 유용성의 우정과 쾌락의 우정은 자기중심적이다. 이들 우정은 자신의 이익만을 추구한다. 이에 비해 선의 우정은 자신의 이익을 포함하여 타인의 이익을 함께 배려한다. 아리스토텔레스가 분류한 우정을 차례로 고찰하기로 한다.

1. 유용성의 우정

사람들은 친구의 유용성 때문에 우정을 나누기도 한다. 이 경우 상대방이 기대하는 것은 무엇인가? 물질적인 이득, 편의, 권력의 후광 등 많은 구체적인 것을 열거할 수 있다. 우리는 이러한 욕구를 충족시키기 위해 전개되는 우정을 도처에서 발견할 수 있다.

아리스토텔레스는 유용성의 우정은 상대방을 위해서가 아니라 서로에게 어떤 좋은 것을 기대하기 때문에 성립한다고 말하였다. 이러한 우정은 노인에게 주로 발견되며 청년과 장년의 경우는 그들이 특별히 유용성을 추구할 때 이러한 경향을 보인다는 것이다 (2003, 1156a10-31). 우리는 노인에게서 이러한 경향을 발견할 수 있다. 이 동네에서 다른 동네로 이사할 때 노인은 이전에 사귄 노인을 연연해하는 경우가 드물다. 그들은 쉽게 같은 동네의 노인을 사귄다. 그 이유는 이동의 부자유 때문일 수도 있지만 이것이 주된 원인이라고는 할 수 없다. 노인이든 청장년이든 유용성의 우정은 인간관계의 중요한 양상이 된다.

유용성에 따른 우정은 참된 것이라고 할 수 없다. 왜냐하면 우정의 본래 조건인 '상대방을 위하여'를 충족시키지 못하기 때문이다. 불행하게도 현대사회에서는 이러한 종류의 우정이 만연하고 있다. 인간관계의 불만족의 일부는 이러한 우정에서 비롯된다. 이러한 우정은 상대방을 수단으로 인식하게 만든다. 유용성이 결여될 때는 우정이 해소되기 때문에 인간관계가 지속적이지 못하다. 유용성의 우정은 많은 결함이 있지만 우리는 이러한 우정을 많은 사람과 나누고 있다. 모든 사람을 실존적으로 그리고 목적으로 만나는 것이 불가능하기 때문이다.

2. 쾌락의 우정

쾌락의 우정은 상대방이 쾌락을 주기 때문에 성립한다. 아리스토텔레스는 이러한 우정은 젊은이에게서 쉽게 발견된다고 하였다. 그들은 정서의 안내를 받으며 유쾌한 것, 그것도 바로 눈앞에 보이는 것을 추구한다는 것이다. 이러한 우정은 하루에도 여러 번 그 대상이 바뀔 수 있다고 하였다(2003, 1156a32-b5). 젊은이는 성적 정열을 가지고 있으며 그들은 이것 때문에 함께 있기를 원한다.

쾌락에 따른 우정은 고대 그리스에서는 동성애로 전개되기도 하였다. 동성애의 유행은 남자가 병영 생활을 오래 한 탓도 있지만 남녀 간의 사랑보다는 남자끼리의 사랑이 더욱 고귀하다고 생각했기 때문이다.

쾌락에 따른 우정은 유용성의 우정과 마찬가지로 지속적일 수 없다. 쾌락은 감정과 정서의 형태로 작용하며 유동적인 성향을 띤다. 아리스토텔레스는 이렇게 말하였다.

> 이러한 우정은 일시적일 뿐이다. 왜냐하면 사랑받는 사람이 사랑을 받는 것은 그 사람의 인간 됨됨이 때문이 아니라, 어떤 좋은 것 또는 쾌락을 제공하기 때문이다. 이러한 우정은 상대방이 이전과 달라지면 쉽게 해소되어 버린다. 왜냐하면 한쪽이 더 이상 유쾌한 사람이 아니거나 유용한 사람이 아니면 다른 한쪽이 그를 사랑하지 않기 때문이다(2003, 1156a18-22).

우리는 이러한 현상을 젊은이의 연애에서 쉽게 발견한다. 한쪽이 성적인 것을 포함하여 매력을 가지고 있다면 두 사람의 관계는 지속되지만 어느 한편이 매력을 느끼지 못하면 쉽게 단절되어 버린다. 남녀 간의 우정은 쾌락의 우정이 되기 쉬우며 이러한 우정이 지속되기 위해서는 끊임없이 매력을 개발하여야 한다.

몽테뉴는 우정과 남녀 간의 사랑을 구별하였다. 우정은 일반적이며, 보편적으로 따뜻하며, 절제와 평등을 지향하며, 정신적인 데 비해 사랑은 적극적이며, 열렬하며, 불안정하며 육체적인 것으로 보았다(1952, I. 27). 이러한 구별 속에는 사랑보다 우정을 우위에 두려는 몽테뉴의 의도가 포함되어 있다.

쾌락의 우정은 유용성의 우정과 기본적인 성격이 같다고 할 수 있다. 이 두 우정은 서로에게 유쾌한 감정을 줌으로써 성립하기 때문이다. 유용성을 주는 친구는 상대방을 기쁘게 할 수 있다. 기쁨의 질이 서로 다르기는 하지만 삶을 유쾌하게 할 수는 있다.

쾌락과 유용성 때문에 일어나는 우정은 서로 똑같은 것을 주고받는다. 그러나 아리스토텔레스는 애자와 소년 사이에는 이러한 일이 일어나지 않는다고 말하였다. 왜냐하면 애자는 소년을 바라보는 데서 기쁨을 느끼고 소년은 애자의 관심을 받는 데서 기쁨을 느끼기 때문이라는 것이다(2003, 1157a5-10). 여기서 애자와 소년은 스승과 제자를 의미한다. 이들의 관계는 유용성과 쾌락을 넘어서고 있으며 지식과 지혜를 사랑하는 데서 성립된다. 그들이 애지(愛智)의 정신을 가지고 있는 한 관계는 지속될 수 있다.

아리스토텔레스는 나쁜 사람이라도 쾌락과 유용성을 위해서는 친구가 될 수 있다고 말했다(2003, 1157a3-5). 쾌락과 유용성은 강력한 매력을 가지고 있어서 상대방이 사악한 사람임을 인지하여도 교제하고자 하는 충동이 일어난다. 많은 사회적 비행과 범죄가 이를 입증한다.

3. 선의 우정

선의 우정이란 친구의 선함 때문에 맺어지는 우정을 의미한다. 친구의 선함 때문에 내가 선해질 수 있다고 믿을 때, 그리고 친구의 선함이 지속되도록 노력할 때 선의 우정은 성립된다. 아리스토텔레스는 선의 우정에 대해 다음과 같이 말하였다. "완전한 우정은 선하며 덕에서 서로 닮은 사람들의 우정이다. 왜냐하면 그들은 선하다는 면에서 서로 닮기를 원하며 그리고 그들 자신이 선하기 때문이다. 친구가 잘되기를 바라는 사람이 가장 참된 친구인 것이다."(2003, 1156b7-10). 이러한 우정은 유용성과 쾌락에 따른 우정과는 판이하게 구별된다. 선의 우정은 친구가 선을 추구하는 데서 시작한다.

선의 우정이라고 말할 때 선은 어떤 종류의 선을 의미하는가? 이 선은 개인적 선과 공동체의 선을 포함한다고 할 수 있다. 그러나 아리스토텔레스의 윤리사상에 비추어 볼 때 후자가 더욱 중요시된다고 말할 수 있다. 그에게 선의 우정이란 연애 감정처럼 두 사람만의 선이 아니라 공동체의 선에 관심을 갖는 우정을 의미한다. 즉, 도시국가와 관련된 선의 우정이라고 할 수 있다. 도시국가의 정치적인 삶에서 공동선은 어느 개인이나 집단의 이익을 의미하지 않는다. 공동체 구성원 모두의 이익을 의미한다. 이러한 특성으로 선의 우정은 진리와 정의와 같은 보편적 가치를 중요시한다. 우정이야말로 이러한 가치 추구에 상승 효과를 불러일으키는 추진력이기 때문이다.

선의 우정은 친구 간의 선에 초점을 둔다. 이 우정은 서로 간의 덕과 인격에서 비롯되기 때문에 최고의 완전한 우정이라고 할 수 있다. 선의 우정은 완전할 정도로 선한 두 사람 간에 이루어진다. 아리스토텔레스는 서로의 인격을 사랑하는 우정은 영속적이라고 생각했다(2003, 1164a13-15, cf. 1156b12). 완전한 우정은 인격에 근거하기 때문에 영속적일 수 있다. 유용성과 쾌락은 일시적인 데 비해, 완전한 우정인 선의 우정은 비교적 영속적인 친구의 인격에 근거하기 때문이다. 인격은 좋은 습관과 노력에 따라 형성되는 덕의 집합체라고 할 수 있다. 따라서 인격은 어느 정도 지속성을 갖는다. 이런 연유로 쿠퍼는 선의 우정이라는 말보다 '인격의 우정' 이라는 표현이 더욱 명료하다고 말했다(1980, 307). 선의 우정은 두 사람이 상대방의 인격에 대해 알고 신뢰하기 위해 충분한 시간을 보낸 이후에, 서로의 인간적 자질 때문에 서로 사랑할 때 이루어진다.

아리스토텔레스의 우정개념을 논구한 쿠퍼는 아리스토텔레스의 노력을 다음과 같이 정리하였다(1980, 318).

① 선한 사람에게는 인생 그 자체가 선하고 즐거운 것이다. 스스로 좋은 것을 가지고 있다는 것을 안다는 것은 언제나 즐겁다(Aristotle, 2003, 1170b1-5).

② 어떤 사람의 친구는 그에게 '제2의 자기' 다. 그래서 자신에게 속한 것으로서 좋은 것은 친구에게도 역시 좋다(2003, 1170b5-8).

③ 선한 사람의 인생과 그것에 대한 그의 인식이 즐겁고 바람직하기 때문에, 그는 자신의 '제2의 자기' 인 친구의 삶과 그에 대한 인식이 즐겁고 바람직하다는 것을 발견한다(2003, 1170b8-10).

④ 그러므로 그는 친구와 함께 생활하지 않고는 친구의 존재를 인

식하려는 욕구를 충분히 만족시킬 수 없다(2003, 1170b10-14).

완전한 우정의 지속성에 대해 소블(Soble)은 다음과 같이 말하였다. "지속적인 사랑이 y가 y로 남아 있는 한 x가 y를 사랑하는 식으로 정의된다면, 즉 x가 y의 인격 때문에 y를 사랑한다면 x의 사랑은 지속적일 것이다."(1990, 222). 소블의 진술은 인격은 잘 변하지 않는다는 것을 전제로 하고 있다. 이 점에서 화이트(White)도 같은 견해를 취하고 있다. 그녀는 다음과 같이 말하였다. "인격적 우정에서는 유대의 근간이 타자의 인격이며 그가 구체적으로 드러내는 선이다. 상대방은 자신의 특수한 기대와 기질과 더불어 그가 가진 인격 때문에 서로 사랑한다. 유대가 두 사람의 인격에 기초하고 있기 때문에 이 우정은 오래 지속되는 것 같다."(1991, 65)

우정의 실제에서는 인격이 지속적이지 않을 수도 있다. 인격은 여러 힘에 따라 손상되기도 하며 내적 탐욕 때문에 나쁜 쪽으로 변하기도 한다. 인간이 선한 존재인 한 선한 우정이 계속된다는 주장은 재검토되어야 한다. A, B 두 친구 중 B가 비록 나쁜 행동을 했더라도 우정이 계속될 수 있다. A가 B의 길을 동행하는 것이 아니라 그가 선한 길로 갈 수 있도록 우정 있는 설득을 계속할 것이기 때문이다.

아리스토텔레스는 선의 우정만이 온갖 중상을 이겨 낼 수 있다고 말하였다. 왜냐하면 자신이 오래 사귄 사람에 대해 누가 험담을 하더라도 쉽게 믿지 않을 것이기 때문이다(2003, 1157a20-22). 상대방의 인격에 기초하고 있는 우정은 다른 사람보다는 친구의 말을 더 신뢰할 것이다. 이러한 신뢰는 오랜 시간 친구의 언행에서 축적된 결과라고 할 수 있다.

아리스토텔레스는 선의 우정은 흔치 않다고 말하였다. 그 이유는 이러한 우정은 긴 시간과 친숙함을 필요로 하기 때문이라는 것이다(2003, 1156b25-26). 선의 우정이 흔하지 않은 것은 긴 시간과 친밀감 때문만은 아닐 것이다. 양자가 똑같이 선을 최상의 가치로 생각해야 하고 또한 거기에 헌신하는 일이 무엇보다 어려운 때문이기도 하다.

아리스토텔레스는 선한 우정은 여러 사람과 맺을 수 없다고 생각하였다. 이것은 많은 사람과 동시에 연애를 하는 것이 불가능하다는 것과 같다. 이에 비해 유용성과 쾌락을 위한 우정은 동시에 여러 사람과 교유할 수 있다.

선의 우정은 고귀한 것이지만 남녀 간에도 성립될 수 있는가? 우정에 관한 고전, 예컨대 아리스토텔레스, 키케로, 몽테뉴 등의 저작은 남녀, 여녀 간의 선의 우정은 성립되기 어렵다는 것을 보여주고 있다. 아리스토텔레스는 남자와 여자의 우정은 자연적인 것으로 보인다고 말하면서도 남자와 여자의 우정은 주로 쾌락과 유용성 때문에 이루어진다고 하였다. 그러나 예외적으로 남자와 여자가 선한 사람일 경우는 선의 우정이 성립될 수 있다고 말하였다(2003, 1162a26-28).

남녀 간의 우정이 성립되기 어렵다고 생각한 이유는 무엇인가? 몽테뉴는 여자는 우정을 나눌 능력이 결여되었다고 생각하였다. 여자의 본능은 우정을 지속시키는 데 필수적인 대화와 교제를 하기에는 충분하지 않다는 것이다. 몽테뉴는 “이성, 존중 그리고 우정은 남자 사이에서 더 잘 발견된다. 그러므로 남자가 이 세상사를 다스리는 것이다.”(1952, III. 3)라고 말하였다. 몽테뉴의 견해는 당시의 사회적 상황을 반영한 것이라고 할 수 있다. 사회적 사실이 우정의 지위를 정당화시켜 주는 것은 아니다. 사회적 조건이 평등화하면 남녀 간에도 어느 정도 선한 우정이 가능하다고 볼 수 있다.

이지러진 인간관계가 지배하는 현대사회에서 선의 우정을 갖는 것은 초미의 관심사라고 할 수 있다. 이러한 과업은 개인적이기도 하지만 공동체적이기도 하다. 학습하는 사회는 우정의 신장이라는 측면에서도 매력적이다. 이러한 사회에서는 우정이 학습하는 기회를 통해 형성될 수 있기 때문이다.

인간존재는 세 종류의 우정을 모두 필요로 한다. 인간은 모든 사람과 선의 우정을 향유할 수 없다. 인간을 목적으로 대해야 한다든가 실존적으로 교제해야 한다든가 하는 주장은 모두 높은 이상에 속한다. 인간은 이러한 이상을 지향하면서도 매일 유용성과 쾌락의 우정을 나눈다. 유용성과 쾌락에 따른 우정은 우리에게 불만족을 가져다주지만 불가피하게 가져야만 한다.

세 종류의 우정은 위계를 가지고 있다. 아리스토텔레스의 지적대로 세 우정 중 선의 우정이 가장 완전하며 최상의 것으로 인정된다. 그는 쾌락의 우정이 유용성의 우정보다 덜 열등하다고 생각하였다. 왜냐하면 전자가 완전한 형태로 발전할 가능성이 있기 때문이라는 것이다(2003, 1157a11-13). 그것은 선의 우정과 쾌락의 우정이 내적 가치를 가지고 있기 때문이기도 하였다.

유용성과 쾌락의 이 두 우정은 '상대방을 위하여'라는 조건을 충족시키지는 못하지만, 그래도 쾌락의 우정이 그럴 가능성이 높다고 할 수 있다. 쾌락의 우정은 상대방에게 쾌락을 주고자하며 상대방이 즐거워하는 것을 보고서 기뻐하기도 한다. 성애의 경우에서 우리는 이러한 현상을 관찰할 수 있다.

프라이스는 아리스토텔레스의 『에우데모스 윤리학』에 입각하여

제1우정, 즉 선의 우정에서 제2의 우정, 즉 유용성과 쾌락의 우정이 유래한다고 생각하였다. 그는 전자는 내재적 사랑을, 후자는 수단적 사랑을 한다는 것이다(1989, 135). 이러한 구별도 결국 우정의 위계를 강조하고 있다.

선의 우정, 즉 인격의 우정은 서로에게 쾌락과 유익을 가져다준다. 한편 쾌락을 나누는 친구는 유익을 주지 못할지라도 쾌락을 공유한다. 어떤 형태이든 간에 우정은 상호적이다. 상호성이 우정의 본질이다. 친구는 서로가 잘 되기를 바란다(2003, 1156a3-5). 친구는 서로 잘 알아야 한다. 서로를 잘 알아야 친구에게 무엇이 즐겁고, 유익하고, 선한지를 알 수 있다.

리브는 세 종류의 우정은 상이한 인간관에서 비롯되었다고 생각하였다. 유용성의 우정은 인간을 이익 추구자로, 쾌락의 우정은 인간을 쾌락 추구자로, 그리고 덕의 우정은 인간을 유덕한 활동의 추구자로 바라본다는 것이다. 그는 앞의 둘은 인간의 본질, 목적, 기능에 대해 잘못 이해하고 있다고 하였다. 그러므로 그들은 친구 그 자신을 위해 사랑하지 않는다. 덕을 추구하는 친구만이 친구를 그 자체로서 진실로 사랑하는 것이다(1992, 175).

아리스토텔레스는 세 종류의 우정 이외의 우정을 소개하였다. 양자가 불평등한 관계, 즉 부자, 부부, 연장자와 연소자, 치자와 피치자의 관계다. 이들 간의 우정은 서로 다르다. 그것은 각자의 덕과 기능이 서로 다르기 때문이다(2003, 1158b12-20). 이러한 우정은 실제로는 매우 드물다. 평등한 관계가 아닌 사람 사이의 우정은 다른 것과 결합될 가능성이 많기 때문이다. 상급자 측에서 본다면 자선, 시혜, 하급자 측에서는 아부, 아첨, 충성심의 발로일 수도 있다. 아리스토텔레스는 이들 간의 우정은 비례적인 성격을 갖는다고 생각하였다. 열등한 지위에 있는 사람이 노력을 더 많이 해야 우정이 성립될 수 있다는 것이다.

몽테뉴는 부모와 자식 간에는 우정보다는 존경이 지배한다고 생각하였다. "우정은 교제로 성장하는 것으로서, 부모 자식 간에는 큰 불평등이 있으므로 이들 사이에서는 존재할 수 없다. 그것은 자연적 의무와도 상충하게 된다."(1952, I. 27). 이것은 부모와 자녀의 관계는 친밀해야 하지만 우정의 관계로까지 발전될 필요가 없다는 주장이다. 그는 우정 없이도 부자 관계가 완전해질 수 있는 가치가 존재한다고 보고 있다.

아리스토텔레스는 선의 우정은 유용성과 쾌락을 동반한다고 생각하였다. 선의 우정은 이러한 것을 동반할 수 있다. 선한 사람끼리의 교제는 쾌락을 가져다줄 뿐만 아니라 친구가 역경에 처해 있을 때 도와주기도 한다. 그러나 이러한 경우의 유용성과 쾌락은 자기중심적인 것과는 구별되어야 할 것이다.

IV. 우정의 실제

지금까지 우리는 우정의 개념, 특징, 가치 그리고 종류 등에 관해 고찰하였다. 이러한 우정이 실제로 전개되는 상황을 고찰할 필요가 있다. 구체적 사태에서 우정은 다양한 모습으로 전개되며 여러 가지 변인의 영향을 받고 있다. 친구의 수, 친구의 나태와 배신 등은 우정의 실제를 복잡하게 만들고 있다.

사람은 얼마나 많은 친구를 필요로 하는가? 대부분의 사람들은 많을수록 좋다고 생각하며 동시에 여러 친구를 사귈 수 있다고 생각한다. 아리스토텔레스는 우정의 종류에 따라 친구의 수가 다르다고 생각하였다. 그러나 유용성과 쾌락에 따른 우정도 많아서는 안 된다는 것이다. 왜냐하면 인생은 유한하고 많은 친구에게 봉사하는 것이 불가능하기 때문이다. 선의 우정에서는 더더욱 많은 수의 친구를 사귈 수 없다고 생각했다(2003, 1170b20-1171a21). 인생은 우정 이외에도 다른 가치를 실현해야 하기 때문이다.

한 사람이 여러 사람을 사귈 경우 관심이 분산되어 모두에게 소홀해질 우려가 있다. 이러한 경향은 세 종류의 우정 모두에 적용될 수 있다. 아리스토텔레스는 "한 사람이 동시에 많은 사람과 연애할 수 없듯이, 완전한 형태의 우정은 여러 사람과 가질 수 없다(왜냐하면 연애는 일종의 과도한 감정이요, 그것은 오직 한 사람에게만 느끼도록 하는 본성을 가지고 있다.)."(2003, 1158a10-12)라고 말하였다. 또한 그는 "사랑이란 일종의 우정의 과도 현상이며, 이것은 오직 한 사람에 대해서만 느낄 수 있다. 그러므로 큰 우정은 소수의 사람에 대해서만 느낄 수 있다."(2003, 1171a11-13)고 말하였다.

아리스토텔레스는 우정을 남녀 간의 사랑에 비유하고 있다. 연애는 배타적인 성향을 갖는다. 우리는 동시에 똑같은 정도의 사랑을 할 수 없다. 상황에 따라 연애의 정도가 달라진다. 가장 사랑하는 사람은 하나이지만 다른 사람을 사랑하지 않거나 무관심하다는 것을 의미하지 않는다. 실제로 사람은 여러 사람을 사랑할 수 있다. 여러 사람을 배려하고 도와줄 수도 있다. 그러나 엄밀하게 말하면 가장 사랑하는 사람은 한 사람일 뿐이다. 성숙한 사랑과 우정은 이 한 사람 때문에 다른 사람을 무시하거나 등한시하지는 않을 것이다.

아리스토텔레스는 "많은 친구를 가지고 있고 그들 모두와 친밀하게 어울리는 사람은 그 누구의 친구도 아닌 것이다."(2003, 1171a16-18)라고 말하였다. 모든 사람의 친구는 그 누구의 친구도 아니라는 명제 속에는 깊은 의미가 담겨 있다. 서로 다른 가치관, 인생관, 세계관을 가진 사람을 모두 좋게 대우한다는 것은 분명히 자기기만이며, 동시에 타자를 기만하는 것이다. 선, 정의, 진리를 존중하는 사람은 판단하는 사람이기 때문에 모든 사람을 친구로 생각하지 않는다. 그에게는 선택이 불가피하다. 선택과 판단이 절대적인 것은 아니지만 그는 자신의 선택과 판단에 따라 친구를 만들어 나갈 것이다.

몽테뉴도 완전한 우정은 오직 한 사람에게만 가능하다고 말하였다. 자기 자신의 것을 친구에게 완전히 주기 때문에 그 밖의 타인에게는 줄 것이 없다는 것이다. 그러나 일반적 우정은 친구가 가진 미, 상냥함, 관대 등으로 개별적으로 성립될 수 있다고 보았다(1952, I, 27). 이러한 견해는 "친구는 다른 사람이 아닌 나 자신"이라는 견해에서만 가능하다고 할 수 있다(1952, I. 27).

한쪽은 변함이 없는데 다른 한쪽은 이전보다 더 좋아지고 덕의 측면에서 훨씬 우월해졌을 경우, 후자가 전자를 친구로 대해야 하는가? 아리스토텔레스는 그렇게 할 수 없다고 하였다. 지적으로 양자 간에 현저한 차이가 날 때 같은 것에 공감하지도 않을 터인데 어떻게 친구가 될 수 있는가 하는 것이다. 그들은 함께 생활할 수 없다는 것이다(2003, 1165b25-30).

초등학교나 중학교의 동창에게서 이러한 경우가 흔히 발견된다. 이러한 경우 우정은 대체로 지속되지 못한다. 학력과 경력의 현저한 격차는 대화를 불가능하게 만들고 대화는 기껏해야 피상적이고 일상적인 것으로 끝난다. 어린 시절의 추억을 회상하는 일을 만날 때마다 되풀이할 수도 없는 노릇이다. 처음에는 반갑게 만나다가도 얼마 지나지 않아 관계가 단절되어 버린다. 이러한 경우 어떻게 대처하는 것이 바람직한가?

아리스토텔레스는 이러한 사람은 추억 속에 간직하고 낯선 사람보다는 잘 대해 주어야 한다고 말하였다. 한때 친구였던 사람에게는 무엇인가 주어야 한다는 것이다(2003, 1165b32-35). 그와 그의 가족에게 경제적인 측면을 포함하여 여러 가지 방법으로 도움을 줄 수 있을 것이다.

어떤 사람을 선한 사람으로 받아들였는데 그가 나쁜 사람으로 드러나거나 그렇게 보일 경우 우리는 그를 사랑해야 하는가? 판단의 잘못으로 이러한 일들이 일어나는 경우가 많다. 아리스토텔레스는 이 물음에 대해 그러한 경우는 우정이 불가능하다고 말하였다. 왜냐하면 우리는 모든 것을 사랑할 수 없으며, 오직 선한 것만을 사랑해야 하기 때문이라는 것이다(2003, 1165b14-15).

친구가 악한 사람으로 판명되었을 경우 당장 절교해야 하는가? 우리는 이러한 물음에 직면할 수 있다. 친구에게 배신을 당할 경우 절교를 생각하게 마련이다. 아리스토텔레스는 친구가 사악하더라도 그가 고치려고 노력하는 경우 그를 도와주어야 한다고 말하였다. 그렇지만 설령 절교한다고 해서 이상하게 보거나 나쁘게 볼 아무런 이유가 없다는 것이다. 왜냐하면 처음부터 이런 사람을 사귀려고 한 것이 아니기 때문이다(2003, 1165b13-20).

우정은 우리에게 많은 가치 있는 것을 제공해 주지만 잘못 이해되거나 선택될 경우 우리에게 심대한 해악을 가져다줄 수 있다. 이제 우정의 위험에 대해 고찰해 보자.

우정의 위험은 세 종류의 우정에서 역순으로 성립된다고 할 수 있다. 즉, 유용성을 추구하는 우정이 가장 위험하다고 할 수 있다. 우정이 있는 소집단의 경우 다른 집단에 대해 배타적인 태도를 취할 수 있다. 집단이기주의는 이러한 우정의 한 양식이라고 할 수 있다. 우정이 이런 식으로 작용한다면 만인을 위한 통합이 불가능해질 것이다. 집단이기주의는 유용성의 우정을 표시하는 하나의 양상이라고 할 수 있다.

화이트는 우정의 부정적인 측면을 다음 세 가지로 정리하였다(1991, 65-66).

① 인격적인 선의 우정에서, 상대방 인격의 매력적인 점이 아닌 나쁜 점에 집착하는 경우다.
② 배신이 일어날 경우 두 사람을 고통스럽게 할 수 있다.
③ 비극적인 갈등이 일어나는 경우 한 친구에게 보내는 헌신은 다른 의무를 소홀히 할 우려가 있다.

화이트의 지적은 실제 생활에서 많이 나타나고 있다. 친구 사이에도 시기와 질투, 배신과 비극적인 갈등이 일어난다. 이러한 것으로 우정이 단절되기도 하고, 드물게는 이러한 것을 통하여 더욱 성숙된 우정이 성립되기도 한다.

플라톤은 『파이돈』에서 가장 가깝고 가장 믿던 친구에게 기만당하면 모든 사람을 싫어하고 미워하게 되며, 세상에는 온전한 사람이 하나도 없다고 믿게 된다고 하였다(1914b, 89e). 가까운 사람에게서 배신당한 경험이 있는 사람은 플라톤의 말에 공감할 것이다. 그러나 이러한 견해는 지나친 일반화이며 편견이다. 이러한 편견을 가진 사람은 모든 사람을 불신하여 참된 교제를 갖지 못한다. 이런 경우도 새로운 우정을 향한 가능성을 신뢰하면서 시도해 보는 것이 중요하다.

또한 우정은 아첨과 자만심을 가져올 위험도 내포하고 있다. 아리스토텔레스는 우정을 중용으로 보았으며 이것이 과도하면 아첨이 된다고 하였다. 유덕한 사람은 아첨하는 것을 싫어할 뿐만 아니라 아첨하는 사람도 싫어한다. 아리스토텔레스는 "모든 아첨꾼은 노예적이며, 자존심이 없는 사람은 아첨꾼이다. 자존심이 있는 사람은 경탄하지 않는다. 왜냐하면 그에게는 아무것도 위대하지 않기 때문이다."(2003, 1125a2-4)라고 말하였다. 자만심과 아첨은 똑같이 우정을 불가능하게 만드는 악이다.

소크라테스는 리시스(Lysis)라는 소년을 연인으로 만들려고 애쓰는 히포탈레스(Hippothales)에게 연인을 만드는 방법을 소개하고 있다. 그것은 상대를 낮게 평가해야 하며 교만하지 않게 해야 한다는 것이다. 그는 다음과 같이 말하였다. "현명한 애자는 그가 사랑하는 사람을 얻기까지 그 연인을 칭찬하지 않는다네. 왜냐하면 그가 여러 사고를 두려워하기 때문이네. 또 다른 위험도 있다네. 애자가 연인을 칭송하고 찬미할 경우 그는 자만심과 허영심에 사로잡힐 걸세. 그렇지 않은가?"(Plato, 1925c, 206).

우리는 우정의 실제에서 소크라테스의 권고를 등한시하고 있다. 마음에 드는 사람이 나타나면 그를 흠모한 나머지 칭찬을 아끼지 않는다. 칭찬을 받은 사람은 칭찬한 사람을 존중하고 고맙게 생각하는 것이 아니라 자기보다 열등한 사람으로 간주해 버린다. 이러한 경향은 인간관계에서 쉽게 발견된다.

친구의 죽음은 우정의 가장 위험한 요소 중의 하나라고 할 수 있다. 선의 우정일 때는 더욱 그러할 것이다. 우리는 친구의 죽음 때문에 인생의 의미와 가치를 잃고 방황하는 사람을 만날 수 있다.

너무 큰 충격을 받은 나머지 일생 동안 다른 친구를 사귀지 못하는 경우도 있다.

호메로스는 아킬레우스를 통하여 친구의 죽음이 갖는 의미를 알려 주고 있다. 아킬레우스는 부하 안틸로코스(Antilochus)가 친구인 파트로클로스(Patroclus)의 전사를 알려 주었을 때 눈물겨운 모습을 보여 주었다. 호메로스는 그 장면을 이렇게 묘사하였다.

> 그는 양손으로 검은 먼지를 움켜쥐더니
> 머리에 뿌려 고운 얼굴을 더럽혔고,
> 그의 향기로운 옷에도 검은 재가 떨어졌다.
> 그리고 그 자신은 먼지 속에 큰 대자로
> 드러누워 제 손으로 머리를 쥐어뜯었다(1956/1996, 18, 23-27).

친구의 죽음이 이렇게만 작용하는 것은 아닐 것이다. 친구의 죽음이 살아남은 자의 삶을 지도하고 고귀하게 할 수도 있다. 그러나 대부분의 경우 친구의 죽음은 사람을 방황하게 만든다. 그럼에도 불구하고 친구의 상실에서 오는 정신적 고통을 감수하기가 어려워서 우정을 기피할 수는 없다. 고통이 아무리 크다 할지라도 함께 생활하면서 나눈 보람과 즐거움에 비교할 수는 없을 것이다.

다른 많은 가치와 마찬가지로 우정도 어둡고 비극적인 국면을 가지고 있다. 이러한 국면은 인간에게는 피할 수 없는 한계상황이기도 하다. 친구의 배신, 나태, 죽음 등은 우정의 단절을 가져다주지만, 이러한 것을 예상함으로써 더욱 강렬한 우정을 향유할 수 있는 것이다.

V. 우정, 행복 그리고 교육

우정은 외적 선으로서 행복의 중요한 요소가 된다. 행복의 중요한 요소인 지적, 도덕적 덕은 혼자서는 성취하기가 어렵다. 선한 친구의 도움과 격려가 있어야 그러한 덕의 획득에 관심을 갖게 된다. 이런 친구가 없는 사람은 세속적인 유혹과 위협에 쉽게 굴복한다. 좌절하거나 실패하는 사람과 굴종의 삶을 살고 있는 사람의 대부분은 권고, 충고, 그리고 제지하는 친구를 가지고 있지 않다. 그들은 주변에 방관자와 이해 관계에 얽힌 사람만 가까이 두고 있다.

행복한 사람에게는 선한 친구가 있게 마련이다. 지적, 도덕적 덕을 가진 사람은 그런 덕을 가졌거나 사랑하는 사람과 친숙하기 때문이다. 연인이나 배우자도 넓은 의미로는 인생의 친구다. 서로가 서로에게 선한 친구가 될 때 두 사람의 관계는 지속적일 수 있으며 행복할 수 있다. 이성적인 사랑이 독점적인 데 비해 우정은 보편적이다. 따라서 우정으로 맺어진 인간관계는 자유롭다.

우정은 위험한 요소를 가지고 있지만 그 가치 때문에 오래전부터 하나의 덕으로 간주되어 왔다. 그렇지만 학교와 대학에서 우정은 다른 지적, 도덕적 덕에 비해 등한시되었다. 화이트는 1990년에 쓴 「우정과 교육」이라는 논문에서 교육에서의 우정의 지위를 확인하고 그것을 강조하였다. 그녀는 아리스토텔레스, 키케로, 베이컨의 우정론을 간결하게 소개하면서 우정의 개념, 종류, 가치, 그리고 우정의 교육 가능성을 검토하였다. 그녀는 논문의 서론에서 다음과 같이 문제를 제기하였다.

우정은 자기 지식의 향상에서 보여 주는 역할처럼 도구적인 이유 때문에 우리에게 가치 있는 것인가? 우정은 내재적인 가치를 가지고 있는가? 우정의 가치에 대한 이유가 우정이 하나의 교육 목적으로서 지위를 갖는 데 영향을 미치는가? 교육자가 고려할 필요가 있는 우정의 어두운 면이 존재하는가?(1990, 82)

이러한 질문은 우정과 교육의 관계를 해명하는 데 중요한 의미를 갖는다고 할 수 있다. 그녀는 같은 제목의 논문을 다른 학술지에 발표하면서 다음과 같은 질문도 제기하였다. "우정이 우리에게 가치 있다면 그것이 교육의 중요한 목적 안에 들어가는가? 우정은 넓은 의미에서 교육이 육성해 낼 수 있는 종류의 것인가? 그렇다면 학교 교육의 목적 가운데 우정의 장려가 강조되어도 되는가?"(White 1991, 62). 화이트가 제기한 질문은 중요하고도 절실한 것이다. 이러한 질문은 교사와 학부모는 물론이고 학생도 진지하게 물어야 할 것이다.

이 장에서 보여 준 우정에 대한 논구는 화이트의 질문에 어느 정도 대답하고 있다고 생각된다. 우정의 가치가 매우 클 뿐만 아니라 아동과 청소년의 매우 중요한 관심사란 점에서 교육의 목적으로 간주될 수 있다고 생각한다. 우정의 가치가 내재화된다면 "우정은 젊은이가 과오를 범하지 않도록 도와주며, 연로한 사람에게는 그들 신변의 요구를 들어주고 힘이 약하여 할 수 없는 일을 대신해 주며, 인생의 절정기에 있는 사람들에게는 고상한 행동을 하도록 자극"(2003, 1155a12-16)할 것이다.

인생에서 우정의 가치가 인정된다면 교육은 이 가치를 학습자가 획득하도록 도와주어야 한다. 학교와 대학은 같은 연령의 청소년이 모여 있을 뿐만 아니라 세속적인 이해 관계에서 어느 정도 초연해 있기 때문에 우정의 이상이 실현될 가능성이 크다고 할 수 있다.

우정은 평등한 사람 사이에 가장 잘 성취될 수 있다는 점에서 민주적 가치로서도 존중된다. 학교와 대학에 재학하고 있는 학생들은 평등한 인간관계를 가지고 있다. 평등한 인간관계가 우정과 결부됨으로써 공동체적 생활양식을 더욱 쉽게 학습할 수 있을 것이다.

화이트는 교사와 부모는 우정을 육성하도록 하기 위해 다음과 같은 일을 해야 한다고 권고하였다(1991, 69).

① 우정이 일어날 수 있는 조건을 만드는 데 최선을 다해야 한다. 친구가 될 수 있는 기회를 제공해야 한다.
② 친구에게 한 약속을 지킬 수 있도록 도와준다.
③ 우정의 특징을 보여 주는 행동을 강화시켜 준다. 예컨대 친구와 함께 공유하는 경험을 갖게 하는 것이다.
④ 우정의 프라이버시를 존중한다.

이러한 권고는 가치 있다고 생각된다. 이러한 권고 못지않게 요청되는 것은 이 장에서 강조했던 다른 가치와의 관계라고 생각된다. 청소년은 우정뿐만 아니라 다른 많은 가치를 실현해야 할 위치에 있다. 우정이 제대로 성립되기 위해서는 다른 가치도 존중되어야 한다. 그렇지 않으면 부모와 교사는 우정에 대한 청소년의 관심의 일부를 다른 가치에 돌리고자 할 것이다.

학교 안에서 선의 우정이 꽃피기 위해서는 학교가 이런 우정에 관심을 보여야 한다. 학교가 의도적으로 학생을 갈라놓거나 학업에

만 치중하도록 요구한다면 우정은 성립하기 어렵다. 교사와 학생은 서로 친밀해야 하지만 편애는 경계되어야 한다. 왜냐하면 편애는 공평의 규범을 위반한 대표적 사례가 되기 때문이다.

청소년의 우정을 육성하려면 교사와 학부모의 우정에 대한 우호적인 이해가 선행되어야 할 뿐만 아니라 학교의 분위기도 그러해야 한다. 학교와 대학에서 우정의 가치와 지위가 절대화되어서도 안 되지만 다른 가치에 억눌려 부당한 대우를 받아서도 안 될 것이다. 우정이 다른 가치와의 협력을 통해 교육받은 사람을 만들어 내는 데 기여할 때 우정의 가치가 더욱 돋보일 것이다.

인간존재는 분명히 사회적, 정치적 존재이며 다른 사람과 함께 공동 생활을 하도록 되어 있다. 인간은 역경은 물론 순경에서도 타자의 도움을 필요로 한다. 친구는 또 하나의 자신이며 그를 통하여 우리 자신의 지식을 확대하고 자신을 실현해 갈 수 있다. 친구와의 교제가 일견 시간과 정력의 낭비처럼 보일지도 모르지만 그러한 교제를 통하여 자아가 확대되어 가는 것이다.

현대사회는 전례 없이 많은 사회적 교제가 이루어지고 있지만, 정신적 황폐와 고립이 점증하고 있다. 이러한 현상은 선의 우정이 제대로 이루어지지 않기 때문이라고 할 수 있다. 사회적으로 성공한 사람 곁에 많은 사람이 몰려 있지만, 선의 우정의 차원에서 볼 때 그는 외로운 존재에 불과하다. 그가 계속해서 유용성과 쾌락을 주지 못할 때 친구는 조만간 그의 곁을 떠날 것이기 때문이다.

인생을 훌륭하게 살다 간 사람은 어떤 사람이라고 할 수 있는가? 우정의 차원에서 볼 때 훌륭하게 산 사람이란, 살아 있는 동안은 물론이고 사후에도 친구를 통해 또 하나의 자기를 남겨 둔 사람이라고 할 수 있다. 이러한 사람은 영생한 사람이며 언제나 그리워하고 기억하려는 사람을 가지고 있다. 이것은 선의 우정을 통해서만 가능한 것이다. 이러한 우정은 이해관계에서 비교적 초연한 청소년 시절에 형성되어야 한다. 이 점에서도 학교와 대학은 매우 중요한 사명을 지닌다고 하겠다.

제11장

여가와 행복

토인비(Toynbee)는 전쟁, 계급갈등, 인구문제 등이 어느 정도 해결되면 인류의 다음 문제는 여가의 미래역할에 관한 것이 될 것이라고 말하였다. 그는 여가는 인류의 역사에서 이미 중요한 역할을 했다고 전제한 후 "필연은 문명의 어머니이고 여가는 문명의 유모"(1973, IX. 604)라고 말하였다. 그는 사료를 통해 여가가 문명에 어떻게 기여했는가를 보여 주었다.

인간에게는 하루 24시간이라는 절대 시간이 동등하게 주어져 있다. 사람들은 이 시간을 수면, 식사와 같은 생리적 욕구를 충족시키기 위해 사용하기도 하고 생계를 위해 사용하기도 한다. 이러한 활동들은 모두 많은 시간을 필요로 하지만 기계화, 자동화, 민주화의 덕택으로 사람들은 이전보다 더 많은 자유 시간을 갖게 되었다.

시대에 따라 다양한 양상을 보여 왔지만 인류는 노동과 여가를 향유하면서 살아왔다. 노동의 개념에 대해서는 합의가 쉽게 이루어지지만 여가의 개념에 대해서는 많은 논의가 계속되고 있다. 왜냐하면 여가란 말이 자유 시간, 휴가, 휴식, 유흥, 재충전, 오락, 놀이, 게임 등의 말과 자주 혼용되기 때문이다.

최근에는 실업과 미취업으로 원치 않는 자유 시간이 늘어나 사회문제가 되고 있다. 자동화와 기계화의 증가로 완전고용이 어려워진 것이다. 이러한 상황은 자유 시간과 여가에 많은 문제를 일으키고 있다. 경제적 기반과 고용이 없는 자유 시간은 고통이 될 수 있으며 그러한 자유 시간은 여가로 전환되기 어렵다. 자유 시간이 여가로 전환되지 않고 오락, 유흥 등으로 보내는 것은 개인뿐만 아니라 공동체에도 나쁜 결과를 가져온다.

따라서 이 장에서는 여가 개념을 분석하고 여가와 행복의 관계에 대해 고찰할 것이다.

I. 여가의 개념

1. 여가의 개념

'여가란 무엇인가?'라는 질문은 '교육이란 무엇인가?'라는 질문처럼 합의된 답이 없다. 그리하여 많은 저작에서 여가 개념은 다양하게 사용될 뿐만 아니라 다른 유사개념과 함께 사용되고 있다. 여가 개념이 사용되는 방식들을 세 개의 그룹, 즉 중립적인 여가 개념, 가치어로서의 여가 개념, 그리고 이 둘의 내용을 겸비한 종합적인 여가 개념으로 나누어 고찰할 수 있다.

(1) 중립적인 여가 개념

여가에 대한 정의들 가운데는 공통된 속성이 들어 있는데, 바로 '자유'라고 할 수 있다. 중립적인 여가 개념은 자유 시간과 여가를 동일시하거나 자유 시간에 선택된 활동을 의미한다. 여기서 자유 시간은 노동으로부터 해방된 시간을 의미한다. 인간은 계속해서 노동할 수 없기 때문에 자유 시간을 가져야 한다. 기계화, 자동화, 민주화의 덕택으로 현대의 노동 시간은 고대나 중세에 비해 현저하게 줄어들었다. 이에 상응하여 개인의 자유 시간이 늘어났으나, 불행하게도 자유 시간의 확대가 여가로 이어진 것은 아니었다. 일부 사람들은 자유 시간을 부업하는 데 사용하거나 오락과 유흥으로 보내기도 한다.

노동과 직업은 선택적이지만 많은 경우 책무적이다. 이에 비해 여가는 개인이나 집단이 선택한 활동이다. 여가와 선택 사이에는 개념적 관련이 있다. 자유 시간에 무슨 활동을 선택하느냐에 따라 여가인가 아닌가가 결정된다. 동일한 활동이라도 행위자의 동기에 따라 여가 여부가 결정되기도 한다.

텔퍼(Telfer)는 동일한 활동이 사람에 따라 여가 활동으로 간주되기도 하고 그렇지 않을 수도 있다고 말하였다. 그는 자녀가 연로한 부모를 방문하는 경우를 예로 들었다. 어떤 사람이 "나는 부모님을 방문하는 데 많은 시간을 바쳤다. 그래서 많은 여가를 누리지 못하였다."라고 말하는 경우는 책무를 수행했음을 의미한다. 이에 비해 "나는 나의 여가 시간의 많은 부분을 부모와 함께 보냈다."라고 말하는 사람은 이러한 행위를 스스로 선택했음을 의미한다(1987, 152).

중립적인 여가 개념을 가진 사람은 여가를 '자유로운 또는 책무로부터 해방된 시간'으로 이해한다. 책무로부터 자유로운 시간으로서의 여가 개념은 아주 단순하여 이해하기 쉽다. 이러한 정의는 객관적이고 중립적이다. 그러나 한편 자유 시간을 여가와 동일시하면 만인이 여가를 가진 셈이 된다. 이러한 정의는 지극히 포괄적인 것이어서 여가 개념을 제대로 드러낼 수 없다.

중립적인 여가 개념은 그 내용, 즉 특수한 활동이나 경험을 문제 삼지 않는다. 노동은 자유 시간이 아니라는 점만 강조한다. 그리하여 자유 시간에 오락, 유흥, 놀이, 게임 등 모든 것이 수용된다. 그러한 활동으로 보낸 시간도 여가로 이해한다. 이들에게는 노동 시간과 여가 시간만이 있을 뿐이다.

뉴링거(Neulinger)는 여가를 정의하는 준거의 가장 첫번째 의의로 자유, 더 구체적으로 말하면 '지각된 자유'라고 하였다. 그는 여가를 다음과 같이 정의하였다. "여가는 단 하나의 본질적인 준거를 가지고 있다. 그것은 지각된 자유의 조건이다. 제약이나 강제가 없이 자유롭게 실현된 활동은 무엇이든 여가의 경험과 결합될 수 있다. 여가를 누린다는 것은 자유인으로서 자신이 선택한 활동에 참여하는 것을 포함한다."(1981, 16). 그는 이런 식의 정의는 여가경험의 강도(intensity)나 질을 문제 삼지 않는다고 말하였다.

(2) 가치어로서의 여가 개념

가치어로서의 여가는 자유 시간과 구별된다. 왜냐하면 자유 시간은 여가뿐만 아니라 다른 많은 활동을 포함하기 때문이다. 켈리(Kelly)는 가치어로서의 여가 개념을 제시할 때는 다음과 같은 요소들을 포함해야 한다고 말하였다. ① 얼마간의 자유의 요소가 포함되어야 하며, ② 내재적 동기에 따라, ③ 역할 결정을 할 때 도구적인 활동들은 대체로 제외되며, ④ 선한 활동만을 함으로써 여가를 도덕적 명칭의 범주로 만들어야 한다(1983, 14).

가치어로서의 여가 개념은 아리스토텔레스가 최초로 제안하였다. 그는 여가를 자기개발의 추구로 보았다. 이러한 의미의 여가는 모든 사람이 달성할 수 없는 것이었다. 여가의 가장 높은 경지인 관조적인 삶은 귀족들이 여자, 하류계급, 노예를 희생의 대가로 누리던 것이었다. 여가라는 말을 그리스적 의미로 사용하려면 질적인 의미의 어휘로 사고해야 한다. 그렇게 생각하면 여가는 시간의 기간이라기보다는 생활방식으로 바라볼 수 있다.

현대 여가 연구가들 중에서는 드 그라지아(de Grazia)의 여가 개념을 들 수 있다. 그는 노동을 자유 시간의 대조로 인식하였고 여가의 대조로는 생각하지 않았다. 그는 여가를 인간의 조건과 속박될 수 없는 개인적인 것으로 이해하였다. 그는 아리스토텔레스의 여가 개념을 충실히 계승하였다. 그는 "오락과 휴식은 노동 때문에 필요하다. 그것은 그 자체가 목적이 아니다. … 우리는 이완이 필요하다. 왜냐하면 계속해서 노동할 수 없기 때문이다. 여가 활동은 그 자체를 위해서가 아니라, 그 자신의 내재적인 목적으로 수행되는 존재 상태다."(1994, 15)라고 말하였다. 드 그라지아의 여가 개념은 기술적인 것이 아니라 규범적인 성격을 띠고 있다. 이러한 개념에 따르면, 여가로 간주되던 많은 활동이 실제로는 여가가 아닌 것으로 드러난다. 이러한 여가 개념은 사회과학자들의 비판의 대상이 되기도 하였다. 뉴링거는 드 그라지어의 여가 개념은 반민주적이며 일종의 '지적-엘리트적-귀족적 속물근성'이라고 비판하였다(1981, 236).

저명한 가톨릭 철학자인 피페르(Pieper)도 여가 개념을 가치어로 사용하였다. 그는 여가라는 개념의 본래적 의미는 '일이 전부'인 오늘날의 문화에서는 잊혀졌다고 생각하였다. 현대 사회는 여가에 비해 노동의 세계를 지나치게 강조하고 있다. 그는 아리스토텔레스가 "행복은 여가를 포함하는 것으로 생각된다. 우리는 여가를 얻기 위해 일한다."(2003, 1177b4-5)라고 한 말을 인용하고, 이 말을 문자 그대로 번역하면 "우리는 여가 상태에 있기 위해 여가 상태에 있지 않다."가 된다고 했다. 고대 그리스인들에게 '여가 상태에 있지 않다.' 는 말은 일상적인 노동의 세계를 일컫는 말이며, 라틴어 'neg-otium'(not-leisure)처럼 그리스어에는 여가의 부정적인 말, 즉 'ascholia'만 있다는 것이다(Pieper, 1998, 4-5). 피페르는 여가를 자신의 존재에 따른 유쾌한 긍정으로 이해하였다. 나태는 여가와 무관하며 여가의 결여라고 생각하였다. 그는 여가는 자기 자신과 하나가 될 때만 가능하다고 생각했다(1998, 29-30).

피페르는 노동을 활동으로 본다면 여가는 비활동, 즉 열중의 결여, 고요하고 조용히 있는 능력을 의미한다고 한다. 여가는 고요의 한 형식이다. 즉, "여가는 마음을 여는 데서 즐거움을 얻는 연인들의 대화에서 오는 고요다."(1998, 33) 이것은 자기 자신과 조화를 이룰 때만 가능하다. 노동을 노력으로 보면, 여가는 흔쾌한 마음으로 사물을 바라보는 조건이 된다는 것이다. 그는 여가는 세계와 조화를 이룰 때 가능하며 이처럼 유쾌한 긍정의 최고 형태가 축제라고 생각하였다. 축제는 세계와 조화를 이루는 것을 의미한다. 축제는 여가의 기원이다. 여가의 축제적 성격이 여가를 '노력 없는' 것이 되게 할 뿐만 아니라, 노력이나 수고의 반대어가 되도록 한다는 것이다(1998, 33-34).

피페르는 노동을 사회적 기능으로서 바라보면, 휴식(break)도 노동 스케줄의 일부가 된다고 한다. 그는 여가는 결코 원기회복이나 휴식이 아니며 여가의 핵심은 축제라고 생각하였다. 축제 혹은 축전에서 세 개의 개념적 요소들, 즉 이완, 노력하지 않음, 단순한 기능보다 우세한 여가 상태가 하나가 된다는 것이다(1998, 34).

가치어로서의 여가는 삶의 질을 문제 삼는다. 그래서 여가 생활이 인간의 궁극적 목적이라고 생각되기도 한다. 대부분의 사람들은 인간의 궁극적 목적이 여가라는 주장에 동의하지 않을 것이다. 가치어로서의 여가는 모든 사람이 향유할 수 있는 것이 아니기 때문이다. 실제로 연약하고, 게으르고, 분별력이 없는 사람은 자유시간을 여가로 전환시킬 수 없다. 이러한 사람에게는 여가가 종종 무가치하게 보일 수 있다. 어린 시절부터 여가 교육을 받아야 하는 것도 이러한 경향이 널리 퍼져 있기 때문이다.

여가 개념이 부정적인 의미로 사용되는 경우도 있다. 스크루턴(Scruton)은 여가의 부정적인 이미지를 다음과 같이 설명하였다.

> 여가는 나쁜 인상을 주는 말이다. 청교도에게는 악의 근원이었으며, 평등주의자에게는 특권의 징표였다. 마르크스주의자에게는 다수의 희생으로 소수가 누리는 부정한 잉여로 간주되었다. 민주사회에서는 그 누구도 여가를 충분히 누릴 수 있다고 장담하지 못한다. 거의 모든 사람이 생계를 위해 열심히 일하고 있다고 말할 수 있다(1998, xi).

여가 개념의 부정적인 이미지는 일반적인 것은 아니다. 자유 시간의 남용과 오용이 이러한 의식을 만들어 냈다고 할 수 있다.

(3) 종합적인 여가 개념

많은 여가 연구자들이 중립적인 개념과 가치어로서의 여가 개념을 종합하여 사용하였다. 이들은 여가라는 말이 사용되는 실제를 중시하였다. 이브러힘(Ibrahim)의 여가 개념은 이러한 특징을 잘 보여 주고 있다. 그는 "여가란 사람이 노동, 시민 또는 가족의 책무로부터 비교적 자유로운 시간에 명상, 휴식, 오락을 선택하도록 허용하는 마음 또는 존재의 상태로 정의된다."(1991, 43)라고 말하였다.

로(Lowe)는 두 개의 유사한 종합적인 여가 개념을 소개하였다. 유네스코와 애플턴(Appleton)의 정의다. 유네스코는 "여가는 노동과 가족과 사회의 책무들로부터 해방된 후 휴식, 여흥, 지식 또는 창의적 능력의 획득이나 자신의 자유로운 선택에 따라 경험된 일련의 활동들이다."(1994, 3374)라고 정의하였다. 애플턴은 "여가는 개인이 자신의 전문적, 가족적, 사회적 능력을 면제받은 후, 휴식을 취하든 스스로 즐기든 지식을 더 획득하고, 자신의 기능을 이해관계에 상관없이 향상시키고, 공동체 생활에서 자발적으로 참여하며 자유의지대로 살아가는 여러 활동으로 이루어진다."(1994, 3374)고 하였다. 위의 두 정의는 놀라울 정도로 비슷하다. 이 두 정의는 여가와 유사 개념을 모두 포함하고 있다. 이 정의들은 학습의 추구가 여가의 주된 구성 요소 중 하나일 뿐만 아니라 학습은 여가 시간에 추구될 수 있다는 것을 가정하고 있다.

뒤마즈디에(Dumazedier)는 여가는 네 가지 기본적 특징을 가지고 있으며, 그중 두 가지는 사회적 책무의 결여이기 때문에 소극적인 경우이고, 다른 두 가지는 개인의 성취라는 차원에서 정의되기 때문에 적극적이라고 말하였다. 다음은 그가 제시한 특징들이다

(1974, 250-251).

책무로부터의 자유

여가는 자유로운 선택의 결과다. 여가와 자유는 동일한 것이 아니다. 여가는 어떤 책무로부터의 자유를 포함한다. 여가도 활동이기 때문에 약속이나 동의와 같은 대인 간의 책무를 지켜야 한다. 그런 점에서 책무와 무관한 것은 아니지만, 여가는 보수를 받는 고용으로부터의 자유다.

사욕이 없음

여가의 초연한 성격은 그 수단과 목적에서 직접적으로 추론된다. 여가는 보수로 동기화되지 않으며, 공리적인 목적이 없다. 여가가 상업적, 공리주의적, 이데올로기적 목적에 따라 지배된다면 그것은 전적으로 여가가 아니다.

여가와 기분전환

여가는 개인의 욕구와 긴밀한 관계를 가지고 있다. 만족, 쾌락, 그리고 기쁨의 추구는 여가의 특징이다. 만족의 상태는 모든 긴장, 공부, 집중의 부정이다. 여가는 기분전환의 성격을 가지고 있다. 지루함은 여가를 변질시킨다.

여가와 개성

여가는 개인적인 요구에 응답하는 것이어서 개인의 성장이나 타락에 관련되어 있다. 그러므로 인간의 가능성의 실현과 관련되어 있는 것이다.

또한 뒤마즈디에는 여가의 목적에 따라 여가행동을 설명하기도 하였다. 그는 세 가지 기능, 즉 이완, 여흥, 개인적 발달을 제시하였다(1974, 251).

① 여가는 개인에게 노동의 피로를 덜어 주는 기회를 제공한다.
② 여흥을 통해 여가는 새로운 세계를 열어 준다.
③ 여가는 개인의 판에 박히고 진부한 일들로부터 벗어나게 한다.

위의 각 기능은 성인이 왜 특수한 사회적, 문화적 활동, 여행, 스포츠를 선택하는가에 대한 설명의 측면을 나타낸다. 뒤마즈디에는 여가가 인간생활에서 노동보다 더 중요하다고 생각하였다. 그는 생계를 위한 노동이 아닌 개인적 성장이 인생의 일차적인 동기가 될 것이며, 따라서 여가가 인생에서 최우선의 목표가 되어야 한다고 생각하였다. 이러한 신념은 여가의 고전적 개념과 맥을 같이한다.

뒤마즈디에의 여가 특징과 기능에 대한 설명은 여가사회학에 기초한 것으로서, 종합적인 여가 개념을 잘 드러낸다고 할 수 있다. 종합적인 여가 개념은 연구자의 성향에 따라 가치어적인 요소가 강하기도 하지만, 대체로 중립적인 개념의 여가와 이와 유사한 개념을 모두 포함시키려는 경향을 보여 준다고 하겠다.

2. 아리스토텔레스의 여가와 노동 개념

아리스토텔레스의 여가 개념은 가치어로 사용되는 대표적인 경우라고 할 수 있다. 그의 여가 개념은 중세와 근대를 거치면서 지적인 사람들에게 영향을 미쳤다. 현대 여가 연구자들의 저서에서도 그의 여가 개념에 동의하든 하지 않든 계속해서 언급하고 있다. 아리스토텔레스는 자신의 여러 저작에서 여가에 대해 언급하지만, 『정치학』에서 집중적으로 거론하고 있다. 그의 저작에서 언급되고 있는 여가 개념을 다음과 같이 범주화할 수 있다.

여가는 필요한 노동으로부터의 자유다

아리스토텔레스는 여가가 우리의 생계를 위해 필요한 노동으로부터의 자유라는 견해를 여러 곳에서 피력하였다.

> 잘 통치되고 있는 국가에서는 필요한 노동으로부터 여가가 있어야 한다는 것이 널리 인정되고 있다(1932, 1269a).
>
> 그들은 노동을 통해 살아갈 수는 있지만 여가를 즐길 수는 없다(1932, 1292b).
>
> 평화는 전쟁의 목적이며 여가는 직업의 목적이다(1932, 1334a).

아리스토텔레스의 이 주장들은 중립적인 여가 개념에 가깝다. 그러나 노동이 인생의 전부가 아니며, 직업의 목적이 여가라는 주장 속에서 여가의 새로운 의미 부여를 예고하고 있다고 할 수 있다.

여가는 학문할 기회를 준다

필요한 노동으로부터 해방된 자유 시간은 여러 가지 목적으로 활용될 수 있다. 아리스토텔레스는 자유 시간을 학문할 수 있는 시간으로 전환시키는 것이 바람직하다고 생각하였다. 그렇게 보낼 경우 자유 시간이 여가가 될 수 있다고 생각하였다. 그는 『형이상학』에서 이 점에 대해 이렇게 말하였다. "쾌락이나 생활의 필수품을 얻는 것을 목적으로 하지 않는 학문은 사람들이 여가를 갖기 시작한 장소에서 처음으로 성립되었다. 수학은 이집트에서 비롯되었다. 왜냐하면 사제계급에게는 여가를 누리도록 허용되었기 때문이다."(1933, 981b). 고대사회에서도 자유 시간을 가진 사람들이 있었지만 모두가 이집트의 사제계급처럼 보낸 것은 아니다. 그의 말 속에는 사제계급에 대한 예찬도 들어 있다고 보아야 한다. 사제계급을 포함하여 자유 시간을 여가로 전환시킨 고대인들은 관조적인 삶을 살았다. 관조적인 삶이란 이론적인 삶을 의미한다. 이 둘은 모두 여가생활과 밀접한 관계를 가지고 있었다.

관조는 아무 활동을 하지 않는 것을 의미하지 않는다. 관찰하고 명상하는 것을 의미한다. 아리스토텔레스는 여가 자체인 관조가 행복을 가져온다고 생각하였다. 그는 관조할 수 있는 사람이 가장 행복한 사람이라는 신념을 가졌다. 이러한 활동은 마음을 도야하는 것이므로 신에 가장 가깝다는 것이다. 모든 위대한 사람은 정도의 차이는 있었지만 관조적인 삶을 즐겼다고 볼 수 있다.

아리스토텔레스의 저작을 통해 우리는 여가가 교양의 기초라는 것을 발견한다. 역사적으로 볼 때 여가는 개인적 성장과 선한 삶의 방식이었다. 아널드(Arnold)는 현대 영어 'leisure'는 라틴어 'licere'에서 왔지만 키케로와 오비디우스(Ovidius) 같은 로마의 지식인들은 여가를 의미하는 말로 'otium'을 사용하였다고 했다. 이 말은 관조와 자유를 위한 기회와의 결합을 의미한다(1991, 14).

여가는 선을 획득할 기회를 준다

아리스토텔레스는 삶의 두 부분을 활동과 여가, 전쟁과 평화로 나누었다. 활동은 다시 두 가지, 즉 필수적이고 유용한 활동과 선 그 자체인 활동으로 나누었다. 활동은 여가를 위한 수단이었다. 그는 여가는 선을 얻기 위해 활용되어야 한다는 신념을 가지고 있었다.

> 여가는 더욱 선해지기 위해, 그리고 정치 활동을 하기 위해 필요하다(1932, 1329a).

> 여가를 사용하고 마음을 도야하는 데 필요한 자질은 두 가지다. … 용기와 인내의 자질은 직업 활동에 필요하고 지혜는 여가를 가진 사람들에게 필요하다. … 여가 시간이 더 많아지고 풍요가 더욱 클수록 절제와 정의는 물론 지혜가 더 크게 요구된다(1932, 1334a).

여가는 지식을 탐구하도록 하며 명상과 성찰을 통해 인간이 선해질 수 있는 기회를 제공한다. 인간은 여가 시간을 통해 넓은 시각에서 사물과 인간사를 바라볼 수 있다. 아리스토텔레스는 "인간 존재는 물질적 풍요를 누리면 누릴수록 더 많은 지혜를 필요로 한다."고 말하였다. 지혜가 결여된 풍요는 인간의 마음을 더욱 황폐화시킬 수 있기 때문이다.

여가는 정치활동을 가능하게 한다

아리스토텔레스는 인간은 정치적 동물이라고 하였다. 이 말 속에는 공적인 문제를 함께 모여 논의한다는 의미가 들어 있다. 그는 노동으로부터 해방된 자유 시간이 아고라에서 벌어지는 정치활동으로 사용되기를 기대하였다. 이렇게 보내진 자유 시간은 여가로 불릴 수 있다. 그런 의미에서 그는 이렇게 말하였다.

> 좋은 질서를 가진 국가에서는 여가 혹은 다른 말로 표현하면 필요한 노동으로부터의 자유가 있어야 한다는 것이 널리 인정되고 있다(1932, 1269a).
>
> 가장 많은 공적이 있는 사람들은 여가 시간을 즐길 위치에 있다(1932, 1273a).
>
> 여가를 가진 사람을 등용하기 위해(1932, 1273a).

관직을 맡고 있는 동안에는 여가를 가질 수 있도록 해주어야 한다(1932, 1273b).

재산이 넉넉하지 못하면 정치활동에 필요한 여가를 즐길 수 없다(1932, 1292b).

아리스토텔레스는 여가를 일종의 포상으로 생각했으며, 여가를 가진 사람은 제대로 교육받은 사람일 것이라고 믿었다. 생업에 종사해야 하는 사람들은 아고라에서 자기 주장을 펴고 타인의 말을 경청하는 것을 즐길 수 없다. 이런 이유로 생업의 종사는 자유인이 아닌 다른 계급의 사람들에게 맡겼다.

바커(Barker)는 아리스토텔레스의 『정치학』을 역주하였는데, 그의 여가 개념에 대해 다음과 같이 요약하였다(1946, 323).

① 여가는 활동과 대립되지 않으며, 활동 그 자체이자 최고 형태의 활동이다. 영혼의 사변적인 부분과 관계되는 것이다. 그러나 여가는 직업 자체로서뿐만 아니라 다른 무엇을 위한 활동과는 대립된다.

② 여가는 직업과 대립되고 구별될 뿐만 아니라 휴식(paidia)과 재충전(anapausis, recreation)과도 대립되고 구별된다. 이것들은 본질적으로 직업의 개념과 관련되어 있다. 휴식과 재충전은 노동 이후의 휴식 또는 새로운 힘을 얻기 위한 준비다.

휴식과 재충전은 그 자체가 목적이 아니며 노동 때문에 필요하다. 인간은 계속해서 일할 수 없기 때문에 휴식이 필요하다. 바커는 휴식과 재충전은 여가와 직업 사이에 존재하지만 후자에 더 가깝다고 생각하였다. 그는 여가는 휴식과 재충전과는 달리 마음을 도야하는 활동으로 이해하였다. 이러한 이해는 아리스토텔레스의 견해를 그대로 반영한 것이다.

아리스토텔레스의 여가 개념은 자유, 탁월성의 추구, 공적인 활동의 추구 등을 포함하고 있다. 이러한 활동은 여가를 가진 자유인에게 해당되는 것이다. 노예, 이민자, 여자에게는 여가가 아닌 오락, 놀이, 게임 등이 원기회복을 위한 수단으로 활용되었다. 이것들은 그 자체가 내재적 즐거움이나, 내면적인 행복을 주지 못한다.

2. 듀이의 여가와 노동 개념

듀이(Dewey)는 관련이 있는 개념들을 구별 짓는 것보다는 통합하는 데 관심을 가졌다. 여가와 노동의 경우도 예외가 아니다. 그는 이 두 개념을 분명히 구별하고 분리하기보다는 이들 간의 바람직한 관계에 대해 관심을 가졌다. 그는 자유 시간, 휴식, 오락, 놀이 등이 여가와 어떻게 다른지 구체적으로 언급하지 않았다. 그는 여가와 노동의 관계가 대립되고 분리되는 현상에 우려를 표시하면서, 이러한 현상의 연원이 고대 그리스에서 비롯되었다고 생각하였다. 그는 이러한 분리는 고대 그리스의 두 계급, 즉 자유인과 노예가 가져온 사회제도와 교육제도의 산물이라고 생각하였다.

듀이는 그리스인들의 사고방식에 대해 설명하였다. 그들은 인간만이 다른 동물과 구별시켜 주는 이성을 가지고 있다고 생각했다는 것이다. 인간의 독특한 기능인 이성을 발달시키는 것이 인간의 목적이었다는 것이다. 관찰, 명상, 숙고, 사변적인 삶을 추구하는 것이 인간의 고유한 삶이라는 것이다. 이성은 인간성의 하위구성요소들, 즉 욕망과 충동을 통제하는 기능을 가지고 있는 것으로 생각되었다는 것이다(1981, 9: 260-261).

듀이는 이러한 신념이 아리스토텔레스의 철학에서 발견된다고 생각하였다. 그래서 듀이는 아리스토텔레스의 사상 중 특별히 심리학과 정치학에 주목하였다. 아리스토텔레스는 인간이 식물적, 동물적, 이성적인 요소를 가지고 있다고 생각하였다. 그는 인간이 이성을 가진 존재이지만 우수한 사람과 열등한 사람이 함께 존재한다고 생각하였다. 이런 신념을 가진 사람은 소수의 사람들만이 인생에서 이성을 구사할 수 있으며, 대다수의 사람들은 동물적 기능이 우세한 지위를 가지고 있다고 생각한다.

고대 그리스에서는 우수한 사람은 공적 생활을 지향하며 명예와 덕을 얻으려 하였다. 그들이 수행하는 공적 활동과 덕은 타자의 도움 없이는 불가능하다. 그리하여 그들은 공동체를 위해 지적으로 열등한 사람이 이들을 위해 물질적 공급을 담당해야 한다고 생각하였다. 이러한 사회에서는 여자도 노예 및 기능공과 동일시되었다. 여자는 시민권을 가진 남자를 위한 수단, 즉 생산과 출산의 수단으로 간주되었다.

듀이는 아리스토텔레스의 여가 개념을 전적으로 부정하지는 않았다. 그는 아리스토텔레스가 "어떤 직업, 기술, 공부라도 그것이 자유인의 신체와 영혼 및 지성의 탁월성을 발휘하는 데 적합하지 않다면 그러한 것들은 기계적이라고 불리어야 마땅하다."라고 주장한 것은 영원히 옳다고 말하였다. 듀이는 비교적 적은 수가 아니라 만인이 자유로울 때 이 진술이 갖는 힘은 거의 무한하게 증가될 수 있다고 생각했다(1981, 9: 264). 아리스토텔레스의 『정치학』 1337b를 인용한 이 말은 정신을 천하게 만들거나 혹사시키는 직업에 적용되는 것이다.

듀이는 아리스토텔레스가 단순한 실행기능과 외적 산물의 단순한 축적을 감상의 공감과 관념의 자유로운 구사에 비해 열등하고 종속적인 위치에 있는 것으로 가정한 것은 영원히 옳다고 생각하였다. 그럼에도 불구하고 듀이는 아리스토텔레스의 노동과 여가에 관한 신념을 비판하였다. 그는 아리스토텔레스의 과오는 노동과 여가를 필연적으로 분리시키고 사회적 관습을 자연적 필연현상으로 본 데 있다고 생각하였다. 자연적인 필연현상이 아니라면 사회적 관습은 인간의 의지에 따라 많은 부분이 개선될 수 있다.

듀이는 아리스토텔레스의 견해에 대해 부분적으로 동의했지만 전체적으로 볼 때 강력하게 비판하고 있다. 『민주주의와 교육』 제19장에서 듀이가 보여 준 비판의 핵심사항을 다음과 같이 요약할 수 있다.

① 아리스토텔레스의 그릇된 인간관에 대해 비판하였다.
② 그의 계급사회에 대한 옹호와 인간의 부당한 차별화에 대해 비판하였다.
③ 노동과 여가의 관계에 대한 아리스토텔레스의 견해를 비판하였다.
④ 아리스토텔레스는 자연적인 필연현상과 사회적 관습의 차이를 이해하지 못하였다.
⑤ 아리스토텔레스는 만인이 노동과 여가에 참여할 수 있는 사회를 제시하지 못하였다.

듀이의 이러한 지적은 여러 면에서 타당하다. 민주주의를 신봉하는 듀이가 아리스토텔레스를 비판하는 것은 너무나 자연스럽다. 아리스토텔레스는 그리스 국가들의 현실을 인정하였으며 노예, 여자, 이민자의 사회적 지위를 무비판적으로 수용하였다. 듀이는 이러한 입장을 용납할 수 없었다.

듀이의 비판이 갖는 이러한 타당성에도 불구하고 그는 아리스토텔레스의 여가 개념을 부분적으로 오해하였다. 아리스토텔레스가 두 계급의 실제를 인정하고 정당화한 것은 그릇된 것이다. 그러나 계급이 사라지고 민주적인 사회가 실현된다고 해서 만인이 여가 생활을 할 수 있는 것은 아니다. 실제로 민주사회에서 자유 시간을 많이 확보한 시민들은 여전히 고전적인 여가를 제대로 누리지 못하고 있다. 이전보다 자유 시간이 현저하게 확대되었지만 그 시간을 자기성장을 위한 것으로 활용하지 못하고 있는 것이다.

아리스토텔레스의 여가관은 많은 여가 연구자들의 관심을 끌었다. 그의 여가관은 엘리트주의적이고 귀족적인 성향을 가지고 있지만 오락, 휴식, 놀이 등과 확연하게 구별해 준다는 점에서 중요시되고 있다. 아리스토텔레스의 견해, 즉 "우리는 여가를 누리기 위해 노동한다."는 주장은 노동 개념을 새롭게 인식하도록 하였다.

텔퍼(Telfer)는 아리스토텔레스의 여가 개념을 지지하면서도 한계를 가지고 있다고 생각하였다. 그의 견해를 다음과 같이 정리할 수 있다(1987, 158-160).

① 아리스토텔레스가 제시한 이상적인 여가의 내용이 너무 편협하다. 여가의 이상적인 사용으로 간주되는 한 가지 활동은 '영원한, 불변의, 필연적인 진리를 명상하는 것이다. 이러한 주장의 근거는 이것이 인간 이성의 분명한 활동이기 때문이라는 것이다.

② 아리스토텔레스의 여가 개념은 수동적이다. 궁극적인 진리를 발견하는 것보다 그러한 진리를 관조하는 것이 왜 더 가치가 있는가? 작곡을 하는 것보다 듣는 것이 더 좋은가? 아리스토텔레스의 대답은 하나의 활동이 생산적이라면, 그것은 목적을 위한 수단이 되어 궁극적으로 가치 있는 것이 아니라는 것이다. 이러한 신념 때문에 텔퍼는 아리스토텔레스의 견해를 확장하고자 하였다. 그는 "우리는 관조적이든, 탐구적이든, 창의적이든 아리스토텔레스의 여가에 대한 관점이 지적이며 미적인 활동을 포함하도록 확장할 수 있다."고 하였다. 그는 아리스토텔레스의 여가의 내용에 생산적인 활동을 조심스럽게 포함시키려 한 것이다. 텔퍼는 이러한 의미의 확장을 생산적인 것과 유용한 것이라는 말을 구별함으로써 시도한다. 그는 아리스토텔레스의 개념을 보존하면서 확장을 시도하였다.

③ 아리스토텔레스의 여가 개념에는 개인적 관계가 생략되어 있다. 친구들과 담소하는 것은 그 자체를 위한 것이어서 여가 활동들을 위한 후보가 될 수 있다. 아리스토텔레스가 우정보다 관조를 더 선호한 이유는 우정 자체가 무가치하기 때문이 아니라 친구가 우리를 실망시키기 때문에 철학적인 관조가 더 안전한 방책이기 때문이라는 것이다.

④ 아리스토텔레스의 여가 개념은 쾌락을 소홀히 하고 있다. 그는 이상적인 여가 활동이 고상하기 때문에 추구되어야 한다고 생각하였다. 쾌락을 가져다주기 때문에 추구한다고는 생각하지 않았다. 텔퍼는 고고학 공부가 가치 있다고 생각하는 사람은 그러한 활동이 포함하고 있는 가치를 잊기 쉽다고 말

하였다. 우정이 가치 있기 때문에 우정을 형성한다고 말하는 사람은 우정의 본질 속에 내포된 개인으로서의 개인에 대한 반응을 무시하는 것이다. 궁극적으로 가치 있는 활동들에서의 쾌락은 하나의 보너스가 아니라 그러한 활동들의 내재적인 요소다.

텔퍼는 ④번 주장이 옳다면 여가교육에 대한 새로운 시사를 던져 준다고 말하였다. 가치 있기 때문에 예술, 학문, 개인적 관계를 추구하도록 가르쳐서는 안 되며, 그러한 정책은 자기 패배적이라는 것이다.

텔퍼는 아리스토텔레스의 여가 개념이 갖는 역할을 활용하여 여가의 내용에 속한 것을 요약하였다. ① 진리와 미에 대한 명상을 즐김, ② 발견과 창조의 즐거움, ③ 개인적 관계의 즐거움이다. 이러한 의미의 여가관에 따르면, 여가가 많으면 많을수록 더 좋은 것이 된다. 그러나 실제로 만인이 아리스토텔레스적인 여가를 향유할 수 있는가 하는 문제가 다시 제기된다. 텔퍼는 활동들 중의 일부가 가능하다고 생각했다(1987, 160).

아리스토텔레스의 여가 개념은 현대에 와서도 영향을 미쳤다. 그의 개념이 완전한 것은 아니지만 여가 개념을 정립하려는 사람들에게 언제나 표준적 의미로 작용하고 있다.

아리스토텔레스 이후 여가 개념은 쾌락과 권태 문제와 결부되는 경향을 보이기도 하였다. 스미스(Smith)는 여가 정책을 논의하면서 여가에 관한 논문들이 인권, 인간의 존엄, 사회발달, 환경의 질, 정치적 행동, 홀리즘(holism), 인본주의 등에 대해서는 언급하지만 쾌락에 대해서는 거의 언급하지 않고 있다고 말하였다. 그는 인생에서 쾌락은 결코 사소한 것이 아니며 휴식과 놀이가 주는 쾌락이 여가의 본질적인 요소라고 생각하였다. 그는 쾌락의 의미를 폭넓게 사용하였다. 즉, 행복, 기쁨, 재미, 관능, 오락, 명랑, 평정을 포함시키고 있다(1991, 73). 스미스의 비판은 여가 개념을 지나치게 넓게 해석한 데서 오는 필연적인 결과라고 할 수 있다. 여가는 부수적으로 쾌락을 가져다주기도 하지만 많은 경우 여가는 생계와 책무로부터 벗어난 활동의 시간으로 고통, 수고와 함께 다른 여러 가지 불만족을 동반하기도 한다.

권태는 사회문제의 하나로 간주되고 있다. 권태는 현대인들이 두려워하는 정서다. 권태는 유쾌한 것이 아니다. 러셀(R. Russell)은 "권태는 의미 있는 인생 경험이 충분하지 않을 때 일어나는 인간의 정서다. …권태를 받아들일 수 있는 확실한 능력이 현대생활에 적응하는 데 필수적이지만, 권태는 일반적으로 개인이 해결해야 할 문제로 간주되고 있다."(1996, 69)고 말하였다. 러셀의 말대로 권태는 제도나 기관이 나서서 해결해 줄 수 있는 문제가 아니다. 개인이 스스로 인생의 의미를 발견하거나 부여하는 것이 권태를 해결할 수 있는 열쇠가 된다.

러셀(B. Russell)은 『행복의 추구』에서 "권태의 반대는 쾌락이 아니라 흥분(excitement)이다."(1971, 49)이라고 말하였다. 쾌락은 권태를 일시적으로 잊게 해 주지만 항구적으로 극복하게 해 주지는 않는다. 권태는 개인이 가진 지적 호기심과 모험을 통해 어느 정도 극복될 수 있지만, 지적인 인간에게는 불가피하게 따라다닌다.

II. 여가와 노동의 관계

여가와 노동의 관계는 종종 대조적인 것으로 이해된다. 이러한 견해를 갖는 데 크게 영향을 미친 연구자는 베블런(Veblen)이라고 할 수 있다. 그는 자신의 저서 『유한계급론』에서 "여기서 사용하는 여가라는 말은 나태와 무활동을 의미하지 않는다. 그것이 의미하는 것은 ① 생산적인 노동을 무가치하게 보고, ② 나태한 생활을 할 수 있을 정도의 금전을 사용할 능력이 있다는 점에서 시간의 비생산적인 소비다."(1973, 46)라고 규정하였다. 그는 당시의 미국 사회의 유한계급에 속한 일부 사람들의 생활양식을 보고 이런 정의를 내렸다. 이러한 견해는 과장되었다는 비판을 받기도 했지만 유한계급을 바라보는 중요한 관점으로 작용하였다.

스크루턴(Scruton)은 "우리는 여가를 나태로, 노동을 창의성으로 오해한다. 물론 노동은 창의적일 수 있다. 그러나 여가를 통해 충만해질 때로 국한한다. 노동은 삶의 수단이고 여가는 목적이다. 목적 없는 노동은 무의미하다."(1998, xii)고 말하였다. 노동하는 중에 창의성이 나타나기도 하지만 일반적으로 노동에서는 능률성과 효율성이 강조된다. 따라서 노동은 창의성보다는 반복성과 관행에 의존하기 쉽다. 스크루턴의 말대로 노동은 여가를 통해 보완되어야 하고 그러면 비로소 삶이 충실해질 수 있다.

여가와 노동의 관계는 여러 각도에서 고찰될 수 있다. 시버스(Shivers)와 드리슬(de Lisle)은 다음 4가지 관계, 즉 ① 여가로서의 노동, ② 노동으로서의 여가, ③ 여가를 위한 노동, ④ 노동을 위한 여가를 설정하였다. 여가로서의 노동의 경우 일부의 노동은 여가가 될 수 있다는 입장이다. 모든 노동이 여가는 아니지만 개인의 태도에 따라 노동으로부터 여가를 만들 수 있다는 입장이다. 노동 안에서 기분전환의 요소인 만족, 즐거움 등이 발견되고 여가에서도 발견되므로 둘은 동일하다는 입장이다. 어떤 직업은 흥미롭고 만족스럽다. 어떤 형태의 노동은 어떤 여가를 추구할 때보다도 더욱 즐겁고 충만함을 제공한다. 전쟁마저도 게임으로 인정될 정도다(1997, 101).

노동으로서의 여가도 부분적으로 있을 수 있다. 여가도 노동의 측면을 가지고 있다. 볼링클럽에 가기 싫은 사람이 자신이 속한 집단이 단체로 가기 때문에 따라가는 경우를 예로 들 수 있다. 이 경우 볼링은 일종의 노역이 된다. 또한 여가비용을 마련하기 위해 노동을 하는 경우도 있다(1997, 101).

노동을 위한 여가는 여가를 노동을 위한 수단으로 생각하는 경우다. 여가의 목적은 노동을 효과적으로 할 수 있도록 하는 회복의 수단이 된다. 이 견해에 따르면, 여가의 목적은 노동을 더 잘하기 위하여 체력을 회복하는 데 있다. 이러한 이해는 여가를 단순한 나태로 보도록 만든다.

실업과 미취업은 과도한 노동 못지않게 두통거리가 되고 있다. 비즈니스를 의미하는 라틴어 'negotium'은 여가의 부정(negative)으로 정의되지만 이제는 여가가 비즈니스화되었다. 공학의 혁명들은 여가를 위한 시간을 더 많이 창출하고 있다. 대부분의 사람들은 교육적 성공을 자격증, 미래의 경력을 위한 준비 훈련, 개인 또는 공동의 재산 증가로 측정한다(Winnifrith, 1996, 351). 교육적 성공을 이렇게 이해할 경우 자유 시간이 줄어들 뿐만 아니라 이 시간을 여가로 전환하는 일은 더욱 어려워진다.

텔퍼는 노동이 노력, 투쟁, 주어진 과업을 수행할 경우와 임금을 받는 고용노동 등의 경우는 여가와 양립할 수 없다고 생각하였다. 그러나 이 경우도 쉽게 결론 내리기가 어렵다는 것이다. 노동과 여가의 관계에 대한 그의 입장을 다음과 같이 정리할 수 있다. 어린이를 양육하는 주부는 임금을 받지 않지만 그 활동이 여가로 간주되지 않는다. 한편 여가라고 불리는 활동을 하여 돈을 버는 사람도 있다. 취미생활 중에 그런 경우가 있다. 여가는 직업이라는 의미에서의 노동과 대립된다. 그러나 직업 활동으로 보내는 시간이 아닌 나머지 시간을 여가라고 말할 수는 없다. 잠자는 시간과 식사하는 시간은 여가라 불리지 않는다. 여가는 필수적인 것과는 대립되는 선택에 관계되기 때문이다. 생계를 위해 벌고, 잠자고, 먹는 시간은 생존에 필요하기 때문에 여가 시간이 아니다(Telfer, 1987, 151).

수단적 관점에 따르면, 여가는 노동자에게 유용하고, 기분전환을 가져오고, 노동을 계속할 수 있도록 할 때만 가치 있다고 할 수 있다. 노동을 과업의 수행과 성과의 달성으로 볼 때 여가, 휴식, 오락 등은 노동에 도움이 된다. 그러나 여가는 더욱 만족스럽게 노동할 기회를 주기 위한 것이 아니다. 그것은 노동보다 더 좋은 것이며 노동의 목적이다. 여가가 노동에 기여하는 것이 있다면 부수적인 경우일 뿐이다.

III. 여가교육과 직업교육의 관계

여가와 교육은 밀접한 관계를 가지고 있다. 학교와 학자라는 말이 모두 여가라는 그리스어에서 유래되었다는 데서도 이러한 관계를 발견할 수 있다. 개인의 행복, 복지, 자기발달은 여가를 보내는 좋은 방법에 달려 있다. 자유 시간의 남용과 오용은 우려할 수준에 이르렀으며 이러한 상황은 여가교육의 필요성을 더욱 절실히 느끼도록 한다.

여가교육은 두 개의 과업을 가지고 있다. 하나는 여가경험에 관한 지식과 정보를 제공하는 것이며, 다른 하나는 여가를 적극적으로 누리려는 태도를 갖게 하는 것이다. 이것은 개인의 신념을 바꾸는 문제와 관련되어 있는데, 이러한 신념을 바꾸는 일은 대단히 어렵다. 왜냐하면 여가교육을 방해하는 요인들이 산재해 있기 때문이다.

1. 아리스토텔레스의 견해

인간은 교육을 받아야 비로소 문명인이 될 수 있다. 자유는 문명인이 되는 기회를 주지만 늘 이렇게만 사용되는 것은 아니다. 노예적인 특징을 보여 주는 사람은 자기를 비하시키는 활동을 즐긴다. 자유 시간을 여가로 전환시킬 줄 아는 사람은 문명인이 되었다는 좋은 증거다. 인간이 이러한 경지에 도달하려면 여가교육을 받아야 한다.

아리스토텔레스는 여가교육과 관련하여 매우 시사적인 말을 하였다. 그는 스파르타의 정치체제와 교육제도를 염두에 두고 다음과 같이 말하였다.

> 스파르타인들은 전쟁을 하는 동안에는 안정을 유지했지만 제국을 얻자마자 붕괴되고 말았다. 그들은 평화가 가져다주는 여가를 사용하는 방법을 몰랐다. 그들은 전쟁훈련 이외에 다른 것과 그

리고 더 좋은 것들에 대해서는 어떤 훈련도 받지 못했다(1932, 1271b).

전쟁을 목적으로 삼는 국가의 대부분은 전쟁을 하고 있는 동안에만 안전하다. 그들이 제국을 세우자마자 붕괴되고 평화 시에는 사용하지 않는 칼처럼 그들의 예리한 기질을 상실한다. 입법가는 여가를 적절하게 사용하도록 훈련시키지 않은 데 대해 비난받아야 한다(1932, 1334a).

스파르타 사람들은 비옥한 농토를 가지고 있어서 다른 도시국가보다 부유하게 살았다. 그들은 교육을 군사훈련과 동일시하였다. 그런데 오랜 군복무 기간과 군사훈련은 그들의 지적 능력을 개발하는 데 방해가 되었다. 이런 분위기는 평화가 왔을 때 자유 시간을 여가로 활용하지 못하도록 하였다. 교육의 기회를 갖지 못한 여자들은 남자들이 전쟁터에 나가 있는 동안 방종과 사치를 즐겼다. 일부 통치자들이 엄격한 입법을 통해 조국을 구하려고 했지만 교육받은 스파르타인들을 만드는 데는 실패하였다.

아리스토텔레스는 자유 시간을 어떻게 사용하는가에 따라 공동체의 질이 결정된다고 생각하였다.

여가를 올바르게 사용하는 능력은 모든 우리 생활의 기초다(1932, 1337b).

직업과 여가는 필요한 것이다. 그러나 여가가 직업보다 더 높은 위치에 있으며, 여가는 직업이 실현하려는 목표다. 그러므로 우리의 문제는 우리에게 여가를 가져다줄 활동양식들을 발견하는 것이다(1932, 1337b).

아리스토텔레스는 여가교육의 내용과 방법에 대해 구체적으로 언급하지 않았다. 왜냐하면 그에게 여가교육은 교육일반과 거의 같은 의미이기 때문이다.

2. 듀이의 견해

듀이는 여가교육과 직업교육의 관계를 논의하면서 고대 그리스의 사회적 상황을 언급하였다. 그리스 사람들은 두 계급, 즉 자유인과 노예를 구별하여 두 종류의 교육을 설정하였다. 듀이는 이 분리를 문제 삼았다.

노예적 활동과 자유로운 활동으로 구분되는 두 가지 직업형태에 상응하여 두 종류의 교육이 실시된다. 즉, 천하거나 기계적인 교육과 교양적이거나 지적인 교육이 그것이다. 직업훈련은 습관화와 기능의 문제이며 반복을 통해 성취된다. 교양교육은 지능의 고유한 역할, 즉 아는 것을 위해 훈련시키는 것이다. 그리스인들은 이러한 지식이 실제적인 문제와 관계를 적게 가지면 가질수록 더욱 적절하게 지능과 연관된다고 생각했다(Dewey, 1981, 9: 262).

아리스토텔레스는 순수예술(fine arts)과 비천한 기술(menial arts)을 구별하였다. 그는 음악교육을 예로 들어, 음악이 교양교육의 내용이 될 수 있는 정도를 제시하였다. 음악교육은 노예들이 연주하는 것을 감상할 수 있는 정도에서 그쳐야 한다는 것이다. 자유인은 음악을 즐기고 이해하는 수준에서 자족해야 하는데, 전문적인 능력의 획득을 목적으로 하면 음악은 교양교육에서 전문교육으로 전락하게 된다는 것이다(1981, 9: 262). 아리스토텔레스의 심리학과 정치학 이론이 교육에 적용되면 그 이론에 정확하게 일치하는 현상이 일어난다. 즉, 두 종류의 직업과 두 종류의 교육이 존재하게 되는 것이다. 교양교육과 직업교육이 그것이다. 전자는 지적이고 후자는 기계적이며 반복적이다. 아리스토텔레스의 이러한 구별은 순수예술과 비천한 기술의 구별에서 절정을 이루었다.

듀이는 노동을 통해 생계비를 버는 기능과 교양 있는 방식으로 여가를 즐기는 기능이 공동체 구성원들에게 평등하게 분배되어 있다면, 교육기관과 목적 사이의 갈등은 일어나지 않을 것이라고 생각하였다. 이런 상황에서는 교육이 두 가지 목적에 가장 효과적으로 공헌할 수 있는가 하는 문제가 제기될 것으로 보았다. 그는 두 종류의 기능과 교육의 갈등이 해소되려면 각각을 위한 교육내용이 가능한 한 많이 겹칠 수 있도록 해야 한다고 주장하였다. 즉, 직접적으로 여가를 염두에 둔 교육은 가능한 한 간접적으로 노동의 능률과 즐거움을 보강할 수 있어야 하고, 반면에 노동을 염두에 둔 교육은 여가의 가치 있는 개발을 위해 정서와 지성의 습관을 형성하도록 해야 한다는 것이다(1981, 9: 259).

듀이가 이런 주장을 하는 이유는 교양교육과 직업교육이 별개의 것이어서는 안 된다고 생각했기 때문이다. 사회구성원들은 생계를 위해 노동을 하고 또한 도야된 여가를 즐겨야 하기 때문이다. 그는 교양교육과 직업교육이 많이 중복될수록 좋다고 생각하였다. 교양교육은 노동의 능률과 즐거움을 지향하고, 유용한 교육은 여가의 가치 있는 도야를 획득하는 정서적, 지적 습관을 가져오도록 해야 한다는 것이다.

고대 그리스와는 달리 현대에는 누구나 노동을 해야 한다. 만인에게 노동은 인생의 필요불가결한 수단이 되었다. 이러한 노동을 등한시하게 하는 교육이 있어서는 안 되는 사회가 된 것이다. 따라서 인간은 유용한 노동을 하도록 훈련시키는 것을 등한시할 수 없다. 열등한 계급과 우월한 계급이 분리된 곳에서는 유용한 노동을 위한 준비가 가치 없는 것으로 멸시받을 것이다.

듀이의 『민주주의와 교육』을 주석한 혼(Horne)은 그리스 교육과 인생철학을 초월하기 위해서는 '자유로운' '합리적인' '가치 있는'이라는 말의 의미를 변화시켜야 하며, '노동'과 '봉사'를 가치 있고 존엄한 것으로 바라보게 하는 정서적 태도를 갖도록 해야 한다고 말하였다. 그는 더 중요한 것은 만인이 유용한 노동에 참여하고 가치 있는 여가를 즐길 수 있는 참된 민주사회를 실현시키는 것이라고 말했다(1932, 355). 그는 듀이의 주장에 지지하면서도 부분적으로 논박하였다. 듀이는 아리스토텔레스가 자신이 살았던 사회를 합리화했기 때문에 그러한 신념을 갖게 되었다고 말했다고 한다. 그러나 심리학자와 철학자는 그들의 한 부분인 사회적 조건과 무관한 견해를 가질 수 있다는 것이다(1932, 350-351).

한편 듀이는 『민주주의와 교육』을 저술할 당시의 여가교육과 직업교육의 관계에 대해 기술하였다. 그는 아리스토텔레스 이후 노예제도가 폐지되고, 민주주의가 널리 전파되고, 과학과 일반교육이 확장되었음에도 불구하고, 사회는 배운 계급과 배우지 못한 계급, 유한계급과 노동계급으로 여전히 갈라져 있다고 말했다(1981, 9: 263-264).

대중의 정치적, 경제적 해방이 무상교육제도를 발달시켰고, 학습은 소수 사람들의 전유물이라는 관념을 파괴하였지만, 교양교육은 산업과 직접적인 공통점이 없으며, 대중에게 적합한 교육은 오히려 감상력의 함양과 사상의 해방을 위해 유용하고 실제적이라는 의미와는 서로 반대되는 의미에서 유용하거나 실제적이어야 한다는 생각이 널리 지배하고 있다는 것이다(1981, 9: 265-266).

이러한 잘못된 현상은 교육에 많은 부작용을 낳는다. 즉, 그러한 부작용은 교양교육과 직업교육의 관계에서 잘 드러나고 있다고 듀이는 생각하였다. 이 두 교육이 바람직한 관계를 갖지 못하면 교과목에 대한 왜곡현상이 일어날 수 있다. 듀이는 교양적인 것과 유용한 것을 부적절하게 타협시킴으로써 나쁜 결과를 초래하지 않은 과목이 없을 정도가 되었다고 말하였다. 그는 자연과학은 실제적 유용성의 근거로 권장되고 있지만, 실제로는 현실에의 적용에서 격리된 특수한 학문적 업적으로 교수되고 있다고 했다. 또한 음악과 문학은 교양적 가치의 근거에 따라 이론적으로 정당화되고 있지만, 실제로는 전문적인 기능을 연마하는 데 강조를 두고 교수되는 것으로 보았다(1981, 9: 267). 이러한 교육은 분명히 잘못된 것이다. 유용하면서도 교양적인 교과과정의 구성이 요구된다.

그리스인들이 어떤 활동을 노예적이라고 생각한 것은 사회적이고 경제적인 유용성이 있다는 사실 때문이 아니라, 훈련된 지성의 표현이 아니었기 때문이었다. 노동자의 마음과 관계없는 외적 결과 때문에 일하는 것이라면 그것은 비교양적(illiberal)이다. 듀이는 오늘날의 노동이 응용수학, 물리학, 화학과 관련을 맺고 있으며, 이들 과학의 사회적 용도가 확대됨에 따라 그것들의 교양적, 지적 가치와 실제적 가치가 거의 같은 지위를 갖게 되었다고 말했다(1981, 9: 267-268).

또한 듀이는 교양교육과 직업교육이 제대로 자리매김되지 못하는 이유들에 관심을 가졌다. 그는 다음과 같이 말하였다.

> 교양적 가치와 실용적 가치가 일치한다는 것을 충분히 인정하고

> 이용하는 것을 주로 방해하는 요인은 많은 직업이 처한 작업조건 때문이다. 기계의 발명은 여가 시간을 확대시켰다. 그래서 다른 여러 가지 주제에 대해 생각할 기회를 갖게 되었다. 육체운동을 하는 사람의 교육은 수년간의 학교교육을 통해 기초적인 기호를 가르치는 데 전념하고, 과학, 문학, 역사를 가르치지 않는다면 우리는 노동자의 마음을 이런 기회가 주는 이점을 얻지 못하게 한다. 이보다 더욱 근본적인 문제는 대다수 노동자들이 하고 있는 일의 사회적 목적에 대해 통찰력을 갖지 못하며, 그 일에 대해 직접적인 개인적 관심이 없다는 사실이다. 실제로 그들이 성취한 결과는 노동자의 행동목적이 아니고 고용주의 목적일 뿐이다. 그들은 자유롭고 지성적으로 노동하는 것이 아니라 임금을 받기 위해 하는 것이다. 이러한 사실 때문에 그들의 행동은 비교양적이 된다 (1981, 9: 268-269).

이러한 사회적 현실에도 불구하고 듀이는 교육의 현실에 대해 낙관적으로 보았다. 교양교육과 사회봉사훈련 또는 생산적인 직업에 능률적이고 행복하게 참여할 능력과 화해할 수 있는 교육의 기회가 이미 존재하고 있다고 생각하였다. 사람들이 자기의 활동을 통제하는 목적에 능동적인 관심을 갖는 정도에 따라 그들의 활동이 자유롭거나 자발적이 되며, 행동의 물리적인 측면이 동일해도 외부에서 강요되는 노예적인 성향은 사라지게 된다. 정치적인 측면에서 민주적 사회조직이 이러한 통제의 직접적인 참여를 가능하게 해 준다.

노예제의 폐지와 민주주의의 실현으로 교양교육과 직업교육의 괴리현상이 극복되는 것은 아니다. 노동과 여가, 교양교육과 직업교육의 가치에 대한 이해와 헌신이 없다면 괴리현상은 계속해서 존속할 것이다.

혼은 듀이가 주장한 노동과 여가, 교양교육과 직업교육의 관계에 대해 논평하였다. 그의 논평을 다음과 같이 요약할 수 있다 (1932, 359-361).

① 듀이는 목적을 제시하는 데는 혁명적이었지만 방법의 제시는 그렇지 못하였다. 그는 산업 민주주의를 목적으로 삼았다. 그러나 그의 방법론은 교육개혁의 방법을 택하였다. 그는 교육적인 페이비언주의자다.

② 듀이는 학교가 사회를 개혁하고 형성할 수 있다고 믿고 있지만 그것이 가능한가? 성인들이 학교를 유지하고 있는가? 성인사회가 스스로 개혁해야 되는 것이 아닌가? 개혁의 방법이 과연 교육이라면 그것은 오히려 성인교육의 문제가 아닌가?

③ 여기에서 서로 다른 두 가지 형태의 대답을 예상할 수 있다.

(a) 진보적인 학교와 대학에서 획득된 이상들은 경쟁적인 경제 질서의 소용돌이 속에서 때때로 상실되기도 한다. 그러므로 개혁된 사회를 위한 듀이의 처방은 잘못된 것이다.

(b) 청년 시절에 개혁적인 이상을 가짐으로써 진보적인 교육기관이 사회 개선의 의식적인 센터가 되는 경우가 있으므로, 이 점에서 듀이의 처방은 타당하다.

④ 듀이는 교양과 유용성의 통합을 제안하였다. 그러나 이것은 일방적인 성격의 통합이다. 많은 교양이 유용성에 첨부될 수 있지만, 유용성에는 모든 교양적인 내용이 첨부될 수 없다.

⑤ 듀이의 제안은 이러하다. 우리는 "모든 공리주의적 교육을

> 더욱 교양적이게 하는 데 성공할 수 있다. 그러나 모든 교양교육을 공리주의적으로 하는 데는 성공할 수 없다." 이러한 결함은 실용주의 철학 자체에 있다. 이 철학은 모든 관념이 도구에 불과하고, 그 자체를 위해 존재하는 지식을 인정하지 않으며, 인간의 지성을 행동을 통해 자연을 통제하는 기관으로만 보기 때문이다.

혼의 이러한 논평은 듀이와 교육철학적 배경이 다른 데서 비롯되었다고 할 수 있다. 혼은 교양교육과 직업교육의 성격이 다르다는 것을 강조하고 있다. 직업교육을 교양적이게 하는 것은 가능하지만, 교양교육을 직업적이게 하는 데는 한계가 있는 것으로 보았다.

듀이는 『민주주의와 교육』의 저술 이후에도 여가문제에 깊은 관심을 가졌다. 그는 「교육의 사회적 목적」이라는 글에서 인생에서 특수한 노동과 사회봉사 이외에, 여가 시간을 사용할 준비가 되어 있어야 한다고 말하였다. 여가를 위한 준비가 좋은 시민을 양성하는 데 그 중요성이 점점 더 커지고 있다는 것이다. 좋은 시민이란 투표할 수 있고 좋은 정부가 탄생하는 데 영향을 줄 수 있는 사람만 의미하지는 않는다. 좋은 시민은 종사하는 전문직에 유용한 봉사를 할 수 있는 사람도 아니다. 듀이는 진실로 유용한 시민은 "사회적으로 유익한 방식으로 인생을 즐기고, 자신의 여가 시간을 사용하는 사람이며, 또한 예술, 과학, 역사, 그리고 문학을 자기 자신을 위해 감상할 수 있는 역량을 가진 사람이다."(Dewey, 1983a, 167)라고 말하였다.

그는 여가 시간을 향유할 수 있는 능력을 키우는 문제에 관심을 가졌다. 그는 "우리는 과학자나 예술가가 되려는 사람들을 위해서

뿐만 아니라, 여가 시간이 있을 때 자연이나 문학에 관한 것을 읽거나 듣는 데 흥미를 가지거나 음악과 연극을 즐길 수 있는 역량을 가진 사람들을 위해 과학이나 예술에 대한 취향을 발달시켜야만 한다."(1983a, 169)라고 말하였다.

듀이는 「학교는 무엇을 하는 곳인가?」라는 글에서 첫째는 필요한 것, 둘째는 유용한 교과목을 가르쳐야 한다고 말하였다. 그러나 그가 유용하다고 생각한 것은 좋은 시민, 산업적이고 정치적인 구성원, 노동은 물론 여가를 향유한 줄 아는 사람, 정치, 국가, 공장, 농장은 물론 가정과 이웃의 좋은 구성원이 되도록 하는 데 기여하는 것이라고 생각했다(1983b, 190).

지식의 획득, 기술의 향상, 창의력의 발달은 결코 자유 시간에만 국한되지 않는다. 노동 시간 동안에도 일어날 수 있다. 노동이 인간화되고 공적이며 지적인 성격을 가질 때 위의 결과들을 기대할 수 있을 것이다.

그러나 듀이가 20세기 초에 염려했던 현상들은 지금도 반복되고 있다. 로(Lowe)의 지적처럼 대부분의 성인들이 TV 시청과 같은 수동적 활동에 빠져 있으며, 고도 산업사회에서 가정은 소일하는 센터가 되고 있다. 많은 성인들이 더 많은 여가를 추구하지 않으려 한다. 부수입을 위해 초과노동을 지향하고 있으며 조직화된 학습에 흥미를 보이지 않고 있다(1994, 3376).

이러한 현상은 여가교육의 필요성을 더욱 강조하도록 한다. 학교와 대학에 재학하는 동안 여가를 경험하는 능력을 획득해야 한다. 여가는 자유 시간에 이루어지는 선택행위다. 여가는 선택이고 목적을 가지고 있다. 여가는 어떤 것으로부터 자유인 동시에 어떤 것을 하기 위한 자유다. 직업의 선택 못지않게 자유 시간의 여가선택이 점점 더 중요한 문제로 제기되고 있다.

Ⅳ. 여가와 행복

인간은 생존과 자기실현을 위해 일생의 많은 부분을 노동으로 보낸다. 노동은 수고와 고통을 동반하기 때문에 사람들은 일찍부터 노동의 질과 시간에 대해 깊은 관심을 가졌다. 그래서 이에 따른 합리적인 임금 채택을 하려고 하였다. 그러나 인류의 이러한 노력에도 불구하고 노동과 임금의 적절한 조화는 이루어지지 않고 있다.

노동 시간이 즐겁다면 인간의 삶의 질은 아주 높다고 볼 수 있다. 그러나 대부분의 경우 노동 시간에 즐거움과 행복한 감정을 갖는 것은 아주 어렵다. 노동 시간에 강조되는 것은 쾌락과 행복이 아니라 노동의 능률성과 효율성이다. 원가절감을 위한 노력은 피나는 경쟁으로 치닫게 한다.

대부분의 노동은 단조롭고 기계적이며 수고를 요구한다. 일부 직업은 너무나 어렵고, 위험하고, 작업환경이 불결하기도 하다. 이런 종류의 직업과 노동에 장기간 종사하면 노동자의 마음이 황폐해질 수 있다. 따라서 공동체는 노동 시간의 단축, 임금제도의 개선과 사회복지를 통해 구성원들에게 자유 시간을 적절히 배분하도록 해야 한다.

노동이 힘들고, 어렵고, 위험하고, 환경이 불결할수록, 노동 이후에 주어지는 자유 시간은 더욱 소중하게 다루어져야 한다. 이러한 자유 시간은 휴식과 재충전의 기회가 되어야 할 뿐만 아니라, 노동자 자신의 정신적 성장과 풍요를 위해 활용되어야 한다.

노동이 가져다주는 경제적 보상과 경험의 축적은 행복에 기여할 수 있지만 더욱 중요한 것은 자유 시간이 여가로 전환되는 것이다. 노동자는 자신에게 주어진 자유 시간을 행복의 조건들을 획득하는 기회로 활용할 수 있도록 고무되고 교육되어야 한다. 그러나 보수와 자유 시간의 증가가 곧 행복을 가져오는 것은 아니다. 오히려 교육받지 못한 사람에게 주어지는 자유 시간은 그들을 더욱 나쁘게 만들 수 있다. 많은 사람들이 준비되지 않은 상태에서 얻은 자유를 통해 고통받고 있다.

노동 이후에 주어지는 자유 시간이 여가로 전환되어야 행복해질 수 있다. 왜냐하면 여가는 지적, 도덕적 덕을 획득하기 위한 시간으로 활용되기 때문이다. 퇴근 후의 자유 시간과 휴가기간이 재충전과 더불어 여가로 활용되어야 인간다운 삶을 살게 되고 이러한 삶이 가능할 때 행복하다고 말할 수 있다. 여가를 구성하는 활동의 대부분은 행복과 직접적인 관련을 가지고 있다.

제12장

교육과 행복

많은 사람들은 인생의 궁극적 목적을 행복이라고 생각하고 있다. 그래서 불행한 처지에 있는 사람들도 행복한 삶을 갈망하면서 일생을 살아간다. 행복해지기 위해서는 여러 가지 조건이 필요하다. 우리는 행복의 조건에 대한 논의를 통하여 어떻게 하면 그 조건을 획득할 수 있는지에 대해 살펴보았다. 그런데 그 조건의 상당한 부분은 교육을 통해 획득된다. 많은 사람들이 자녀교육과 자기교육에 관심을 기울이는 것은 교육의 이러한 기능을 이해하기 때문이라고 할 수 있다.

교육 선진국에서는 대부분의 부모들이 자녀가 행복한 학교생활과 대학생활을 보내기를 기대하고 있을 뿐만 아니라, 교육을 통해 장래에도 행복하게 살기를 기대한다. 교사도 학부모와 비슷한 생각을 가지고 있다. 그러나 우리나라의 부모들과 교사들은 학교생활의 즐거움보다는 좋은 대학과 좋은 직장을 얻기 위해 수고와 고통을 감내해야 한다는 생각을 가지고 있다. 이러한 분위기에 공감하지 못하는 부모는 대안학교를 찾거나 홈스쿨링을 하기도 한다.

우리나라 교육계에서는 행복과 교육의 관계에 대해 진지한 논의가 이루어지지 않고 있다. 학생은 물론 학부모와 교사도 행복이 무엇인지, 무슨 조건을 구비하면 행복해지는지, 그리고 행복이 교육의 일반적 목적이 될 수 있는지에 대해 숙고하지 않는 듯하다. 이 장의 목적은 교육과 행복의 관계, 특별히 행복이 교육목적의 지위를 가질 수 있는가에 대해 고찰하는 데 있다.

I. 교육과 행복

교육과 행복은 어떤 관계를 가지고 있으며 어떤 관계를 가져야 하는가? 이 물음에는 여러 견해가 있다. 이 두 말이 개념적으로 전혀 관련이 없다는 주장도 있으며, 개념적으로 관련이 있다는 주장도 있다. 이 둘이 어떤 관계인가에 대해서는 교육과 행복의 개념에 따라 다른 대답이 나올 수 있다.

사람들이 가지고 있는 교육의 개념과 행복의 개념은 아주 다양하다. 일상적인 의미의 교육과 행복의 개념이 있는가 하면, 학문적인 차원의 교육과 행복의 개념도 있다. 사람들은 행복개념이 가지고 있는 특징을 드러내어 행복을 설명하려 한다. 이러한 시도를 범주화시키면 쾌락으로서의 행복, 상태로서의 행복, 활동으로서의 행복, 관계로서의 행복 등으로 대별할 수 있다. 이러한 행복개념은 행복의 내적 조건과 외적 조건을 고려하고 있다. 여기서 내적 조건이란 자기 안에 있는 지적, 도덕적 덕을 의미한다. 외적 조건이란 행복에 지대한 영향을 미치는 여러 조건들, 예컨대 좋은 출생, 부, 권력, 친구, 명예, 운 등을 의미한다.

교육의 목적이 무엇인가 하는 문제는 논쟁적이다. 개인의 차원에서 시작하여 국가공동체에 이르기까지 다양한 교육목적이 제시되고 있다. 이러한 교육 목적은 내재적 목적과 외재적 목적으로 나눌 수 있다. 교육의 내재적 목적이란 교육활동 안에 목적을 두는 것을 의미한다. 교육활동은 지적, 도덕적, 정서적, 신체적 발달을 위한 활동을 포함한다. 교육의 내재적 목적은 이러한 발달과 성장을 통해 '교육받은 사람'을 만들려고 하는 것이다.

교육은 또한 외재적 목적을 가지고 있다. 개인과 공동체는 교육을 수단으로 사회적 성장과 발달을 가져오려는 욕구를 가지고 있다. 개인은 교육을 통해 직업을 얻고자 하고 사회적 성공을 가져오려 한다. 막대한 공교육비를 제공하는 공동체는 교육을 통해 사회적 통합과 인적 자원을 충원하려 한다. 이러한 요구는 그에 상응하는 보상, 즉 사회적 인정과 취업의 기회를 주기 때문에 학습자에게 큰 매력이 되고 있다.

교육의 내재적 목적과 외재적 목적은 서로 개인과 공동체의 마음을 사로잡으려 한다. 교사는 학생에게 내재적 목적에 헌신하도록 요청한다. 이를 위해 교사 스스로 지적 활동에 전념하기도 한다. 외재적 목적에 치중한 사람들은 그 매력에 매료되어 내재적 목적을 등한시한다. 외재적 목적의 실현에 재미를 붙인 사람은 내재적 목적으로 돌아오기 어렵다. 내재적 목적을 등한시하는 사람들은 취업이 된다 하더라도 단순한 전문가나 기능인으로 머물 위험이 있다.

교육의 내재적 목적과 외재적 목적은 모두 행복과 관련되어 있다. 전자는 행복의 내적 조건과 관련되어 있고, 후자는 행복의 외적 조건과 관련되어 있다. 행복의 외적 조건이 불안정한 것처럼 교육의 외재적 목적이 실현된다 하더라도 불안정하다.

우선 교육과 행복은 개념적인 관련을 가지고 있는지부터 검토하여야 한다. 교육받는 동안 그리고 교육을 받은 결과로서 사람들이 행복해질 것이라고 기대하지만, 많은 경우 그렇지 않다. 외견상 교육과 행복은 비례하는 것 같지 않다. 학력으로서의 교육의 경우는 더욱 그러하다. 그러나 규범적인 교육개념과 행복이 덕과 결부되어 있을 때는 상황이 달라진다. 그렇게 되면 학습자들은 교육을 받는 동안 또는 교육을 받은 결과로서 행복해질 것이라는 희망을 가질 수 있다.

아리스토텔레스에게 행복은 유리한 환경 속에서 획득한 도덕적 덕이나 지적 덕의 행사로 되어 있다. 행복의 성취는 도덕적 덕을 획득할 수 있을 것을 요구하고 있다. 그러한 덕은 자연적 능력과 함께 적절한 방식으로 훈련될 기회를 소유한 사람들만 얻을 수 있다. 그리하여 아리스토텔레스는 인류의 대다수의 사람들은 하나 이상의 이러한 선행조건을 가지고 있지 않기 때문에 행복을 얻을 수 없다고 믿었다. 그러한 사람들로는 자연적 노예, 여인, 농부, 노동자, 그리고 상인이 포함된다(1932, 1278a20-21, 40-b5, 1280a31-34, 1328a37-40, b39-1329a2). 이러한 사람들은 생업과 생업이 주는 재미에 도취되어 여가를 향유할 수 없기 때문이다.

교육과 행복의 관계는 행복관에 따라 결정된다. 여기서는 쾌락으로서의 행복, 상태로서의 행복, 활동으로서의 행복을 중심으로 교육과의 관련성을 살펴보기로 한다.

1. 쾌락주의적 행복과 교육

행복을 쾌락과 동일시하는 쾌락주의적 행복관을 가진 교사와 학부모는 학생의 욕구를 있는 그대로 받아들이고 학생의 본성을 즐겁게 해 주는 능력과 환경을 만드는 데 관심을 갖는다. 진보주의 교육사상가들과 그 유파는 이러한 경향을 가지고 있었다. 이들은 학교를 즐거운 장소로 만들려 하였다.

서머힐 학교는 이런 꿈을 실현한 학교다. 설립자인 닐(A. S. Neill)은 "서머힐은 세계에서 가장 행복한 학교"(1992, 13)라고 주장하였다. 그는 어린이가 행복해지려면 학교 안에 일체의 공포가 없어져야 한다고 생각하였다. 그는 교사가 주는 공포가 훗날 인생의 공포로 이어진다는 신념이 있었다. 그는 공포 대신에 학교 안에 있어야 할 것은 자유라고 생각하였다. 그는 서머힐 학교를 통해 자유가 어떻게 작동하는지를 보여 주려 하였다. 그는 이를 위해 모든 훈육, 모든 지시, 모든 제안, 모든 도덕훈련, 모든 종교수업을 거부해야 한다고 주장하였다(1992, 9).

닐은 모든 범죄, 모든 증오, 모든 전쟁은 불행으로 환원될 수 있다는 신념을 가지고 있었으며, 어린이의 불행을 치유하기 위해서는 행복 속에서 양육되어야 한다고 주장하였다. 그는 신경증을 가진 학자보다는 행복한 청소부가 되는 것이 더 좋다고 생각하였다.

서머힐 학교는 70명 정도의 학생이 전부인 소규모 학교다. 닐은 이 학교를 경영하면서 자신의 교육이론을 정립하였다. 닐의 교육적 이상은 널리 알려졌지만 대부분의 학교들은 그의 주장을 외면하였다. 기존의 학교 경영자들과 교사들은 서머힐 학교는 시범학교가 아니라 실험학교라는 인식을 가지고 있었기 때문이다.

유아교육과 초등교육 수준에서는 이러한 견해가 어느 정도 공감을 가져올 수 있다. 그러나 이런 수준의 교육에서도 지적 훈련과 도덕적 습관화를 위한 훈련이 강조되고 있다. 이러한 훈련은 노력과 수고를 필요로 한다. 이러한 활동은 즐겁기만 한 것은 아니다. 중등교육과 고등교육의 경우는 쾌락주의와 더욱 거리가 멀다. 이런 교육기관에서는 더 좋은 학교와 대학을 위한 진학준비, 더 좋은 직업을 위한 준비로 노력과 수고가 요구되고 있다.

유아교육과 초등교육에는 쾌락주의적 행복관이 지배하는 경향이 있다. 쾌락주의적 행복관이 교육에 도입됨으로써 교육활동이 활발해지기도 했지만 느슨해졌다는 비판도 일어났다. 디어든(Dearden)은 이러한 경향에 대하여 이렇게 비판하였다. "오늘날 아동의 행복에 대해 지대한 관심을 갖는 학교들이 있다. 이러한 신념은 학교에서 교사와 아동에게 쉽고 즐거운 활동이 전개되도록 만들었다. 그렇지 않으면 나쁘고 잘못되었다는 생각이 지배하고 있다. 교사는 웃어야 하고 학생은 행복해야만 한다는 것이다."(1967, 27).

디어든은 쾌락주의적 행복관이 지배하는 학교의 분위기를 전하고 있다. 이런 행복관에 따른 교육은 학교가 자유방임적이 되도록 만들 우려가 있다고 생각하였다. 그는 이러한 행복관이 학교에 침투하게 된 이유를 다음과 같이 제시하였다(1967, 27).

① 교정이나 비판의 방식에서 많은 것을 얻을 수 없는 사람들을 다루고 치료하는 상황에 필요한 허용적인 조건을 과도하게 일반화했다는 데서 그 원인을 찾을 수 있다.

② 광고에서 자주 등장하는 '놀이 윤리'에서 그 이유를 발견할 수 있다. 프롬(Fromm)은 이 놀이 윤리가 현대적인 행복의 정

의, 즉 무제한적 소비의 향락, 원격조정놀이, 게으름을 촉구하는 것이라고 말하였다.

③ 현대의 민주적 평등주의의 수용에서 그 원인을 찾을 수 있다. 행복은 미결정성 때문에 보편적으로 공유하는 목적이 될 수 있다. 다른 궁극적 목적들은 사람들을 위계적으로 만든다. 즉, 분별력이 많은 사람과 부족한 사람, 취향과 감수성을 가진 사람과 그렇지 않은 사람, 지식인과 무식한 사람 등으로 구별된다. 한편으로 표준이 있는 곳에서는 자기 자신의 견해에 마음대로 권리를 부여할 수 없다. 그러나 행복의 경우는 가장 소박하고 조야한 사람들도 행복의 어떤 개념을 추구할 수 있으며, 다른 행복개념과 평등한 지위를 주장할 수 있다. 즉, 자기 자신의 견해가 통용될 수 있는 것이다.

디어든은 언제나 웃고, 칭찬하고, 갈등이나 불유쾌한 것을 피하고, 비개인적인 표준을 의지하지 않고 유쾌한 감정을 가지려는 현대의 경향 배후에는 동정할 만한 것이 있다고 지적한다. 그는 이러한 관점은 덕을 자기부정으로, 고역을 좋은 도덕적 기회로 보는 청교도적인 직업윤리에 대한 부분적인 반발에 따른 것이며, 또한 학교에서의 이러한 관점의 허용은 학생을 교육의 전 과정에서 소외시키는 무자비한 교수법에 대한 반발이기도 하다고 진단하였다. 그러나 아동의 동기유발과 발달에 관한 많은 심리학적 지식은 이러한 견해 안에 있는 오류를 교정하도록 도와준다(1967, 28).

쾌락주의적 행복관의 경우는 가장 소박하고 조야한 사람들도 행복할 수가 있다. 쾌락은 일차적인 감각으로서 누구나 쉽게 지각할 수 있으며 인식할 수 있다. 어떤 것이 쾌락을 주며 어떤 것이 고통을 주는지는 비교적 명료하다. 이러한 행복관은 가장 널리 퍼져 있는 것으로, 행복을 쾌락 또는 자기만족으로 이해한다. 이런 의미의 행복은 너무나 광범위하고 느슨하고 일반적이기 때문에 어떤 의미에서는 누구나 행복할 수 있다고 쉽게 단정할 수 있게 한다.

쾌락주의적인 행복관을 가졌다고 해서 현재의 행복을 위해서만 헌신한다는 것을 의미하지 않는다. 많은 사람들이 현재의 즐거움보다 장기적인 즐거움이 더 중요하다고 생각한다. 사람들은 자신의 행복에 관심을 기울인다고 해서 자신만 위하지는 않는다. 다른 사람이 비참한 상태에 있다면 자신이 행복할 수 없기 때문이다.

행복이 쾌락주의와 동일시될 경우 행복을 위한 교육은 자유방임적이 될 위험이 있다. 이러한 행복관은 자유방임적이 됨이 없이 교육을 통해 행복을 획득해야 하는 과제를 가지고 있다고 말할 수 있다. 교육의 근본적인 원리에 저해되지 않는다면 학생에게 일부러 무겁고 불쾌한 분위기를 만들 필요는 없다. 교사는 학생의 단기적 즐거움보다는 장기적 즐거움과 행복에 더 많은 관심을 갖는다. 모든 조건이 같을 경우 유쾌한 교육은 불유쾌한 교육보다 좋다고 말할 수 있다. 어린 학생일수록 교육보다는 유쾌한 활동에 관심을 갖는다. 유쾌한 활동이 교육적이라면 더 이상 좋을 수 없다. 그러나 유쾌한 활동이 언제나 교육적인 것은 아니다.

한편 행복의 가치에 헌신하는 것이 바로 교육에 대해 자유방임적 태도를 갖게 되는 것을 의미하는 것은 아니다. 자유방임주의자가 되지 않고도 행복한 사람이 될 수 있다. 바로(Barrow)는 그러한 해결책이 가능한 이유로 다음 세 가지를 제시하였다(1980, 123).

① 행복에 대한 관심이 현재의 행복을 위해서만 헌신한다는 것

을 의미하지 않는다. 현재의 즐거움보다 장기적인 행복에 관심을 갖는 것이 더 중요하다.

② 행복에 관한 관심이 개인의 행복만을 염두에 두는 것을 의미하지 않는다. 타자의 행복에도 관심을 두어야 한다.

③ 교육 그 자체가 행복을 위한 것이 아니다. 그러나 다른 모든 것이 동일할 경우 교육은 행복하고 즐거운 것이 되어야 한다.

학교와 대학의 교육은 불가피하게 교육평가를 해야 하고 이에 따른 경쟁을 불러일으킨다. 교육과 행복의 관계를 논의할 때 교육현장에 깊이 개입되어 있는 경쟁의 문제를 고려하지 않을 수 없다. 학교생활이 반드시 경쟁적이어야 하는가? 경쟁은 행복과 무슨 관계가 있는가? 이런 질문이 적극적으로 제기되어야 한다. 유능한 학생은 경쟁에서 쾌감과 만족을 얻어 행복을 느낄지도 모른다. 그러나 경쟁은 소수의 승자와 많은 패자를 양산한다. 수많은 패자들은 자신에 대해 여러 가지 부정적 정서를 갖게 되며 따라서 불행을 강하게 느낄 것이다.

경쟁 그 자체로 행복이 강화될 수는 없다. 왜냐하면 경쟁은 우리를 타인과 비교하도록 강요하기 때문이다. 경쟁은 사람의 시기심을 자극한다. 사람을 행복해지도록 만들기 위해서는 근심을 중단하도록 가르칠 필요가 있다. 그러나 학생을 특수한 불안으로부터 해방시킨다고 해서 장기적 행복을 가져다줄 수는 없다. 왜냐하면 또 다른 것에 대해 불안을 느끼기 때문이다(1980, 135).

2. 상태로서의 행복과 교육

상태로서의 행복은 자기만족과 관련되어 있다. 행복은 자신이 처한 주변의 상황을 어떻게 평가하는지와 밀접한 관계를 가지고 있다. 동일한 상황에 처하더라도 다르게 해석할 수 있다. 동일한 상황이라도 사람에 따라서는 탄식과 핑계의 대상으로 보기도 하고 도전과 기회의 대상으로 보기도 한다.

교육은 논리적으로 '사물을 어떻게 바라보는가'와 관련되어 있다. 교육은 사물과 신념에 대한 기존의 시각을 교정해 주는 것을 포함한다. 대학에 입학할 때 사물, 신념, 관념을 바라보던 시각이 졸업할 때까지 조금도 개선되지 않았다면 교육받았다는 말을 할 수 없다. 이러한 점에서도 교육과 행복은 불가분의 관계라고 말할 수 있다. 행복의 향상은 개인의 상황인식의 능력에 크게 의존한다. 사람들은 훌륭한 인생과 행복한 인생에 대해 자신의 표준을 가지고 있다. 그런데 이 표준은 사람에 따라 천차만별의 양상을 띠고 있다. 우리는 다른 사람이 가진 이러한 표준을 변경시킴으로써 그를 행복하게 또는 불행하게 생각하도록 할 수 있다.

사람들은 행복이 환경의 변화에 크게 영향을 받기 때문에 흔히 행복은 우연과 운에 의지하고 있다고 생각해 왔다. 우리의 통제 하에 있지 않은 환경적인 여건은 매우 다양하다. 이런 점에서 행복은 주변 환경에 매우 취약하다고 말할 수 있다. 그렇지만 행복은 논리적으로 특수한 조건들과 관련되어 있지 않다. 왜냐하면 같은 조건에 처해 있어도 사람들은 서로 다르게 지각하고 판단하기 때문이다. 동일한 처지에 있으면서도 어떤 사람은 행복하게, 어떤 사람은 불행하게 생각할 수 있다.

어떤 사람은 과거에 살고 있고 어떤 사람은 현재나 미래에 살고 있다. 행복은 미래에 관한 신념과 욕망에 주로 의존한다. 그런데 어떤 사람은 현재의 추함과 과거의 실패 가운데서도 완전히 행복할 수 있다. 왜냐하면 그는 언제나 미래의 있을 좋은 일들을 꿈꾸기 때문이다(Davis, 1981, 118). 과거와 현재의 노예가 된 사람은 행복하기 어렵다. 행복한 사람은 미래에 전개될 상황에 대해 희망을 가지고 기대한다.

행복은 외적 조건의 영향을 받지만 이처럼 특수한 외적 조건에 관련되지 않을 뿐만 아니라 특수한 감정과도 연관이 없다. 어떤 특정한 상태가 행복을 가져다주지는 않는다. 행복에 영향을 미치는 대표적인 외적 선, 즉 좋은 출생, 재산, 친구, 명예 등은 운과 밀접한 관계를 가지고 있다. 이러한 것들은 행복의 조건이기는 하지만 안정성이 없을 뿐만 아니라 이웃 사람들과 치열한 경쟁을 해야 획득될 수 있다. 이러한 경쟁과정에서 수많은 악이 개입될 수 있다.

상태로서의 행복을 향유하려면 자기 자신에 대한 지식을 가져야 한다. 자기지식은 여러 가지 의미를 가지고 있다. 자기에 관한 모든 지식이 자기지식의 자료가 되는 것은 아니다. 자신의 외모에 관해 아는 것은 자기지식이라고 할 수 없다. 자기에 관한 사실적 지식, 즉 자기의 욕망, 기대, 능력, 인격, 기질, 태도 등에 관한 지식이 자기지식이다. 이러한 것들을 알아야 비로소 자기를 제대로 평가하고 장래를 설계할 수 있다. 자기를 아는 사람은 자신의 욕망을 위계적으로 조직할 수 있으며, 욕망들 간에 전개되는 갈등을 해소할 줄 안다. 우리는 날마다 판단하고 선택하면서 살아간다. 선택을 올바르게 하려면 환경에 대한 지식과 더불어 자기지식을 가져야 한다.

플라톤은 『카르미데스』(*Charmides*)에서 자기지식에 대해 고찰하였다. 크리티아스는 자기지식을 설명하기 위해 델피의 아폴론 신전 입구에 적혀 있는 말에 주목하였다. "너 자신을 알라."는 말은 이 신전에 들어오는 사람들에게 내린 신의 축복의 말이 아니라 "절제하라."는 충고에 가깝다고 말하였다. 크리티아스는 자기지식을 절제의 견지에서 이해하려 하지만 소크라테스는 동의하지 않는다(1955, 165a-166e). 소크라테스는 자기지식의 필요성과 가치를 인정하지만 절제의 견지에서 이해할 수는 없다고 주장하였다. 그는 자기지식을 선과 악에 대한 인식으로 이해하려고 하지만 자신 있게 주장하지 못하고 있다.

상태로서의 행복은 자기의 상황을 아는 것을 포함하며, 자기지식이란 자기 자신의 인격, 기질, 선에 대하여 스스로 지각하고 있는 것을 의미한다. 불행하다고 생각하는 사람들 가운데는 자기지식을 결여한 사람들이 많다.

교사는 학생이 어떤 상황에 처해 있는지, 어떤 도움이 필요한지를 알아야 한다. 이를 위해서는 교사의 열정과 배려가 요구된다. 교사는 전능한 사람이 아니므로 교사로서 자신이 처한 상황을 분명히 알고 있어야 할 뿐만 아니라 자신의 한계도 알아야 한다. 이런 의미에서 자기지식은 교사와 학생 모두에게 요구된다고 할 수 있다.

3. 활동으로서의 행복과 교육

인간은 날마다 여러 종류의 활동을 하면서 살아간다. 활동이란 말 속에는 목적이 있으며 능동적이라는 의미가 포함되어 있다. 어떤 행동이 활동으로 불리어지려면 그 행동이 일정 기간 동안 지속되어야 한다.

우리는 어떤 활동을 하는 사람을 보고 행복하다고 말한다. 이에 비해 질병이나 형벌로 활동을 정지당한 사람을 보고 우리는 행복하다고 말하지 않는다. 우리는 그 사람이 겪고 있는 불운에 대해 동정을 보낸다. 단순히 활동을 한다고 해서 행복한 사람이라고 불리어지지는 않는다. 활동 중에는 불행을 가져올 수 있는 것이 있기 때문이다.

행복은 활동에서 오지만 행위자가 그 활동에 몰입할 것을 요구한다. 행복은 자신의 고유한 작업에 몰입하는 데서 발견된다고 할 수 있다. 작가가 작품 활동에, 학자가 저술 활동에 몰입하고 있는 경우를 상상할 수 있다. 이들은 세속적인 것들에서 어느 정도 초연한 삶을 살아간다. 이러한 삶의 양식에 익숙하지 않은 사람은 이들의 삶이 따분하고 심지어 불행하다고 생각할 것이다.

아리스토텔레스는 사람이 지적, 도덕적 덕에 따른 활동을 할 때 행복하다고 말할 수 있다고 주장하였다. 그는 지적 덕, 예컨대 이론적 지혜와 실천적 지혜에 따른 삶은 행복한 삶이라고 할 수 있으며, 최상의 행복은 '관조적 삶'이라고 주장하였다. 이런 지적 덕은 오랜 교육과정을 통해 형성된다고 할 수 있다. 지적 덕과 테오리아는 지적 노력의 산물로서 교육과 행복의 관련성을 잘 드러내고 있다고 할 수 있다.

아리스토텔레스는 도덕적 덕은 중용에 따른 것이며 대표적인 중용으로 용기, 절제, 관후 등을 들었다. 이러한 덕들은 어린 시절부터 익힌 좋은 습관을 통해 얻어진다고 생각하였다. 그는 입법가 또는 정치가는 국민이 선하게 되도록 좋은 습관을 갖도록 해야 한다고 주장하였다. 올바른 습관형성이 결과적으로 좋은 정치제도를 가져온다고 믿었기 때문이다(2003, 1103b3-4). 청소년은 날마다 어른의 올바른 활동을 관찰하고 모방할 때 비로소 좋은 습관을 얻을 수 있다. 인격은 올바른 행위로부터 형성되는 것이다.

지적, 도덕적 덕은 모두 활동을 통해서 형성된다. 이러한 활동은 모두 이해관계를 떠난 초연한 활동이다. 이러한 활동은 그 결과도 좋지만 과정 자체도 바람직하다. 오래전부터 이러한 덕은 교육의 내재적 목적으로 간주되어 왔다. 이 덕은 인격을 형성하고 교양을 갖게 하고 인간(person)이 되게 하는 요소라고 생각되었다. 피터스(Peters)는 지적, 도덕적 활동을 이해하기 위해서는 행위자가 이러한 활동 안에 들어와야 비로소 그 특징을 파악할 수 있다고 말했다(1966, 146). 방관자는 정교한 활동을 이해할 수가 없다. 스스로 입문해야 이러한 활동을 이해할 수 있는 것이다.

이러한 활동 중에서도 이론적 활동은 탐구자를 몰입시키도록 하는 힘을 가지고 있다. 피터스는 이 점에 대해 이렇게 말하였다.

> 이론적 활동의 대상에 대한 희귀성의 문제도 일어나지 않는다. 왜냐하면 많은 사람들이 똑같이 진리탐구와 그림 그리기 활동을 한다 해도 그 누구도 그러한 활동을 하는 데 방해를 받지 아니한다. 스피노자가 강력하게 주장한 것처럼 탐구의 대상이 사라진다거나 죽는 문제도 생기지 않는다. 애완동물, 사람, 소유물에 애착을 갖는 것은 영원성이라는 측면에서 볼 때는 잘못된 방책이다. 왜냐하면 우리가 잘 아는 대로, 그것을 사용하고 시간이 지나면 죽거나 없어지기 때문이다. 이론적 활동의 대상들은 이러한 운명을 맞이하지 않는다. 세계의 질서가 존재하는 한 세계에 관해 발견할 대상들이 언제나 더 많이 있을 것이다(1966, 157).

애완동물을 비롯한 사람들이 경험하는 대부분의 활동은 조만간 권태를 가져온다. 대부분의 사람들은 취미활동을 하지만 곧 싫증을 내고 만다. 이에 비해 이론적 활동은 계속적으로 호기심과 성취감을 주기 때문에 계속해서 그 활동을 하도록 한다. 활동으로서의 행복은 획득한 덕에 의존하기 때문에 이러한 행복은 거의 전적으로 교육을 통해 형성된다고 할 수 있다.

철저한 아리스토텔레스주의자인 아들러(Adler)는 1976년 5월 덴버(Denver)대학에서 행복을 주제로 졸업연설을 하였다. 그는 이 연설에서 심리적인 행복관과 윤리적인 행복관을 대비시켰다. 전자는 행복은 인생의 과정에서 한순간에 향유될 수 있는 것으로 이해하는 경향이 있는 데 비해, 후자는 고대와 중세의 것으로 행복은 전 생애에 걸친 선으로 인식한다는 것이다. 심리적인 행복관에는 선이나 당위의 개념이 없지만 고대의 행복관은 윤리적인 개념으로 선한 삶을 의미한다는 것이다(1988, 62-63).

아들러는 아리스토텔레스처럼 행복의 획득은 선한 삶의 실현에서 온다고 생각하였다. 선한 삶이란 도덕적 그리고 지적 덕과 같은 요인을 포함한다. 이를 획득하기 위해서는 학교교육이 필요하다. 그는 청년이 필요로 하는 참된 선을 7개 항목으로 제시하였다(1988, 85-6).

① 신체적 선: 신체적 건강, 신체적 활력, 감각의 즐거움
② 경제적 선: 생계수단, 노동조건 등
③ 정치적 선: 평화와 정치적 자유 등
④ 사회적 선: 지위와 대우의 평등 등
⑤ 개인적 결사의 선: 가족관계, 우정, 사랑 등
⑥ 마음의 선: 지적 덕, 탐구의 기능, 비판적 판단의 습관 등
⑦ 인격의 선: 절제, 인내, 금욕, 정의와 같은 도덕적 덕 등

그는 이러한 선들은 행복한 삶을 위해 필수적이며 모두 교육을 통해 획득될 수 있다고 생각하였다. 그가 제시한 선의 대부분은 물질적인 것이 아니다.

아들러의 지적대로 행복추구에서의 성공은 방대한 양의 세속적인 선을 축적하는 데 성공하는 것과 동일시될 수 없다. 자기가 필요한 것 이상의 세속적인 선을 갖는 것은 도덕적 덕의 발달을 저지시킬 수 있다. 왜냐하면 세속적인 선은 해로운 욕구를 만족시키는 용도로 사용될 수 있을 뿐만 아니라 우리가 필요로 하는 선을 얻는 데 방해가 될 수 있기 때문이다.

교육의 목적을 고찰해 보면, 교육은 단기적인 행복과 함께 장기적인 행복과도 관련되어 있다. 교사는 학생의 현재의 즐거움을 희생시켜서도 안 되지만, 교육의 성격상 학생의 장기적 행복에 더 많은 관심을 가져야 한다. 사람은 자신의 인생을 계획하면서 살아간다. 계획의 정도는 다양하다. 어떤 사람은 전 생애를 설계하는가 하면 어떤 사람은 가까운 미래도 설계하지 않고 살아간다. 사람은 자신의 생활을 전체로 평가하며 몇 가지 영역에서 특히 무게를 두고 평가해야 한다. 자신의 삶을 전체로 평가하는 것도 중요하지만 제한된 분야들, 즉 직업, 가정, 배우자 등에 대해서도 행복하다는 평가를 할 수 있다. 사람은 행복 여부를 평가할 때 자신의 직업이나 경력, 결혼, 가족생활, 사회관계 일반, 생활의 표준 등을 중시한다. 자신의 표준이나 사회의 지배적인 표준에 비춰 미흡할 때는 불만족스럽게 생각한다.

사람들이 행복을 인생의 목적으로 삼고 있다면 교육은 이러한 목적을 배려해야 하는가? 행복이 가치 있는 것이라면 교육은 사람들의 이런 욕망을 무시할 수 없다. 교육이 행복을 배려할 경우, 행복의 내용과 조건이 무엇인지 분명하게 설명되어야 한다. 일반적으로 고찰한다면 교육은 풍부한 삶을 위한 능력을 키워 준다. 이와 더불어 욕구의 수를 크게 증가시켜 준다. 이렇게 되면 욕구의 만족은 적게 이루어질 가능성이 있다. 따라서 교육을 많이 받을수록 만족을 적게 느낄 가능성이 있으며 그만큼 불행해질 우려도 있다. 행복을 쾌락과 동일시하여 학습자의 즐거움만 충족시키는 것이 교육의 목적으로 간주될 수 없는 이유가 여기에 있다.

교사와 학교가 아무리 주의를 기울인다고 하더라도 학생은 교육을 받는 과정에서 해악을 경험할 수 있다. 아리스토텔레스는 교육을 받는 과정에서 지혜의 선도 들어오지만 시기(envy)의 악도 들어온다고 말했다(1926, 1399a12-14). 시기의 악은 우정을 파괴할 뿐만 아니라 지나치면 범죄로 이끌 수도 있다. 이러한 신념 때문에 그는 지적 덕인 실천적 지혜와 영리(cleverness)를 구별하려고 하였다. 영리는 간지처럼 지능을 활용하여 교묘하게 자기이익을 추구하는 것을 의미한다. 교사와 학생은 집단 속에서 늘 경쟁을 한다. 이러한 과정에서 시기를 비롯한 여러 해악이 들어올 수 있다. 교사와 학생은 좋은 것을 배우는 과정에서 몰래 들어오는 악에 대해서도 늘 경계해야 한다.

학습자들은 어릴 때부터 행복이 매우 가치 있는 것으로 인식하고 있다. 어린 시절에 들려주는 대부분의 이야기들이 행복한 종말로 되어 있으며 부모를 비롯한 주변 사람들도 어린이의 행복에 대해 관심을 가지고 있다. 어린이로 하여금 좋은 삶과 행복에 대한 자신의 개념을 스스로 선택하도록 도와주어야 한다. 이 경우 선택이란 무엇인가? 선택은 우리 앞에 실제적 선택지들이 있을 뿐만 아니라 그 대안이 무엇인지를 알며 그것을 판단할 준거를 가지고 있다는 것을 포함한다. 이러한 것들에 대해 잘 알아야 비로소 바른 선택을 할 수 있다.

교육은 행복 이외의 다른 가치에도 관심을 가지고 있다. 따라서 행복을 위해 다른 가치를 등한시하도록 해서는 안 된다. 행복이 가치가 있다는 점에 대해서는 의심의 여지가 없다. 그러나 행복 이외에도 추구해야 하는 가치들이 많이 있으며, 그것들이 언제나 행복과 조화를 이루는 것도 아니다. 특수한 교육적 상황에서 행복이 다른 가치들과 비교할 때 얼마나 중요한가가 문제가 된다. 디어든은 이러한 관점에서 교육에서 행복이 차지하는 위상을 드러내려 하였다. 여러 가지 관점이 제시될 수 있지만 가장 만족스러운 해결은, 여러 다른 궁극적 목적들을 함께 추구하는 상태에서만 발견될 수 있다고 주장할 수 있다. 그리하여 개인은 도덕적으로 행동하고, 진리를 존중하고, 미적 경험을 중요시하지 않는다면 자신의 인생에 만족할 수 없다. 많은 철학자들이 다른 경로를 통해 이러한 견해에 도달하였다. 아리스토텔레스의 행복, 칸트의 최고선, 브래들리의 자기실현이 그것들이다. 래시달(Rashdall)의 행복의 이상, J. S. 밀의 행복관, 스피노자의 행복관도 비슷하다. 이들 철학자들이 동의한 것과 같이, 이러한 행복의 이상은, 교육을 통해 진보적으로 성취되는 우리의 본성(nature)을 수정함으로써만 실현될 수 있다. 그리하여 행복은 유일한 목적이 아니라 선한 목적들을 추구하는 데 헌신하는 삶의 최고의 완전한 상태다(1998, 305).

II. 행복, 불행 그리고 교육

교육은 내재적 목적과 외재적 목적의 실현을 통해 사람을 행복하게 할 수 있지만 전적으로 보장해 주지는 못한다. 왜냐하면 인간과 공동체에는 언제나 불운이 존재할 뿐만 아니라 자신의 내적 전제자인 탐욕 때문에 불행해질 수 있기 때문이다. 불행을 가져다주는 여러 요인을 고려할 때 행복은 참으로 '부서지기 쉬운'(fragile) 것이라고 할 수 있다.

불행은 외적 조건의 결여에서도 오지만 내적 조건의 결여에서도 온다. 많은 사람들이 내적 요인 때문에 불행한 삶을 살고 있다. 자신의 감정을 조절하지 못하고 충동, 고집, 오만, 탐욕 등에 따라가는 사람은 불행한 결과를 가져올 행위를 스스로 선택하게 된다. 그래서 콜링우드(Collingwood)는 "불행의 한 형태는 정열에 빠져드는 것이다. 그러나 본질적으로 불행해지는 것은 환경의 힘 안에 있을 때다. … 행복한 자아는 환경의 주인이다."(1992, 84)라고 말하였다. 환경의 주인이 되는 것은 어려운 일이지만 행복해지기 위해서는 포기할 수 없는 목표다. 이러한 목표를 성공적으로 실현한 대표적인 사람들이 스토아주의자들이라고 할 수 있다. 이들은 평정과 부동심을 발휘하여 외적 요소가 자신의 삶에 영향을 미치는 것을 최소화시켰다.

고대 그리스의 비극작가들은 인간이 어떻게 비극적 삶을 살게 되는가를 생생하게 묘사하였다. 작품에 나타난 비극적 요인들은 대부분 외적이라기보다는 내적인 것이었다. 비극의 주인공들은 교만, 아집, 정욕, 고집, 권력욕 등 때문에 희생되었다. 그들은 자신의 욕구를 인생의 넓은 시각에서 바라보지 못했으며 다른 욕구들 및 가치들과 조화를 이루는 데 실패하였다.

인간의 행복과 불행은 자신의 행위선택은 물론 우연과 운에 크게 영향을 받는다. 따라서 교육은 행복을 가져오도록 해야 하지만 불행에 대해서도 대처할 수 있도록 하여야 한다. 불행은 행복의 조건을 결여하는 데서 온다. 지적, 도덕적 덕, 외적 선이 결여되면 불행한 삶을 살게 된다.

러셀(Russell)은 사람들이 불행해지는 것은 그릇된 세계관, 그릇된 윤리, 그리고 그릇된 생활습관 때문이라고 생각했다(1971, 17). 그는 이러한 원인들은 개인의 노력을 통해 극복될 수 있다고 생각하였다. 그는 자신의 인생을 회고할 때 행복한 삶이라고 생각하였다. 그는 자신의 비결을 이렇게 털어놓았다. ① 자신이 원하는 것을 대부분 획득하였으며, ② 획득할 수 없다고 생각되는 것은 단념했으며, ③ 자기 자신에 대한 선입견, 즉 죄의식, 우둔, 단견 등에 대해 집착하지 않았다(1971, 17-18).

위의 항목 중 특별히 주목을 끄는 것은 세 번째 항이다. 불행한 사람은 외부에 대한 호기심보다는 내면을 질책하는 방향으로 나아가는 경향이 있다. 러셀이 지적한 것처럼 죄의식, 우둔, 단견, 시기 등은 사람을 자학하게 만들기 쉽다. 그는 시기는 자신을 불행하게 할 뿐만 아니라 타인도 불행하게 만든다고 생각하였다. 그는 "시기는 도덕적으로나 지적으로나 일종의 악이다. 그것은 사물을 있는 그대로 보지 않고 사물들의 관계 속에서 보려 한다."(1971, 71). 사람이 스스로 행복하다고 생각하면 시기를 비롯한 부정적인 정서를 덜 갖게 된다.

케니(Kenny)는 인간이 행복을 추구하는 과정에서 많은 악과 불행을 맞이하게 된다고 말하였다. 인생은 우리가 염원하는 대로 모든 것이 성취되는 것이 아니기 때문에 우연과 과오에 따라 많은 시련을 맞게 되어 있다. 그는 이 점에 대해 다음과 같이 말하였다.

> 개인의 교육수준과 감수성이 크면 클수록 '고차원적'인 쾌락을 위한 그리고 더 풍부한 삶을 위한 능력이 더 커진다. 그러나 교육과 감수성의 증가는 욕구의 수를 증가시키며 그것들의 만족을 적게 가져올 가능성이 있다. 한편으로는 충분한 수입과 해방이 행복을 가져다주지만, 다른 한편으로는 행복을 방해한다. 완전한 인생이라는 의미에서 개인의 행복의 기회를 증진시키는 것은, 욕구의 만족이라는 의미에서는 오히려 그의 행복기회들을 저하시키는 것이다. 그리하여 행복의 추구에서 세계의 창조 못지않게 악의 문제가 개입된다(1965-1966, 102).

악의 문제는 상상적으로만 고찰할 것이 아니라 삶의 현장과 관련시켜 고찰하여야 한다. 불행을 대비하고 불가피할 경우 그것을 감내하는 교육이 요청되는 것도 부분적으로는 악의 문제를 피할 길이 없기 때문이다. 교육은 행복을 추구하는 힘을 길러야 할 뿐만 아니라 불행을 감내하는 힘도 길러야 한다. 사람들 중에는 불행과 불운 앞에서 쉽게 생을 포기하거나 좌절하는 사람도 있으며, 이를 벗어나기 위해 타인을 해치는 범행을 저지르기도 한다. 교육을 통해 얻은 지적, 도덕적, 심미적 덕을 향유하는 삶은 불행과 불운을 어느 정도 피하게 해 줄 뿐만 아니라 불가피할 경우는 더불어 살아갈 수 있도록 해 준다.

교육과 관련해서 논의될 수 있는 높은 수준의 행복은, 학습자가 탐구활동에 몰입하여 지적 희열과 지적 덕을 획득함으로써 얻어진다. 탐구에 몰입하는 사람은 자신이 행복하다는 것을 의식하지 않을지도 모른다. 탐구에 몰입함으로써 실제적인 이득을 얻어 내지 못했을지라도 그는 덕이 주는 보상을 이미 받았다고 말할 수 있다. 아리스토텔레스가 말한 관조적인 삶은 성취하기 어려운 것이지만, 교육현장에서 제시되어야 하는 목적이다. 이러한 노력이 없으면 학생은 낮은 차원의 행복에 자족할 것이다.

지적 즐거움은 다른 것에서 얻는 즐거움보다는 더욱 안정된 것이다. 플라톤은 배움에서 오는 즐거움이 승리와 이득에서 오는 즐거움에 비교할 수 없을 정도로 크다고 주장하였다. 승리와 이득도 우리에게 즐거움을 선사하지만 지혜를 배우는 데서 오는 즐거움과는 비교가 되지 않는다는 것이다(2003, 581d-e).

워녹(Warnock)은 쾌락의 추구가 교육목적 중 하나가 되어야 한다고 주장하였다. 학습자들은 학교에서 그리고 교육을 받는 동안 유쾌해야 된다는 것이다. 그런 의미에서 그는 "교육받은 사람은 독서가 가장 큰 쾌락의 원천 중 하나임을 믿는다."(1992, 158)고 말하였다. 학습자가 학교에서 독서와 사색, 대화의 즐거움을 경험하지 못하면 학교는 권태와 단조로움이 지배하고 있다고 말할 수 있다. 이것은 학교를 넘어 인생 전체로 확산될 수 있다. 독서, 사색, 대화에서 오는 즐거움을 모른다면 그런 인생, 그런 공동체는 행복과는 거리가 멀다고 할 수 있다.

III. 행복과 헌신

행복이나 교육은 어떤 행동이나 신념에 헌신하는 데서 비롯된다. 성실성이 강조되는 것도 이러한 이유 때문이다. 행복을 가져오는 조건들은 모두 개인과 공동체가 오랜 세월에 걸쳐 노력해야 얻을 수 있는 것이다. 이러한 것들은 헌신 없이는 성취될 수 없다.

교육은 많은 지식, 정보, 기술을 전달하는 것을 포함하지만, 신념의 유무와 전달과 비판도 포함한다. 교육받은 사람은 가치 있는 신념을 가졌을 뿐만 아니라, 그것에 헌신하는 자세를 가지고 있다. 지식과 신념에 헌신한다는 것은 무엇을 의미하는가?

헌신은 자신의 신념이나 지식에 따라 살아가기로 결심하는 것에서 시작하여 실제로 그렇게 행동하는 것을 의미한다. 헌신은 헌납한다는 의미를 가지고 있다. 도덕이나 종교에서 이 말이 자주 사용되는 것도 이런 이유 때문이다. '헌신예배' '헌신적인 기독교인'이란 말이 그러한 경우다. 이런 말들 속에는 자신의 모든 것을 바친다는 뜻이 들어 있다. 외아들을 번제물로 바친 아브라함이나 종교적 신앙을 위해 하나밖에 없는 생명을 바친 예수는 헌신의 전형을 보여 준다.

헌신이란 신념에 따라 행동하는 기질로 일반적으로 좋은 의미로 사용되지만 언제나 이런 의미로 사용되는 것은 아니다. 헌신은 나쁘게도 사용될 수 있다. 당파적 정치 또는 종교적 신념을 위해 세뇌하려는 사람들도 헌신을 강조한다.

헌신과 세뇌는 어떻게 구별될 수 있는가? 교육과 헌신은 공존할 수 있는가? 힐(Hill)은 이러한 질문에는 두 가지 반응이 있을 수 있다고 말했다(1981, 164-165).

① 헌신의 개념에서 필연적인 조건들 중 하나는 '어떤 것이 진실'이라는 선행하는 신념을 가지고 있어야 한다. 따라서 헌신

의 조장은 조건화반사가 아니라 설복하는 마음이다.

② 합리성에 대한 관심 그 자체는 헌신, 즉 합리적 능력의 행사가 선하고 특유한 인간적인 것이라는 신념에 따라 행동하는 기질이다. 이러한 헌신의 준거가 받아들여질 수 있다면 다른 것들도 승인할 수 있는 길이 열린다. 다른 것들은 어떤 준거들을 충족시켜야 하는가?

(a) 합리성 그 자체에의 헌신을 부정해서는 안 된다.

(b) 헌신이 만나야 할 두 번째 준거는 다른 종류의 헌신들이 더 많은 인간의 힘을 해방시키는 것으로 변호될 수 있어야 한다. 이것은 자유의 원리에 따라 설정된 윤리적 조건이다.

(c) 세 번째 준거는 실용적인 것이다. 헌신의 요구로 제안된 것은 여러 가지 이데올로기적 선택들 가운데 공통의 근거에 따른 합리적인 전망을 가지고 있어야 한다.

합리성의 준거를 충족시켜야 하는 헌신의 이러한 위험성 때문에 교육에서의 헌신이 중요시되지 않고 있다. 선택과 자율을 강조한 나머지, 학생들이 어떤 가치와 신념에 입문되든 무관심한 태도를 취하는 경우가 있을 수 있다. 그래서 사람들은 교육은 계몽을 목적으로 하지 헌신을 목적으로 하지 않는다는 주장을 하기도 한다. 계몽에 앞서 헌신이 강조되면 세뇌로 빠져들 위험이 있다.

헌신은 가치중립적인 말이지만 이러한 이유로 이 말이 교육에서 배제되어야 하는 것은 아니다. 교육개념 안에는 이미 우리가 객관적인 지식과 신념을 이해해야 하는 것뿐만 아니라 헌신의 의미도 들어 있다고 보아야 한다. 어떤 사람이 신념이 없다든가 사적

이익에 따라 수시로 신념을 바꾼다면 그는 교육받은 사람이라고 볼 수 없다. 헌신이 없는 교사는 학생에게 권위가 없게 보일 수 있으며, 헌신이 없는 학생은 교사를 지치게 만들 수 있다.

힐은 교육에서 특별히 강조되어야 할 헌신에 대해서도 고찰하였다. 다음은 그가 강조하는 헌신의 영역이다(1981, 165-166).

① 힐은 학교생활을 유지해 나가는 데 필수적인 헌신을 제시하면서 그중 가장 중요한 것은 '사람들에 대한 헌신'이라고 말하였다. 이것은 합리주의 철학자들이 옹호하는 인간존중의 원리를 확인하는 방식을 의미한다. '모든 인간은 그 자체로서 가치를 가지고 있다.'는 신념에 따라 행동하려는 기질을 고무시켜 주는 것을 의미한다.

② 사람들은 통신판매 패키지나 컴퓨터 단말기에 전적으로 의지하여 교육이 실현될 수 있다고 믿지 않는다. 이러한 경우도 개인적인 교제가 있어야 한다고 믿고 있다. 박애를 희생시키는 학교교육은 생각할 수 없다. 교육기관에 있는 교사는 학생에 대해 사랑의 책무가 있다. 이것은 진리탐구를 열심히 하는 것과 관련된 합리적 정열 이상의 것이다. 바로 인간에 헌신하는 것에 뿌리를 둔 도덕적 정열이다.

③ 세 번째 헌신은 첫 번째 것과 쌍을 이루며, 두 번째 헌신, 즉 지식을 향유하고 사용하는 헌신에 봉사하는 것이다. 체계적인 지식 없이도 합리적 성향을 보여 주는 사람들도 있다. 지식의 획득에는 내재적 동기와 수단적 동기가 함께 작용한다.

④ 네 번째 헌신도 세 번째 것과 한 쌍을 이룬다. 이것은 공동체에 대한 봉사에 헌신하는 것이다. 학생들은 공동체로부터 혜

택을 받고 있기 때문에 이러한 헌신이 정당화될 수 있다.

힐은 신념과 지식 이외에도 사람과 공동체에 헌신하는 것이 교육의 중요한 과업이라고 생각하였다. 교육에서의 헌신은 요청되는 것이지만 이것이 세뇌가 되지 않도록 늘 경계해야 한다. 좋은 신념과 관념에 헌신함으로써 사람들의 행동, 습관, 태도 등이 개선될 수 있다.

키크스(Kekes)는 햄프셔(S. Hampshire)의 시사를 받아 세 종류의 헌신, 즉 무조건적인 헌신, 융통성이 있는(defeasible) 헌신, 그리고 느슨한(loose) 헌신으로 나누었다. 이것은 개인이 추구하는 인간상에 기여하는 정도에 따라 구분된 것이다(1982, 364-367).

① 무조건적인 헌신: 이것은 보편적이 아니다. 사람마다 경우가 다르기 때문이다. 또한 이것은 절대적이지도 않다. 왜냐하면 사람들은 지속적으로 무조건적인 헌신을 보여줄 수 없기 때문이다. 이것은 그가 스스로 원하는 인간상의 근본적인 조건들이기 때문에 무조건적이다. 이러한 근본조건은 행복과 도덕성이 관련되는 주안점이다.

② 융통성이 있는 헌신: 이것은 장려될 수 있다. 무조건적인 헌신은 행위자의 어떠한 이유도 받아들이지 않는 데 비해, 융통성이 있는 헌신은 그렇지 않다. 이 헌신은 우리의 일상사를 안내한다. 이러한 헌신은 인습적인 도덕성과 중복된다. 무조건적 헌신은 위기 때만 발휘된다. 융통성이 있는 헌신은 갈등하는 상황에서 발휘된다. 이와 같은 종류의 전형적인 갈등상황은 자선과 정의, 사랑과 자기 이익, 단기적 만족과 장기적 만족 사이에서 발생할 수 있다.

③ 느슨한 헌신: 이것은 우리의 삶에서 부차적인 것들에 관련되어 있다. 그것들은 보통 무조건적 헌신과 융통성이 있는 헌신의 실현으로 초래된 특수한 형식들에 관심을 갖는다. 이러한 형식들은 개인의 문화, 교육 그리고 사회의 산물이다.

키크스는 세 종류의 헌신이 인간의 삶 전반에서 발견된다고 생각하였다. 이 중 어느 헌신이 가장 좋은가는 논쟁적이다. 헌신적인 삶이 원숙한 삶으로 나아갈 수도 있고 변절로 나아갈 수도 있다. 어느 쪽으로 판정될지는 헌신의 대상이 되는 사람, 제도, 신념의 질에 따라 결정될 것이다.

헌신은 두 개의 구성요소를 가지고 있는데, 하나는 행동이고 다른 하나는 헌신의 내용이다. 행동은 헌신의 중요한 요소다. 어떤 사람이 자발적이고 의도적으로 행동하지 않는다면 헌신하고 있다고 말할 수 없다. 어떤 가치에의 헌신을 결심하지 않는 사람은 복종적이거나 습관에 따르거나 인습적이거나 세뇌되어 있다고 말할 수 있다. 한편 헌신을 구성하는 내용은 있을 수도 있고 없을 수도 있다. 왜냐하면 헌신의 내용은 사람들이 그들의 문화로부터 얻는 만족의 이상들이기 때문이다(1982, 370).

교육은 가치 있는 활동이 어떤 것인지 알 수 있게 할 뿐만 아니라 그러한 활동에 헌신하도록 요구한다. 이러한 헌신은 우리를 탐구활동과 가치 있는 삶에 몰입하도록 한다. 탐구과정은 물론 탐구의 결과가 자신을 포함하여 인류에게 유익이 될 때 더할 수 없는 행복감을 느끼게 된다. 이러한 활동을 하는 데 부, 건강, 친구 등의 얼마간의 외적 조건이 필요하지만, 교육받은 사람들은 이러한 것들이 결여되어도 탐구를 계속할 수 있다. 그들은 지적 몰입에서 즐거움과 만족을 얻으며 인간으로서의 위엄을 발견하고 있다.

학습자의 장기적인 행복을 고려할 때 교육은 학습자에게 땀과 눈물을 동반하는 수고와 노력을 요구한다. 이것은 타자와의 치열한 경쟁 때문이 아니라 자기 안에 있는 탐욕, 권태, 나태 등을 극복하려는 시도에서 요구되는 것이다. 교육받은 사람은 명예와 이득을 비롯한 외적 선을 통한 행복의 추구보다는 배움의 즐거움 속에서 행복을 발견한다.

참고문헌

교육인적자원부(2003). 중학 도덕 3.

신득렬(1992). 우정과 교육. 教育哲學, 제10집, 한국교육철학회.

신득렬(1997). 권위, 자율, 그리고 교육. 대구: 계명대학교 출판부.

신득렬(2000). 행복과 교육. 教育哲學, 제20집, 한국교육철학회.

신득렬(2003). 존중의 개념. 教育哲學, 제24집, 한국교육철학회.

신득렬(2004). 지적 덕들과 교육. 教育哲學, 제25집, 한국교육철학회.

신득렬(2005). 아리스토텔레스와 듀이의 여가 개념. 教育哲學, 제27집, 한국교육철학회.

신득렬(2006). 명예의 개념과 교육적 의미. 教育哲學, 제30집, 한국교육철학회.

최병태(1996). 德과 規範: 도덕교육의 이해. 서울: 교육과학사.

Ackrill, J. L. (1984). Aristotle on eudaimonia. A. O. Rorty, ed., *Essays on Aristotle's Ethics*, Berkeley: University of California Press.

Adler, M. J. (1952). Honor. *The Great Ideas: A Syntopicon of Great Books of the Western World*. Vol. 2, Chicago: Encyclopedia Britannica.

Adler, M. J. (1977). *Philosopher at Large*. New York: Macmillan.

Adler, M. J. (1988). *Reforming Education: The Opening of American Mind*. N. Y.: Macmillan.

Aeschylus (1950). *Agamemnon*. 천병희 역(1999). 아이스킬로스 비극: 아가멤논. 서울: 단국대학교 출판부.

Aquinas, T. (1952). *The Summa Theologica*. Fathers of the English Dominican Province, trans., Chicago: Encyclopedia Britannica.

Aristotle (1926). *The "Art" of Rhetoric*. J. H. Freese, trans., Cambridge: Harvard University Press.

Aristotle (1932). *Politics*. H. Rackham, trans., Cambridge: Harvard University Press.

Aristotle (1933). *The Metaphysics*. H. Tredennick, trans., Cambridge: Harvard University Press.

Aristotle (1934). *Nicomachean Ethics*. H. Rackham, trans., Cambridge: Harvard University Press.

Aristotle (1935a). *Eudemian Ethics*. H. Rackham, trans., Cambridge: Harvard University Press.

Aristotle (1935b). *Magna Moralia*. G. C. Armstrong, trans., Cambridge: Harvard University Press.

Aristotle (1946). *The Politics of Aristotle*. E. Barker, ed. and trans., London: Oxford University Press.

Aristotle (2002). *Aristotle Nicomachean Ethics*. Broadie, S. and C. Rowe, commentary and trans., Oxford: Oxford University Press.

Aristotle (2003). *Aristotle Ethics*. J. A. K. Thomson, trans., London: The Folio Society.

Arnold, S. (1991). The dilemma of meaning. T. L. Goodale and P.

A. Witt, eds., *Recreation and Leisure: Issues in an Era of Change*, 3rd ed., State College, PA: Venture Publishing.

Augustinus, A. (1955). De Civitate Dei. 성염 역(2004). 신국론. 왜관: 분도출판사.

Aurelius, M. (1916). *The Meditations*. 천병희 역(2005). 명상록. 서울: 숲.

Austin, J. (1968). Pleasure and happiness. *Philosophy*, 43.

Bacon, F. (1952). *Advancement of Learning*. Great Books of the Western World, Vol. 30, Chicago: Encyclopedia Britannica.

Bacon, F. (2002). *Essays*. London: The Folio Society.

Barrow, R. (1980). *Happiness*. Oxford: Martin Robertson.

Barrow, R. (1991). *Utilitarianism: A Contemporary Statement*. Aldershot, Hants: Edward Elger.

Benditt, T. (1974). Happiness. *Philosophical Studies*, 25.

Berger, F. R. (1984). *Happiness, Justice and Freedom: The Moral and Political Philosophy of John Stuart Mill*. Berkeley: University of California Press.

Berlin, I. (2001). Liberty. 박동천 역(2006). 이사야 벌린의 자유론. 서울: 아카넷.

Boethius, A. M. S. (1998). *The Consolation of Philosophy*. V. E. Watts, trans., London: The Folio Society.

Brandt, R. B. (1964). The concepts of duty and obligation. *Mind*, 73.

Broadie, S. & C. Rowe. (2002). *Aristotle Nicomachean Ethics*. Commentary and trans., Oxford: Oxford University Press.

Cicero, M. T. (1909). *De Officiis*. T. Cockman, trans., London: J. M. Dent and Sons.

Collingwood, R. G. (1989). *Essays in Political Philosophy*. D. Boucher, ed., Oxford: Clarendon Press.

Collingwood, R. G. (1992). *The New Leviathan*. D. Boucher, ed., Oxford: Clarendon Press.

Cooper, J. M. (1980). Aristotle on friendship. A. O. Rorty, ed., *Essays on Aristotle's Ethics*, Berkeley: University of California Press.

Cooper, J. M. (1987). Contemplation and happiness: A reconsideration. *Synthese*, 72.

Cooper, N. (1994). The intellectual virtues. *Philosophy*, 69: 270.

Cranor, C. (1975). Toward a theory of respect for persons. *American Philosophical Quarterly*, 12:4.

Dante, A. (1955). *La Divina Commedia*. 한형곤 역(2005). 신곡. 서울: 서해문집.

Darwall, S. L. (1995). Two kinds of respect. R. S. Dillon, ed., *Dignity, Character, and Self-respect*, New York: Routledge.[1977].

Davis, W. (1981). A theory of happiness. *American Philosophical Quarterly*, 18:2.

Dearden, R. F. (1967). Happiness and education. *Proceedings of the Philosophy of Education of Great Britain: Proceedings of the Annual Conference.*

Dearden, R. F. (1998). Happiness and education. P. H. Hirst and P. White, eds., *Philosophy of education: Major themes in the analytic tradition*, Vol. II, London: Routledge.

de Grazia, S. (1994). *Of Time, Work and Leisure*. New York: Vintage Books.[1962]

Dewey, J. (1978). *Ethics*. The Middle Works, 1899-1924. Vol. 5: 1908, Carbondale: Southern Illinois University Press.[1908]

Dewey, J. (1981). *Democracy and Education*. John Dewey: The Middle Works, 1899-1924, Vol. 9, Carbondale: Southern Illinois University Press.[1916]

Dewey, J. (1983a). Social purposes in education. *John Dewey: The Middle Works, 1899-1924*, Vol. 15, Carbondale: Southern Illinois University Press.(1922)

Dewey, J. (1983b). What is a school for? *John Dewey: The Middle Works, 1899-1924*, Vol. 15, Carbondale: Southern Illinois University Press.(1923)

Dillon, R. S. (1992). How to lose your self-respect. *American Philosophical Quarterly*, 29:2.

Dillon, R. S. (1995). Introduction. R. S. Dillon, ed., *Dignity, Character, and Self-respect*, New York: Routledge.

Dumazedier, J. (1974). Leisure. *International Encyclopedia of Social Sciences*, D. L. Shils, ed., New York: Macmillan.

Epictetus (1952). *The Discourses*. G. Long, trans., Great Books of the Western World, Vol. 12, Chicago: Encyclopedia Britannica.

Epictetus (1999). *The Encheiridion*. 김재홍 역(2003). 엥케이리디온. 서울: 까치글방.

Epicurus (1995a). The happy life. J. Gaskin, ed., *The Epicurean Philosophers*, London: Everyman.

Epicurus (1995b). The principal doctrines. J. Gaskin, ed., *The Epicurean Philosophers*, London: Everyman.

Epicurus (1995c). Fragments from Epicurus quoted in Greek literature. J. Gaskin, ed., *The Epicurean Philosophers*, London: Everyman.

Euripides (1990a). *Medeia*. 천병희 역(1999). 에우리피데스 비극: 메데이아. 서울: 단국대학교 출판부.

Euripides (1990b). *Elektra*. 천병희 역(1999). 에우리피데스 비극: 엘렉트라. 서울: 단국대학교 출판부.

Euripides (1990c). *Troiades*. 천병희 역(1999). 에우리피데스 비극: 토로이아의 여인들. 서울: 단국대학교 출판부.

Foot, P. (1978). *Virtues and Vices and Other Essays in Moral Philosophy*. Berkeley: University of California Press.

Fotion, N., & G. Elfstrom(2001). Honor. L. C. Becker and C. B.

Becker, eds., *Encyclopedia of Ethics*, 2nd ed., New York: Routledge.

Greco, J. (1996). Virtue epistemology. Donald M. Borchert, ed., *The Encyclopedia of Philosophy Supplementary*, New York: Simon and Schuster.

Guthrie, W. K. C. (1981). *A History of Greek Philosophy*. Vol. VI, Cambridge: Cambridge University Press.

Hadot, P. (1995). *Philosophy as a Way of Life*. M. Chase, trans., Oxford: Blackwell Publishing.

Hare, R. M. (1963). *Freedom and Reason*. Oxford: Oxford University Press.

Harris, G. W. (2001). Self-esteem. L. C. Becker and C. B. Becker, eds., *Encyclopedia of Ethics*, 2nd ed., New York: Routledge.

Heineman, R. (1988). Eudaimonia and self-sufficiency in the Nichomachean Ethics. *Phronesis*, 33:1.

Heineman, R. (1993). Rationality, eudaimonia and kakodaimonia in Aristotle. *Phronesis*, 38:1.

Herodotos (1995). *The Histories*. R. Waterfield, trans., Oxford: Oxford University Press.

Hill, B. V. (1981). 'Education for commitment' a logical contradiction? *Journal of Educational Thought*, 15:3.

Hill, E. H. Jr. (2001). Self-respect. L. C. Becker and C. B. Becker, eds., *Encyclopedia of Ethics*, 2nd ed., New York: Routledge.

Hill, T. E. Jr. (1998). Respect for persons. Edward Craig, ed., *Encyclopedia of Philosophy*, London: Routledge.

Hobbes, T. (1946). *Leviathan*. M. Oakeshott, ed., Oxford: Basil Blackwell.[1651]

Homeros (1956). *Ilias*. 천병희 역(1996). 일리아스. 서울: 단국대학교 출판부.

Homeros (1917-19). *Odysseia*. 천병희 역(2002). 오디세이아. 서울: 단국대학교 출판부.

Horne, H. H. (1932). *The Democratic Philosophy of Education: Companion to Dewey's Democracy and Education*. New York: Macmillan.

Ibrahim, H. (1991). *Leisure and Society: A Comparative Approach*. Dubuque, IA: Wm C. Brown Publishers.

Irwin, T. H. trans. (1985a). *Aristotle Nicomachean Ethics*. Indianapolis: Hackett Publishing.

Irwin, T. H. trans. (1985b). Permanent happiness: Aristotle and Solon. *Oxford Studies in Ancient Philosophy*, 3.

Kant, I. (1996a). *Groundwork of the Metaphysics of Morals*. M. J. Gregor, trans., *Practical Philosophy*, The Cambridge Edition of the Works of Immanuel Kant, Cambridge: Cambridge University Press.(1785).

Kant, I. (1996b). *Critique of Practical Reason*. M. J. Gregor, *Practical Philosophy*, The Cambridge Edition of the Works of Immanuel Kant, Cambridge: Cambridge University Press.(1788).

Kekes, J. (1982). Happiness. *Mind*, XCI.

Kelly, J. R. (1983). *Leisure Identities and Interactions*. London: George Allen and Unwin.

Kenny, A. (1965-6). Happiness. *Proceedings of the Aristotelian Society*, 66.

Kenny, A. (1991). The Nichomachean conception of happiness. *Oxford Studies in Ancient Philosophy*, Supplementary Issue.

Kraut, R. (1979). Two conceptions of happiness. *The Philosophical Review*, 88: 2.

Long, A. A. (2002). *Epictetus: A Stoic and Socratic Guide to Life*. Oxford: Clarendon Press.

Longinus (1964). *On the Sublime*. 천병희 역(2002). 숭고에 관하여. 서울: 문예출판사.

Lotz, J. B. (1971). *Die Drei Stufen der Liebe*. 심상태 역(1985). 사랑의 세 단계. 서울: 서광사.

Lowe, J. (1994). Leisure: Adult education. In T. Husen and T. N. Postlethwaite, eds., *The International Encyclopedia of Education*, 2nd ed., Oxford: Pegamon.

Lucretius (1952). *On the Nature of Things*. Great Books of the Western World, Vol. 12, Chicago: Encyclopedia Britannica.

MacIntyre, A. (1967). *A Short History of Ethics*. New York: Macmillan.

MacIntyre, A. (1981). *After Virtue*. Notre Dame: University of Notre Dame Press.

MacIntyre, A. (1985). *After Virtue: A Study in Moral Theory*. 2nd ed., London: Duckworth.

MacIntyre, A. (2001). Virtue ethics. L. C. Becker and C. B. Becker, eds., *Encyclopedia of Ethics*, 2nd ed., New York: Routledge.

Meyers, D. T. (1995). Self-respect and autonomy. R. S. Dillon, ed., *Dignity, Character, and Self-respect*, New York: Routledge.[1977].

Mill, J. S. (1952). *Utilitarianism*. Great Books of the Western World, Vol. 43, Chicago: Encyclopedia Britannica.

Montague, R. (1966-67). Happiness. *Proceedings of the Aristotelian Society*, 67.

Montaigne, M. E. de (1952). *Essays*. C. Cotton, trans., Great Books of the Western World, Vol. 25, Chicago: Encyclopedia Britannica.

Neill, A. S. (1992). *The New Summerhill*. A. Lamb, ed., London: Penguin Books.

Neulinger, J. (1981). *The Psychology of Leisure*. 2nd ed.,

Springfield, Ill.: Charles C. Thomas.

Nozick, R. (1989). *The Examined Life: Philosophical Meditations.* New York: Simon and Schuster.

Oakeshott, M. (1989). *The Voice of Liberal Learning.* T. Fuller, ed., New Haven: Yale University Press.

Pakaluk, M. (1998). *Aristotle, Nicomachean Ethics: Books VIII and IX.* Oxford: Clarendon Press.

Pakenham, F. (1969). *Humility.* London: Collins.

Peters, R. S. (1966). *Ethics and Education.* London: George Allen and Unwin.

Peters, R. S. (1974). Reason and habit. *Psychology and Ethical Development*, London: George Allen and Unwin.

Pieper, J. (1998). *Leisure: The Basis of Culture.* A. Dru, trans., London: Faber and Faber.

Pincoffs, E. L. (2001). Virtues. L. C. Becker and C. B. Becker, eds., *Encyclopedia of Ethics*, 2nd ed., New York: Routledge.

Plato (1914a). *Apology.* H. N. Fowler, trans., Cambridge: Harvard University Press.

Plato (1914b). *Phaedo.* H. N. Fowler, trans., Cambridge: Harvard University Press.

Plato (1914c). *Phaedrus.* Cambridge: Harvard University Press.

Plato (1924). *Euthydemus.* W. R. M. Lamb, trans., Cambridge: Harvard University Press.

Plato (1925a). *Gorgias.* W. R. M. Lamb, trans., Cambridge: Harvard University Press.

Plato (1925b). *Philebus.* H. N. Fowler, trans., Cambridge: Harvard University Press.

Plato (1925c). *Lysis.* W. R. M. Lamb, trans., Cambridge: Harvard University Press.

Plato (1926). *Laws*. R. G. Bury, trans., Cambridge: Harvard University Press.

Plato (1955). *Charmides*. W. R. M. Lamb, trans., Cambridge: Harvard University Press.

Plato (2003). *Republic*. R. Waterfield, trans., London: The Folio Society.

Price, A. W. (1989). *Love and Friendship in Plato and Aristotle*. Oxford: Clarendon Press.

Rawls, J. (1971). *A Theory of Justice*. Cambridge: Harvard University Press.

Reeve, C. D. C. (1992). *Practices of Reason: Aristotle's Nicomachean Ethics*. Oxford: Clarendon Press.

Roberts, J. (1998). Honour. E. Craig, ed., *Routledge Encyclopedia of Philosophy*, London: Routledge.

Rousseau, J. -J. (1979). *Emile*. A. Bloom, trans., New York: Basic Books.

Russell, B. (1971). *The Conquest of Happiness*. New York: Liveright.[1958]

Russell, R. V. (1996). *Pastimes: The Context of Contemporary Leisure*. Madison: Brown and Benchmark Publishers.

Schneewind, J. B. (1990). The misfortunes of virtue. *Ethics*, 101:1.

Scruton, R. (1998). Introduction. J. Pieper, *Leisure: The Basis of Culture*, A. Dru, trans., London: Faber and Faber.

Shakespeare, W. (1952). *Antony and Cleopatra*. Great Books of the Western World, Vol. 27, Chicago: Encyclopedia Britannica.

Shivers, J. S. and L. J. deLisle (1997). *The Story of Leisure: Context*, Concepts and Current Controversy. Champaign, IL: Human Kinetics.

Sidgwick, H. (1907). *The Methods of Ethics*. 7th ed., New York:

Macmillan.

Simpson, R. W. (1975). Happiness. *American Philosophical Quarterly*, 12:2.

Smith, S. J. L. (1991). On the biological basis of pleasure: Some implications for leisure policy. T. L. Goodale and P. A. Witt, eds., *Recreation and Leisure: Issues in an Era of Change*, 3rd ed., State College, PA: Venture Publishing.

Soble, A. (1990). *The Structure of Love*. New Haven: Yale University Press.

Solomon, R. C. (1976). Is there happiness after death? *Philosophy*, 51.

Sophocles (1955). *Oidipous epi Kolpnoi*. 천병희 역(2001). 소포클레스 비극: 콜로노스의 오이디푸스. 서울: 단국대학교 출판부.

Sophocles (1958). *Oidipous Tyrannos*. 천병희 역(2001). 소포클레스 비극: 오이디푸스 왕. 서울: 단국대학교 출판부.

Sophocles (1959). *Antigone*. 천병희 역(2001). 소포클레스 비극: 안티고네. 서울: 단국대학교 출판부.

Spinoza, B. (1952). *Ethics*. Great Books of the Western World, Vol. 31, Chicago: Encyclopedia Britannica.

Stark, C. A. (1998). Self-respect. Edward Craig, ed., *Encyclopedia of Philosophy*, London: Routledge.

Telfer, E. (1980). *Happiness*. London: Macmillan.

Telfer, E. (1987). Leisure. J. D. G. Evans, ed., *Moral Philosophy and Contemporary Problems*. Cambridge: Cambridge University Press.

The Bible.

Thomas, D. A. L. (1968). Happiness. *The Philosophical Quarterly*, 18.

Tiger, L. (1992). *The Pursuit of Pleasure*. Boston: Little, Brown and Co.

Tocqueville, A. (1994). *Democracy in America*. London: Everyman's Library. [1835-1840]

Toynbee, A. J. (1973). *A Study of History*. Vol. IX, London: Oxford University Press.

Urmson, J. O. (1980). Aristotle's doctrine of the mean. A. O. Rorty, ed., *Essays on Aristotle's Ethics*, Berkeley: University of California Press.

Veblen, T. (1973). *The Theory of the Leisure Class*. Boston: Houghton Mifflin Co.(1899)

Vergilius(1969). *Aeneis*. 천병희 역(2004). 아이네이스. 서울: 숲.

Vlastos, G. (1991). *Socrates, Ironist and Moral Philosopher*. Ithaca: Cornell University Press.

von Wright, G. H. (1963). *The Varieties of Goodness*. London: Routledge and Kegan Paul.

Walzer, M. (1983). *Spheres of Justice: A Defense of Pluralism and Equality*. New York: Basic Books.

Warner, R. (1996). Pleasure. J. J. Chambliss, ed., *Philosophy of Education: An Encyclopedia*, New York: Garland Publishing.

Warnock, M. (1992). *The Uses of Philosophy*. Oxford: Blackwell.

White, P. (1990). Friendship and education. *Journal of Philosophy of Education*, 24:1.

White, P. (1991). Friendship and education. In *Philosophy of Education 1990*, The Philosophy of Education Society.

Wilson, J. (1968). Happiness. *Analysis*, 29.

Winnifrith, T. (1996). Leisure. J. J. Chambliss, ed., *Philosophy of Education: An Encyclopedia*, New York: Garland Publishing.

Zagzebsky, L. T. (1996). *Virtues of the Mind*. Cambridge: Cambridge University Press.

Zagzebski, L. T. (1998). Virtue epistemology. Edward Craig, ed., *Routledge Encyclopedia of Philosophy*, London: Routledge.

찾아보기

◀ 인 명 ▶

◀ 내 용 ▶

저자 소개

신득렬(1944)은 경상북도 성주에서 출생하였으며 계명대학교, 성균관대학교에서 수학하였다. 1976년 성균관대학교에서 야스퍼스(Karl Jaspers)의 교육사상을 연구하여 박사학위를 취득하였으며, 군부의 정치개입을 비판하는 강연과 글을 발표하여 1982년 해직당하기도 하였다. 1995년에는 옥스퍼드 대학교(Kellogg College, Oxford)에서 방문학자(academic visitor) 자격으로 연구생활을 하였으며, 현재 계명대학교 교수로 재직하고 있다.

저서로는 『교육사상가연구』(1979), 『허친스의 교육사상』(1990), 『권위, 자율 그리고 교육』(1997), 『위대한 대화: Robert M. Hutchins 연구』(2002), 『현대 교육철학』(2003) 등이 있으며, 역서로는 듀이의 『경험과 자연』(John Dewey, Experience and Nature, 1925)(1982)이 있다.

행복의 철학

2007년 3월 10일 1판 1쇄 발행
2007년 10월 30일 1판 2쇄 발행

지은이 • 신득렬
펴낸이 • 김진환
펴낸곳 • 학지사
121-837 서울시 마포구 서교동 352-29 마인드월드빌딩 5층
대표전화 • 02-326-1500 팩스 • 02-324-2345
등록 • 1992년 2월 19일 제2-1329호
홈페이지 www.hakjisa.co.kr
ISBN 978-89-5891-449-5 03180

가격 14,000원